Statistik mit SPSS^x

Statistik mit SPSS^x

Eine Einführung nach M. J. Norušis

Herausgeber der deutschen Bearbeitung
G. Frenzel und D. Hermann

Mit Beiträgen von
Frank Faulbaum, Gottfried Frenzel, Dieter Hermann, Michael Hübner, Uwe Schleth, Raymund Werle und Joachim Werner

Gustav Fischer Verlag
Stuttgart · New York · 1989

Anschriften der Herausgeber:

Dr. Gottfried Frenzel
Universitätsrechenzentrum, Im Neuenheimer Feld 293, 6900 Heidelberg 1

Dr. Dieter Hermann
Institut für Kriminologie der Universität, Friedrich-Ebert-Anlage 6–10,
6900 Heidelberg

SPSS/PC+, SPSS/PC+ Tables, SPSS/PC+ Advanced Statistics, SPSS/PC, SPSS/Pro, SPSS^x, SPSS sind geschützte Warenzeichen der SPSS Inc. für deren Computer Software. Keinerlei Materialien, die diese Software beschreiben, dürfen ohne die schriftliche Erlaubnis der Inhaber des Warenzeichens und der Lizenzrechte an der Software und dem Copyright an publizierten Materialien hergestellt oder vertrieben werden.

IBM, IBM PC, IBM PC/XT und IBM PC/AT sind eingetragene Warenzeichen der International Business Machines Corporation. dBase II, dBase III und dBase III PLUS sind die Warenzeichen von Ashton-Tate, Inc.
Lotus und 1-2-3 sind die Warenzeichen von Lotus Development Corporation.
MS ist das Warenzeichen von Microsoft.
SAS ist das eingetragene Warenzeichen von SAS Institute Inc.

Originalausgabe: Introductory Statistics Guide SPSS^x von
Marija J. Norušis. Copyright by © SPSS Inc., Chicago 1983

CIP-Titelaufnahme der Deutschen Bibliothek

Statistik mit SPSS^x [SPSS^x] : eine Einführung nach M.J. Norušis / Hrsg. d. dt. Bearb. G. Frenzel u. D. Hermann. Mit Beitr. von Frank Faulbaum ... – Stuttgart ; New York : Fischer, 1989
  ISBN 3-437-40166-1
NE: Norušis, Marija J. [Begr.]; Frenzel, Gottfried [Hrsg.]; Faulbaum, Frank [Mitverf.]

© für die deutsche Ausgabe: Gustav Fischer Verlag · Stuttgart · New York · 1989
Wollgrasweg 49, D-7000 Stuttgart 70
Alle Rechte vorbehalten
Kein Teil dieser Veröffentlichungen darf ohne die vorherige schriftliche Erlaubnis des Verlegers vervielfältigt, in Datenbanken eingespeichert oder übermittelt oder in irgendeiner sonstigen Form durch welche Verfahren auch immer, elektronisch, mechanisch, xerographisch, mittels Schallaufzeichnung oder auf andere Weise verwendet werden.
Druck/Einband: Pustet, Regensburg
Printed in Germany

Vorwort

Die immer noch wachsende Bedeutung empirischer Methoden in den Sozial- und Geisteswissenschaften und in der Medizin haben zu einem gesteigerten Bedarf an der Nutzung von benutzerfreundlichen Statistikprogrammen geführt. Hinzu kommt, daß angesichts einer erhöhten Akademikerarbeitslosigkeit EDV- und Statistikkenntnisse nicht mehr nur von wenigen Spezialisten erwartet werden, sondern wichtige Zusatzqualifikationen auf dem Arbeitsmarkt geworden sind. Damit werden Lernprogramme notwendig, die dem Fachfremden sowohl Statistikkenntnisse als auch die Nutzung entsprechender EDV-Programme vermitteln.

Unser Ziel war, ein Buch für den Anfänger zu schaffen, der weder mit SPSS noch mit Statistik vertraut ist. Das Erlernen beider Fachbereiche erfolgt also parallel und vorwiegend an Beispielen. Damit ist dieses Buch als Grundlage für EDV- und Statistikkurse in den Sozial- und Geisteswissenschaften und auch in der Medizin anwendbar; es eignet sich aber auch zum Selbststudium, als Nachschlagewerk und als Fundort für Anwendungsbeispiele von SPSS-Statistikprozeduren. Im Aufbau des Buches spiegelt sich der Ablauf empirischer Untersuchungen wider:

1. die Hypothesenbildung und die wissenschaftstheoretischen Grundlagen empirischer Untersuchungen,
2. die Datensammlung,
3. die Erstellung einer SPSS-Datei,
4. die statistische Auswertung.

Damit kann dieses Werk auch bei ersten empirischen Arbeiten als Handbuch verwendet werden.

Dem anvisierten breiten Leserkreis entsprechend wurde dieses Buch von mehreren Autoren verfaßt. Grundlage war die Arbeit von *Marija J. Norušis,* 1983: SPSS^x Introductory Statistics Guide. Mc Graw-Hill: New York u.a.

Mein Dank gilt insbesondere dem Verlag, der eine großzügige Termingestaltung ermöglichte und dieser Konzeption großes Verständnis entgegenbrachte, und Frau *Margot Maurer* für die Hilfe bei der Herausgabe dieses Buches.

Heidelberg, im Januar 1989 *D. Hermann*

Inhalt

I	**Einleitung**	
1	**Die Grundlagen empirischer Sozialforschung (R. Werle)**	3
1.1	Funktionen und Prinzipien empirischer Forschung	3
1.2	Begriffe, Hypothesen, Theorien	4
1.3	Kausalität und Falsifikation	5
1.4	Forschungstypen	7
1.5	Von der Theorie zu den Daten	8
1.5.1	Forschungsproblem	8
1.5.2	Präzisierung der Fragestellung, Hypothesen	8
1.5.3	Forschungsdesign, Erhebungsstrategien	10
1.6	Von den Daten zur Theorie	12
2	**Die Datensammlung. Gewinnung und Aufbereitung von Information: Von der Beobachtung zur Datei (U. Schleth)**	15
2.1	Einleitung: Warum man die Entstehungsgeschichte seiner Daten kennen sollte	15
2.2	Was man sich vorher überlegen sollte	16
2.3	Messen – Beobachten – Erheben	17
2.4	Umfrageforschung als Beispiel	18
2.4.1	Das Erhebungsverfahren	19
2.4.2	Stichprobe, Auswahlverfahren	20
2.4.3	Erhebungsinstrumente	22
2.4.4	Die Interviewsituation	32
2.4.5	Stimulus und Response	34
2.4.6	Wahrnehmung und Protokoll	36
2.4.7	Codierung und Übertragung in maschinenlesbare Form	37
2.4.8	Die Datenmatrix	41
2.5	‹Weiche›, ‹harte› und sonstige Daten	43
2.5.1	Umfragedaten: ‹Weich›, aber unentbehrlich	43
2.5.2	Schriftliche Befragung und Telefoninterview	44
2.5.3	Beobachtung und Inhaltsanalyse	44
2.5.4	Amtliche Statistik	45
2.5.5	Prozeßproduzierte Daten	46
2.6	Schlußbemerkung: Zum Schicksal empirischer Sozialforscher	46
3	**Der SPSS^x-Job (G. Frenzel/D. Hermann)**	48
3.1	Einleitung	48
3.2	Ein einfaches Problem	48
3.3	Aufbau eines SPSS^x-Programms	49

3.4	Die Ausgabe des Programms	51
3.5	Die Etikettierung von Variablen und Werten	53
3.6	Datenmodifikation und Datenselektion	55
3.7	Einlesen von Rohdaten aus externen Files	56
3.8	Das Erstellen und Einlesen von Speicherdateien	57
3.9	Die Verknüpfung von Speicherdateien	59
3.10	Die Ausgangsproblematik	63

II Beschreibende Statistik

1	**Univariate Statistik (G. Frenzel/D. Hermann)**	67
1.1	Das Meßniveau	67
1.2	Die Häufigkeitsverteilung	69
1.3	Maße der zentralen Tendenz	73
1.4	Streuungsmaße	74
1.5	Gestaltmaße	75
1.6	Die Normalverteilung	76
1.7	Die Standardisierung von Variablen	77
1.8	Die Prozeduren FREQUENCIES und CONDESCRIPTIVE	78
1.9	Zwei Anwendungsbeispiele	78
2	**Bivariate Statistik (G. Frenzel)**	82
2.1	Grundzüge des Chiquadrat-Tests	82
2.2	Ein Beispiel	86
2.3	Die Anwendung von Kreuztabellen für eine Datenprüfung	89
2.4	Der Chiquadrat-Test auf Unabhängigkeit	89
2.5	Assoziationsmaße	92
2.5.1	Nominale Maße	92
2.5.2	Chiquadrat-Maße	92
2.5.3	Proportionale Fehlerreduktion	93
2.5.4	Ordinale Maße	95
2.5.5	Maße für intervallskalierte Daten	96
2.6	Die Prozedur CROSSTABS	98
2.6.1	Eingeben kreuztabellierter Daten	101
3	**Multivariate deskriptive Statistik (G. Frenzel)**	103
3.1	Ein Beispiel	103
3.2	Die Prozedur BREAKDOWN	107

III Schließende Statistik

1	**Grundlagen der Inferenzstatistik (J. Werner)**	113
1.1	Grundlagen des Hypothesentestens	113
1.2	Stichproben und Populationen	114
1.3	Verteilungen von Stichprobenkennwerten	114
1.4	Stichprobenverteilung des Mittelwertes	115
1.5	Der t-Test für unabhängige Stichproben	117
1.6	α- und β-Fehler	120

1.7	Einseitige und zweiseitige Tests	121
1.8	Die Mittelwertedifferenz der Verbraucherbefragung	121
1.9	Testung einzelner Fragebogenitems	121
1.10	Unabhängige und abhängige Stichproben	121
1.11	Der t-Test für abhängige Stichproben	122
1.12	Stufen des Hypothesentestens	123
1.13	Annahmen	123
1.14	Die Prozedur T-TEST	125
1.15	Kommentiertes Beispiel	126
2	**Die Varianzanalyse (J. Werner)**	**128**
2.1	Einfaktorielle Varianzanalyse	128
2.1.1	Deskriptive Statistiken und Konfidenzintervalle	128
2.1.2	Varianzanalyse	129
2.1.3	Quadratsummenzerlegung	129
2.1.4	Hypothesentest	130
2.1.5	Multiple Vergleiche	130
2.1.6	Der Scheffé-Test	131
2.1.7	Interpretation und Erklärungen	132
2.1.8	Voraussetzungen der ANOVA	132
2.1.9	Die Prozedur ONEWAY	134
2.1.10	Kommentiertes Beispiel	136
2.2	Mehrfaktorielle Varianzanalyse	137
2.2.1	Deskriptive Statistiken	137
2.2.2	Varianzanalyse	137
2.2.3	Test auf Interaktion	139
2.2.4	Interpretation von Haupteffekten in Gegenwart von Interaktionen	140
2.2.5	Interpretation	140
2.2.6	Erweiterungen: Nonorthogonale Varianzanalysen	140
2.2.7	Die Prozedur ANOVA	141
2.2.8	Kommentiertes Beispiel	142
3	**Die Korrelations- und Regressionsanalyse (D. Hermann)**	**144**
3.1	Die Korrelationsanalyse	144
3.1.1	Definition und Eigenschaften des Korrelationskoeffizienten	144
3.1.2	Korrelation und Kausalität	148
3.1.3	Ein Signifikanztest für Korrelationskoeffizienten	149
3.1.4	Voraussetzungen bei der Bestimmung von Korrelationskoeffizienten	150
3.1.5	Die Behandlung fehlender Werte bei der Korrelationsanalyse	152
3.1.6	Die Prozedur PEARSON CORR	153
3.1.7	Ein Anwendungsbeispiel	155
3.2	Die Regressionsanalyse	158
3.2.1	Das Prinzip der Regressionsanalyse	158
3.2.2	Der Determinationskoeffizient	162
3.2.3	Signifikanztests bei der Regressionsanalyse	164
3.2.4	Anwendungsvoraussetzungen der Regressionsanalyse und ihre Überprüfung	167
3.3	Die multiple Regressionsanalyse	173

3.3.1	Das Prinzip der multiplen Regressionsanalyse	173
3.3.2	Die Auswahl relevanter unabhängiger Variablen	176
3.3.3	Die Prozedur REGRESSION	178
3.3.4	Ein Anwendungsbeispiel	183

4 Nichtparametrische Statistik (F. Faulbaum) 189

4.1	Lokationsvergleich zwischen zwei unabhängigen Stichproben: Der U-Test von Mann-Whitney	190
4.1.1	Beschreibung des Verfahrens	190
4.1.2	Anwendungsbeispiel	191
4.2	Lokationsvergleich für abhängige Stichproben: Der Vorzeichentest	192
4.2.1	Beschreibung des Verfahrens	192
4.2.2	Anwendungsbeispiel	193
4.3	Lokationsvergleich zwischen zwei abhängigen Stichproben: Der Vorzeichenrangtest für Paardifferenzen nach Wilcoxon	194
4.3.1	Beschreibung des Verfahrens	194
4.3.2	Anwendungsbeispiel	194
4.4	Der H-Test von Kruskal und Wallis	195
4.4.1	Beschreibung des Verfahrens	195
4.4.2	Anwendungsbeispiel	195
4.5	Der Chiquadrat-Test für eine Stichprobe	196
4.5.1	Beschreibung des Verfahrens	196
4.5.2	Anwendungsbeispiel	197
4.6	Nichtparametrische Korrelation: Spearmans Rangkorrelationskoeffizient	198
4.6.1	Beschreibung des Verfahrens	198
4.6.2	Anwendungsbeispiel	198

Anhang

1	Übungsaufgaben (M. Hübner)	203
2	Kurzbeschreibung der SPSS^x-Steuerkarten (M. Hübner)	239

Literatur 253

Register 257

I Einleitung

1 Die Grundlagen empirischer Sozialforschung

(Raymund Werle)

Die Analyse sozialwissenschaftlicher Daten ist nicht einfach. Grundkenntnisse in der statistischen Methodenlehre sind ebenso erforderlich wie eine gewisse Vertrautheit im Umgang mit Computern und dem Analyseprogramm. Diese notwendigen Kenntnisse zu erlangen, braucht es Zeit und Übung. Und dennoch haben viele Forscher bereits einen langen, manchmal steinigen, Weg hinter sich, wenn sie endlich am Terminal ihre Kommandos eingeben können.

Dieser Weg, der nicht immer nur von einer einzigen Person in einem Forschungsprojekt beschritten werden muß, sondern arbeitsteilig und kooperativ zurückgelegt werden kann, hat einige wichtige Stationen. Die wichtigsten sollen näher betrachtet und dabei auch ihre elementaren wissenschaftstheoretischen Voraussetzungen und Fundamente offengelegt werden.

1.1 Funktionen und Prinzipien empirischer Forschung

Die empirische Sozialforschung ist dem Teil wissenschaftlicher Aktivitäten zuzurechnen, der auf durch die menschlichen Sinne erfahrbaren Tatsachen beruht. Ihr geht es einerseits um die Darstellung und Erklärung sozialer Sachverhalte, so wie sie wirklich sind. Dabei orientiert sie sich am Kriterium der Wahrheit. Andererseits, wenn wohl auch weniger unmittelbar, zielt sie darauf, durch Umsetzung des theoretischen und deskriptiven Wissens über die Realität, die menschlichen Lebensverhältnisse zu verändern. Hier orientiert sie sich am Kriterium der Nützlichkeit, wobei die Vorstellungen darüber, was nützlich ist, individuell und kollektiv erheblich variieren können. Nicht jeder so verstandene Praxisbezug empirischer Sozialforschung ist also automatisch positiv zu bewerten.

Jede Forschung orientiert sich an Regeln (Methoden), die erst die Erlangung neuer Erkenntnisse ermöglichen. Diese Regeln sind, wie die Geschichte der Wissenschaft zeigt, historisch keineswegs unveränderlich. Vielmehr kann man sie als Konventionen betrachten, die von den Wissenschaftlern selber gesetzt werden. Die weltanschauliche und politische, oder einfach die gesellschaftliche, Bedingtheit jeder Wissenschaft wird nicht dadurch aufgehoben, daß ihre erkenntnistheoretischen Grundlagen die Regeln der Logik berücksichtigen und sie als empirische Wissenschaft «positive» Erfahrung zum Prüfstein ihrer Aussagen macht (vgl. Kriz 1981: 53ff.). Auch systematisch gewonnene Erfahrung ist nicht invariant. Sie wird, wenn auch häufig eher unbewußt, im Lichte vorhandener Theorien interpretiert. Neue Theorien führen in der Regel zu einer Uminterpretation von Erfahrung.

Die Einsicht, daß wissenschaftliche Erkenntnis gesellschaftlich bedingt und immer nur vorläufig ist, darf nun nicht zu der Folgerung führen, es lohne sich nicht, im Prozeß der empirischen Forschung methodische Regeln zu beachten. Der alleinige Gebrauch des «gesunden Menschenverstandes» im Umgang mit sozialen Sachverhalten würde an die Stelle der Vorläufigkeit Beliebigkeit setzen. Um dies zu verhindern, ist es erforderlich, die Regeln zur Kenntnis zu nehmen und das wissenschaftliche Handeln an ihnen auszurichten, ohne sie immer buchstabengetreu zu befolgen. Die Praxis der Forschung zeigt, daß oftmals schon aus finanziellen und zeitlichen Gründen methodisch perfekte Untersuchungspläne nicht realisiert werden können. Kompromisse sind notwendig, und in einzelnen Fällen vielleicht auch explizite Regelverstöße, die, wie aus der Geschichte der Wissenschaft bekannt ist, manchen Erkenntnisfortschritt überhaupt erst ermöglicht haben (vgl. FEYERABEND 1985).

1.2 Begriffe, Hypothesen, Theorien

Die Analyse sozialer Sachverhalte setzt voraus, daß *Begriffe* existieren bzw. entwickelt werden, die es ermöglichen, Eindrücke (Beobachtungen) sprachlich zu ordnen und zu kommunizieren. Die zentralen Begriffe einer Studie sind deshalb definitorisch zu bestimmen. Die Definition kann eine tautologische Umformung sein, in der die Bedeutung «neuer» mit Hilfe bereits bekannter Begriffe festgelegt wird (Nominaldefinition). Sie kann aber auch Aussagen über Eigenschaften eines Sachverhalts umfassen, die im Hinblick auf diesen für wesentlich gehalten werden (Realdefinition).

Um den Begriff «arbeitslos» zu definieren, kann man festlegen, daß eine Person dann als arbeitslos gilt, wenn sie arbeitsfähig, zur Zeit ohne Arbeit und arbeitssuchend ist und wenn sie sich darüber hinaus nicht nur für eine kurzfristige Beschäftigung interessiert. Weist sie diese vier Merkmale nicht auf, dann ist sie nach dieser Nominaldefinition nicht arbeitslos. Eine Realdefinition würde vielleicht (zusätzlich) darauf hinweisen, daß nur unter den Bedingungen der Lohnarbeit Arbeitslosigkeit als Phänomen auftritt.

Während sich die Güte einer Nominaldefinition nur unter dem Aspekt der Zweckmäßigkeit beurteilen läßt, kann eine Realdefinition wahr oder falsch sein.
Formal gleicht eine Realdefinition einer *Hypothese*, wenn man darunter nur ganz allgemein eine Vermutung über einen Sachverhalt versteht (KROMREY 1986: 21). Im engeren Sinne kann man Hypothesen als Gesetzesaussagen bezeichnen, die eine Beziehung zwischen zwei Begriffen postulieren. Dieses engere Konzept einer Hypothese wird im folgenden ausschließlich verwendet.

Hypothesen lassen sich in der Regel leicht als «je – desto» oder «wenn – dann» Sätze formulieren: Wenn eine Person arbeitslos ist, dann verfügt sie über weniger Einkommen als eine Person, die Arbeit hat; je länger die Arbeitslosigkeit einer Person andauert, desto geringer wird deren Einkommen.

Die Begriffe in den empirischen Hypothesen bezeichnet man zumindest in der quantitativen Forschung als *Variablen*. Sie sind also Merkmale, die verschiedene meßbare Ausprägungen (Werte, values) haben können.
Eine *Theorie* ist ein System von Hypothesen über einen Gegenstandsbereich. Die Hypothesen müssen logisch widerspruchsfrei sein, damit die Theorie als ganze wahr sein kann. Theoretische Arbeiten in einem Gegenstandsbereich haben letztlich zum Ziel, die Zusammenhänge einzelner Sachverhalte in diesem Bereich herauszuarbeiten und zu erklä-

ren. Sie ermöglichen demnach grundsätzlich auch Vorhersagen über zukünftige Entwicklungen (vgl. WELLENREUTHER 1982: 33ff.).
Man kann zwischen allgemeinen Theorien, Theorien mittlerer Reichweite und ad-hoc Theorien unterscheiden (vgl. FRIEDRICHS 1985: 60ff.). Während z.B. eine allgemeine Sozialisationstheorie die grundsätzlichen Mechanismen des Erwerbs der sozial-kulturellen Persönlichkeit der Menschen zu erfassen sucht, behandelt eine Theorie der beruflichen Sozialisation in bürokratischen Organisationen die Entwicklung bestimmter beruflicher Wertvorstellungen von Angestellten in bürokratisch strukturierten Organisationen. Dabei wird implizit oder explizit auf Erkenntnisse der allgemeinen Sozialisationstheorie zurückgegriffen, diese werden aber als wahr unterstellt und sind nicht Gegenstand der Untersuchung. Die Theorie mittlerer Reichweite beschränkt sich also darauf, Gesetzmäßigkeiten im Prozeß der Sozialisation zu entdecken, die für bürokratische Organisationen gelten. Ad-hoc Theorien sind bezüglich der Allgemeinheit ihrer Aussagen noch stärker räumlich und zeitlich eingeschränkt und werden erst mit Blick auf den konkreten Untersuchungsgegenstand entwickelt. So haben Generalisierungen von Befunden etwa über die Veränderungen in der Leistungsmotivation von Angestellten eines Finanzamtes in einer deutschen Großstadt zunächst nur eine sehr eingeschränkte Gültigkeit. Doch kann man bei entsprechender theoretischer Vorbereitung die Befunde auch dazu benutzen, bestimmte Aussagen einer Theorie mittlerer Reichweite oder auch einer allgemeinen Sozialisationstheorie zu testen. Denn diese müssen ja bei richtiger Spezifikation im Prinzip auch in jedem Einzelfall zutreffen.

1.3 Kausalität und Falsifikation

Theorien und oftmals auch einzelne Hypothesen enthalten Annahmen über die kausale Struktur des Zusammenhanges von zwei oder mehreren Variablen (Begriffen). Sie wollen den Zusammenhang also erklären, indem sie die Merkmalsausprägungen in der *abhängigen* Variablen als durch entsprechende Werte in einer oder mehreren *unabhängigen* Variablen verursacht interpretieren. Hierfür wird, wenn keine besonderen Einschränkungen (Spezifikationen) gemacht wurden, allgemeine Geltung beansprucht.

Will man die Betroffenheit durch Arbeitslosigkeit erklären, so hat das Merkmal «arbeitslos – nicht arbeitslos» den Status der abhängigen Variablen. Als unabhängige Variablen können Alter, Geschlechtszugehörigkeit, Berufsausbildung und Nationalität fungieren. Die Hypothesen sind, daß Frauen häufiger als Männer, Ausländer eher als Deutsche, Personen ohne Berufsausbildung eher als solche mit Ausbildung und ältere häufiger als jüngere Menschen arbeitslos sind bzw. werden. Auch zwischen den unabhängigen Variablen können Abhängigkeitsbeziehungen bestehen. So wäre es denkbar, daß die Berufsausbildung von der Geschlechtszugehörigkeit und/oder der Nationalität abhängt. Eine komplexere Theorie müßte diesen Sachverhalt berücksichtigen.

Kausalität ist immer eine theoretische Annahme, die mit empirisch-statistischen Mitteln grundsätzlich nicht nachweisbar ist. Es läßt sich aber, zum Teil mit Hilfe statistischer Verfahren, prüfen, ob die notwendigen Bedingungen erfüllt sind, die dazu führen, daß eine empirische Korrespondenz der theoretischen Kausalbeziehung zwischen zwei Variablen sichtbar wird. Diese vier notwendigen Bedingungen lauten:
– zwischen den beiden Variablen muß eine von null deutlich verschiedene positive oder negative Korrelation (Assoziation) existieren;

- die unabhängige muß zeitlich vor der abhängigen Variablen liegen (wirksam werden);
- die Wirksamkeit anderer möglicherweise ebenfalls kausaler Variablen muß experimentell ausgeschlossen bzw. kontrolliert werden;
- Fehlergrößen (z.B. Meßfehler) müssen zufällig verteilt sein.

Im Beispiel der Arbeitslosigkeit muß zunächst überhaupt eine statistische Beziehung zwischen den unabhängigen und der abhängigen Variablen aufgezeigt werden. Frauen müssen also tatsächlich häufiger als Männer, Ausländer tatsächlich häufiger als Deutsche usw. arbeitslos sein.

Hinsichtlich der zeitlichen Abfolge der Variablen gibt es wohl keine Probleme. Die abhängige Variable «arbeitslos – nicht arbeitslos» folgt zeitlich der Festlegung des Geschlechts und der Nationalität, in der Regel auch der Berufsausbildung. Auch das Alter kann von der abhängigen Variablen nicht beeinflußt werden.

Die Arbeitslosenquote liegt regional unterschiedlich hoch. Es könnte allerdings sein, daß nicht nur das Niveau, sondern auch die Verteilung der Arbeitslosigkeit von regionalen Faktoren beeinflußt wird. Man muß also in einer entsprechenden Untersuchung auch die Wohnregion erheben und den regionalen Faktor in der statistischen Analyse etwa in der Weise kontrollieren, daß man die Zusammenhänge zwischen den unabhängigen und der abhängigen Variablen getrennt für einzelne Regionen (Norddeutschland, Süddeutschland, Stuttgart-München, Ruhrgebiet) untersucht.

Nicht-zufällige Meßfehler könnten sich dadurch ergeben, daß etwa Studenten, die einen Ferienjob über das Arbeitsamt suchen, regelmäßig als arbeitslos eingestuft werden, obwohl sie nach der Definition (oben 1.2) nicht arbeitslos sind.

Ist eine der notwendigen Bedingungen für Kausalität nicht erfüllt, so liegt eine Abhängigkeitsbeziehung zwischen den analysierten Variablen entweder gar nicht vor, oder sie läßt sich mit den erhobenen Daten nicht erhärten.

Entsprechend der erkenntnistheoretischen Position des kritischen Rationalismus (POPPER 1984) sind Theorien und Hypothesen immer nur vorläufig wahr. Niemand kann ausschließen, daß sich vertraute Annahmen etwa über die Ursachen ungleich verteilter Arbeitslosigkeit irgendwann als falsch erweisen. Der Erkenntnisfortschritt liegt demnach nicht in der fortwährenden Bestätigung bereits bekannter Zusammenhänge, sondern in ihrer Widerlegung *(Falsifikation)*. Dies erfordert allerdings, theoretische Aussagen so zu formulieren, daß sie empirisch-statistischer Überprüfung zugänglich sind.

Häufig folgt aus der Falsifikation einer theoretischen Annahme jedoch nicht, daß diese generell verworfen wird. Vielmehr wird die Annahme *spezifiziert*, d.h., ihr räumlicher, zeitlicher und sachlicher Geltungsanspruch wird eingeschränkt. Kann eine entsprechend spezifizierte Hypothese dann nicht mehr falsifiziert werden, so gilt sie als vorläufig bestätigt (bewährt).

So kann sich herausstellen, daß die Annahme, mit zunehmendem Alter wachse der Anteil der Arbeitslosen, falsch ist, da auch bei sehr jungen Personen ein hoher Arbeitslosenanteil festgestellt wird. Daraus muß man nicht schließen, das Alter sei irrelevant. Vielmehr können mit dieser Variablen Berufserfahrung einerseits und körperliche und geistige Leistungsfähigkeit andererseits korreliert sein. Ein vermutetes oder tatsächliches Defizit bei einem dieser Alterskorrelate kann Arbeitslosigkeit begünstigen. Da beide Defizite bei Personen mittleren Alters verhältnismäßig selten vorkommen, müßten in dieser Gruppe die relativ wenigsten Arbeitslosen anzutreffen sein.

1.4 Forschungstypen

Empirische Untersuchungen können deskriptiven, theorie-testenden oder analytischen Zwecken dienen (v. ALEMANN 1984: 155ff.). Diese Unterscheidung ist für die Phase der Datensammlung von geringerer Bedeutung, da es z.B. bei der Durchführung von Interviews praktisch keinen Unterschied macht, ob die zu erhebenden Informationen für den Test einer Theorie oder für die Beschreibung eines sozialen Sachverhalts benötigt werden. Weder der Befragte noch der Interviewer müssen den Zweck kennen. Für die Anlage einer Untersuchung hingegen ist Klarheit hinsichtlich des Projektziels sehr wichtig.

Deskriptive Forschung dient vor allem dem Ziel, einen Gegenstand möglichst vollständig zu beschreiben. Sie erfordert deshalb besondere Sorgfalt bei der Auswahl der Forschungstechniken und der Untersuchungseinheiten sowie der Datenerhebung. Damit die Beschreibung nicht bloße Illustration bleibt, ist in der Regel statistische Repräsentativität notwendig.

Soll z.B. die finanzielle Situation von Arbeitslosen in der Bundesrepublik beschrieben werden, so interessieren wahrscheinlich vor allem das durchschnittlich verfügbare Einkommen und die Streubreite der individuellen Werte um diesen Mittelwert. Um diese Parameter für die Arbeitslosen in ihrer Gesamtheit angeben zu können, darf die Zahl der zu befragenden Personen nicht zu klein sein (Daumenregel: 1000 bis 2000 Personen), außerdem müssen die Zielpersonen nach einem Zufallsverfahren ausgewählt werden, das dann Repräsentativität sichert, wenn alle die gleiche Chance haben, in die Auswahl zu kommen.

Auch wenn die deskriptive Forschung keine expliziten theoretischen Ziele verfolgt, ist sie niemals vollkommen untheoretisch. Zumindest wenn unerwartete Sachverhalte entdeckt oder statistische Gesetzmäßigkeiten sichtbar werden, wird eine Deskription theoretisch relevant.

Ein Forscher wird sich in der Regel nicht darauf beschränken, das durchschnittlich verfügbare Einkommen der Arbeitslosen zu ermitteln, sondern er wird dieses z.B. nach Alter, Geschlecht, zuletzt ausgeübtem Beruf, Dauer der Arbeitslosigkeit usw. aufschlüsseln. Dieser Aktivität liegen, auch wenn die Beschreibung das Hauptziel bleibt, theoretische Annahmen darüber zugrunde, daß die genannten Merkmale einen «Einfluß» auf die Höhe des Einkommens der Arbeitslosen haben.

Theorie-testende Forschung dient dazu, eine bereits vor der Datenerhebung bzw. Datenanalyse entwickelte Theorie mit Hilfe der zu erhebenden Daten zu testen. Die universellen Aussagen in Theorien gehen allerdings immer über die in einzelnen Projekten erfaßten Informationen hinaus. Diese werden deshalb in der Regel nicht zu einer Falsifikation, sondern eher zu Modifikationen und Spezifikationen der Theorie führen, es sei denn der Forscher kann eine alternative Theorie präsentieren, zu der die erhobenen Daten insgesamt «besser passen».

Die meisten empirischen Forschungsprojekte sind wohl *analytisch* orientiert. Sie erfüllen teilweise deskriptive Zwecke, teilweise aber auch insoweit theorie- oder hypothesentestende Zwecke, als sie zumindest von bestimmten theoretischen Grundannahmen ausgehen. Im Verlauf der Datenanalyse treten diese oftmals etwas in den Hintergrund, weil sie zu global formuliert und deshalb einem Test nicht unmittelbar zugänglich sind. Faktisch dient die Arbeit mit den Daten dann dem Zweck der «empirisch informierten» Hypothesen- bzw. Theoriefindung. Induktiv gefundene Zusammenhänge werden in theoretischer Absicht verallgemeinert.

1.5 Von der Theorie zu den Daten

Nachdem einige zentrale Begriffe der empirischen Sozialforschung vorgestellt worden sind, soll nun der Prozeß skizziert werden, in dem eine Ausgangsfragestellung in ein auf die Erhebung von Daten ausgerichtetes Forschungsprogramm umgesetzt wird.

1.5.1 Forschungsproblem

Bevor mit Datensammlung und Datenanalyse begonnen werden kann, muß eine *Forschungsfrage* existieren, die den Ausgangspunkt aller weiteren Aktivitäten bildet. Zwar ändert sich im Laufe des Forschungsprozesses gelegentlich auch das zentrale Untersuchungsproblem, doch sind im allgemeinen nur Modifikationen, also keine allzu weit gehenden Änderungen möglich, will man nicht das völlige Scheitern eines Forschungsprojekts riskieren. Welche Gründe und Motive den Ausschlag für die Auswahl eines bestimmten Untersuchungsproblems geben, mag für das individuelle Engagement des Forschers von großer Bedeutung sein, für die einzelnen Schritte der Konzeptualisierung des Forschungsvorhabens ist dies hingegen bedeutungslos.

Angesichts der seit Mitte der 70er Jahre stark gestiegenen Arbeitslosigkeit werden in der Öffentlichkeit die je aktuelle Situation, die Ursachen, die Verteilung und die Folgen der Arbeitslosigkeit intensiv diskutiert. Unterschiedliche Rezepte, wie man das Problem lösen könne, werden einander gegenübergestellt. Diese enthalten häufig auch Aussagen über die Gründe, weshalb bestimmte Gruppen stärker als andere von Arbeitslosigkeit betroffen sind. Die Frage, wie sich Arbeitslosigkeit strukturiert und warum sie bestimmte Gruppen stärker als andere bedroht, soll als Beispiel für das Forschungsproblem dienen, das im folgenden schrittweise detailliert wird.

1.5.2 Präzisierung der Fragestellung, Hypothesen

Empirische Forschungsprojekte sind in der Regel sehr zeitaufwendig, und sie können auch einen relativ hohen finanziellen Einsatz erfordern. Um den Aufwand nicht zu groß werden zu lassen, ist es notwendig, präzise festzulegen, welche Fragen und Hypothesen man im einzelnen behandeln will und welche Daten man hierzu benötigt.
In einem ersten Schritt muß die zum Thema bereits vorliegende *Literatur* durchgearbeitet werden. Relevant sind oftmals nicht nur die im engeren Sinne sozialwissenschaftlichen (Soziologie, Politologie, Psychologie, Pädagogik) Publikationen, sondern auch Veröffentlichungen aus benachbarten Disziplinen (z.B. Nationalökonomie, Rechtswissenschaft, Sprachwissenschaft) sowie rein statistisches Material aus verschiedenen Quellen. Natürlich sind auch nicht unmittelbar empirisch orientierte («theoretische») Arbeiten und ebenso Publikationen aus dem Ausland zu berücksichtigen.
Bei der Literatursuche kann das «Informationszentrum Sozialwissenschaften» in Bonn-Bad Godesberg wertvolle Hilfestellung leisten. Das Informationszentrum sammelt und dokumentiert computerunterstützt nicht nur bibliographische und kurze inhaltliche Angaben über veröffentlichte und «graue» Literatur. Es erhebt darüber hinaus jährlich Informationen über geplante, laufende und abgeschlossene Forschungsprojekte. Dem Benutzer bietet es neben den üblichen Literatur- und Forschungsnachweisdiensten auch die Möglichkeit problemorientierter Datenbankrecherchen.

Zum Thema Arbeitslosigkeit liegen zahlreiche Publikationen vor. Neben Sozialwissenschaftlern äußern sich vor allem Wirtschaftswissenschaftler zu diesem Problem. In der Bundesrepublik werden außerdem von der «Bundesanstalt für Arbeit» zum Teil sehr detaillierte Statistiken zur Entwicklung der Arbeitslosigkeit und der Beschäftigung erstellt. Das «Institut für Arbeitsmarkt- und Berufsforschung» der Bundesanstalt publiziert eigene und fremde Forschungsergebnisse in eigenen Zeitschriften- und Buchreihen (z.B. MERTENS 1984).

In einigen Fällen mag die Literaturlage nicht gut sein. Dann kann es erforderlich werden, das Untersuchungsfeld in einer *Pilotstudie* zu explorieren. Hierzu dienen Gespräche mit Experten, wenig strukturierte Interviews (auch Gruppendiskussionen) mit potentiellen Untersuchungspersonen und auch Analysen von Zeitungsberichten, Stellungnahmen von politischen Parteien, Verbänden und anderen Interessengruppen.

Am Ende dieses Weges steht in der Regel die Entwicklung eines *theoretischen Bezugsrahmens*, innerhalb dessen konkrete Hypothesen und deskriptive Fragestellungen formuliert werden. Je stärker man es darauf anlegt, eine Theorie zu testen, desto mehr Raum nehmen die Arbeiten am Bezugsrahmen in Anspruch. Denn dieser muß sehr präzise ausformuliert sein, damit er einer empirischen Überprüfung zugänglich wird. Sehr wichtig ist es, die *zentralen Begriffe* in den Fragestellungen bzw. Hypothesen *präzise* zu *definieren* und die definitorischen Festlegungen im Verlauf des Forschungsprojekts durchzuhalten.

Im Beispiel soll erklärt werden, warum sich Arbeitslosigkeit in der Bundesrepublik nicht gleichmäßig verteilt, sondern bestimmte Bevölkerungsgruppen stärker als andere betroffen sind. Zunächst ist neben anderen die zentrale Variable Arbeitslosigkeit zu definieren (vgl. 1.2). Eine Theorie der strukturierten Arbeitslosigkeit muß auf die Besonderheiten des Arbeitsmarktes gegenüber anderen Faktormärkten, also dessen spezifische Funktionsbedingungen eingehen. Arbeitslosigkeit läßt sich dann als Resultat der Strategien der Angebots- und der Nachfrageseite auf dem Arbeitsmarkt interpretieren.

Nach OFFE und HINRICHS (1977) ist für die Strukturierung der Arbeitslosigkeit nicht in erster Linie die Qualifikation der Berufstätigen maßgeblich. Wichtiger ist es, ob eine soziale Alternativrolle zur Rolle der Berufstätigkeit existiert, in die sich eine Person zurückziehen bzw. in der sie verbleiben kann. Solche Alternativrollen stehen z.B. Jugendlichen im Schulsystem und im Familiensystem, weiblichen Erwerbspersonen im privaten Haushalt und Ausländern in ihren Heimatländern zur Verfügung (OFFE, HINRICHS 1977: 35). Wenn diese theoretische Ausgangsannahme richtig ist, dann läßt sich hypothetisch erwarten, daß

1. Jugendliche häufiger als Erwachsene
2. Frauen häufiger als Männer
3. Ausländer häufiger als Deutsche

von Arbeitslosigkeit betroffen sind.

Konkurrierende oder ergänzende Erklärungsansätze betonen stärker die Bedeutung der beruflichen Qualifikation oder institutioneller Rahmenbedingungen des Arbeitsmarktes für die Strukturierung der Arbeitslosigkeit. Man könnte versuchen, sie in ein übergreifendes theoretisches Konzept zu integrieren, kann sie aber auch als alternative Ansätze begreifen, die es zu falsifizieren gilt.

Nicht alle aus einem allgemeinen theoretischen Konzept plausibel abzuleitenden Hypothesen wird man in der ersten Phase explizit ausformulieren. Dies ist aber auch im weiteren Verlauf des Projekts nicht unbedingt erforderlich, bei sehr generellen Theorien auch gar nicht machbar. Die Hypothesen dürfen nicht widersprüchlich sein, sonst scheitert die Theorie bereits im logischen Test, und es bedarf keiner empirischen Prüfung mehr.

1.5.3 Forschungsdesign, Erhebungsstrategien

Liegen die Forschungsziele fest und sind die Ausgangsfragestellungen formuliert, so ist nun zu entscheiden, welche Daten man braucht, um die Ziele zu erreichen. Zunächst muß die *Grundgesamtheit* (Population) festgelegt werden, auf die sich die Fragestellungen und Hypothesen beziehen. Häufig ist es schwierig oder gar unmöglich einen vollständigen Überblick über die Elemente der Grundgesamtheit zu bekommen. In der Regel muß man auch nicht alle Elemente untersuchen, sondern es genügt, eine *Stichprobe* (Auswahl) zu erfassen. Für auf inferenzstatistischen Verfahren basierende Hypothesentests ist es sogar notwendig, mit Daten zu arbeiten, die aus einer (Zufalls-)Stichprobe stammen (KRIZ 1983: 105ff.).

Grundgesamtheit einer Untersuchung der Struktur der Arbeitslosigkeit sollten, zumindest wenn man sich am Ansatz von OFFE und HINRICHS (1977) orientiert, alle in der Bundesrepublik lebenden Personen im (erwerbsfähigen) Alter zwischen 16 und 65 Jahren sein. Diese Größe ändert sich täglich, doch ist es auch ohne ihre genaue Kenntnis möglich, eine Stichprobe zu ziehen, die, sofern man dies anstrebt, sogar einer Zufallsstichprobe näherungsweise entspricht (vgl. KROMREY 1986: 150ff.).

Bei einer nicht sehr großen Stichprobe kann es sinnvoll sein, eine größere Zahl von Arbeitslosen zu erfassen, als sich entsprechend der statistischen Wahrscheinlichkeit aus der Stichprobe ergäbe. Denn nur bei einer genügend großen Zahl von Arbeitslosen im Datensatz ist es möglich, diese besonders interessierende Gruppe auch intern differenzierter zu analysieren.

Die Grundgesamtheit in sozialwissenschaftlichen Untersuchungen besteht in den meisten Fällen aus Individuen, und die Regeln der analytischen Wissenschaftstheorie sind auch relativ leichter zu befolgen, wenn man mit Individualdaten auf der Mikroebene arbeitet, als wenn generalisierte Aussagen über Makrophänomene formuliert und geprüft werden sollen. Bildet nicht das Verhalten von Individuen, sondern z.B. die Entwicklung von Organisationen oder die Veränderung politischer Steuerungsmuster in der Sozialpolitik der Bundesrepublik den Gegenstand empirischer Forschung, so macht eine Orientierung an einer Reihe von Regeln der analytischen Wissenschaftstheorie wenig Sinn, da die Zahl der Elemente in der Grundgesamtheit sehr klein und im Extremfall gleich eins ist. Dies bedeutet aber nicht, daß Probleme an den Grenzen quantifizierender Forschung theoretisch und empirisch weniger interessant und bedeutsam sind als die Fragestellungen, die sich mit quantitativen Verfahren bearbeiten lassen (vgl. MAYNTZ 1985).

Interessiert man sich nicht wie im Beispiel nur für die Muster der Verteilung, sondern auch für die Gründe der Entstehung von Arbeitslosigkeit, so wird es erforderlich, Aggregatdaten zu analysieren. Die Gesamtzahl der Erwerbspersonen, der Arbeitsplätze, die durchschnittliche Arbeitszeit, die Arbeitslosenquote, die Arbeitsproduktivität, die Nachfrage nach Konsum- und Investitionsgütern, die institutionelle Regulierung des Arbeitsmarktes und ähnliche Faktoren müssen erfaßt und, will man die Regeln der analytischen Wissenschaftstheorie nicht verletzen, über einen längeren historischen Zeitraum und/oder international vergleichend analysiert werden (siehe hierzu verschiedene Beiträge in MERTENS 1984).

Geht man davon aus, daß eine Grundgesamtheit mit einer genügend großen Zahl von Elementen existiert, so muß nun geklärt werden, welche Informationen über die Untersuchungsobjekte bei gegebenen Ausgangsfragestellungen bzw. Ausgangshypothesen benötigt werden. Man kann eine *Liste der zu erfassenden Variablen* erstellen, die nicht erheblich über die als wirklich notwendig erachteten Informationen hinausgehen sollte. Oftmals werden Datensätze mit Informationen überfrachtet, die nur erhoben wurden, weil sie «interessant» erschienen. In der Analyse kann man dann die vielen als interessant erachteten Details schon aus Zeitgründen nicht mehr angemessen berücksichtigen. Es entstehen «Datenfriedhöfe», in die viel Zeit und Geld geflossen sind, mit denen aber niemand mehr etwas anfangen kann, zumal viele im Lichte der Tagesaktualität interessante Informationen sehr rasch veralten.

Im Beispiel enthält die Variablenliste unter anderem die Merkmale Alter, Geschlecht, Nationalität, Berufsausbildung, derzeitige Tätigkeit (im Haushalt, in der Ausbildung, in Rente, im Beruf, arbeitslos), Dauer der derzeitigen Tätigkeit (Arbeitslosigkeit), Art der Berufstätigkeit, Berufserfahrung, arbeitssuchend, Einkommen, finanzielle Situation, Familienstand, Schulbildung, gegebenenfalls spezifische weitere Informationen zur Arbeitslosigkeit, Gesundheitszustand, Zukunftspläne, berufliche und regionale Mobilität (vgl. speziell für die Frauenerwerbstätigkeit: HEINEMANN, RÖHRIG, STADIÉ 1980).

Wie können nun die benötigten *Daten beschafft* werden? Die zeitlich und finanziell am wenigsten aufwendige Verfahrensweise wäre es, bereits vorliegende Daten in Form einer *Sekundäranalyse* für den Test der eigenen Hypothesen zu verwenden. Zwar existiert in aller Regel kein Datensatz, der relativ aktuell ist und genau all die Variablen, vielleicht auch noch in der Form aufbereitet, enthält, wie man sie benötigt. Dennoch gibt es verhältnismäßig brauchbare Datenbestände in viel mehr Problembereichen, als man zunächst glauben mag. Und selbst wenn einzelne Hypothesen einer Theorie mit vorhandenem Material vielleicht nicht getestet werden können, bietet sich stattdessen in einigen Forschungsbereichen die Möglichkeit, andere Hypothesen derselben Theorie gleich mit Hilfe verschiedener Datensätze zu testen.

Das Kölner «Zentralarchiv für empirische Sozialforschung» sammelt alle für wissenschaftliche Zwecke brauchbaren Datensätze, die ihm zur Verfügung gestellt werden oder die aus eigener Initiative akquiriert werden können. Die Datenbestände werden dokumentiert und für die wissenschaftliche Forschung zumeist problemlos weitergegeben. Bevor man sich also entscheidet, eigene Daten zu erheben, sollte man sich über die Bestände im Zentralarchiv informieren.

Zum Thema Arbeitslosigkeit wurden in den letzten Jahren mehrere große und zahlreiche kleinere empirische Untersuchungen durchgeführt. Einige konzentrieren sich auf bestimmte «Problemgruppen» oder beschränken sich ausschließlich auf offiziell arbeitslose Personen, andere beziehen auch Erwerbstätige mit ein oder untersuchen einen repräsentativen Querschnitt von Personen im erwerbsfähigen Alter. Die behandelten Problemstellungen reichen vom Umgang mit dem Arbeitsamt und den psychischen Folgen der Arbeitslosigkeit bis zu den Karriereerwartungen und den Einstellungen zur Erwerbstätigkeit. Einige Datensätze liegen dem Kölner Zentralarchiv vor, andere dürften von diesem relativ problemlos bei der die jeweilige Untersuchung durchführenden Stelle zu beschaffen sein. Das Material reicht vermutlich aus, um einen Großteil der skizzierten Hypothesen zu testen.

Sollte sich herausstellen, daß die Datenlage für eine Sekundäranalyse nicht zureichend ist, dann bleibt für eine empirische Untersuchung nur die Alternative, im Wege der *Primärerhebung* das benötigte Material zu beschaffen. Solche Erhebungen sind oftmals sehr teuer. Bei entsprechender inhaltlicher und organisatorischer Vorbereitung können die Arbeiten zumindest teilweise von hierauf spezialisierten Markt- und Meinungsforschungsinstituten (zu Marktpreisen) durchgeführt werden.

Im «Werkzeugkasten» der empirischen Sozialforschung finden sich verschiedene *Erhebungsinstrumente*. Neben dem sehr verbreiteten *Fragebogen* kommen auch *Beobachtungsverfahren* und *Dokumentenanalysen* (Inhaltsanalysen) zur Anwendung. Viele Untersuchungen bedienen sich zwar schwerpunktmäßig nur jeweils eines der drei Erhebungsverfahren, doch dominiert in der Pilotphase zumeist ein Instrumentenmix.

Als Instrument für die Datensammlung über die Betroffenheit und Strukturierung von Arbeitslosigkeit bietet sich das standardisierte persönliche Interview an. Die Befragung von 1000 bis 2000 Personen einer repräsentativen Stichprobe für die Bundesrepublik ist allerdings recht teuer. Je nach Umfang des Fragebogens, Anzahl der Zielpersonen, organisatorischer Einbettung der Erhebung und Spektrum der zusätzlichen Dienstleistungen des (kommerziellen) Meinungsforschungsinstituts dürfte der Preis zwischen 30000 DM und 200000 DM liegen.

Die Techniken der empirischen Sozialforschung werden in vielen Lehrbüchern breit dargestellt. Dabei muß die Lehre von den Erhebungsinstrumenten als eine «Kunstlehre» bezeichnet werden, in die immer noch zahlreiche theoretisch nicht explizierte und empirisch nicht geprüfte Annahmen über die Wirkung der Instrumente eingehen. Doch wächst das Wissen in diesem Bereich kontinuierlich. Oft übersteigt es deshalb die zeitlichen Möglichkeiten eines primär an einer inhaltlichen Fragestellung orientierten Forschers, sich ausreichend sachkundig zu machen.

Daher ist es ratsam, zumindest bei aufwendigeren Forschungsprojekten, das Beratungsangebot des Mannheimer «Zentrums für Umfragen, Methoden und Analysen (ZUMA bzw. GESIS)» zu nutzen. Besonders im Hinblick auf die Gestaltung von Fragebögen und die methodische Anlage von Untersuchungen bis hin zum Test der Instrumente (Pretest) in der Umfrageforschung (vgl. PORST 1985) kann das Institut wertvolle Hilfestellung leisten. Auch beschränkt sich das Angebot nicht vollkommen auf die Interviewtechnik. Vielmehr wird teilweise auch bei anderen Erhebungstechniken, vor allem aber dann auch bei der Datenanalyse geholfen.

Auf die Fragen der Gestaltung der Erhebungsinstrumente, der Operationalisierung der Variablen und der Codierung und Aufbereitung der Daten bis hin zur Erstellung eines SPSS Systemfiles braucht an dieser Stelle noch nicht eingegangen zu werden, da sie in den folgenden Abschnitten behandelt werden. Am Ende des Erhebungsprozesses und der sich anschließenden Aufbereitungsarbeiten steht in jedem Fall der Datensatz, der benötigt wird, um die Forschungsfragestellungen zu beantworten und die aus dem theoretischen Bezugsrahmen hergeleiteten Hypothesen einem statistischen Test zu unterziehen.

1.6 Von den Daten zur Theorie

In den Lehrbüchern der empirischen Sozialforschung wird immer wieder die Bedeutung der *deduktiven* Vorgehensweise betont. Diese postuliert, daß, wie im Verlauf des Abschnitts 1.5 angedeutet, am Anfang des Forschungsprozesses eine Theorie zu stehen hat, aus der ein Satz von Hypothesen abgeleitet wird, die nach den verschiedenen Stufen der Präzisierung und Umsetzung in ein empirisches Forschungskonzept schließlich einem statistischen Test zugeführt werden. Wollte man in diesem strikt deduktiven Sinne verfahren, so müßte man sich bei der Datenanalyse ausschließlich darauf beschränken, die anfänglich formulierten Hypothesen zu prüfen, um sie dann als entweder falsifiziert oder vorläufig bestätigt zu klassifizieren.

Diese Vorgehensweise wäre unsinnig, und sie entspricht auch nicht der Realität des Forschungsgeschehens. Vielmehr werden im Verlauf der Analyse zahlreiche «neue» Hypothesen entwickelt und getestet. Spekulativ werden viele mögliche Zusammenhänge durchgeprüft. Doch liegen diese «Experimente» zumeist nahe bei den untersuchungsleitenden Ausgangshypothesen. Sie eröffnen dann in der Regel keine neuen theoretischen

Perspektiven, sondern tragen eher zur weiteren Spezifikation des vorliegenden theoretischen Bezugsrahmens bei.

Im Beispiel könnte sich, sofern entsprechende Fragen gestellt wurden, bei der Datenanalyse herausstellen, daß Frauen, Jugendliche und Ausländer nicht nur überproportional häufig arbeitslos sind, sondern daß sie ebenfalls überdurchschnittlich oft Tätigkeiten ausüben, die schlecht bezahlt sind, geringe Qualifikationen erfordern und mit einem erhöhten Unfallrisiko behaftet sind.
Dieser Befund würde es nahelegen, Arbeitslosigkeit als einen extremen Zustand beruflicher Disprivilegierung, aber letztlich nur als den Endpunkt eines Kontinuums beruflicher Privilegierung zu interpretieren. Dieselben Variablen, die ein erhöhtes Arbeitsplatzrisiko bewirken, wären demnach für alle möglichen (anderen) Formen beruflicher Disprivilegierung «verantwortlich». Man bräuchte also, um die Verteilung der Arbeitslosigkeit zu erklären, keine spezielle Theorie der Arbeitslosigkeit.

Die Analyse von Daten kann aber auch zu völlig neuen Einsichten führen, die Anlaß zu *induktiven* Generalisierungen geben. Diese Generalisierungen haben den Status von Hypothesen, die in einer neuen Untersuchung getestet werden müssen, da dasselbe Material, aus dem die Hypothesen gewonnen wurden, nach den Regeln der Logik nicht gleichzeitig zu deren Test benutzt werden kann.
Wie kommt man zu solchen neuen theoretischen Einsichten? Natürlich gibt es keine Strategie, die solche Einsichten garantiert. Doch bieten *Pilotstudien*, bestimmte Verfahren *qualitativer Forschung* und die gründliche *Analyse abweichender Fälle* gute Chancen, ein innovatives theoretisches Verständnis sozialer Sachverhalte zu entwickeln.
Die Funktion von *Pilotstudien* wurde bereits oben (1.5.2) angedeutet. Diese intensive, noch etwas unsystematische Form der Felderschließung, die primär der Präzisierung bereits vorhandener Hypothesen und Fragestellungen dient, hat nicht selten dazu geführt, daß der ursprünglich formulierte theoretische Bezugsrahmen ganz erheblich geändert oder durch einen anderen ersetzt wurde.
Im Verlaufe der Durchführung einer Pilotstudie kann die Einsicht wachsen, daß man über einen Gegenstandsbereich noch erheblich mehr wissen muß, als durch diese erste Studie gelernt wurde. Man kann sich dazu entschließen, eine weitere auf wenige Fälle konzentrierte Untersuchung anzuschließen, die explizit dazu benutzt werden soll, das theoretische Verständnis des Gegenstandsbereichs durch gezieltes Wechseln zwischen Aktivitäten der Datensammlung und der Datenanalyse zu vertiefen. Die Theorien können weiter verfeinert und in gewisser Weise geprüft werden, indem vergleichend weitere Fallstudien nach dem geschilderten Muster durchgeführt werden. Diese Form der *qualitativen Forschung* (GLASER, STRAUSS 1984), die auch komplexe Ursache-Wirkungs-Zusammenhänge abbilden kann, muß nicht unbedingt mit einem grundsätzlichen Verzicht auf Quantifizierung «erkauft» werden, doch spielen traditionelle Verfahren quantitativer statistischer Analyse hier eine untergeordnete Rolle.
Die dritte Möglichkeit, von den Daten auf induktivem Wege zu neuen theoretischen Einsichten zu gelangen, setzt quantitative statistische Analysen voraus, erfordert aber eine intensive Inspektion der Daten. Da sozialwissenschaftliche Hypothesen stochastisch und nicht deterministisch sind, also nur statistisch-korrelative Zusammenhänge von Variablen behaupten, sind im Einzelfall immer Abweichungen von den erwarteten Beziehungen möglich und zulässig. Auch wenn eine Hypothese den statistischen Test besteht, gibt es im Datensatz Fälle, in denen die erwartete Beziehung nicht existiert. Manchmal lohnt es sich, diese *abweichenden Fälle* mit dem Ziel genauer zu inspizieren, systematische, den ursprünglichen Annahmen widersprechende, Zusammenhänge aufzudecken. Dies kann dazu führen, daß man weitere, bislang unbekannte, theoretisch relevante Variablen findet, die im allgemeinen theoretischen Ansatz berücksichtigt werden müssen. Im Ein-

zelfall kann es auch notwendig werden, die eigene Theorie gründlich zu revidieren oder durch eine alternative Theorie zu ersetzen.

Auch wenn der «Alternativrollenansatz» zur Erklärung der Verteilung der Arbeitslosigkeit auf die einzelnen Bevölkerungsgruppen der beruflichen Qualifikation keine kausale Bedeutung zumißt, so wird doch eingeräumt, daß «besser» qualifizierte seltener arbeitslos werden als weniger gut qualifizierte Personen. Allerdings sei die Beziehung zwischen Qualifikationsniveau und Arbeitslosigkeit rein korrelativ und nicht kausal (OFFE, HINRICHS 1977). Diese Korrelation läßt sich in der Tat für die Gesamtheit der erwerbsfähigen Personen in verschiedenen Datensätzen auffinden. Häufig wird sie in der Literatur auch kausal interpretiert.

Man findet aber auch vom Gesamttrend abweichende Fälle. So scheint es bei bestimmten Berufsgruppen entweder keine oder sogar eine umgekehrte Korrelation zwischen dem Qualifikationsniveau und der Arbeitslosigkeit zu geben. Ein Beispiel hierfür ist die bezogen auf die Gesamtheit der Beschäftigten marginale Gruppe der Lehrer. Das Qualifikationsniveau, gemessen an den durchschnittlichen Examensnoten, ist bei den Arbeitslosen höher als bei den beschäftigten Lehrern. Darüber hinaus sind Frauen nur relativ wenig stärker als Männer von Arbeitslosigkeit betroffen, obwohl ihnen angeblich die Alternativrolle im Haushalt offensteht.

Ohne auf Details eingehen zu können, läßt sich aus diesem Sachverhalt der Schluß ziehen, daß zumindest für gewisse Teilarbeitsmärkte nicht Alternativrollen, sondern formale institutionelle Kriterien der Rekrutierung (nach Examensnoten) gepaart mit leistungsunabhängigen Regelungen der Arbeitsplatzgarantie und geringer beruflicher Flexibilität der hochqualifizierten Arbeitsuchenden den Mechanismus der Verteilung der Arbeitslosigkeit konstituieren. Man braucht also vermutlich eine differenzierte Theorie des Arbeitsmarktes und der Arbeitsmarktpolitik sowie ein komplexes Konzept beruflicher Qualifikation, um die Strukturierung der Arbeitslosigkeit befriedigend zu erklären.

Die analytische Arbeit mit den Daten weist also viele Wege zu theoretisch fruchtbaren Resultaten. Dies ist aber in aller Regel nur dann der Fall, wenn theoretische Konzepte den Ausgangspunkt der Datenerhebung und Datenanalyse bilden. Im Wechselspiel Theorie-Daten Daten-Theorie liegt die Chance des Erkenntnisfortschritts.

2 Die Datensammlung
Gewinnung und Aufbereitung von Information:
Von der Beobachtung zur Datei

UWE SCHLETH

2.1 Einleitung: Warum man die Entstehungsgeschichte seiner Daten kennen sollte

Programm-Systeme oder «Pakete» wie SPSS[x] wurden entwickelt, um die Möglichkeiten moderner EDV-Technik für die Aufbereitung, Bearbeitung, komprimierte Darstellung, Beschreibung und Analyse von Informationen zu nutzen. Dadurch können auch sehr große, komplexe Informations- oder Datenbestände bearbeitet, gehandhabt und den Interessen von Wissenschaft und Praxis nutzbar gemacht werden, wie das vor einigen Jahren noch kaum vorstellbar, geschweige denn – angesichts des seinerzeit für ein solches Vorhaben erforderlichen Aufwandes – praktisch durchführbar war.
Das Programm-System SPSS – *Statistical Package for the Social Sciences* – ist in erster Linie für Sozialwissenschaftler gedacht. Für die speziellen Bedürfnisse von Medizinern, Naturwissenschaftlern oder Technikern gibt es andere Programme. SPSS ist jedoch so allgemein angelegt, daß es für einen sehr weiten Bereich von Problemstellungen sinnvoll und effektiv eingesetzt werden kann. SPSS ist nicht nur für die Analyse sozialwissenschaftlicher Daten im engeren Sinne, etwa den Ergebnissen von Meinungsumfragen oder sonstigen, eigens für sozialwissenschaftliche Zwecke durchgeführten Erhebungen geeignet. Im Prinzip können alle denkbaren Gegenstände, Ereignisse oder Entwicklungen, die in irgendeiner Weise beobachtbar und protokollierbar sind oder für die entsprechende Informationen in irgendeiner Form bereits vorliegen, mit Hilfe eines solchen Programm-Systems untersucht und transparent gemacht werden: einzelne Personen sowie Gruppen von Individuen aller Art, geografische Einheiten wie Gemeinden, Regionen oder Nationen ebenso wie Vereine, Verbände, Unternehmen und sonstige Organisationen; Texte, Dokumente und Archivbestände ebenso wie Zeitungen, Fernsehsendungen und Filme oder die Entwicklung von Sozialversicherung, Schulbesuch, Kriminalität oder Erwerbsstruktur im Zeitablauf.
Trotz der höchst unterschiedlichen Inhalte, auf die sich die zu bearbeitenden Informationen beziehen können und aus welchen Quellen sie auch stammen mögen: alle derartigen Datensammlungen – Dateien oder auch Datenmatrizen – sind im Prinzip in gleicher Weise aufgebaut, ihre formale Struktur ist identisch. Diese Regel wurde schon lange vor der Erfindung der EDV befolgt, da eine einigermaßen übersichtliche symbolische Repräsentation größerer Datenbestände anders kaum möglich ist; für Programme wie SPSS ist eine entsprechende Organisation der Informationen – bevor sie dem System zur Verarbeitung übergeben werden – unabdingbar.
Viele Benutzer dieses Handbuchs werden über Dateien verfügen, die bereits so weit

aufbereitet sind, daß sie ohne große Mühe in den Rechner eingegeben und von SPSS zu einer System-Datei – dem *SPSS FILE* – verarbeitet werden können. Noch bequemer haben es diejenigen, die sich ihre Daten oder *Datensätze* bereits in maschinenlesbarer Form – auf Lochkarte, Magnetband oder -platte – beschaffen können oder gar Zugang zu bereits voll aufbereiteten und dokumentierten SPSS-System-Dateien haben. Andere werden die sie interessierenden Informationen zunächst einmal aufsuchen und zusammenstellen müssen oder sie werden hierfür eigene Erhebungen durchführen. Für alle gilt jedoch gleichermaßen, daß sie über das Zustandekommen ihrer Datei, über die dabei üblicherweise auftretenden Fragen und Probleme und die dabei zu beachtenden Regeln und Verfahrensweisen hinreichend informiert sein sollten. SPSS^x ermöglicht höchst raffinierte Datentransformationen, Variablenkonstruktionen und statistisch-analytische Prozeduren. Dieses beachtliche technische Instrumentarium vermag jedoch letztlich nichts auszurichten gegen Fehler und Mängel, die sich bei Sammlung der Informationen und Erstellung der ursprünglichen Datei eingeschlichen haben. Was hier versäumt wurde, kann später allenfalls formal bereinigt, inhaltlich in aller Regel aber nicht mehr repariert werden. – «Garbage in, garbage out» lautet eine alte Redensart unter Computerleuten; «Müll rein – Müll raus», daran können auch die leistungsfähigsten Großrechner und die schönsten Programme nichts ändern.

Wer SPSS anwendet, muß also wissen, daß das Resultat seiner Bemühungen in der Sache letztlich von der Qualität der Daten abhängt, die er verwendet. Und das bedeutet – zum ständigen Leidwesen aller, die mit bereits fertigen Datensätzen arbeiten müssen – daß alle dafür ausschlaggebenden Entscheidungen gefallen, alle Arbeitsschritte erledigt sind, *bevor* die Auswertung beginnen und SPSS^x eingesetzt werden kann. Dazu gehören alle Fragen und Probleme, die im Rahmen von Planung und Durchführung der Informationsgewinnung oder Datensammlung zu lösen sind; insgesamt eine recht komplexe Materie, die in der mittlerweile umfangreichen Literatur zu den Methoden der empirischen (Sozial-)Forschung einen breiten Raum einnimmt. Es wäre daher wenig sinnvoll, im Rahmen dieses Handbuchs eine in irgendeinem Sinne als hinreichend anzusehende Anleitung zur Durchführung empirischer Erhebungen geben zu wollen. Dieses Kapitel soll dem Leser lediglich ein elementares Verständnis für das ‹Material› vermitteln, mit dem er zu arbeiten gedenkt; es will ihn soweit irgend möglich anregen, kritisch und umsichtig zumindest die wichtigsten Fragen im Hinblick auf die Entstehungsgeschichte seines Datensatzes zu stellen und ihn darauf aufmerksam machen, daß man mit der großartigen SPSS-Kanone sehr wohl auch auf Spatzen schießen kann.

Als Einstiegsliteratur für die hier angeschnittenen Fragen kann einer der folgenden Standardtexte dienen: ALEMANN 1984; ATTESLANDER 1985; FRIEDRICHS 1985; KOOLWIJK/ WIEKEN-MAYSER 1974ff.; KROMREY 1986; ROTH 1984; SCHNELL/HILL/ESSER 1988.

2.2 Was man sich vorher überlegen sollte

Daten werden erhoben, gesammelt, gespeichert, verarbeitet – und seit einigen Jahren in zunehmendem Maße gesetzlich gegen Mißbrauch geschützt. Was sind Daten eigentlich? Gewiß, die Frage scheint trivial. In der Alltagssprache versteht man unter Daten alle Arten von Informationen, die über Personen oder Gegenstände erfaßt und in abrufbarer Form festgehalten wurden; Angaben aus Umfragen, Volkszählungen, Steuererklärungen beispielsweise. Dabei ist im allgemeinen auch ziemlich klar, auf welche Weise derartige Angaben in die jeweiligen Tabellen, Statistiken, Melderegister oder sonstige Karteien gelangen. Wie aber sieht es bei Datensätzen aus, die aus der Lektüre von Schulaufsätzen, aus dem Betrachten von Fernsehsendungen oder aus Beobachtungen stammen, die in einem Großraumbüro oder anläßlich der Vorstandssitzung eines Fußballvereins angestellt wurden? Für die ‹datenmäßige› Erfassung derartiger Gegenstände sind offenbar nicht mehr ganz so selbstverständliche Überlegungen und Operationen erforderlich. Im Grunde sind es jedoch immer die gleichen Fragen, die beantwortet werden müssen, *bevor* man beginnt, Daten für die Lösung sozialwissenschaftlicher Probleme einzusetzen oder zu diesem Zweck zu produzieren.

Zunächst muß man sich erst einmal darüber klar werden, was man eigentlich will. Das klingt zwar selbstverständlich, ist aber für die Erfolgsaussichten jeder wissenschaftlichen Unternehmung von entscheidender Bedeutung. Gerade auch im Bereich empirischer Sozialforschung ist so manches Projekt mehr oder weniger gescheitert, weil dieser erste Schritt nicht gründlich genug bedacht und vorbereitet wurde. Ohne präzise Definition des Problems, das gelöst werden soll, ohne klare und differenzierte Vorstellung von der Fragestellung, für die mittels empirischer Forschung Antworten gesucht werden sollen, ist eine sinnvolle Entscheidung hinsichtlich der dafür erforderlichen Daten nicht möglich. Geht die Vorbereitung einer Untersuchung über eine vage Umschreibung des interessierenden Gegenstandsbereichs nicht hinaus, folgt man der in der heutigen Forschungspraxis nicht eben selten anzutreffenden Devise, erst einmal (möglichst viele) Daten zu erheben, um sich anschließend zu überlegen, was damit anzufangen ist, dann muß man schon sehr viel Glück haben, wenn dennoch etwas Vernünftiges dabei herauskommt.

Erst eine präzise Definition des Forschungsproblems ermöglicht die Identifizierung und Festlegung der für die Untersuchung relevanten Begriffe, Konzepte oder Konstrukte. Sollen diese für empirische Forschung einsetzbar sein, müssen sie *operational* definiert werden, d.h. es muß entschieden werden, mit Hilfe welcher Verfahren welche Aspekte der sozialen Wirklichkeit in Erfahrung gebracht werden sollen, welche Art von Informationen benötigt werden und auf welche Weise diese unter Berücksichtigung zugänglicher Quellen, verfügbarer Erhebungstechniken etc. beschafft werden sollen. Mit anderen Worten: Vor der Gewinnung und Bearbeitung von Daten ist so umfassend und detailliert wie irgend möglich zu klären, welche Eigenschaften oder Merkmale welcher Objekte bekannt sein müssen, damit das Forschungsproblem gelöst werden kann.

2.3 Messen – Beobachten – Erheben

Es ist zweckmäßig, sich immer wieder klarzumachen, daß es bei den Daten, die mit Hilfe von SPSS^x oder sonstigen Programmen bearbeitet werden sollen, letztlich immer um die manifesten Endresultate von Meßvorgängen geht. ‹Messen› im (sozial-)wissenschaftlichen Sprachgebrauch meint ganz allgemein die *Zuordnung* von *Zahlen* oder *Symbolen zu Beobachtungen nach bestimmten Regeln*. Dabei soll diese Zuordnung nach Möglichkeit *strukturtreu* erfolgen, d.h. die Relationen unter den Zahlenwerten sollen die Relationen unter den beobachteten Sachverhalten möglichst genau widerspiegeln.

Meßverfahren erscheinen häufig sehr einfach und direkt – die Ermittlung des Körpergewichts durch Ablesen der Anzeige auf einer Waage beispielsweise –, und die so registrierten Daten werden verständlicherweise für völlig eindeutig und unproblematisch gehalten. Betrachtet man einen solchen Vorgang jedoch etwas genauer, wird bereits an diesem simplen Beispiel klar, daß eigentlich eine ganze Reihe von Fragen geklärt sein müßten, bevor man exakt angeben könnte, was die so gewonnenen Daten wirklich repräsentieren: ‹Was› ist hier tatsächlich gewogen worden? Im Falle einer Person: War sie bekleidet oder nackt? War sie nüchtern, wenn ja, seit wann? War sie ‹völlig› sauber, durchschnittlich oder vielleicht stark (etwa unfall-)verschmutzt? Gab es Blut-, Harn- oder Schweißverlust?... Sodann: Wie ‹gut› war die benutzte Waage geeicht? Funktionierte der Übertragungsmechanismus zwischen Plattform und Anzeige zum Zeitpunkt der Messung einwandfrei? In welcher Maßeinheit und mit welchem Differenzierungsgrad wurde gemessen?... Und schließlich: Wer hat wie und unter welchen möglicherweise bedeutsamen äußeren Umständen die Anzeige abgelesen und das wahrgenommene, erinnerte Resultat auf welche Art und Weise protokolliert?

Diese realitätsfern konstruierten Fragen sollen einen im Grunde zwar selbstverständlichen, in der (Forschungs-)Praxis aber allzu leicht in Vergessenheit geratenden äußerst wichtigen Sachverhalt deutlich machen: Das Resultat jeder Art von Messung, Erfassung, Beobachtung oder sonstiger Informationsgewinnung ist abhängig von bzw. ergibt sich aus a) dem zu messenden Objekt und dessen (‹tatsächlichen›) Eigenschaften oder Merkmalen, und b) der Art, Beschaffenheit etc. des angewendeten Meßverfahrens und des dazugehörigen Instrumentariums. Erst aus dem ‹Zusammenspiel› dieser beiden Elemente entsteht am Ende das, was wir ‹Daten› nennen.

Dieses ‹Zusammenspiel› erweist sich bei näherer Betrachtung häufig als ein recht komplizierter und mit so vielen Imponderabilien und Fallstricken behafteter Prozeß, daß sich bei kritischer Würdigung eines Datensatzes – und natürlich erst recht der daraus gezogenen Schlüsse – immer wieder die gleichermaßen unerfreuliche wie unabweisbare Frage stellt, was diese ‹Daten› denn nun eigentlich repräsentieren: die ‹tatsächlichen› Eigenschaften/Merkmale der Objekte, die gemessen werden sollten, oder bloße ‹Kunstprodukte›, auf das angewendete Meßverfahren zurückzuführende Artefakte, die mit dem, was sie eigentlich wiedergeben sollten, so gut wie gar nichts zu tun haben? – Im allgemeinen wird man wohl nicht mit einem dieser Extremfälle konfrontiert sein, wohl aber mit einer Art ‹Mischprodukt›, an dessen Zustandekommen beide Elemente mehr oder minder stark beteiligt waren.

2.4 Umfrageforschung als Beispiel

Für die Benutzer dieses Handbuchs ist die allgemeine Mitteilung, bei Beobachtung und Messung sozialer Sachverhalte handle es sich um komplizierte Vorgänge, selbst wenn sie deren grundsätzliche Bedeutung einsehen und akzeptieren, wenig hilfreich. Worum es dabei geht, soll daher im folgenden am Beispiel der Umfrageforschung eingehender illustriert und in einigen wichtigen Punkten konkretisiert werden.

Die Befragung, Umfrage oder ‹Meinungsforschung› erscheint für diesen Zweck besonders geeignet, weil es sich dabei – trotz vielfacher Kritik aus mehr oder weniger berufenem Munde – nach wie vor um diejenige Technik der Informationsgewinnung oder Datenproduktion handelt, die in der empirischen Sozialforschung am häufigsten eingesetzt wird und für die weit mehr finanzielle Mittel und sonstige Ressourcen aufgewendet werden als für irgendein anderes Erhebungsverfahren. Auch dieser Abschnitt verfolgt in erster Linie die Absicht, Fragen zu provozieren und kritisches Bewußtsein gegenüber der in Dateien eingefangenen ‹Wirklichkeit› anzuregen.

2.4.1 Das Erhebungsverfahren

Die wichtigste Frage, die zunächst einmal zu stellen und zu klären ist, ist die Frage nach der grundsätzlichen Eignung des Erhebungsinstruments – etwa der üblichen ‹Meinungsumfrage› – für den eigentlichen Zweck, das inhaltliche Ziel des Vorhabens. In der Praxis ist – aus naheliegenden Gründen im besonderen in der kommerziellen Markt- und Meinungsforschung – nicht selten die Vorstellung anzutreffen, mit Hilfe dieses Instrumentariums könne praktisch alles in Erfahrung gebracht werden, was man über soziale Wirklichkeit wissen möchte. Diese Vorstellung ist jedoch abwegig bzw. irreführend. Für die sinnvolle, erfolgversprechende Bearbeitung vieler, häufig für Wissenschaft wie Praxis gerade besonders interessanter Probleme, sind Informationen erforderlich, die per Meinungs- oder Umfrageforschung nur sehr bedingt oder überhaupt nicht produziert werden können. Das hat gar nichts mit den vielfältigen erhebungstechnischen Schwierigkeiten zu tun, die bei Anwendung dieses Verfahrens im einzelnen auftreten, sondern ergibt sich zwingend aus dem Prinzip, dem Grundmodell, nach dem man hierbei vorgeht: Individuen, Personen werden auf die eine oder andere Weise durch ‹Befragung› stimuliert zu reagieren, d.h. durch irgendeine Form verbalen oder sonstigen Verhaltens einen *response* kundzutun, der dann letztlich durch Zeichen in der entsprechenden Datei festgehalten wird. Was dabei festgehalten wird und schließlich dem Forscher zur Auswertung vorliegt, ist in der Regel das Ergebnis eines *indirekten* Meßvorgangs. Durch Befragung können im allgemeinen Sachverhalte wie Einstellungen, Verhaltensweisen oder Erwartungen nicht direkt gemessen werden: genaugenommen werden *Aussagen* der Befragten *über Sachverhalte* gemessen bzw. erhoben. Die auf diese Weise gewonnenen Daten dienen dem Forscher dann als Indikatoren für das, was ihn eigentlich interessiert.

Am ehesten ist dieses Verfahren angemessen, wenn für das Bewußtsein der großen Mehrheit der Befragten *aktuelle* Sachverhalte erhoben werden sollen; wenn die Untersuchung etwa abzielt auf Einstellungen, Erwartungen, Urteile zu in der Öffentlichkeit und den Medien breit diskutierten Themen oder wenn es um Fragen persönlich-privater Natur geht, von denen man annehmen kann, daß die Befragten damit tatsächlich vertraut sind und daß die angesprochenen Bereiche von ihnen für einigermaßen bedeutsam gehalten werden. Wie stabil derartige ‹Momentaufnahmen› über die Zeit sind, welche Schlußfolgerungen etwa hinsichtlich künftiger Entwicklungen daraus gezogen werden können, bleibt allerdings auch bei Erfüllung dieser Anforderungen weitgehend offen.

Je weiter man sich von diesem einfachen Modell entfernt, je mehr beispielsweise die eigentliche Fragestellung auf tatsächliches Verhalten in Vergangenheit oder Zukunft, auf reale Handlungspläne und praktizierte Strategien abzielt, desto fragwürdiger wird diese Erhebungstechnik. Was die in diesem Zusammenhang vielfach betriebene Einstellungsforschung betrifft, so kann man bedauerlicherweise beim gegenwärtigen Stand der Forschung nicht davon ausgehen, daß zwischen den in einem Interview geäußerten Einstellungen, Absichten, Orientierungen etc. und dem entsprechenden tatsächlichen Verhalten ein direkter Zusammenhang besteht, wie man ihn ‹eigentlich› vermuten sollte – und dieser Umstand beruht keineswegs nur darauf, daß Befragte gelegentlich bewußt nicht die ‹Wahrheit› sagen, den Interviewer und damit den Forscher zu täuschen versuchen.

Der Zusammenhang zwischen dem, was per Befragung in Erfahrung gebracht werden kann – selbst wenn dies nach allen erdenklichen Regeln dieser Kunst geschieht – und dem, was Menschen in der aktuellen Situation, unter mancherlei unvorhersehbaren Umständen und Einflüssen, tatsächlich tun, ist offenbar weitaus komplexer, als das gemeinhin angenommen wird.

Ebenso problematisch wird es, wenn von den Ergebnissen einer Befragung eines ‹repräsentativen Querschnitts› der Mitglieder eines sozialen Systems – einer Schulklasse, eines Kegelklubs, einer Gewerkschaft oder ‹der BRD› – auf Eigenschaften, Verhalten oder künftige Entwicklungen ebendieser Systeme oder Einheiten geschlossen werden soll. Was immer man über deren individuelle Mitglieder in Erfahrung bringen mag: das Resultat einer derartigen Erhebung muß nicht notwendigerweise die entsprechenden Systemeigenschaften repräsentieren. Der mögliche Fehlschluß, um den es hier geht, läßt sich durch den offensichtlich fragwürdigen Versuch veranschaulichen, mittels sorgfältiger Inspektion einer repräsentativen Stichprobe der Körperzellen eines Hundes etwas über dessen Gutmütigkeit, Lernfähigkeit oder Eignung als Drogenschnüffler zu erfahren. – Für die Frage, wie es um Abrüstung, Energieversorgung oder Umweltbelastung im Jahr 2000 bestellt sein wird, ist es vermutlich ziemlich unerheblich, was ein repräsentativer Bevölkerungsquerschnitt heute dazu ‹meint›. Wir haben es hier mit ‹emergent properties›, mit dem Umstand zu tun, daß das Ganze häufig mehr bzw. anders sein kann, als die Summe seiner Teile; ein Sachverhalt, der bei Auswahl bzw. Würdigung des Erhebungsverfahrens ‹Befragung› sorgfältig erwogen werden sollte.

Es ist demnach unumgänglich, sich zunächst einmal soweit irgend möglich Klarheit darüber zu verschaffen, welche Art von Informationen für die Zielsetzung der jeweiligen Untersuchung wirklich benötigt werden, und welches Erhebungsverfahren zu deren Beschaffung am ehesten geeignet, erfolgversprechend, praktikabel bzw. erschwinglich ist.

2.4.2 Stichprobe, Auswahlverfahren

Ist die Entscheidung für eine Erhebung per Befragung gefallen, oder liegt ein auf diese Weise zustande gekommener Datensatz vor, erhebt sich die Frage, wer befragt werden soll bzw. befragt worden ist. Dabei geht es zunächst um die präzise Definition der sog. *Grundgesamtheit*, über die bestimmte Informationen beschafft werden sollen. Wird die Grundgesamtheit, wie bei vielen Meinungsumfragen üblich, etwa bestimmt durch die Merkmale: ‹Wohnbevölkerung der BRD, in Privathaushalten lebend, deutsche Staatsangehörigkeit, 18 Jahre und älter›, so ergibt sich eine Reihe von Fragen bzw. Einschränkungen, über die man sich klar sein sollte. Vor allem: Wie groß ist der Anteil der auf diese Weise von vornherein ausgeschlossenen Gruppen an der gesamten tatsächlichen Wohnbevölkerung, und welche Implikationen hat dies für die Fragestellung der Untersuchung? Also beispielsweise: Wieviel und welche Personen leben nicht in Privathaushalten, sondern in ‹Anstalten›? Wie steht es etwa mit den Menschen, die in Alten- und Pflegeheimen wohnen, mit Angehörigen der Bundeswehr etc.? Sodann: Was ist unter einem ‹Privathaushalt› zu verstehen? Gilt eine Wohngemeinschaft von 12 miteinander weder verwandten noch verheirateten Personen als Haushalt? Wenn ja, handelt es sich um einen oder um mehrere Haushalte? Schließlich: Inwieweit wird das Untersuchungsziel von dem Umstand tangiert, daß Jugendliche unter 18 Jahren und Ausländer – auch wenn sie seit langem in der BRD leben und als Gastwirt, Ingenieur oder Arzt tätig sind – der so definierten Grundgesamtheit nicht angehören und folglich gar nicht befragt werden konnten bzw. nicht befragt werden sollten?

Hat die Grundgesamtheit relativ wenige Mitglieder, geht es beispielsweise um die Befragung der Kultusminister der westdeutschen Bundesländer, der Bürgermeister des Landkreises X oder der Chefredakteure der überregionalen Tageszeitungen der BRD, wird man in der Regel den Versuch machen, alle Mitglieder der Grundgesamtheit zu befragen und eine sog. *Totalerhebung* durchzuführen. Bei den weitaus meisten ‹Meinungsumfragen› handelt es sich jedoch um die Auswahl einer relativ kleinen Stichprobe, die die in Frage stehenden Merkmale der Grundgesamtheit möglichst exakt repräsentieren, deren möglichst genaues, verkleinertes Abbild darstellen soll. Um abschätzen zu können, inwieweit dieses Ziel im Einzelfall vermutlich realisiert werden konnte – und mit welcher Sicherheit man folglich von der Stichprobe auf die Grundgesamtheit schließen darf –, muß man sich die Implikationen des jeweils angewendeten Stichprobenkonzepts und des tatsächlich eingesetzten Auswahlverfahrens vergegenwärtigen.

Es geht dabei in erster Linie um zwei Fragenkomplexe: um das zugrundeliegende stichprobentheoretische Modell und den Auswahlplan, also um die Frage, wie die Stichprobe gezogen, auf welche Weise die *Zielpersonen* bestimmt werden *sollten* einerseits und zum anderen um das anzunehmende Verhältnis zwischen Plan und Wirklichkeit, also die Frage, wie die schließlich in die Erhebung aufgenommenen Personen *tatsächlich* ausgewählt *wurden*.

Der Auswahlplan sollte zunächst möglichst präzise Auskunft geben über die Definition der Grundgesamtheit, die von der Stichprobe repräsentiert werden soll, etwa die bei der Bundestagswahl 1987 wahlberechtigte Bevölkerung der Bundesrepublik oder die in hessischen Landgemeinden wohnenden verheirateten Frauen mit Kindern im schulpflichtigen Alter. Hinsichtlich der stichprobentheoretischen Konzeption muß klar sein, ob man versucht, sich dem Modell der reinen *Wahrscheinlichkeits-* oder *Zufallsauswahl* soweit wie möglich zu nähern, oder ob man das Ziel eines verkleinerten Abbilds der Grundgesamtheit auf andere Weise zu erreichen sucht. Praktisch handelt es sich in der Bundesrepublik im ersten Fall heute in der Regel um sog. *zufallsgesteuerte, mehrstufige Flächenstichproben*, im zweiten um die eine oder andere Form des *Quota-* oder *Quotenverfahrens*. Bei den bisweilen recht komplexen zufallsgesteuerten Verfahren kann man davon ausgehen, daß für den Schluß von der Stichprobe auf die Grundgesamtheit *Irrtumswahrscheinlichkeiten* und *Schätzfehlerbereiche* im Prinzip berechnet und angeben werden können. Bei der Auswahl nach den Interviewern vorgegebenen Merkmalsquoten – etwa Alter, Geschlecht und Stellung im Beruf – ist dies nicht möglich; man muß sich darauf verlassen, daß a) die für die Quotenbildung benutzten Merkmale der *Grundgesamtheit* hinreichend verläßlich und aktuell sind, und daß b) die Quotierungsmerkmale mit den für die jeweilige Untersuchung interessierenden Merkmalen – etwa der Einstellung zu Vorschulerziehung, Schwangerschaftsabbruch oder Umweltbelastung – hinreichend hoch korrelieren; nur dann ist zu erwarten, daß die Stichprobe auch hinsichtlich dieser Merkmale repräsentativ ist.

Ein Datensatz, für den die hier angedeuteten Fragen durch die dazugehörige Dokumentation nicht hinreichend beantwortet werden, ist – sofern Aussagen über eine bestimmte Grundgesamtheit gemacht werden sollen – schlechterdings unbrauchbar. Im allgemeinen sind heute, zumindest im wissenschaftlichen Bereich, bei der Weitergabe von Daten einer Umfrageerhebung die entsprechenden Informationen bereits im Datensatz enthalten. In jedem Falle sollte man sich sehr genau anschauen, was da über die *Ausschöpfungsquote*, über die Relation von *Brutto-* zu *Nettostichprobe* oder über *stichprobenneutrale* und *systematische Ausfälle* berichtet wird. Vor allem muß man sich Klarheit darüber verschaffen, ob und wenn ja, nach welchem Verfahren die *Rohdaten gewichtet* wurden bzw. werden müssen, um die Stichprobe *nachträglich* bekannten Merkmalen der Grundgesamtheit – etwa der Verteilung nach Alter, Geschlecht und Region – anzugleichen.

Kann im besonderen der auf sekundäranalytische Auswertung bereits vorhandener Datensätze angewiesene Forscher schon beim Bemühen um zufriedenstellende Antworten auf obige Fragen so mancherlei Überraschungen erleben, so ist der zweite Aspekt, nämlich die Frage nach der tatsächlichen Realisierung des Auswahlplans, noch weitaus problematischer. Trotz einiger Anstrengungen in der methodologischen Grundlagenforschung ist Skepsis grundsätzlich angebracht: Inwieweit kann man sich darauf verlassen, daß sich die Interviewer – auch unter möglicherweise sehr schwierigen Bedingungen – beim Aufsuchen und bei der Auswahl der Zielpersonen strikt an die ihnen vom jeweiligen Institut oder Forscherteam vorgegebenen Anweisungen halten und beim Erfüllen der Quoten oder beim Ablaufen des für das Auffinden der Adressen vorgegebenen *Zufallsweges* jeder Versuchung widerstehen, durch ‹geringfügiges› Abweichen vom Pfad der Tugend, dem ‹Zufall ein wenig nachzuhelfen›? Interviewer werden in aller Regel – und das ist praktisch auch kaum anders zu machen – vor allem nach Maßgabe der von ihnen durchgeführten Interviews bezahlt; wer die ‹Qualität› seiner Daten in dieser Hinsicht abschätzen will, sollte sich daher u.a. fragen, wie viele vergebliche Versuche ein durchschnittlicher Interviewer wohl unternehmen wird, um mit einer schwierig zu erreichenden Zielperson schließlich doch noch ein Interview zustande zu bringen.

Bevor man sich den oftmals schwierigen Problemen von *Zuverlässigkeit* und *Gültigkeit* der Antworten der Befragten zuwendet, sollte man also soweit irgend möglich zu klären versuchen, von wem diese Antworten stammen und inwieweit deren Summe in der Tat als verkleinertes Abbild dessen angesehen werden kann, was man sich unter der jeweiligen Grundgesamtheit vorstellt.

2.4.3 Erhebungsinstrumente

Unter Erhebungsinstrumenten versteht man in der Umfrageforschung den Fragebogen, die darin enthaltenen einzelnen Fragen, die im Interview verwendeten Hilfsmittel wie Listen mit Antwortmöglichkeiten, Skalen, Kartenspiele und sonstige Vorlagen sowie Anweisungen an den Interviewer für den Einsatz dieser Instrumente. Insgesamt sind dies die Endprodukte der *Operationalisierung*, also der Umsetzung oder Übersetzung von zunächst häufig mehr oder minder vagen, theoretisch-abstrakten Vorstellungen und Begriffen in eine Sprache, die man mit einiger Aussicht auf Erfolg den Befragten glaubt zumuten zu können. Inwieweit dieser Glaube angemessen ist, ergibt sich aus der Wahrscheinlichkeit, daß mit Hilfe des gewählten Instrumentariums – bei allen Befragten gleichermaßen (!) – tatsächlich das gemessen wurde, was gemessen werden sollte.

Die damit aufgeworfene Frage nach der *Gültigkeit* eines Erhebungsinstruments ist trotz aller hierfür einsetzbaren Prüfverfahren häufig nicht restlos und eindeutig zu beantworten. Das leuchtet unmittelbar ein, wenn es um die angemessene Operationalisierung theoretischer Konzepte wie ‹Entfremdung›, ‹Ich-Stärke› oder ‹sozialer Status› geht. Hier ist der Weg von der ursprünglichen Vorstellung bis hin zur Formulierung und Plazierung von Fragen im endgültigen Fragebogen besonders weit und erfordert eine Reihe von Entscheidungen, bei denen der Forscher nie ganz sicher sein kann, das Gemeinte wirklich ‹richtig› oder gar ‹vollständig› getroffen zu haben.

Wie schwierig und aufwendig es bisweilen sein kann, eine angemessene Operationalisierung zu finden, kann man sich bereits am Beispiel eines so einfach erscheinenden, im Kontext der Umfrageforschung daher häufig auch als ‹objektiv› bezeichneten Merkmals wie dem ‹Beruf des Befragten› klarmachen:
In der Bundesrepublik gibt es ca. 20.000 unterscheidbare Berufe. Wollte man es ganz genau machen, müßte man dem Befragten, dem Interviewer oder später dem Vercoder eine komplette Liste dieser Berufe mit der Bitte vorgeben, den jeweils zutreffenden Beruf darin aufzusuchen und die entsprechende Code-Nummer zu registrieren. Auch wenn sich durch eine gute Systematik eine solche Liste etwas übersichtlicher gestalten ließe, wäre sie mit ihren rund 400 Seiten praktisch für den Zweck einer Umfrageerhebung nicht verwendbar. Um entscheiden zu können, wie weit eine solche Liste sinnvoll zusammengestrichen werden kann, muß offenbar zunächst einmal geklärt werden, wozu genau man das Merkmal ‹Beruf› erheben und wie man es in der späteren Analyse verwenden will. Ist das mit einiger Sicherheit vorher abzuschätzen, läßt sich der erforderliche Differenzierungsgrad daraus ableiten. Leider ist das *vor Beginn der Erhebung* selten exakt möglich; man wird daher mit Rücksicht auf möglicherweise erst später auftretende Fragestellungen und neu hinzukommende Gesichtspunkte ‹auf Nummer Sicher› gehen und vorsorglich eine etwas differenziertere Erfassung anstreben – zumindest ist im Interesse aller, die später einmal mit einem solchen Datensatz arbeiten müssen, zu hoffen, daß dies so ist, denn was bei Konzeption und Vorbereitung der Datenerhebung vergessen oder übersehen wurde, ist ein für allemal verloren.
Aber wie weit soll man gehen? Die bloße Unterscheidung von Arbeitnehmern und sonstigen Berufstätigen dürfte kaum ausreichen, zumal dann mehr als 80% der Erwerbstätigen auf die erste Kategorie entfallen würden. Auch mit der traditionellen Unterscheidung von Arbeitern, Angestellten, Beamten und Selbständigen kommt man in den meisten Fällen nicht aus. Was bedeutet schon die Bezeichnung ‹Arbeiter›? Die Palette der möglichen Sachverhalte dahinter reicht vom ungelernten Hilfs- oder auch Gelegenheitsarbeiter bis zu höchst qualifizierten Facharbeitern und Meistern. In die Rubrik ‹Angestellte› fällt die Verkäuferin im Supermarkt ebenso wie der Topmanager eines multinationalen Konzerns; Postboten und Staatssekretäre sind gleichermaßen ‹Beamte›, und ‹selbständig› können Kioskbesitzer und Betreiber von Tante-Emma-Läden wie auch Unternehmer, Privatbankiers oder Großgrundbesitzer sein. Sind der ausgeübte Beruf, die Berufstätigkeit oder die damit grob umschriebene soziale Stellung für die jeweilige Untersuchung von soziologischem, ökonomischem, sozialpsychologischem oder sonstigem Interesse, muß man sicherlich weitergehen, und dann kommt man, wie das folgende Beispiel aus der vom *Zentrum für Umfragen, Methoden und Analysen in Mannheim (ZUMA)* durchgeführten ALLBUS-Erhebung 1984 zeigt (vgl. dazu u.a. PORST 1985 sowie die Einleitung zu den Übungsaufgaben im Anhang), sehr bald zu einer ganzen Batterie von Fragen, Intervieweranweisungen und dem Befragten vom Interviewer vorzulegenden Anlagen (siehe die Schaubilder I.2-1 bis I.2-3).
Das in den obigen Schaubildern auszugsweise wiedergegebene Beispiel für die Operationalisierung von ‹Beruf des Befragten› für den Zweck einer Umfrageerhebung ist folgendermaßen zu verstehen: Die linke Spalte im Fragebogen enthält die fortlaufende Numerierung der Fragen. Die für den planmäßigen Ablauf eines Interviews sehr wichtige rechte Spalte gibt an, mit welcher Frage es jeweils weitergeht. Die Ziffern im mittleren Teil sind vorerst ohne Belang. – Da es nicht besonders sinnvoll ist, Arbeitslose, Rentner, Schüler oder Hausfrauen nach ihrer derzeitigen Berufstätigkeit zu fragen, müssen mit Hilfe der Frage Nr. 9 zunächst einmal die Erwerbstätigen (gut 40% der Wohnbevölkerung) von

Schaubild I.2-1: FRAGEBOGEN-AUSZUG: Erhebung des Merkmals «Beruf»

Karte 1

9	*INT.: rosa Liste 3 vorlegen* Was von dieser Liste trifft auf Sie zu? *INT.: nur eine Angabe möglich*	hauptberufliche Erwerbstätigkeit, ganztags .... 01 hauptberufliche Erwerbstätigkeit, halbtags 02	31/32	10
		arbeitslos .... 03 nebenher erwerbstätig ..... 04 nicht erwerbstätige(r) Hausfrau (Hausmann) .... 05 Wehr-/Zivildienstleistender .. 06 Rentner, Pensionär ...... 07 Schüler, Student, Auszubildende(r) ...... 08 sonstige(r) Nichterwerbstätige(r) 10		23
10	*INT.: blaue Liste 4 vorlegen* Bitte ordnen Sie Ihre berufliche Stellung nach dieser Liste ein.	*INT.: Kennziffer eintragen* 33/34	*INT.: w i c h t i g e r F i l t e r* bei Kennziffer 10 bis 24 bei Kennziffer 30 bei Kennziffer 40 bis 74	11 12 13
11	Welche berufliche Tätigkeit üben Sie in Ihrem Hauptberuf aus? Bitte beschreiben Sie mir Ihre berufliche Tätigkeit genau. (Hat dieser Beruf noch einen besonderen Namen?) *INT.: bitte genau nachfragen*	- - - - - - - - - - - - - - - - - - - - - - - - - - - - - - - - - - - - - - - - - - - - - - - - - - - - - - - - - - - -		
11a	Seit wann sind Sie schon in Ihrer derzeitigen Arbeit selbständig?	*INT.: Jahreszahl eintragen* selbständig seit: 19 _ _ _ _ 99	35/36	14
12	Welche berufliche Tätigkeit üben Sie in Ihrem Hauptberuf aus? Bitte beschreiben Sie mir Ihre berufliche Tätigkeit genau. (Hat dieser Beruf noch einen besonderen Namen?) *INT.: bitte genau nachfragen*	- - - - - - - - - - - - - - - - - - - - - - - - - - - - - - - - - - - - - - - - - - - - - - - - - - - - - - - - - - - -		
12a	Seit wann helfen Sie schon im Familienbetrieb mit?	*INT.: Jahreszahl eintragen* seit: 19 _ _ _ _ 99	37/38	14

(ALLBUS 1984)

Fortsetzung: Schaubild I.2-1

Karte 1

13	Welche berufliche Tätigkeit üben Sie in Ihrem Hauptberuf aus? Bitte beschreiben Sie mir Ihre berufliche Tätigkeit genau. (Hat dieser Beruf noch einen besonderen Namen?) *INT.: bitte genau nachfragen*	---------------- ---------------- ---------------- ----------------	
13a	Seit wann sind Sie schon bei Ihrem derzeitigen Arbeitgeber (Firma, Behörde usw.) beschäftigt?	*INT.: Jahreszahl eintragen* seit: 19 _ _ _ _	39/40 99
14	Waren Sie in den letzten 10 Jahren irgendwann einmal arbeitslos?	ja . . . . 1 nein 2	41 15 16 9
15	Wie lange waren Sie insgesamt in den letzten 10 Jahren arbeitslos? *INT.: wenn Befragungsperson mehr als einmal arbeitslos war, alle Perioden zusammenrechnen!*	42 43/44 45 _ _ _ _ _ _ _ _ _ _ _ _ _ _ _ (Wochen) (Monate) (Jahre) 9 99 9	
16	In was für einem Betrieb oder was für einer Arbeitsstätte arbeiten Sie? Wird etwas hergestellt (was?), ist es Groß- oder Einzelhandel (womit?), oder welche allgemeine Bezeichnung hat Ihre Arbeitsstätte? *INT.: Branche/Wirtschaftszweig der örtlichen Betriebseinheit, in der Befragter arbeitet, genau notieren!*	---------------- ---------------- ---------------- ----------------	
17	Wie viele Personen sind in Ihrem Betrieb bzw. der Arbeitsstätte beschäftigt, in der Sie arbeiten? *INT.: bei Rückfragen: Gemeint ist die örtliche Arbeitsstelle, an der Sie arbeiten - also ohne Zweigstellen usw., die Ihre Firma vielleicht noch woanders hat*	_ _ _ _ _ Beschäftigte 99999	46/47/48/49/50
17a	*INT.: weißes Branchenblatt vorlegen* Könnten Sie mir bitte anhand dieses Branchenblattes sagen, zu welcher Branche der Betrieb gehört, in dem Sie arbeiten?	*INT.: Kennziffer eintragen* [ ] 99	51/52

(ALLBUS 1984)

Schaubild I.2-2: Anlage zum Fragebogen

LISTE 4

zu Fragen 10, 24, 26a, S8 und S13

Selbständige Landwirte mit landwirtschaftlich genutzter Fläche von...
10 unter 10 ha
11 10 ha bis unter 20 ha
12 20 ha bis unter 50 ha
13 50 ha und mehr

Akademische freie Berufe (z.B. Arzt, Rechtsanwalt mit eigener Praxis)
15 1 Mitarbeiter
16 2-9 Mitarbeiter
17 10 Mitarbeiter und mehr

Selbständige in Handel, Gewerbe, Industrie, Dienstleistung u.a.
21 1 Mitarbeiter
22 2-9 Mitarbeiter
23 10-49 Mitarbeiter
24 50 Mitarbeiter und mehr

30 Mithelfende Familienangehörige

Beamte/Richter/Berufssoldaten
40 Beamte im einfachen Dienst (bis einschließl. Oberamtsmeister)
41 Beamte im mittleren Dienst (vom Assistenten bis einschl. Hauptsekretär/Amtsinspektor)
42 Beamte im gehobenen Dienst (vom Inspektor bis einschl. Oberamtmann/Oberamtsrat)
43 Beamte im höheren Dienst, Richter (vom Regierungsrat aufwärts)
49 Wehrpflichtige, Zivildienstleistende

Angestellte
50 Industrie- und Werkmeister im Angestelltenverhältnis
51 Angestellte mit einfacherer Tätigkeit (z.B. Verkäufer, Kontorist, Stenotypistin)
52 Angestellte, die schwierigere Aufgaben nach allgemeiner Anweisung selbständig erledigen (z.B. Sachbearbeiter, Buchhalter, Technischer Zeichner)
53 Angestellte, die selbständige Leistungen in verantwortungsvoller Tätigkeit erbringen oder begrenzte Verantwortung für die Tätigkeit anderer tragen (z.B. wiss. Mitarbeiter, Prokurist, Abteilungsleiter)
54 Angestellte mit umfassenden Führungsaufgaben und Entscheidungsbefugnissen (z.B. Direktor, Geschäftsführer, Vorstand größerer Betriebe und Verbände)

Arbeiter
60 ungelernte Arbeiter
61 angelernte Arbeiter
62 gelernte und Facharbeier
63 Vorarbeiter und Kolonnenführer
64 Meister/Poliere

In Ausbildung
70 kaufmännische/Verwaltungs-Lehrlinge
71 gewerbliche Lehrlinge
72 haus-/landwirtschaftliche Lehrlinge
73 Beamtenanwärter/Beamte im Vorbereitungsdienst
74 Praktikanten/Volontäre

(ALLBUS 1984)

Die Datensammlung

Schaubild I.2-3: Anlage zum Fragebogen

BRANCHENBLATT

zu Frage 17a

01	**Land- und Forstwirtschaft, Tierhaltung und Fischerei**
	Landwirtschaft, Tierhaltung und -zucht
	Garten- und Weinbau
	Forst- und Jagdwirtschaft
	Hochsee-, Küsten-, Binnenfischerei, Fischzucht

02	**Energiewirtschaft und Wasserversorgung, Bergbau**
	Wasser-, Gas- und Elektrizitätsversorgung, sonstige Energiewirtschaft
	Stein-, Braun- und Pechkohlenbergbau, Erzbergbau
	Gewinnung von Erdöl, Erdgas und bituminösen Gesteinen
	Kali- und Steinsalzbergbau sowie Salinen, übriger Bergbau

Verarbeitendes und produzierendes Gewerbe (ohne Baugewerbe)

03	**Chemische Industrie (einschl. Kohlenwertstoff-Industrie)**
	Herstellung von Chemiefasern
	Verarbeitung von Mineralöl

| 04 | **Kunststoffverarbeitung** |
| | Gummi- und Asbestverarbeitung |

05	**Gewinnung und Verarbeitung von Steinen und Erden**
	Feinkeramik
	Herstellung und Verarbeitung von Glas

06	**Eisen- und Nichteisen-Metallerzeugung**
	Eisen- und Stahlerzeugung (einschließlich -halbzeugwerke)
	Nichteisen-Metallerzeugung (einschließlich -halbzeugwerke)
	Gießerei
	Stahlverformung, Oberflächenveredelung, Härtung
	Ziehereien und Kaltwalzwerke
	Schlosserei, Schweißerei, Schleiferei und Schmiederei (a.n.g)

07	**Stahl- und Maschinenbau**
	Stahl-, Leichtmetall- und Behälterbau
	Waggon-, Feld- und Industriewagenbau
	Montage und Reparatur von Lüftungs-, wärme- und gesundheitstechnischen Anlagen
	Maschinenbau (ohne Herstellung und Reparatur von Büromaschinen sowie Zahnrädern, Getrieben usw.)
	Herstellung von Zahnrädern, Getrieben, Walzlagern und sonstigen Antriebselementen sowie sonstigen Maschinenbauerzeugnissen

08	**Fahrzeugbau**
	Herstellung von Kraftwagen, Kraftfahrzeugteilen und Karosserien
	Herstellung von Krafträdern, Kraftmotoren, Fahrrädern und Kinderwagen, Herstellung und Reparatur von Gespannfahrzeugen
	Reparatur von Kraftfahrzeugen und Fahrrädern, Lackierung von Straßenfahrzeugen
	Schiffbau
	Luftfahrzeugbau

09	**Elektrotechnik**
	Herstellung und Reparatur von Datenverarbeitungsanlagen und Büromaschinen
	Allgemeine Elektrotechnik

| 10 | **Herstellung von Eisen-, Blech- und Metallwaren** |

11	**Feinmechanik und Optik**
	Herstellung und Reparatur von Uhren und anderen feinmechanischen Erzeugnissen
	Musikinstrumenten-, Spielwaren- und Sportgerätehestellung
	Bearbeitung von Edel- und Schmucksteinen sowie Herstellung von Schmuckwaren

12	**Holzgewerbe**
	Säge-, Hobel-, Holzimprägnier- und Furnierwerke
	Sperrholz-, Holzfaser- und Holzspanplattenwerke
	Herstellung und Reparatur von Holzmöbeln
	Holzkonstruktionen und sonstiges Tischlereierzeugnisse
	Sonstige Holzbe- und -verarbeitung

| 13 | **Papiergewerbe** |
| | Papiererzeugung und -verarbeitung |

14	**Druckgewerbe**
	Druckerei und Vervielfältigung
	Chemigraphisches Gewerbe

15	**Leder-, Textil- und Bekleidungsgewerbe**
	Ledererzeugung und -verarbeitung
	Herstellung und Reparatur von Schuhen aus Leder und Textilien
	Verarbeitung von textilen Grundstoffen auf Wollbearbeitungsmaschinen
	Verarbeitung von textilen Grundstoffen auf Baumwollbearbeitungsmaschinen
	Verarbeitung von textilen Grundstoffen auf Seidenbearbeitungsmaschinen
	Verarbeitung von textilen Grundstoffen auf Leinen- und Hanfbearbeitungsmaschinen
	Sonstige Verarbeitung von textilen Grundstoffen sowie Veredelung von Textilien
	Bekleidungsgewerbe, Nähereien
	Polster- und Dekorateurgewerbe

16	**Nahrungs- und Genußmittelgewerbe**
	Herstellung von Nahrungsmitteln verschiedener Art und von Backwaren
	Herstellung von Süßwaren sowie Dauerbackwaren
	Schlachterei und Fleischverarbeitung
	Getränkeherstellung
	Tabakverarbeitung

Baugewerbe

| 17 | **Bauhauptgewerbe** (ohne Ausbau- und Bauhilfsgewerbe) |

18	**Ausbau- und Bauhilfsgewerbe**
	Zimmerei und Dachdeckerei
	Klempnerei
	Elektroinstallateur
	Glasereigewerbe
	Maler- und Lackierergewerbe
	Fußboden-, Fliesen- und Plattenlegerei
	Gerüstbau

Handel

| 19 | **Großhandel, Handelsvermittlung** |

| 20 | **Einzelhandel, Versandhandel** |

Verkehr und Nachrichtenübermittlung

| 21 | **Eisenbahnen** |

| 22 | **Deutsche Bundespost** |

23	**Verkehrsgewerbe** (ohne Eisenbahnen und Deutsche Bundespost)
	Straßenverkehr
	Schiffahrt, Wasserstraßen und Häfen
	Spedition, Lagerei und Kühlhäuser
	Luftfahrt und Flugplätze
	Transport in Rohrleitungen
	und sonstiges Verkehrsgewerbe

Kreditinstitute und Versicherungsgewerbe

| 24 | **Kredit- und sonstige Finanzierungsinstitute, Versicherungsgewerbe** |

Dienstleistungen, soweit anderweitig nicht genannt

25	**Gaststätten und Beherbergungsgewerbe sowie Verpflegungseinrichtungen**
	(einschließlich Schornsteinfegergewerbe)
	Friseur- und sonstige Körperpflegegewerbe
	Heime einschließlich Tagesheime

| 26 | **Wäscherei und Reinigung** |

27	**Wissenschaft, Bildung, Kunst und Publizistik**
	Wissenschaftliche Hochschulen und sonstige Einrichtungen, allgemein- und berufsbildende Schulen
	Sonstige Unterrichtsanstalten und Bildungsstätten, Erziehung und Sport
	Kunst, Theater, Film, Rundfunk und Fernsehen
	Verlags-, Literatur- und Pressewesen

| 28 | **Gesundheits- und Veterinärwesen** |

29	**Sonstige private Dienstleistungen**
	Rechtsberatung sowie Wirtschaftsberatung und -prüfung
	Architektur- und Ingenieurbüros, Laboratorien und ähnliche Institute
	Grundstücks- und Wohnungswesen, Vermögensverwaltung
	Wirtschaftswerbung und Ausstellungswesen
	Fotografisches Gewerbe (nicht Licht- und Fotopausereien)
	Hygienische und ähnliche Einrichtungen
	Leihhäuser, Versteigerungsgewerbe
	Vermietung beweglicher Sachen
	Sonstige Dienstleistungen (soweit von Unternehmen und Freien Berufen erbracht)

Organisationen ohne Erwerbscharakter und private Haushalte

30	**Kirchen, Verbände, Vereine, private Haushalte**
	Organisationen des Wirtschaftslebens
	Politische Parteien und sonstige Organisationen ohne Erwerbscharakter
	Christliche Kirchen, Orden, religiöse und weltanschauliche Vereinigungen
	Private Haushalte

Gebietskörperschaften und Sozialversicherungen

31	**Öffentliche Verwaltung, Gebietskörperschaften und Sozialversicherungen**
	Allgemeine öffentliche Verwaltung
	Verteidigung, öffentliche Sicherheit und Ordnung
	Sozialversicherung
	Vertretungen fremder Staaten, inter- und supranationale Organisationen (mit Behördencharakter)

allen übrigen unterschieden werden. Diesen legt der Interviewer mit der Frage Nr. 10 dann die Liste 4 vor und bittet den Befragten, die auf ihn am ehesten zutreffende Kategorie herauszusuchen; die entsprechende Ziffer trägt er im Kästchen bei Frage 10 ein und folgt dann den *Filteranweisungen*. Alle Selbständigen (Ziffer 10 bis 24 der Liste 4) werden mit der offenen Frage 11 um eine möglichst genaue Bezeichnung ihres Hauptberufs *in ihren eigenen Worten* gebeten. Anschließend erkundigt der Interviewer sich danach, wie lange seine Zielperson schon selbständig ist (Frage 11a), ob sie schon einmal arbeitslos war und wenn ja, wie lange (Fragen 14, 15); er fragt eingehend und wiederum *offen* nach der Art der Arbeitsstätte und nach der Anzahl der dort Beschäftigten (Fragen 16, 17) und ermuntert den Befragten mit der Frage 17a dann schließlich, das Branchenblatt sorgfältig zu studieren, damit er die am ehesten zutreffende Codeziffer dort eintragen kann. – Entsprechend ist der Fragenablauf für mithelfende Familienangehörige sowie für alle Kategorien derzeit erwerbstätiger Arbeitnehmer. Für derzeit nicht Erwerbstätige gibt es an anderer Stelle im Fragebogen entsprechend modifizierte Formulierungen, etwa Fragen nach der früheren oder letzten Berufstätigkeit für Arbeitslose und Rentner, nach dem Beruf des Ehemannes für ‹Nur-Hausfrauen› etc.

Wenn man bedenkt, daß die *Einschaltung* einer einzigen Frage bei einer Repräsentativerhebung mit einem *Stichprobenumfang* von nur 1000 Fällen bereits mehrere tausend DM kostet, dürfte klar sein, daß sich nicht jeder Forscher bei jeder Untersuchung einen derartigen Aufwand leisten kann, um allein das Merkmal der Berufstätigkeit einigermaßen ‹vollständig› zu erfassen. Aber: mit jeder Kürzung einer solchen Fragenbatterie geht unweigerlich Information verloren – und angesichts der prinzipiellen Ungewißheit hinsichtlich neuer Fragestellungen, die sich im Verlauf der Analyse ergeben können, sehen Fragebogenkonstrukteure sich immer wieder gezwungen, um einzelne Fragen geradezu ringen zu müssen. Da in jedem praktisch vorstellbaren Fall schon aus finanziellen Erwägungen, vor allem aber im Hinblick auf Belastbarkeit von Befragten und Interviewern, klare Grenzen gesetzt sind, die man nur um den Preis, die Durchführbarkeit der gesamten Untersuchung zu gefährden, überschreiten darf, wird damit ebenfalls deutlich, welch schwierige Entscheidungen bei der Konstruktion eines Fragebogens immer wieder zu treffen sind und daß die daran Beteiligten in aller Regel um mehr oder minder plausible Kompromisse nicht herumkommen.

Von den Standardproblemen, die bei Entwicklung und Festlegung der Erhebungsinstrumente immer wieder irgendwie gelöst werden müssen, seien – zwecks Illustration und alles andere als erschöpfend – nur einige genannt:

Eine wichtige, weil besonders ärgerliche und in der Planungsphase nahezu jeden Projekts auftretende Schwierigkeit wurde bereits erwähnt: es gibt häufig doppelt oder dreimal so viele Fragen, Themenbereiche und Aspekte wie in einem Fragebogen untergebracht werden können. Bei den üblichen Querschnitts- oder Repräsentativbefragungen liegt die kritische Schwelle bei etwa 60 Minuten Interviewzeit. Darüber hinaus kann man nur gehen, wenn bei den Zielpersonen mit außergewöhnlichem Interesse am Gegenstand der Untersuchung gerechnet werden kann, etwa bei Befragung von Experten- oder sonstigen Führungsgruppen. Beim ‹durchschnittlichen› Befragten nehmen Konzentration und Bereitschaft, sich auch nur einigermaßen ‹ernsthaft› mit den Fragen des Interviewers zu beschäftigen, erheblich ab, wenn das Interview länger als 45 bis 60 Minuten dauert, d.h. *Gültigkeit* und *Zuverlässigkeit* der gegen Ende des Interviews erhobenen Merkmale werden allein schon aus diesem Grund zunehmend fragwürdiger. Je gründlicher und informierter die Überlegungen in der Konzeptionsphase, desto eher kann die letztlich immer erforderliche Beschränkung auf ‹das Wesentliche› sinnvoll vorgenommen werden. Nur dann läßt sich auch eine einigermaßen vertretbare Antwort auf die in diesem Zusammenhang vielfach auftauchende Frage finden, ob die Generalstrategie ‹breit und flach› oder ‹schmal und tief› lauten soll, ob man also versuchen will, möglichst viele Aspekte des Gegenstandes – dann notgedrungen oberflächlich – zu erfassen, oder ob man sich an der Maxime, in der Beschränkung erst zeigt sich der Meister, orientiert, sich auf die zentral erscheinenden Sachverhalte konzentriert und diese dann umfassender abzudecken sucht.

Hat man glücklich den Umfang des Fragenprogramms auf ein vertretbares Maß zurückgestutzt, sind häufig sehr eingehende Überlegungen hinsichtlich der Plazierung und Anordnung der einzelnen Fragen, Fragenbatterien oder thematisch zusammengehörenden Blöcke anzustellen. Einerseits sollte es dem Befragten möglich sein, in der Abfolge der Fragen und Gegenstände eine ihm verständliche Struktur, einen ‹roten Faden› zu entdecken. Das macht es für ihn leichter, aufmerksam bei der Sache zu bleiben, hinlänglich genau dem Interviewer zuzuhören und überlegt, ‹nach bestem Wissen und Gewissen› zu antworten. Andererseits muß der Fragenbogenkonstrukteur sich darüber klar sein, daß jedes angesprochene Thema, jede Frage für den Befragten einen Bezugskontext herstellen kann, der sein Antwortverhalten bei den darauf folgenden Fragen möglicherweise beeinflußt. Fragen zur Wiedereinführung der Todesstrafe in der Bundesrepublik dürften unterschiedliche Resultate zeitigen, je nachdem ob zuvor eingehend von Kapitalverbrechen an Kindern und Frauen oder von Problemen der Rechtsprechung, von der möglichen Voreingenommenheit von Richtern und von Justizirrtümern die Rede war. Erwiesen ist der Einfluß, den ein längeres Interview zu aktuellen politischen Fragen, zu den Stärken und Schwächen politischer Parteien, der Spitzenpolitiker etc. haben kann auf die bekundete Absicht, bei der nächsten Wahl seine Stimme dieser oder jener Partei geben zu wollen. Wird diese Frage gleich zu Beginn gestellt, fallen die Antworten deutlich anders aus als am Ende des Interviews. Auch der sekundäranalytisch arbeitende Forscher, der an dem Fragebogen, der zu seinem Datensatz führte, ja nichts mehr ändern kann, tut gut daran, auf mögliche *Plazierungs-*, *Sequenz-* und *Ausstrahlungseffekte* in seinem Material zu achten und die sich daraus ergebenden Konsequenzen für sein Vorhaben zu bedenken.

Hinsichtlich des Formats einzelner Fragen ergibt sich mit schöner Regelmäßigkeit immer wieder die Notwendigkeit, die Vor- und Nachteile *offener* und *geschlossener* Versionen gegeneinander abzuwägen. *Offene Fragen* haben zweifellos den wichtigen Vorzug, daß auf diese Weise dem Befragten am ehesten die Chance gegeben wird, zum Ausdruck zu bringen, was ihm selbst im Moment dazu einfällt. Dieses Format ist jedoch zum einen erheblich aufwendiger und anfälliger für Fehler seitens der Interviewer und Coder (dazu weiter unten), und zum anderen ist es auf diese Weise schwieriger, allen Befragten durch die Art der Fragestellung den gleichen Bezugsrahmen nahezulegen, was mitunter durchaus wünschenswert sein kann. Bei *geschlossenen Fragen* hat die Zielperson nur die Möglichkeit, das auf sie Zutreffende aus einer mehr oder weniger großen Anzahl von Antwortvorgaben auszuwählen (vgl. Frage 9 im obigen Fragebogenauszug). Damit wird sie in ein Korsett gezwungen, das sie möglicherweise für unpassend hält; es besteht das Risiko, wichtige Vorgaben zu vergessen und damit das Spektrum möglicher Antworten u. U. erheblich einzuengen oder die Befragten durch besonders attraktive, weil einfach oder unverfänglich erscheinende Vorgaben gewissermaßen ‹künstlich› auf bestimmte Antworten zu programmieren. Letzteres tritt tendenziell immer dann auf, wenn die Antwortmöglichkeiten dem Befragten nicht in Form einer Liste vorgelegt, sondern nur durch den Interviewer vorgelesen werden: Je größer die Anzahl der Vorgaben, desto eher muß man mit der Wahrscheinlichkeit rechnen, daß die zuletzt vorgelesenen Möglichkeiten ‹über Gebühr› bevorzugt werden. Andererseits kann eine geschlossene Frage eben wesentlich ‹preisgünstiger› in einem Fragebogen untergebracht werden und man hat, auch wenn man sich im klaren darüber ist, den Befragten ‹Gewalt anzutun›, immerhin die Genugtuung, diese Zumutung im Prinzip allen Befragten gleichermaßen zuteil werden zu lassen.

Generell sollte die Devise bei Auswahl bzw. Entwicklung der Instrumente stets lauten: So einfach wie möglich, so differenziert oder kompliziert wie unbedingt nötig! Das gilt sowohl für die Formulierung der Fragen und Erläuterungen wie auch für die eingesetzten Hilfsmittel wie Urteils-, Sympathie- und Präferenz-Skalen. Bei letzteren ist im besonderen darauf zu achten, daß die Befragten nicht gezwungen werden, sich im Verlauf des Interviews mit immer wieder neuen, ganz unterschiedlich konstruierten Skalen, Leitern, Thermometern, Schulnotenschlüsseln etc. vertraut zu machen. Das kann sehr leicht zu unnötiger Verwirrung und damit zur ernsthaften Beeinträchtigung von *Zuverlässigkeit* und *Gültigkeit* der Messungen führen.

Dabei geraten Fragebogenkonstrukteure allerdings immer dann leicht in ein unerfreuliches Dilemma, wenn die zu konzipierende Untersuchung im Kontext eines umfassenderen Forschungsprogramms steht. Sollen die Ergebnisse etwa mit früheren Erhebungen zum gleichen Gegenstand oder mit andernorts geplanten oder bereits durchgeführten Studien *vergleichbar* sein, sollten die Erhebungsinstrumente aller Bezugsuntersuchungen möglichst identisch sein. Andernfalls ist später kaum noch zu entscheiden, ob Abweichungen in den Ergebnissen ‹echte› Unterschiede anzeigen oder lediglich auf den Effekt verschiedenartiger Meßinstrumente zurückzuführen sind. Ein ganz ähnliches Dilemma ergibt sich häufig bei der Formulierung einzelner Fragen, der Zusammenstellung von Item-Listen und Antwortvorgaben hinsichtlich der Zielkriterien *Vergleichbarkeit* versus *Aktualität*. Zu den mittlerweile berühmten, weil häufig eingesetzten vier Items der *Postmaterialismusskala* (INGELHART 1977) gehört in der deutschen Fassung das Item ‹Kampf gegen die steigenden Preise›. Als diese Skala seinerzeit entwickelt wurde, war dies auch für die Bundesrepublik fraglos eine für große Teile der Bevölkerung sehr wichtige Frage. In der Zwischenzeit hat die ‹Preisstabilität› gerade hierzulande jedoch erheblich an Zentralität und Bedeutsamkeit eingebüßt und ist in der Rangreihe der wichtigsten politischen Streitfragen weit hinter ‹Bekämpfung der Arbeitslosigkeit›, ‹Umweltschutz›, ‹Sicherung der Renten› etc. zurückgefallen. Dennoch wird jeder Forscher, der auf die Vergleichbarkeit seiner Daten mit den zahlreichen Studien, in denen dieses Instrument verwendet wurde, Wert legt, zu Recht sehr lange zögern, bevor er sich zu einer Modernisierung entschließt und das Item Preisstabilität durch ein anderes ersetzt. Sobald es also um die *Vergleichbarkeit* der Resultate geht – was immer dann der Fall ist, wenn ein Beitrag zur Schaffung von Zeitreihen, die in den Sozialwissenschaften so dringend benötigt werden, zur Diskussion steht –, wird es oftmals sehr schwierig, wenn nicht gar unmöglich, einen vertretbaren Mittelweg zwischen den vielfach nicht vereinbarten Zielwerten *Aktualität* der Formulierungen und Items, *Einfachheit* und *Gleichartigkeit* der Instrumente einerseits und Wahrung der für optimale Vergleichbarkeit nun einmal unerläßlichen *Kontinuität* andererseits zu finden. – Die Kenntnis derartiger Zusammenhänge wird den Zorn derer, die später einmal mit den so entstandenen Datensätzen arbeiten müssen, mildern. Es enthebt sie jedoch nicht der Aufgabe, sich die Konsequenzen des Umstandes bewußt zu machen, daß ihre Daten das Produkt von Operationalisierungen sind, die für die speziellen Zwecke ihrer eigenen Analyse möglicherweise als recht unzulänglich angesehen werden müssen.

Das insgesamt wohl gravierendste und in vielfacher Gestalt auftretende Problem bei der

Konstruktion von Erhebungsinstrumenten ergibt sich aus dem oftmals übersehenen Umstand, daß selbst auf den ersten Blick vergleichsweise homogen erscheinende Gesellschaften, wie die der Bundesrepublik, bei näherem Hinsehen in zahlreiche Milieus und Teilgesellschaften zerfallen, in denen ganz spezifische Bräuche, Sitten, Traditionen und Vorstellungen existieren und die bis zu einem gewissen Grad – und darauf kommt es hier vor allem an – über eigene, von der Hauptkultur, der sie angehören, mehr oder weniger stark abweichende Sprachen verfügen. Die Sprachwelt, in die der Sozialforscher normalerweise hineingeboren wird und in der seine berufliche Karriere verläuft, ist einem großen Teil der Objekte seiner Forschung, also den Menschen, für die er seine Fragebögen entwirft, zumindest fremd, wenn nicht gar unverständlich. Empirisch orientierte Sozialforscher tun gut daran, sich diesen elementaren Sachverhalt von Zeit zu Zeit ins Gedächtnis zu rufen und sich klarzumachen, daß ihre professionelle Tätigkeit auf eine von mancherlei Sprachbarrieren, kulturellen Besonderheiten und von recht unterschiedlichen kollektiven und individuellen Erfahrungskontexten geprägte Wirklichkeit gerichtet ist. Der in dieser Hinsicht einebnende Effekt der Massenmedien in modernen Gesellschaften ist sicherlich nicht zu unterschätzen. Dennoch ist häufig genug die Frage angebracht, was sich die Urheber von Fragebögen bei ihren Formulierungen, Skalenkonstruktionen und sonstigen raffiniert ausgeklügelten Meßoperationen wohl gedacht haben mögen. Daß es wenig Sinn macht, einen repräsentativen Bevölkerungsquerschnitt mit Ausdrücken aus dem ‹Soziologen-Chinesisch› zu traktieren, wird in der Regel noch bedacht. Aber es genügt bereits die Verwendung der in der ‹gebildeten› oberen Mittelschicht gebräuchlichen Begriffe, Denk- und Urteilsgewohnheiten, um berechtigte Zweifel hinsichtlich der Frage anzumelden, ob die damit verbundenen Sprachstile und sonstigen Konventionen wirklich in allen Gruppen, Nischen und Regionen der Gesellschaft gleichermaßen verstanden werden. Jeder in diesem Metier Tätige sollte sich bei in diesem Zusammenhang kritischen Erhebungsinstrumenten ernsthaft fragen, wie er selbst darauf reagieren würde, was ein ihm bekannter Journalist, ein Arzt, Anwalt oder Ingenieur dazu sagen würde und was seiner Putzfrau, dem Skilehrer aus dem letzten Winterurlaub, dem eigenen Großvater oder der Bedienung in seiner Lieblingsbar wohl einfallen würde, wenn sie auf derartige Fragen eines ihnen fremden Interviewers antworten, mit Urteilsskalen und Kartenspielen hantieren müßten oder aufgefordert würden, sich eine – ihnen selbst möglicherweise gänzlich abwegig erscheinende – hypothetische Situation vorzustellen, um dann mitzuteilen, wie sie sich dabei vermutlich verhalten würden …
Selbst wenn ein in dieser Hinsicht äußerst ‹sprachbegabter›, versierter und umsichtiger Sozialforscher am Werke ist, dürfte es in vielen Fällen gar nicht möglich sein, es allen recht zu machen: was dem einen viel zu hochgestochen, zu differenziert und kompliziert vorkommt, erscheint dem anderen entschieden zu simpel, pauschal und grobschlächtig – und beide werden durch einen derartigen Eindruck sicher nicht animiert, den Fragebogen und/oder den Interviewer weiterhin ernst zu nehmen. Eine für alle denkbaren Mitglieder einer repräsentativen Bevölkerungsstichprobe gleichermaßen verständliche Sprache zu finden, erfordert zum einen sehr viel Geschick und Erfahrung, gründliche Exploration schwieriger Felder und entsprechende Vorstudien und muß zum anderen zwangsläufig dennoch immer wieder zu Kompromissen und Entscheidungen zugunsten des geringeren Übels führen.
Von seriöser Sozialforschung sollte man allerdings erwarten können, daß alle Möglichkeiten zur Gewährleistung guter Datenqualität ausgeschöpft und umfassend dokumentiert werden. Wer immer praktische oder theoretische Folgerungen aus der Analyse empirisch gewonnener Daten zu ziehen gedenkt, muß wissen, daß man es den Daten

selbst *im nachhinein* nur in seltenen Fällen ansehen kann, auf welche Weise sie produziert wurden.

2.4.4 Die Interviewsituation

Mit dem oftmals steinigen Weg von der ursprünglichen Idee oder Erfindung über Exploration und diverse Vortests bis hin zur endgültigen Formulierung und Konstruktion der Erhebungsinstrumente ist die *Operationalisierung* entgegen der üblichen Terminologie strenggenommen noch keineswegs abgeschlossen. Bis zu diesem Punkt ging es darum, daß der Forscher sich etwas denkt und dann versucht, die bestmögliche Übersetzung in die Sprache des Meßinstrumentariums ‹Befragung› zu finden. Daran schließt sich ein bei Entscheidung für das Erhebungsverfahren ‹Umfrage› immer schon als mehr oder weniger selbstverständlich mitgedachter und häufig genug als im Prinzip unproblematisch vorausgesetzter Prozeß an, der eine ganze Reihe weiterer Unwägbarkeiten und Fehlerrisiken enthält. Alles, was mit der eigentlichen Datenerhebung, vom Aufsuchen der Zielperson über die Durchführung und Protokollierung des Interviews bis zur Vercodung und Übertragung der gewonnenen Daten in maschinenlesbare Form zu tun hat, muß bei Abschätzung der Datenqualität mit berücksichtigt werden.

Die bereits erwähnten Kriterien, nach denen eine solche Abschätzung üblicherweise vorgenommen wird, sind die *Zuverlässigkeit* (gleiche Resultate bei Messung desselben Sachverhalts zu verschiedenen Zeitpunkten oder durch verschiedene Versuchsleiter, hier: Interviewer) und die *Gültigkeit* des Instrumentariums (wird inhaltlich wirklich gemessen, was gemessen werden soll?) und im Falle von Befragungen, die zwecks Ermittlung von Eigenschaften einer Grundgesamtheit durchgeführt werden, darüber hinaus noch die *Repräsentativität* der Stichprobe.

Inwieweit diese Gütekriterien in der Praxis der Umfrageforschung erfüllt werden, hängt nicht nur von der Qualität des Fragebogens und der sonstigen Hilfsmittel ab, sondern in ganz entscheidender Weise auch von den Umständen, unter denen diese Instrumente eingesetzt werden. Dabei ergeben sich die gravierendsten Probleme aus der Tatsache, daß bei diesem Meßvorgang nicht irgendwelche schön funktionierenden Apparate, sondern Menschen aus Fleisch und Blut eine tragende Rolle spielen – und diese Menschen weigern sich bedauerlicherweise hartnäckig, die ihnen zugedachten Rollen des völlig neutralen, durch nichts beirrbaren, niemanden irgendwie beeinflussenden und in jeder Hinsicht getreulich seinen Anweisungen folgenden Interviewers einerseits und des Befragten, der seine Daten in ordentlichem Zustand abrufbereit hält und auf Befragen bereitwillig preisgibt, andererseits zu spielen. Zwar ist der ‹menschliche Faktor›, wie wir noch sehen werden, auch bei den meisten anderen Datengewinnungstechniken der Sozialforschung von Bedeutung, bei der üblichen Umfrageforschung ist das jedoch in ganz besonderem Maße der Fall.

Hinsichtlich der Realisierung des Auswahlplans wurde oben bereits darauf hingewiesen, daß es bei den am häufigsten angewendeten Verfahren letztlich beim einzelnen Interviewer liegt, ob er sich redlich darum bemüht, auch in besonders schwierigen Fällen seine Zielpersonen ausfindig zu machen und ein Interview zustande zu bringen. Nachzutragen ist hier, daß die Frage, wie weit ein Stichprobenplan *ausgeschöpft*, also realisiert werden kann, auch von den zu Befragenden abhängt, denn sie müssen schließlich bereit sein, bei dem Unternehmen mitzuwirken – und das zumeist auch noch, ohne dafür bezahlt oder anderweitig belohnt zu werden. Leider gehören diejenigen, die ein Interview grundsätzlich verweigern, höchstwahrscheinlich in erster Linie zu den Gruppen, an die ohnehin besonders schwer heranzukommen ist: diverse Randgruppen der Gesellschaft, Mitglieder der ‹unteren› wie auch der ‹oberen› sozialen Schichten. Dadurch wird die Erfüllung des Kriteriums der Repräsentativität zusätzlich erschwert, und man tut gut daran, einen bereits vorliegenden Datensatz auch in dieser Hinsicht so eingehend wie möglich zu überprüfen.

Hat nun aber die ausgewählte Zielperson den ermunternden Worten des freundlichen Interviewers und dessen im Auftrag des Forschers bzw. seines Instituts erteilten Beteuerungen hinsichtlich der Bedeutsamkeit gerade dieser Umfrage Glauben geschenkt und sich bereit erklärt, ‹nur 15 Minuten› oder ‹kaum mehr als eine halbe Stunde› seiner Zeit zu opfern, dann sieht sich diese Person in der Tat mit einer ausgesprochen merkwürdigen, unnatürlichen Situation konfrontiert, einer Situation, für deren Bewältigung normalerweise keine Orientierungsmuster aus der Alltagserfahrung verfügbar sind: Da kommt ein wildfremder Mensch daher, benimmt sich an der Haustür zunächst wie jemand, der Illustriertenabonnements, Lexika oder UNICEF-Postkarten verkaufen will, erklärt irgendwie, daß er rein zufällig auf diese Adresse gestoßen sei, daß man unheimlich dankbar wäre, wenn ein paar Fragen beantwortet würden, und daß alles selbstverständlich völlig anonym, für den Befragten also gänzlich folgenlos bleibe. Nachdem der Interviewer Platz genommen und seine Unterlagen ausgebreitet hat, beginnt er – in ganz ordentlichem Tempo – allerlei Fragen zu stellen. Manche davon erscheinen dem Befragten so sonnenklar und selbstverständlich, daß er sich insgeheim wundert, warum man so etwas überhaupt noch erforschen muß; bei anderen wiederum wundert er sich, daß man ausgerechnet ihm Fragen über Afghanistan, den Weltsicherheitsrat und den Verfall des Dollarkurses stellt, wo er zu solchen Dingen doch eigentlich überhaupt nichts zu sagen habe. Und dann gibt es auch noch Fragen, da weiß er gar nicht, was eigentlich gemeint ist; aber da der Interviewer doch ein ganz netter junger Mann zu sein scheint, und da man nicht bei jeder Frage erst lange zurückfragen kann – schließlich hat der Fragensteller es offensichtlich eilig – antwortet er irgendwie, was ihm eben gerade so dazu einfällt; es kommt wohl auch nicht so genau darauf an, meint er, und im übrigen bleibt, wie ihm versichert wurde, ja auch alles anonym ... Gegen Ende des Interviews hat der Befragte mitunter den Eindruck, daß da immer wieder dieselben Fragen, zu denen er doch schon längst etwas gesagt hat, gestellt werden. Außerdem geht es ihm allmählich ziemlich auf die Nerven, nicht einfach sagen zu können, was er von diesem oder jenem so hält. Stattdessen muß er nach irgendwelchen Spielregeln eine Antwort aus Listen oder ganzen Stapeln von Kärtchen heraussuchen und dann immer wieder anhand von Leitern, Thermometern usw. entscheiden, ob nun ‹+3›, ‹0› oder ‹−5› am ehesten seiner Ansicht entspricht. Schließlich empfindet er es dann doch als Zumutung, daß der Interviewer nach 45 Minuten verheißungsvoll meint, «und nun habe ich nur noch ein paar Fragen zur Statistik», um dann noch einmal eine Viertelstunde lang Fragen nach Beruf, Familienstand, Anzahl der Scheidungen, Mitgliedschaft in Gewerkschaften, Häufigkeit des Kirchgangs und sogar nach dem monatlichen ‹Netto-Haushaltseinkommen› zu stellen ...

Es handelt sich also um ein ausgesprochen künstliches, für die meisten Befragten erst- und einmaliges ‹Gespräch›, das hier abläuft. Während der Interviewer mehr oder weniger intensiv geschult und auf seine Aufgabe vorbereitet wurde, für jede Studie über besondere Anweisungen und insgesamt häufig über jahrelange Erfahrung verfügt, muß der Befragte sehen, daß er mit dieser ungewöhnlichen Situation zurechtkommt. Die dabei entstehende soziale Beziehung ist im allgemeinen *asymmetrisch* zugunsten des Interviewers. Bei dem üblichen, voll *standardisierten* (festgelegte Anzahl, Formulierung und Reihenfolge der

Fragen) und weitgehend *strukturierten Interview* (überwiegend *geschlossene Fragen, Antwortvorgaben*) geht die Gesprächsführung zwangsläufig so eindeutig von einem der Partner, dem Interviewer, aus, wie das normalerweise allenfalls beim Verhör durch die Polizei vorkommt. Ganz im Gegensatz zu einem Verhör und abweichend von nahezu allen Alltagserfahrungen findet dieses Gespräch jedoch erklärtermaßen unter der Bedingung statt, daß sich daraus für den Befragten keinerlei Folgen ergeben, was tendenziell wohl zum Eindruck einer gewissen Unverbindlichkeit auf seiten des Befragten führt. Und schließlich ist der Interviewer dem Befragten in der Regel nicht nur als Person, sondern (anders als beispielsweise ein Arzt, Bankangestellter oder Taxifahrer) auch in seiner Rolle fremd, was – zumindest zunächst einmal – zu einer gewissen Verunsicherung des Befragten und für ihn zu der Notwendigkeit führt, sich aufgrund des Aussehens und Auftretens des Interviewers ein Bild von ihm machen zu müssen.

Aufgrund dieser im Erhebungsverfahren angelegten starken Position des Interviewers werden seit langem in der sozialwissenschaftlichen Methodendiskussion Überlegungen zu möglichen *Interviewer-Effekten* angestellt und eigens dafür konzipierte Untersuchungen durchgeführt. Über die Tatsache, daß Interviewer das Antwortverhalten ihrer Befragten beeinflussen können, ist man sich weitgehend einig, weniger hingegen hinsichtlich der Frage, wie genau, unter welchen Bedingungen und in welcher Richtung derartige Effekte zustande kommen. Tendenziell dürften die eigenen Erwartungen, Einstellungen und (Vor-)Urteile des Interviewers um so stärker auf die Antworten des Befragten durchschlagen, je weniger ausgeprägt, klar und feststehend dessen Auffassungen zum jeweiligen Gegenstand sind. Jedenfalls geben die diesbezüglichen Mutmaßungen und partiellen Forschungsergebnisse keinen Anlaß, *Zuverlässigkeit und Gültigkeit* per Umfragetechnik produzierter Daten besonders hoch einzuschätzen.

Die Interviewsituation kann das Antwortverhalten des Befragten darüber hinaus auch insoweit beeinflussen, als die gegebenen Umstände es nicht zulassen, daß die vom Forscher intendierte ideale Erhebungssituation entsteht. Statt in entspannter, ungestörter Gesprächsatmosphäre, im Wohnzimmer, am Tisch und unter vier Augen, kann das Interview auch zwischen Tür und Angel, in der Küche, in der zugleich emsig gewirtschaftet wird, stattfinden, oder läuft zwar im Wohnzimmer ab, aber ständig durch Kindergeschrei unterbrochen, unter ‹Aufsicht› des Ehepartners oder im ‹Familienrat› eher als Gruppendiskussion denn als Einzelinterview.

Zur Beruhigung des Forschergewissens enthalten Fragebögen am Schluß meist einige Fragen an den Interviewer zur Situation, in der das Interview stattfand, zu Art und Anzahl der Anwesenden, zur Dauer der Befragung und gelegentlich auch zu der Frage, für wie zuverlässig der Interviewer die Auskünfte seines Befragten hält. Leider wird recht selten wirklich Gebrauch von derartigen Informationen gemacht; wer sich anschickt, per Sekundäranalyse forscherisch tätig zu werden, sollte nach Angaben dieser Art Ausschau halten.

2.4.5 Stimulus und Response

Die Interviewsituation ist nicht nur bis zu einem gewissen Grade künstlich, sondern was sich da abspielt, entpuppt sich bei genauerem Hinsehen auch als ein recht komplizierter Vorgang. Es geht nicht nur darum, daß jemand etwas wissen will, daher Fragen stellt und die Antworten notieren läßt.

Zunächst einmal muß der Interviewer das, was der Forscher sich gedacht und in operationalisierter Form in den Fragebogen geschrieben hat, seinerseits irgendwie verstehen und das so Verstandene über das Medium Sprache dem Befragten mitteilen. Auch bei voll standardisierten und strukturierten Interviews bleibt ihm ein gewisser Interpretationsspielraum bei der Art und Weise, wie er die Fragen vorträgt, die Antwortkategorien präsentiert und das jeweilige Verhalten des Befragten – sei es auch nur durch Gesten, Stirnrunzeln oder beifälliges Nicken – kommentiert. Der Forscher kann auch bei noch so gründlicher Schulung und schriftlicher Anweisungen im Fragebogen nie ganz sicher sein, daß der Interviewer die von ihm ersonnenen Stimuli wirklich so setzt, wie er das jeweils gemeint hat.

Noch weniger kann der Forscher davon ausgehen, daß seine Stimuli bei dem Befragten so ankommen, wie er sich das gedacht hat. Irgend etwas nimmt der Befragte sicherlich wahr, er denkt sich etwas zu dem, was der Interviewer fragt, übersetzt das Gedachte wiederum in seine bzw. die ihm vorgegebene Sprache und antwortet also. Was er wirklich denkt und wie gut die Übersetzung in die Antwortsprache funktioniert, bleibt unbekannt. Wie oben bereits erwähnt, ermöglicht die Befragung nur ein indirektes Messen: der Forscher benutzt das, was ihn schließlich von den Antworten des Befragten erreicht, als Indikator für das, was er eigentlich messen will, etwa die Einstellung des Befragten zur staatlichen Subventionierung von Kohle und Stahl.

Hat der Befragte klare Vorstellungen von dem Gegenstand der Befragung und versteht er die Fragen und Antwortvorgaben hinreichend, wird dieser Kommunikationsprozeß im allgemeinen ohne allzu große Schwierigkeiten im geplanten Sinne ablaufen. Problematischer wird es zweifellos, wenn dem nicht so ist, im besonderen, wenn der Befragte zu der einen oder anderen Frage ‹eigentlich› gar nichts zu sagen hat. Dieser Fall ist vielfach überhaupt nicht vorgesehen. Im Gegenteil, etablierten Traditionen im besonderen der Marktforschung folgend, werden Fragebogenkonstruktion und -layout sowie Interviewanweisungen häufig darauf ausgerichtet, auch aus den noch so schüchternen, zurückhaltenden, uninteressierten oder unwissenden Befragten schließlich doch noch eine ‹brauchbare› Antwort hervorzuzaubern.

Bei diesem Bemühen kommen den Umfrageveranstaltern bestimmte ‹natürliche›, d.h. sozial eingeübte Verhaltensweisen auch noch entgegen: Hat der Befragte erst einmal gelernt, daß er mit dem Interviewer besser zu Rande und mit dem Interview schneller voran kommt, wenn er sich der gebotenen Antwortmöglichkeiten bedient, statt immer nur «Weiß nicht», «Kann man schwer sagen» und «Kenne ich nicht» zu antworten, dann ist der Weg nicht mehr weit bis zu einem ‹routinierten› und wohl auch nicht mehr sonderlich ernst genommenen Antwortverhalten. Die vielfach nachgewiesene Tendenz, mittlere, relativ unverbindliche Antwortkategorien bevorzugt zu benutzen oder ‹in Gottes Namen› halt überwiegend «Ja» zu sagen, weist darauf hin, daß Befragte sich im Verlauf eines Interviews durchaus auf das eine oder andere Antwortverhalten ‹einschießen› können und das entwickeln, was im Fachjargon *Response Set* genannt wird. Ebenso begründet ist der Verdacht, daß Befragte mangels anderweitiger Orientierungshilfen ihre Antworten auf die Richtung oder Tendenz abstellen, die sie beim Interviewer vermuten – schließlich halten die meisten Leute einen harmonischen Gesprächsverlauf für angenehmer als einen antagonistischen –, oder aber sie orientieren sich bei entsprechenden Fragen an dem, was ihrer Ansicht nach in ihren Kreisen als erwünscht, normal, gut oder schlecht gilt. – Aus welchen Beweggründen die Befragten letztlich auch immer auf die ihnen vorgelegten Fragen antworten mögen, die große Mehrheit zieht allem Anschein nach eine ‹ordentliche› Antwort der expliziten Verweigerung oder dem ‹Ich weiß nicht›-Bekenntnis vor.

2.4.6 Wahrnehmung und Protokoll

Da es sich bei einem Interviewer nicht um ein Tonbandgerät handelt und die Interviewer bei normalen Umfragen ein solches Gerät aus guten Gründen auch nicht bei sich haben – dadurch würde das schwerste Stück Arbeit, nämlich überhaupt erst einmal die Zielperson so weit zu bringen, daß sie sich grundsätzlich zum Interview bereit erklärt, noch schwieriger – ist die Möglichkeit von Mißverständnissen und damit die Entstehung fehlerhafter Daten nicht damit abgeschlossen, daß der Befragte sich auf die eine oder andere Weise zu einer Antwort durchringt. Nun liegt es wiederum am Interviewer, das, was der Befragte von sich gibt, zu entschlüsseln, möglichst ‹richtig› zu verstehen sowie zutreffend und vollständig zu protokollieren.

Von unvermeidbaren, gelegentlichen Flüchtigkeitsfehlern und Nachlässigkeiten abgesehen ist diese Übertragung im Falle geschlossener, voll strukturierter Fragen zumindest solange vergleichsweise unproblematisch, wie der Befragte sich an die Spielregeln hält und sich mit einer der ihm angebotenen Antwortmöglichkeiten zufriedengibt. Beginnt er daran herumzunörgeln, äußert er mehr oder minder unwillig oder unglücklich so etwas wie «eigentlich paßt nichts davon so richtig» oder «genaugenommen liegt meine Meinung gerade zwischen Ihren Noten 2 und 3» bzw., was nur allzu häufig vorkommt, «weder Nein noch Ja ist richtig, für mich muß es heißen: sowohl als auch», dann muß der Interviewer wohl oder übel erläuternd Hilfestellung leisten bzw. interpretierend erschließen, was jeweils wohl am ehesten zutreffend ist. Aufgrund seiner langjährigen Interviewerfahrung wird ihm das auch nicht schwerfallen, er weiß doch schließlich schon im vorhinein, was die Leute auf derartige Fragen üblicherweise so antworten...

Wichtig wird diese Interpretations- und Selektionsleistung seitens des Interviewers bei vom Forscher – möglicherweise in explorativer Absicht – in den Fragebogen aufgenommenen *offenen Fragen*. Hierbei kann auch der gewissenhafteste Interviewer, zumal wenn er die in einem solchen Fall meist hinter dem Fragentext stehende Aufforderung «*Int.:* Antwort wörtlich notieren; eingehend nachfragen!!» ernst nimmt, in erhebliche Schwierigkeiten kommen. Wörtlich mitzuschreiben ist in vielen Fällen gar nicht möglich, weil der Befragte zu schnell, alles andere als druckreif spricht oder auch viel mehr von sich gibt, als im Fragebogen Platz dafür vorgesehen ist. Außerdem kann der Interviewer sehr wohl zu der Auffassung kommen, daß es im Interesse der Untersuchung gar keinen Sinn macht, alles wörtlich zu notieren, weil der Befragte sich durch allerlei halbe und offensichtlich vorläufige Antworten erst langsam an das heranarbeitet, was er eigentlich sagen will. Der Interviewer muß also auswählen, was er für wesentlich hält, muß versuchen, aus allen Äußerungen des Befragten das Beste im Sinne der Befragung zu machen. Ob seine Kriterien bei Wahrnehmung dieser Aufgabe allerdings mit denen identisch sind, die der Forscher möglicherweise im Kopf hat, ist ungewiß. Daß es in der Erledigung derartiger Aufgaben innerhalb eines Interviewerstabes erhebliche Unterschiede gibt, wissen die Bearbeiter des Rücklaufs der Interviewprotokolle bei den Meinungsforschungsinstituten sehr wohl: es gibt Interviewer, bei denen die Befragten bei offenen Fragen offenbar immer sehr viel zu sagen haben, und es gibt andere, ‹da kommt bei solchen Fragen praktisch nie etwas›. Derartige Phänomene dürften nicht auftreten, wenn wirklich alle Interviewer gleichermaßen vom Forscher bzw. Institut so perfekt kontrollierbar und nach Gutdünken manipulierbar wären wie eine gut geölte Registrierkasse.

2.4.7 Codierung und Übertragung in maschinenlesbare Form

Bis vor wenigen Jahren wurden die ausgefüllten Fragebögen, also die Interviewprotokolle, in einem weiteren Arbeitsgang vollständig auf sog. *Codeblätter* übertragen und erst danach abgelocht, also in maschinenlesbare Form umgesetzt. Heute werden die Fragebögen im allgemeinen so angelegt, daß alle voll strukturierten Teile, in denen der Interviewer lediglich die zutreffende Antwortvorgabe ankreuzt oder kringelt, direkt auf Lochkarte, Magnetband oder -platte übertragen werden können. Die dafür erforderlichen Informationen sind dann bereits auf dem Fragebogen enthalten.

In dem hier wiedergegebenen Beispiel aus der ALLBUS-Erhebung 1984 (vgl. Schaubild I.2–4 bzw. I.2–1) dient diesem Zweck zunächst die oben rechts auf jeder Seite wiederholte Angabe der ‹Karte›, in die die codierten oder verschlüsselten Antworten auf die Fragen dieser Seite zu übertragen sind. Die in diesem Bereich nach wie vor verwendete Terminologie stammt noch aus der Zeit, als die *Lochkarte* mit ihren 80 Spalten und 10 bzw. – mit den sog. *Überlochungen* – 12 Lochmöglichkeiten pro Spalte nahezu ausschließlich als primärer Datenträger diente. Heute erfolgt die Dateneingabe meist direkt am Bildschirm eines Terminals oder PCs, und ‹Karte› ist dann zu übersetzen in ‹Zeile›. Hierbei arbeitet man ganz überwiegend ebenfalls mit 80 Zeichen pro Zeile, so daß die ursprüngliche Numerierung der Spalten 1–80 nunmehr den Stellen oder Positionen in der Bildschirmzeile entspricht.

Je nach Umfang des Fragebogens sind dann mehrere Lochkarten bzw. Zeilen, im Fragebogen bereits mit ‹Karte 1› bis ‹Karte x› durchnumeriert, erforderlich, um die verschlüsselten Antworten eines Befragten aufzunehmen. Die klein gedruckten Ziffern rechts neben den einzelnen Fragen geben an, in welchen Spalten bzw. Zeilenpositionen die Antworten unterzubringen sind, und die neben jeder Antwortvorgabe stehende Ziffer entspricht dem *Code*, über den die jeweilige Antwort zu verschlüsseln ist. Für Befragte, die auf die Frage 33 mit ‹Weiß nicht› antworteten, wird dann – sofern der Interviewer daraufhin ordnungsgemäß die Ziffer ‹8› angekreuzt hat – in Spalte 32 der Karte 2 eine 8 gelocht bzw. an der 32. Position der 2. Zeile diese Ziffer eingegeben.

Mit diesem Verfahren hat man also einen ganzen Arbeitsgang und damit vor allem einen weiteren, ebenfalls fehleranfälligen Übertragungsvorgang eingespart. Mit Hilfe von kleinen Dateneditierprogrammen, Masken etc. kann die Dateneingabe so gesteuert und kontrolliert werden, daß hierbei mit weiteren Übertragungsfehlern kaum zu rechnen ist. Noch eindeutiger gilt dies, wenn die Interviewer statt Kreuze und Kringel zu verwenden, entsprechende Kästchen im Fragebogen markieren und die ganze Übertragung dann maschinell per Belegleser erfolgen kann.

Dies alles trifft jedoch nur auf die Verarbeitung voll *standardisierter* und *strukturierter* Interviewprotokolle zu. Unstrukturierte Antworten, also die Ergebnisse offen gestellter Fragen, müssen auch heute noch in traditioneller Weise aufbereitet werden. Dazu bedarf es zunächst der Entwicklung eines *Codeplans*. Von der Qualität eines solchen Codeplans hängt in entscheidender Weise ab, inwieweit es gelingt, die in den Reaktionen der Befragten auf offene Fragen enthaltenen Informationen für die spätere Auswertung zu erhalten. Codepläne werden daher im allgemeinen auch von den Forschern selbst erstellt. Je nach Stichprobenumfang und Komplexität der zu erwartenden Antwortstrukturen werden zunächst die Protokolle von fünf bis zehn Prozent der Befragten möglichst aufmerksam gelesen und die interessierenden Elemente werden in einfachen Strichlisten festgehalten. Da meist nicht im vorhinein ganz exakt angegeben werden kann, welche Gesichtspunkte, Argumente, Bezüge oder sonstigen Elemente aus den Antworten in diese Listen aufge-

Schaubild I.2-4: FRAGEBOGEN-AUSZUG: Offene Fragen

Karte 2

33	Glauben Sie, daß es in der Bundesrepublik Bevölkerungsgruppen gibt, die mehr bekommen, als ihnen eigentlich zusteht?	ja .... 1 kommt darauf an 2	32 33a
		nein .... 3 weiß nicht 8 9	34
33a	An welche Bevölkerungsgruppen denken Sie dabei? *INT.: genauen Wortlaut notieren* − − − Und fällt Ihnen noch etwas dazu ein? − − − − − − − − − − − − − −		
34	Glauben Sie, daß es hier in der Bundesrepublik Bevölkerungsgruppen gibt, die weniger bekommen, als ihnen eigentlich zusteht?	ja .... 1 kommt darauf an 2	33 34a
		nein .... 3 weiß nicht 8 9	35
34a	Welche Bevölkerungsgruppen sind das? *INT.: genauen Wortlaut notieren* − − − Und fällt Ihnen noch etwas dazu ein? − − − − − − − − − − − − − −		

(ALLBUS 1984)

Schaubild I.2-5: AUSZUG: Codeplan für Frage 33a

Bezug auf andere Bevölkerungsgruppen

61	Aristokratie, der Adel
62	Prominente
63	Stars, Schlagersänger, Fußballer, Künstler etc.
64	Akademiker, Wissenschaftler, Meinungsforscher, Professoren, Intelligenz, Hochschullehrer, die Studierten, Ingenieure
65	Studenten, Schüler, Lehrlinge
66	junge Leute, Jugend
67	Korrupte, Unehrliche, Betrüger (bezieht sich nur auf Personen, deren Gebaren eindeutig als gesetzwidrig bezeichnet wird)
68	"Clevere", Fähige, Schlauberger, Rücksichtslose, Egoisten (bezieht sich auf Personen, deren Gebaren zwar nicht als gesetzwidrig, so aber doch als moralisch-ethisch illegitim bezeichnet wird; auch auf Personen, die die Dehnbarkeit rechtlicher Verbindlickeiten auf das äußerste für ihren Vorteil ausnutzen, die "durch die Maschen des Gesetzes schlüpfen")
69	Leute, die Beziehungen haben, Protegees
70	Leute, die geerbt haben, Vorteile ohne eigenen Verdienst, von Geburt her
71	soziale Randgruppen, Zigeuner, Punker, Drogenabhängige, Alkoholiker, Asoziale, Herumstreunende, Gammler, Schnorrer, Penner.
74	Sonstige

Bezug auf kirchlichen Bereich

75	Kirche, kirchliche Würdenträger

Bezug auf gesellschaftliche Stellung

81	Oberschicht, Privilegierte, obere Zehntausend, Upper Class
82	Mittelschicht
83	Sonstige
91	Sonstige bevorzugte Personen oder Gruppen aus allen Bereichen

(ALLBUS 1984)

nommen werden sollen und welche nicht, geht man hierbei im Bemühen, so wenig Information wie irgend möglich zu verlieren, im allgemeinen sehr gründlich vor, d.h. es wird praktisch alles, was irgendwie als Bestandteil einer Antwort im weitesten Sinne angesehen werden kann, notiert und bei erneutem Auftauchen im Protokoll eines anderen Befragten durch einen Strich o.ä. markiert.

Aus derartigen Strichlisten einen ‹guten› Codeplan zu machen, ist nicht ganz einfach. Je präziser die Vorstellungen des Forschers hinsichtlich der Art der erwarteten oder interessierenden Informationen sind, desto eher wird es ihm verständlicherweise gelingen, einen ihm selbst sinnvoll erscheinenden Codeplan zu entwickeln. Das aber reicht für die Erstellung eines brauchbaren Instrumentes für die Verschlüsselung noch nicht aus. Der Forscher ist hier mit einem ähnlichen Problem konfrontiert wie bei dem Versuch, den Interviewern durch Formulierung der Fragen, Antwortkategorien und Anweisungen möglichst eindeutig klarzumachen, wie er die von ihm erfundenen Stimuli verstanden wissen will und wie diese dem Befragten zu präsentieren sind. Bei Entwicklung eines Codeplanes geht es um die Übersetzung seiner Vorstellungen in eine Sprache und vor allem eine Systematik, die von möglichst *allen Codern in gleicher Weise* nachvollzogen werden kann.

Bei einem Stichprobenumfang von 1000 oder, wie im Falle der hier als Beispiel herangezogenen ALLBUS-Erhebungen, gar 3000 werden die Forscher kaum willens oder in der Lage sein, die Verschlüsselung der offenen Fragen selbst vorzunehmen. Sie setzen dazu folglich *Coder* ein. Wie schlechte Interviewer das Zustandekommen eines brauchbaren Datensatzes unmöglich machen können, so können mangelhaft ausgebildete, unzureichend instruierte oder nicht hoch genug motivierte Coder die in den Interviewprotokollen bereits vorhandene Information wieder zerstören bzw. nicht hinreichend ausschöpfen. Damit sie ihre Aufgabe bestmöglich bewältigen können, muß ihnen ein Codeplan zur Verfügung gestellt werden, in dem sie sich nach kurzer Einarbeitung zurechtfinden und der alle erforderlichen Hinweise und Erläuterungen enthält.

Selbst ungewöhnlich hoch motivierte Coder werden es sehr schwer haben, wenn sie mit einem Codeplan arbeiten müssen, der entweder so lang und umfassend ist, daß sie immer wieder den Überblick verlieren, oder dessen Gliederung oder Systematik ihnen nicht einleuchtet. Wird in einem solchen Fall seitens der Forscher nicht für Abhilfe gesorgt, dann werden die Coder – die mit ihrer (Akkord-) Arbeit ja schließlich irgendwie fertig werden müssen – sich wahrscheinlich in nur mit großem zusätzlichen Aufwand kontrollierbarer Weise selbständig machen, d.h. sie werden im Verlauf ihrer Arbeit – jeder für sich und mehr oder weniger unbewußt – den ursprünglichen Codeplan soweit modifizieren und neu strukturieren, daß er für sie einigermaßen handhabbar wird. Entgeht dies dem Forscher, was sehr leicht möglich ist, dann ergeht es ihm wie dem Fischer, der glaubt mit einem intakten, feinmaschigem Netz zu fischen, in Wahrheit aber mit einem Netz arbeitet, das große Löcher aufweist ...

Schaubild I.2–5 enthält einen Auszug aus dem Codeplan für die Verschlüsselung der Antworten zu Frage 33a wie er im *Codebook* des Kölner *Zentralarchivs für Empirische Sozialforschung* für den Datensatz der 84er ALLBUS-Untersuchung wiedergegeben wird. Insgesamt enthält dieser Codeplan, nach 6 gesellschaftlichen Bereichen bzw. sonstigen Bezugspunkten gegliedert, mehr als 60 unterschiedliche Kategorien. Dabei handelt es sich bei der Frage nach den Bevölkerungsgruppen in der Bundesrepublik, ‹die mehr bekommen, als ihnen eigentlich zusteht›, um einen hinsichtlich des Aufbereitungsaufwandes und den damit verbundenen Anforderungen an den Codeplan vergleichsweise einfachen Sachverhalt.

Im Hinblick auf die spätere sekundäranalytische Nutzung einmal erhobener und aufbereiteter Datensätze ist klar, daß die endgültige Festlegung der Verschlüsselung der Antworten auf offene Fragen während der ursprünglichen Datenaufbereitung problematisch sein kann. Codepläne sind Kategoriensysteme, die notwendigerweise die Erkenntnisinteressen ihrer Urheber reflektieren. Es ist aber durchaus denkbar, daß Forscher, die mit der ursprünglichen Untersuchung gar nichts zu tun hatten, später mit ganz anderen Fragestellungen an einen solchen Datensatz herangehen und dann möglicherweise betrübt feststellen müssen, daß zwar die Formulierung bestimmter Fragen vollauf ihren Interessen entspricht, die Antworten infolge einer Codierung nach ganz anderen Gesichtspunkten aber für ihre Zwecke weitgehend wertlos sind. Eine derartige ‹Vergeudung› kostspieliger Information ist fraglos bedauerlich. Die in diesem Zusammenhang u.a. bei *ZUMA* in den letzten Jahren unternommenen Bemühungen, die Antworten auf offene Fragen nach Möglichkeit im vollen Wortlaut in die entsprechenden Datensätze zu übernehmen, sind daher zu begrüßen. Geschieht das, dann geht im Zuge der ursprünglichen Verschlüsselung keine Information mehr verloren; spätere Sekundäranalytiker können notfalls das ‹Rohmaterial› erneut und anhand von Codeplänen, die ihren eigenen Interessen entsprechen, verschlüsseln. Hat man selbst mit Datensätzen zu tun, die zwar aufgrund der ‹richtigen› Fragen aber leider ‹falscher› Verschlüsselungen zustande kamen, muß man versuchen, sich durch *Recodierung* der ursprünglichen Werte zu behelfen.

2.4.8 Die Datenmatrix

Wie eingangs erwähnt, erwartet SPSS^X die Eingabe der Daten in Form einer Matrix. Nachdem die Entstehungsgeschichte von Umfragedaten bis hierher verfolgt wurde, dürfte klar sein, wie eine Datei in diesem Fall im Prinzip aussehen kann. Unter Verwendung der Erhebungsunterlagen zu der 84er ALLBUS-Untersuchung (Schaubilder I.2–1 ff.) kann man sich einen Ausschnitt aus der entsprechenden Datenmatrix folgendermaßen vorstellen (ohne Berücksichtigung der Angaben für die Spalten- bzw. Zeilenpositionen):

CASES								
Fälle		*VARIABLES* Merkmale, Eigenschaften, Beobachtungen, Dimensionen						
ID-Nr.	...	F09	F10	F13a	F14	F17	F17a	...
0001		02	52	82	2	12	20	
0002		01	64	74	2	65	17	
....		..	..	..	.	..	..	
....				*VALUES*				
....		Merkmalsausprägungen, Variablenwerte						

Eine solche Matrix ist sehr einfach zu lesen: für jeden Fall, also für jeden Befragten oder sonstige Untersuchungseinheit gibt es im Prinzip eine Zeile, für jedes der ‹gemessenen› Merkmale, für jede beobachtete Eigenschaft oder Variablendimension gibt es eine Spalte, und in die so entstehenden Zellen der Tabelle werden die Meßergebnisse oder Beobachtungsresultate entsprechend der für die symbolische bzw. numerische Repräsentation gewählten *Codes* eingetragen. – In der SPSS^X-Sprache heißen diese drei Grundelemente jeder Datenmatrix und somit auch des SPSS^X-Files: *Cases, Variables* und *Values*.

Anhand der Schaubilder I.2–1 ff. ist leicht nachzuvollziehen, wie die in der obigen Matrix enthaltene Information zu ‹entschlüsseln› ist: Die erste Spalte enthält das Merkmal ‹ID-Nr.›. Auch das ist eine Variable, die allerdings nicht empirisch ‹gemessen›, sondern den Befragten einfach zugeordnet wurde; um die Daten der einzelnen Untersuchungseinheiten, hier also der befragten Personen, auseinanderhalten zu können, erhält jeder Fall – in aller Regel bereits in der Rohdatei – eine Identifikationsnummer (sicherheitshalber generiert SPSS^x von sich aus bei Erstellung der *Systemdatei* ebenfalls eine solche ID-Nr., die *Systemvariable CASE NUMBER*). Für die Bezeichnung der Variablen wurden für diese Illustration Kürzel entsprechend der Numerierung der Fragen im Fragebogen gewählt, ‹F09› steht also beispielsweise für die verschlüsselte Antwort auf die Frage nach der Erwerbstätigkeit. Demnach ergibt sich dann für die ersten Datenzeile: halbtags erwerbstätig, Verkäufer(in), seit 1982 im derzeitigen Betrieb beschäftigt, in den letzten 10 Jahren nicht arbeitslos gewesen, in einem Betrieb mit insgesamt 12 Beschäftigten des Einzelhandels tätig; für den zweiten Befragten, den Fall mit der ID-Nr. 0002, besagt die Datenzeile: ganztags als Meister seit 1974 ununterbrochen in einem Betrieb mit 65 Beschäftigten des Baugewerbes beschäftigt.

Die Struktur der obigen Matrix gilt für alle denkbaren sozialwissenschaftlichen Dateien gleichermaßen, ob es sich bei den Fällen oder Untersuchungseinheiten nun um Personen, Familien, Haushalte, Betriebe, Gewerkschaften, Städte, um Verkehrsunfälle, Stammtischgespräche, Zeitungsausschnitte oder Parlamentsprotokolle handelt. Immer finden sich die Einheiten oder Objekte, für die irgendwelche Daten gesammelt wurden, in den Zeilen, die Merkmale, für die ‹Messungen› vorgenommen wurden, in den Spalten und die symbolischen Repräsentanten für die Meßergebnisse, also die Merkmalsausprägungen, in den einzelnen Zellen.

Wie die formale Struktur, so sind auch die formalen Anforderungen, die an eine Datenmatrix gestellt werden, identisch und daher unabhängig vom jeweiligen Inhalt. Diese Anforderungen werden auch als elementare Grundsätze der Datensammlung bezeichnet (GALTUNG 1974). Es geht dabei 1.) um die *Vergleichbarkeit* oder auch *Gleichartigkeit* der Bedingungen, unter denen die in der Matrix enthaltenen Merkmale für die einzelnen Untersuchungseinheiten ‹gemessen› wurden; 2.) geht es um die *eindeutige Klassifizierbarkeit* aller vorkommenden Fälle, d.h. jeder Untersuchungseinheit muß für jedes Merkmal *eine und nur eine* Ausprägung zweifelsfrei zugewiesen werden können; 3.) soll nach dem Grundsatz der *Vollständigkeit* der Datenmatrix keine der möglichen Zellen leer bleiben.

So richtig und wichtig es ist, sich die Bedeutung dieser formalen Anforderungen oder auch *Prinzipien der Datensammlung* (KROMREY 1986: 111 ff.) klarzumachen, so deutlich dürfte zumindest im Hinblick auf die obige Entstehungsgeschichte von Umfragedaten auch sein, daß diese Forderungen vielfach in der Forschungspraxis entweder nur annähernd, gewissermaßen nur der Intention nach, oder aber lediglich formal erfüllt werden können. So kann man beispielsweise hinsichtlich des Grundsatzes der Vergleichbarkeit der ‹Versuchsbedingungen› durchaus seine Zweifel haben, ob wirklich alle Zielpersonen einer Umfrageerhebung im strengen Sinne auf die gleiche Art und Weise interviewt werden. Das Kriterium eindeutiger Klassifizierbarkeit ist, wie jeder Coder nur allzu gut weiß, etwa bei der Verschlüsselung der Antworten auf offene Fragen, leider nicht immer ohne weiteres zu erfüllen. Oftmals muß lange gerätselt werden, bis man sich für die eine oder die andere der verfügbaren Kategorien entscheidet, und je dürftiger der Codeplan ist, desto mehr Befragte wandern mangels passender inhaltlich interpretierbarer Codes in die vorsorglich in jedem Codeplan bereitgehaltene Restkategorie ‹Sonstiges›. Ähnlich ist auch der Grundsatz der Vollständigkeit häufig nur formal zu erfüllen: Vergißt ein Interviewer – möglicherweise infolge komplizierter Filterführung – eine Frage überhaupt zu stellen oder eine gegebene Antwort zu protokollieren, lautet die Antwort des Befragten «Das geht Sie gar nichts an, dazu sage ich nichts» oder «Da kann ich mich bei bestem Willen nicht entscheiden», dann gibt es eben keine inhaltlich sinnvolle Antwort und folglich auch keinen entsprechenden Variablenwert. Aber auch in derartigen Fällen sollte die entsprechende Zelle in der Matrix nicht leer bleiben, sondern anstelle des ‹Meßwertes› einen – möglichst differenzierten – Hinweis auf den Grund des Fehlens eines echten Wertes enthalten. In nahezu allen empirisch gewonnenen Datensätzen gibt es derartige *fehlende Werte*, der SPSS^X-Terminus dafür ist *Missing Value*. Es empfiehlt sich dringend, bei der Auswertung auf die Existenz fehlender Werte sorgfältig zu achten und dafür zu sorgen, daß diese Werte von den verschiedenen SPSS^X-Prozeduren nicht versehentlich so behandelt werden, als seien es ‹echte› Merkmalsausprägungen!

2.5 ‹Weiche›, ‹harte› und sonstige Daten

Die aus der amerikanischen Sozialforschung stammende Unterscheidung von ‹weichen› (soft) und ‹harten› (hard) Daten ist mittlerweile auch im deutschsprachigen Raum gebräuchlich. Gemeint sind damit ‹Qualitätsunterschiede› hinsichtlich der üblichen Gütekriterien *(Zuverlässigkeit, Gültigkeit* und, im Falle von Stichprobenerhebungen, *Repräsentativität)*. Je fragwürdiger die Erfüllung dieser Kriterien erscheint, desto eher werden die Daten als weich bezeichnet und damit gegenüber harten oder zumindest härteren hinsichtlich ihrer generellen Aussagekraft abgewertet.

2.5.1 Umfragedaten: ‹Weich›, aber unentbehrlich

Die, wie eingangs dargelegt, bis heute zweifellos umfangreichsten und insofern wichtigsten Datenbestände der empirischen Sozialforschung entstanden durch Einsatz des Erhebungsverfahrens der persönlichen/mündlichen Befragung. Um deutlich zu machen, warum gerade die auf diese Weise produzierten Daten im allgemeinen eher als weich angesehen werden (müssen), wurden die vielfältigen Schwierigkeiten und Probleme, die bei deren Entstehung auftreten können in bewußt skeptisch-provozierender Perspektive oben skizziert. Zum gegenwärtigen Zeitpunkt wäre es jedoch gänzlich unvertretbar und in jeder Hinsicht abwegig, angesichts der zahlreichen Mängel und Schwächen dieses Erhebungsinstrumentariums das Kind mit dem Bade auszuschütten und für einen grundsätzlichen Verzicht auf diese Art der Informationsgewinnung zu plädieren. Es gibt gegenwärtig nämlich keine vernünftige Alternative zu der im Prinzip per Umfrageforschung möglichen, systematischen und intersubjektiv kontrollierbaren Erfassung von sozialen Massenphänomenen. Was zweifellos immer wieder auf das schärfste zu kritisieren ist, ist der naiv-sorglose oder gar bewußt manipulative und damit im Grunde unprofessionelle Umgang mit diesem Instrument. Angesichts der sozialwissenschaftlichen, gesellschaftlichen und politischen Bedeutung der Umfrageforschung ist darüber hinaus intensive und kontinuierliche methodologische Grundlagenforschung erforderlich, um das in der angewandten Forschung gegenwärtig eingesetzte Instrumentarium verbessern zu können. –

Im Zweifelsfall ist letztlich jeder Versuch, Theorien, Hypothesen, wissenschaftliche oder unmittelbar praxisrelevante Vermutungen wenigstens auf ‹weicher› Datenbasis einer empirischen Prüfung zu unterziehen, im Prinzip zu begrüßen. Werden solche Versuche aus Resignation angesichts der Unzulänglichkeit der verfügbaren Mittel nicht mehr unternommen, dann bleibt in mancherlei Hinsicht nichts anderes mehr übrig, als sich auf spekulative Mutmaßungen oder intuitive Erleuchtung zu verlassen.

Die kritische Behandlung der Umfrageforschung bedeutet im übrigen nicht, daß alle anderen, im besonderen die speziell sozialwissenschaftlichen Erhebungsverfahren und sonstigen Datenquellen, durchweg unproblematischer oder gar über jeden Zweifel erhaben seien.

2.5.2 Schriftliche Befragung und Telefoninterview

Die wichtigsten weiteren Formen der Befragungstechnik sind die schriftliche oder postalische Befragung und das in jüngster Zeit auch in der Bundesrepublik zunehmend eingesetzte Telefoninterview. Die *schriftliche Befragung* kann unter günstigen Umständen, im besonderen bei überdurchschnittlicher Motivation der Zielpopulation, gute Resultate bringen, da die Befragten, anders als im persönlichen Interview, Zeit haben, sich ihre Antworten in Ruhe zu überlegen und sorgfältig niederzuschreiben. Andererseits liegt die durchschnittliche Rücklaufquote erheblich unter der Ausschöpfung bei persönlicher Befragung, und die Kontrolle der eigentlichen Erhebungssituation – wer hat unter welchen Umständen tatsächlich den Fragebogen ausgefüllt? – entfällt praktisch vollständig.

Nachdem die privaten Haushalte in der Bundesrepublik zu ca. 90 Prozent über einen Telefonanschluß verfügen, sind einige Institute, vornehmlich für die sog. Blitzumfragen, dazu übergegangen, die *Befragung per Telefon* durchzuführen. Wenngleich die Ausschöpfung mit 40–50 Prozent deutlich unter dem liegt, was – zur Zeit noch – beim persönlichen Interview zu erzielen ist (60–70 Prozent), bietet dieses Verfahren einige Vorteile: durch Nutzbarmachung der in Telefonbüchern enthaltenen Information ist die zufallsgesteuerte ‹Ziehung› von Stichproben im Prinzip wesentlich einfacher; viele Barrieren und Widerstände, die den Interviewern beim üblichen Verfahren das Leben allein schon bei dem Versuch schwer machen, den Kontakt zu ihren Zielpersonen herzustellen, entfallen. Da wesentlich weniger Interviewer benötigt werden, können diese besser geschult und besser bezahlt werden. Das Verfahren benötigt eine geringere Vorlauf- und Feldzeit und ist infolgedessen für den kurzfristigen Einsatz besonders geeignet. Wie weit man die Interviewdauer ausdehnen und über sehr einfache Fragenformate hinausgehen kann, ist gegenwärtig allerdings noch nicht mit Sicherheit zu sagen.

2.5.3 Beobachtung und Inhaltsanalyse

Neben den verschiedenen Formen der Befragung zählen *systematische Beobachtung* und *Inhaltsanalyse* zu den Standardverfahren sozialwissenschaftlicher Datengewinnung. Die Erfolgschance beider Verfahren hängt zunächst in entscheidendem Maße von der theoretischen und praktisch-technischen Qualität der dafür erforderlichen Kategoriensysteme oder Schemata ab. Dabei handelt es sich im Prinzip um das funktionale Äquivalent des Codeplans für die Verschlüsselung der Antworten beim Interview. Die dort erläuterten Probleme und Gesichtspunkte (oben unter 2.4.7) sind hier gleichermaßen von Bedeutung.

Sofern die Beobachtung auf im Prinzip einmalige Vorgänge gerichtet ist, können Zuverlässigkeit und Gültigkeit nicht durch wiederholte Erhebung, sondern allenfalls durch gleichzeitigen Einsatz von mehreren Beobachtern kontrolliert werden. Bei der systematischen empirischen Inhaltsanalyse wird der eigentliche Datenträger – Texte, Dokumente aller Art, Bild- und Tonaufzeichnungen sowie alle sonstigen, in irgendeiner Weise registrierten Spuren menschlicher Handlungen – durch die Bemühungen der Forscher hingegen nicht verändert. Prinzipiell ist dieses Verfahren daher beliebig oft wiederholbar. Dennoch wird die Frage der intersubjektiven Nachvollziehbarkeit und Gleichartigkeit der von den Codern verwendeten Wertungs- und Deutungsmaßstäbe offenbar um so problematischer, je anspruchsvoller und interessanter die Fragestellung der Untersuchung ist. Bei Beobachtung und Inhaltsanalyse ergeben sich darüber hinaus nicht selten erhebliche Schwierigkeiten sowohl bei dem Versuch, die eigentlichen Untersuchungseinheiten sowie deren Merkmalsdimensionen sinnvoll zu definieren, als auch bei der Erstellung von Stichproben- und Auswahlplänen. Letzteres gilt im besonderen für die Beoachtung, da hier häufig schon die Definition von Grundgesamtheiten, für welche die ausgewählten Untersuchungseinheiten repräsentativ sein könnten, unklar ist.

2.5.4 Amtliche Statistik

Als vergleichsweise harte Daten werden im allgemeinen die von *statistischen Ämtern* gesammelten und aufbereiteten Angaben betrachtet. Statistische Jahrbücher und ähnliche Publikationen sind sicherlich für alle möglichen sozialwissenschaftlichen Zwecke sehr nützliche Dokumente. Aber auch die darin enthaltenen Daten haben eine Entstehungsgeschichte, und ‹amtlich› ist nicht notwendigerweise gleichbedeutend mit zuverlässig und gültig. Am verläßlichsten unter den großen amtlichen Datenbeständen sind – in deutschen Landen – sicherlich die Ergebnisse allgemeiner Wahlen, die zudem auch noch bis hinunter zur Ebene der ca. 60000 Stammbezirke in der Bundesrepublik zugänglich sind. Werden allerdings Vergleichsdaten für mehrere Zeitpunkte benötigt, ergeben sich wegen ständiger Änderungen der Stimmbezirkseinteilung bereits wieder Probleme, und wenn man gar entsprechende sozialstrukturelle Angaben, etwa zu Erwerbs- und Berufsstruktur oder Arbeitslosigkeit, benötigt, dann sieht es auf dieser niedrigen – und daher natürlich für viele Zwecke besonders interessanten – Aggregationsebene, bis auf die rühmliche Ausnahme einiger Städte, recht düster aus. Wenngleich in jüngster Zeit eine vielversprechende Kommunikation zwischen empirisch orientierten Sozialwissenschaftlern, dem Statistischen Bundesamt und einigen Landesämtern in Gang gekommen ist, lassen Auswahl und operationale Definition der Variablen amtlicher Erhebungen gegenwärtig aus sozialwissenschaftlicher Sicht noch sehr viele Wünsche offen. Die für kleinere Verwaltungseinheiten wie Orts- und Stadtteile über die statistischen Ämter zugänglichen Daten mögen zwar vergleichsweise ‹hart› sein, sie sind aber in vielfacher Hinsicht leider auch weitgehend unerheblich. Interessantere Datenbestände sind im allgemeinen nur auf hoher Aggregationsebene – bestenfalls für Landkreise und kreisfreie Städte – verfügbar und daher für viele Forschungszwecke nur noch sehr bedingt zu verwenden.

2.5.5 Prozeßproduzierte Daten

Wer das Glück hat, trotz mittlerweile allgegenwärtiger Datenschützer an für seine Forschungsinteressen relevante *prozeßproduzierte Daten* wie Mitgliederkarteien von Verbänden, Rechenschaftsberichte von Parteiorganisationen, Beschäftigungsstatistiken wirtschaftlicher Unternehmen, Polizei-, Strafvollzugs- oder sonstige Behördenakten etc. heranzukommen, sollte die Entstehungsgeschichte seiner Daten zwar ebenfalls möglichst genau recherchieren und deren Aussagekraft (Gültigkeit) prüfen, er befindet sich dann möglicherweise aber in einer Lage, um die ihn so mancher Umfrageforscher beneiden wird: Im Prinzip geht es hierbei um Datenbestände, die nicht auf mehr oder weniger fragwürdige Weise von Forschern und ihren Gehilfen erst mühsam produziert werden mußten. Diese Daten wurden – ähnlich wie die meisten der Inhaltsanalyse unterzogenen Dokumente – gewissermaßen ‹vom Leben selbst› geschrieben; sie entstanden nicht in einer eigens dafür ersonnenen und geschaffenen Erhebungssituation, sondern im realen sozialen Zusammenhang.

2.6 Schlußbemerkung: Zum Schicksal empirischer Sozialforscher

Dieses einführende Kapitel sollte, wie eingangs erwähnt, in groben Zügen deutlich machen, daß man mit der so ungeheuer großkalibrigen und zielgenauen $SPSS^x$-Kanone sehr wohl auch auf Spatzen oder gar Mücken schießen kann, so daß nicht auszuschließen ist, daß trotz eindrucksvoller Bewaffnung die Jagdbeute bisweilen betrüblich dünn ausfällt. Wenngleich die eindringliche Warnung vor einem derartig unerfreulichen Mißverhältnis zwischen Aufwand und Ertrag in einem Handbuch wie dem vorliegenden nicht fehlen sollte, gibt der Verfasser sich nicht der Illusion hin, durch mahnende Worte und gut gemeinte Ratschläge seine Leser nachhaltig beeindrucken zu können. Aus jahrelanger eigener Erfahrung weiß er nur zu genau, was trotz bester Vorsätze und grundsätzlicher Neigung zu Gewissenhaftigkeit und solider Arbeitsweise der Alltag des empirischen Sozialforschers mit sich bringt und zu bewirken vermag.

Bei Konzeption und Planung wird er zwar immer wieder geradezu darauf gestoßen, daß er sich im Grunde auf einem recht schmalen Grat zwischen seriöser Wissenschaftlichkeit und leichtfertiger Spielerei bewegt, und sein methodologisches Gewissen schlägt bisweilen heftig. Aber es gibt Ablaufpläne, aus denen zweifelsfrei und unverrückbar hervorgeht, was wann zu erledigen ist und wann welche Entscheidungen endgültig gefallen sein müssen. Das mag zwar alles von ihm selbst erfunden und zu Papier gebracht worden sein; die damit eingegangenen Verpflichtungen sind deswegen aber nicht weniger bindend, und der sich langsam aufbauende Zeitdruck wird von Tag zu Tag spürbarer. Es gibt so viele Kleinigkeiten, die bedacht und entschieden werden müssen, daß die großen Fragen nach dem eigentlichen Ziel der ganzen Unternehmung und, im Bezug darauf, nach der grundsätzlichen Eignung des vorgesehenen Instrumentariums allmählich an Dringlichkeit verlieren und zwecks Erhaltung der eigenen Funktionsfähigkeit zunehmend verdrängt werden. So kann es dann auch geschehen, daß der *Pretest*, für dessen Ausarbeitung ursprünglich so viel Energie und Einfallsreichtum aufgewandt wurde, kaum mehr wirklich ausgewertet wird und folglich nahezu folgenlos bleibt für die Hauptuntersuchung,

deren Feldzeit bis hin zum endgültig letzten Tag der Erhebung schon lange zuvor festgelegt wurde ...
Der sekundäranalytisch tätige Forscher befindet sich demgegenüber zunächst in einer wesentlich besseren Lage. Beim ersten und vielleicht auch noch beim zweiten Studium des *Codebooks* und der *Studienbeschreibung* fallen ihm noch so mancherlei Ungereimtheiten, offensichtlich abwegige Einfälle und eklatante Versäumnisse der für die Primärerhebung Verantwortlichen auf, und er macht sich so seine Gedanken über die methodologischen Standards, die mittlerweile in der Zunft offenbar gelten. Sind seine analytischen Bemühungen aber erst einmal so richtig im Gange, wird auch er zunehmend von der Faszination seiner Daten und den nahezu unbegrenzten Möglichkeiten gefangengenommen, die Programmpakete wie SPSS^x und der Computer ihm für immer wieder neue Modifikationen und Transformationen seiner Variablen, für alle möglichen Analysestrategien und die aufregende Jagd nach weiteren Zusammenhängen und möglichen Interpretationswegen bieten. Je intensiver die Auswertung betrieben wird, je mehr Zeit, Energien und sonstige knappe Ressourcen dafür eingesetzt werden, desto unplausibler wird zwangsläufig die Vorstellung, daß trotz des gewaltigen Aufwands am Ende womöglich gar nichts herauskommen könnte, und die seinerzeit für so einleuchtend gehaltene ‹Garbage in – Garbage out›-Weisheit zerrinnt zunehmend in der Geschäftigkeit der Analyse. Irgend etwas müssen die Daten doch hergeben, sagt er sich mit wachsender Unruhe, und schließlich tun sie ihm dann auch den Gefallen; man muß die Dinge eben nur im rechten Licht sehen! Wenn er – lange nach Abschluß der eigentlichen Analyse – endlich dazu kommt, seinen Forschungsbericht durch das noch fehlende Vorwort zu vervollständigen, dann ist er möglicherweise wieder soweit zur Besinnung gekommen, daß er ziemlich mühelos eine Reihe von Anmerkungen und Überlegungen zu Papier bringt, die Geltungsbereich und Aussagefähigkeit seiner Ergebnisse im Prinzip ganz erheblich einschränken. Das bleibt verständlicherweise dann aber ohne Effekt für den noch im Rausch der sich aufdrängenden Erkenntnisse niedergeschriebenen, eigentlichen Forschungsbericht und die darin enthaltenen eindrucksvollen Interpretationen und weitreichenden Schlußfolgerungen ...
Ist dagegen der Fehlschlag der ursprünglich anvisierten ‹Beweisführung› allzu offensichtlich, geben die Daten allen noch so raffinierten Bemühungen um eine ‹theoriegerechte Aufbereitung› zum Trotz einfach nichts her, was die dem Forscher am Herzen liegende Hypothese stützen oder die ihm seit langem äußerst fragwürdig erscheinende Theorie endlich widerlegen könnte, dann verfällt er in tiefe Depression. Sich daraus wieder zu befreien, ist ihm nur möglich, indem er alles zusammenträgt, was die Sinn- und Nutzlosigkeit empirischer Sozialforschung zu belegen vermag. – Sobald er sich nach einigen Wochen oder Monaten methodenkritischen Grübelns dabei ertappt, heimlich wieder nach einem neuen Datensatz Ausschau zu halten, ist er auf dem besten Wege der Genesung ...
In der einen oder anderen Form wird den Benutzern dieses Handbuchs ein solches Schicksal nicht erspart bleiben. Mögen sie Kraft und Weitblick genug aufbringen, um das unaufhebbare Spannungsverhältnis zwischen dem Höhenflug theoretischer Abstraktion und den Niederungen des Alltags empirischer Forschung auszuhalten und für sich fruchtbar zu machen!

3 Der SPSS^X-Job

GOTTFRIED FRENZEL/DIETER HERMANN

3.1 Einleitung

Statistische Programmpakete wie das SPSS^X dienen der Verarbeitung von Information. Das Sammeln von Information ist jedoch unabhängig von Programmpaketen oder Programmiersprachen; es ist eine Aufgabe, die vor jedweder Datenverarbeitung gelöst werden muß. Bevor mit der Datensammlung begonnen wird, sollte die der Untersuchung zugrunde liegende Problematik möglichst exakt formuliert sein. Danach werden die zur Lösung des Problems benötigten Daten erhoben und in maschinenlesbare Form überführt. Sinnvoll ist es, diese Arbeitsschritte mit Hilfe eines Analyseplans zu koordinieren und die Datensammlung von vornherein nur auf das Ausgangsproblem zu beziehen. Es ist völlig unzweckmäßig, alle verfügbaren Daten zu erfassen, um danach vom Angebot eines Programmpakets reichhaltigen Gebrauch zu machen. Allerdings ist es fast immer unmöglich, fehlende Information nachträglich zu beschaffen und sinnvoll in die Analyse einzubauen.
Ist der Datensatz zusammengestellt, kann die Bearbeitung mit SPSS^X beginnen. Ein SPSS^X-Job beginnt stets mit einer Job-Karte und dem Aufruf von SPSS^X nach den Konventionen des Rechenzentrums; möglicherweise folgen noch weitere Karten der Job Control Language. Nun schließt sich das eigentliche Programm an. Es besteht aus drei Hauptteilen: der Datendefinition, der Datentransformation und den Prozeduraufrufen. Die Datendefinitionskommandos vermitteln Information über die Variablen und ihre Position im Datensatz. Die Datentransformationskommandos dienen der Restriktion der Analysen auf eine Untermenge von Beobachtungen, der Erzeugung neuer Variablen und der Modifikation bestehender. Die Prozedurkommandos zeigen auf, was für Statistiken, Berichte, Graphiken oder Tabellen erstellt werden sollen.
In diesem einführenden Kapitel wird zunächst eine einfache Fragestellung formuliert und das SPSS^X-Programm vorgestellt, das zu einer Antwort führt. Weiterhin wird an Beispielen das Einlesen von Rohdaten aus externen Files und das Anlegen sowie Einlesen von Speicherdateien demonstriert.

3.2 Ein einfaches Problem

Das Problem sei, die üblichen Körpermaße der bundesdeutschen Teenager zu bestimmen, nämlich Größe und Gewicht; zudem soll festgestellt werden, ob diese Maße vom Geschlecht der Probanden abhängen und einen Zusammenhang mit dem Lebensalter aufweisen. Diese didaktisch sehr glückliche Problemstellung und die Rohdaten sind J. HELWIG (1987) entnommen. Die Einführung ist im SAS-Institut erhältlich.

Die Teenager bilden die Grundgesamtheit bzw. Population: Jugendliche zwischen 12 und 18 Jahren in der Bundesrepublik Deutschland, aus der wir nach dem Zufallsprinzip, also mit gleichen Chancen für alle Elemente der Population, eine Stichprobe ziehen. Diese muß groß genug sein, um die Anforderungen der Statistikprogramme zu befriedigen – sie sollte aber auch nicht wesentlich größer sein. Die in die Stichprobe einbezogenen Elemente nennen wir Fälle bzw. Beobachtungen, und deren Merkmale sind die Variablen. Die Ausprägungen der Variablen heißen Datenwerte. Im Datensatz stehen dann üblicherweise die Beobachtungen in den Zeilen, die Variablen in den Spalten; auf diese Weise kommt das geforderte Rechteckformat zustande.

3.3 Aufbau eines SPSS^X-Programms

In dem gewählten Beispiel sollen die Daten aus Tabelle I.3-1 zugrunde gelegt werden. Die Fallzahl ist nach stichprobentheoretischen Kriterien natürlich viel zu gering. Diese Beschränkung hat nur den Zweck, die Datenmatrix übersichtlich darzustellen.
Die Daten in Tabelle I.3-1 enthalten, von links nach rechts gelesen, folgende Information: Name, Geschlecht, Alter, Größe und Gewicht. Die Rohdaten sind so formatiert, daß die Information zu einem Merkmal immer in den gleichen Spalten steht und die Information zu einer Person immer in der gleichen Zeile steht.

Tabelle I.3-1: Demographische Merkmale bundesdeutscher Jugendlicher

HANS	M	14	162	52
JOHANNA	W	13	155	48
GERDA	W	14	166	47
DORA	W	13	153	45
MAX	M	17	170	64
JULIUS	M	12	151	54
SABINE	W	18	162	55
KARL	M	15	158	57
KATHRIN	W	13	149	51
LUDWIG	M	17	150	49
LUISE	W	16	157	51
MARGARETE	W	12	145	42
MARIA	W	14	159	46
MARTA	W	15	162	49
PETER	M	16	165	66
REINHARD	M	12	161	45
RICHARD	M	15	162	58
THOMAS	M	13	158	55
WILLI	M	18	174	0
CHARLOTTE	W	17	170	61

Ein Job – das sind die Karten/Anweisungen zu einem Arbeitsauftrag an den Computer – mit dem diese Daten eingelesen und weiterverarbeitet werden, ist in der Tabelle I.3-2 beschrieben.

Tabelle I.3-2: SPSS^x-Job zum Einlesen von inline-Daten

```
SET WIDTH = 80
DATA LIST /1 NAME 1-12 (A) SEX 13 (A) ALTER 16-17
GROESSE 20-22 GEWICHT 25-26
MISSING VALUES   ALTER TO GEWICHT (0)
TITLE 'ZUR EINLESEKONTROLLE WIRD JEDER DRITTE FALL GELISTET'
LIST CASES FROM 1 TO 18 BY 3
BEGIN DATA
HANS           M     14    162    52
JOHANNA        W     13    155    48
GERDA          W     14    166    47
DORA           W     13    153    45
MAX            M     17    170    64
JULIUS         M     12    151    54
SABINE         W     18    162    55
KARL           M     15    158    57
KATHRIN        W     13    149    51
LUDWIG         M     17    150    49
LUISE          W     16    157    51
MARGARETE      W     12    145    42
MARIA          W     14    159    46
MARTA          W     15    162    49
PETER          M     16    165    66
REINHARD       M     12    161    45
RICHARD        M     15    162    58
THOMAS         M     13    158    55
WILLI          M     18    174     0
CHARLOTTE      W     17    170    61
END DATA
TITLE 'EINDIMENSIONALE HAEUFIGKEITSAUSZAEHLUNGEN DER VARIA-
BLEN ALTER'
SUBTITLE 'DESKRIPTIVE STATISTIKEN FUER DISKRETE VARIABLEN'
FREQUENCIES VARIABLES = ALTER /
  STATISTICS MEAN MEDIAN MODE RANGE MINIMUM MAXIMUM
FINISH
```

Die einzelnen Karten sollen im folgenden erklärt werden:
Mit der Ausgabesteuerung SET WIDTH = 80 wird der Output vom Standardformat 132 Spalten auf 80 Spalten beschränkt, was die häufig gewünschte DIN-A4-Ausgabe ermöglicht.
DATA LIST verlangt die Angabe der Sätze bzw. Records (hier gleich Datenzeilen) pro Fall und eine Liste der Variablen des Datensatzes mit Spaltenposition sowie ein (A) für alphanumerische Variablen und ggf. in Klammern die Anzahl der Dezimalen – im Beispiel also DATA LIST /1 Name 1–12 (A) .... Eine Übersetzung dieser Befehle in die Umgangssprache könnte folgendermaßen lauten: Der Name ist eine alphanumerische Variable und steht in den Spalten 1 bis 12. Das Geschlecht ist ebenfalls alphanumerisch und steht in der Spalte 13; das Alter steht in den Spalten 16 und 17 als numerische Variable usw. – die Namen dieser Variablen heißen: NAME, SEX und ALTER. Das DATA LIST-Kommando gibt eine Korrespondenztabelle aus, die eine Kontrolle darüber erlaubt, ob alle Variablen mit den gewünschten Attributen eingelesen wurden.

Mit MISSING VALUES variablenliste (ziffer) kann man die fehlenden Werte spezifizieren, in unserem Falle durch den Wert 0.

Mit dem Kommando LIST CASES FROM n1 TO n2 BY increment kann man eine formatierte Ausgabe der Daten erzeugen. Dies dient insbesondere der Einlesekontrolle.

Zwischen BEGIN DATA und END DATA schreiben Sie Ihre Daten. Wichtig ist, daß die Daten genau in den in der DATA LIST-Karte vereinbarten Spalten stehen: alphanumerische Variablen linksbündig, numerische rechtsbündig. Da die Daten im Job stehen, sprechen wir von einem Inline-Job.

Die Häufigkeiten des Auftretens der Ausprägungen diskreter Variablen wie ALTER werden mit der Prozedur FREQUENCIES VARIABLES = varlist ausgezählt. Nach einem Schrägstrich können mit dem eingerückten Subkommando STATISTICS noch gewünschte Statistiken angefordert werden. Anstelle der Prozedur FREQUENCIES – oder auch zusätzlich – können andere Statistikprozeduren aufgerufen werden. Ein Teil der möglichen Anweisungen wird in den nachfolgenden Kapiteln beschrieben, diese ermöglichen dann auch eine Beantwortung der Ausgangsfrage.

Zur Erläuterung des Prozeduroutputs können in Hochkommata Titel und Subtitel eingegeben werden.

Zum Einlesen von Rohdaten mit Hilfe eines Inline-Jobs sind folgende SPSS^X-Anweisungen unbedingt notwendig:
1. DATA LIST
2. MISSING VALUES (falls die Rohdaten fehlende Werte enthalten)
3. LIST CASES (oder eine beliebige Statistikprozedur zum Anlegen der Datei)
4. Dateneingabe: Vor der ersten Dateneingabezeile steht die BEGIN DATA-Anweisung, und das Ende der Daten wird durch die END DATA-Anweisung markiert.

Die SET, TITLE, SUBTITLE und FINISH-Anweisungen sind wahlfrei, ebenso die Statistikprozeduren nach der Dateneingabe. Eine detailliertere Beschreibung dieser SPSS^X-Anweisungen ist in folgenden Büchern zu finden:

SCHUBÖ, W./H.-M. UEHLINGER, 1984: SPSS^X. Handbuch der Programmversion 2. Stuttgart, New York: Fischer.

KÄHLER, W.-M., 1988: SPSS^X für Anfänger: Eine Einführung in das Datenanalysesystem. Braunschweig, Wiesbaden: Vieweg.

PFEIFFER, A., 1988: Statistik-Auswertungen mit SPSS^X und BMDP. Stuttgart, New York: Fischer.

SPSS Inc., 1986: SPSS^X User's Guide. 2. Aufl. New York: Mc Graw Hill.

Vor diesen SPSS^X-Anweisungen müssen sogenannte JCL-Anweisungen (Job Control Language) stehen. Diese dienen der Organisation des SPSS^X-Jobs in einem Computer. Sie sind somit von der Art des Betriebssystems abhängig. Der Aufbau der JCL-Anweisungen ist in der Regel in einem Handbuch Ihres Rechenzentrums beschrieben.

3.4 Die Ausgabe des Programms

Die Ausgabe des oben beschriebenen Jobs ist in den nachfolgenden Tabellen wiedergegeben. Der in Tabelle I.3-3 abgebildete Output zeigt die von der DATA LIST-Anweisung ausgegebene Korrespondenztabelle mit den Variablen, der Anzahl ihrer Records (Datenzeilen pro Fall), den Spaltenpositionen, Formaten (A – alphanumerisch, F – numerisch), die Länge der Datenwerte und bei numerischen Variablen die Anzahl der Dezimalstellen. Die Ausgabe von LIST CASES in Tabelle I.3-4 zeigt die Daten mit den Variablen in der Kopfzeile, gelistet, wie spezifiziert, in Dreierschritten.

Tabelle I.3-3: Korrespondenztabelle einer DATA LIST-Anweisung

```
     DATA LIST /1 NAME 1-12 (A) SEX 13 (A) ALTER 16-17
        GROESSE 20-22 GEWICHT 25-26

THE ABOVE DATA LIST STATEMENT WILL READ    1 RECORDS FROM FILE INLINE:

        VARIABLE    REC    START    END        FORMAT    WIDTH    DEC
        NAME         1       1       12         A         12
        SEX          1      13       13         A          1
        ALTER        1      16       17         F          2       0
        GROESSE      1      20       22         F          3       0
        GEWICHT      1      25       26         F          2       0

END OF DATA LIST TABLE.
```

Tabelle I.3-4: Ausdruck einer LIST CASES-Anweisung

```
LIST CASES FROM 1 TO 18 BY 3.

21 MAY 86                ZUR EINLESEKONTROLLE WIRD JEDER DRITTE FALL GELISTET.
09:53:23   UNI-RECHENZENTRUM HEIDELBERG      I B M   3081  D  MVS -SP 3.8J


NAME         SEX    ALTER    GROESSE    GEWICHT

HANS          M      14       162         52
DORA          W      13       153         45
SABINE        W      18       162         55
LUDWIG        M      17       150         49
MARIA         W      14       159         46
REINHARD      M      12       161         45

NUMBER OF CASES READ =    18     NUMBER OF CASES LISTED =    6
```

Der Aufruf von FREQUENCIES gibt eine eindimensionale Häufigkeitsauszählung der Variablen ALTER aus. Nach den Ausprägungen unter VALUE folgen deren absolute Häufigkeiten und Prozente, die gültigen Prozente unter Berücksichtigung der fehlenden Werte sowie deren Kumulation auf 100. Darunter stehen die für eine diskrete Variable angezeigten deskriptiven Statistiken: das Mittel, der Median, der häufigste Wert, die Spannweite, der minimale und der maximale Wert (Tabelle I.3-5). Die Beschreibung dieser Statistiken ist in Kapitel II zu finden.

Tabelle I.3-5: Ausdruck einer FREQUENCIES-Anweisung

```
TITLE 'EINDIMENSIONALE HAEUFIGKEITSAUSZAEHLUNG DER VARIABLEN ALTER'
SUBSTITLE 'DESKRIPTIVE STATISTIKEN FUER DISKRETE VARIABLEN'
FREQUENCIES VARIABLES = ALTER /
   STATISTICS MEAN MEDIAN MODE RANGE MINIMUM MAXIMUM

21 MAY 86  EINDIMENSIONALE HAEUFIGKEITSAUSZAEHLUNG DER VARIABLEN ALTER
09:53:37   DESKRIPTIVE STATISTIKEN FUER DISKRETE VARIABLEN

ALTER
                                                     VALID      CUM
         VALUE LABEL         VALUE   FREQUENCY  PERCENT   PERCENT   PERCENT

                              12         3       15.0      15.0     15.0
                              13         4       20.0      20.0     35.0
                              14         3       15.0      15.0     50.0
                              15         3       15.0      15.0     65.0
                              16         2       10.0      10.0     75.0
                              17         3       15.0      15.0     90.0
                              18         2       10.0      10.0    100.0
                                      -------  -------   -------
                            TOTAL      20      100.0     100.0

MEAN      14.700      MEDIAN    14.500         MODE       13.000
RANGE      6.000      MINIMUM   12.000         MAXIMUM    18.000

VALID CASES    20          MISSING CASES    0
```

3.5 Die Etikettierung von Variablen und Werten

Bei großen Variablenmengen ist es in der Regel sinnvoll, die Variablen in der DATA LIST-Anweisung fortlaufend durchzunumerieren, beispielsweise durch die Bezeichnungen V1, V2, V3, V4 usw. Allerdings kann dann die inhaltliche Bedeutung der Variablen nicht mehr an ihren Namen erkannt werden. Dieser Mangel kann durch die Etikettierung der Variablen behoben werden. Dazu dient das Kommando VARIABLE LABELS. Die Syntax:

VARIABLE LABELS	variablenname 1	'etikett 1'
	/variablenname 2	'etikett 2'
	/variablenname 3	'etikett 3'
	usw.	

Nicht nur die Variablen selbst, sondern auch ihre Werte können mit Etiketten verknüpft werden. Die Syntax der entsprechenden Anweisung lautet:

```
VALUE LABELS      variablenliste 1        wert 1      'etikett 1'
                                          wert 2      'etikett 2'
                                          wert 3      'etikett 3'
                                          usw.

                  /variablenliste 2       wert 1      'etikett 1'
                                          wert 2      'etikett 2'
                                          wert 3      'etikett 3'
                                          usw.

                  usw.
```

Durch diese Anweisung kann man im oben genannten Beispiel in Tabelle I.3-2 den Werten der Variabeln SEX die Etiketten «MAENNLICH» und «WEIBLICH» zuweisen. Mit Hilfe der hier beschriebenen Anweisungen kann dieses Beispiel folgendermaßen modifiziert werden.

```
DATA LIST /1       V1     1-12 (A)
                   V2     13 (A)
                   V3     16-17
                   V4     20-22
                   V5     25-26

MISSING VALUES     V1     TO    V5    (0)

VARIABLE LABELS    V1     'Name'/
                   V2     'GESCHLECHT'/
                   V3     'ALTER'/
                   V4     'KÖRPERGRÖSSE IN CM'/
                   V5     'KÖRPERGEWICHT IN KG'

VALUE LABELS       V2     M     'MAENNLICH'
                          W     'WEIBLICH'
```

Beachtenswert ist noch, daß die Länge der Etikette beschränkt ist. Die Variablenetiketten in der VARIABLE LABELS-Anweisung dürfen maximal 40 Zeichen umfassen, die Bezeichnungen der Variablenwerte in der VALUE LABELS-Anweisung maximal 20 und die Variablennamen in der DATA LIST-Anweisung maximal 8 (mit Buchstaben beginnend).

3.6 Datenmodifikation und Datenselektion

Sehr häufig müssen zu statistischen Berechnungen die Variablen eines Datensatzes modifiziert werden, beispielsweise mit der Bildung von Dummy-Variablen – das sind Variablen mit nur zwei Ausprägungen – oder bei der Bildung von Indizes. Mit Hilfe der RECODE-Anweisung können Variablenwerte verändert werden, und die COMPUTE-Anweisung ermöglicht die Definition neuer Variablen. Eine Variation des COMPUTE-Kommandos ist die IF-Anweisung; bei dieser wird eine Datenmodifikation nur dann durchgeführt, wenn eine in der IF-Anweisung definierte Bedingung erfüllt ist. Die Möglichkeit einer Datenselektion, d.h. die Auswahl von Beobachtungen aufgrund einer Bedingung, ist durch die SELECT IF-Anweisung gegeben. Damit können Statistiken für Teilgruppen der erfaßten Fälle bestimmt werden.
Beispielsweise ermöglicht das Kommando

```
RECODE        GEWICHT        (40 THRU 49 = 1)
                             (50 THRU 59 = 2)
                             (50 THRU 69 = 3)
```

eine Recodierung der Variable Gewicht in 10er Schritte. Will man beispielsweise bestimmte Statistiken nur für die weiblichen Probanden ermitteln, kann man dies durch folgende Anweisung realisieren:

```
SELECT IF    (SEX = 'W')
```

Ein drittes Beispiel soll die Anwendung der IF- und COMPUTE-Anweisung demonstrieren. Es gibt Daumenregeln zur Berechnung des Normalgewichts und der Körpergröße. Diese Formeln sind aber geschlechtsspezifisch verschieden. Die Berechnung des Normalgewichts (NG) kann bei Männern nach der Formel

$NG = GROESSE - 100$

und bei Frauen nach der Formel

$NG = 0{,}9 \cdot (GROESSE - 100)$

erfolgen. Will man in der o.g. Untersuchung (Tabelle I.3-2) die individuellen Abweichungen vom Normalgewicht feststellen, kann dies durch folgende Anweisungen geschehen:

```
IF   (SEX = 'M')      NG = GROESSE - 100
IF   (SEX = 'W')      NG = 0,9 x (GROESSE - 100)

COMPUTE ABWNG = GEWICHT - NG
```

```
VARIABLE LABELS     NG 'NORMALGEWICHT'/
                    ABWNG  'ABWEICHUNG VOM NORMALGEWICHT'

LIST VARIABLES  =  NAME ABWNG
```

Die Syntax der RECODE-, COMPUTE-, IF- und SELECT IF-Anweisung lautet:

```
RECODE  variablenliste   (werteliste = neuer wert)
                         (werteliste = neuer wert)
                         usw.

COMPUTE  ergebnisvariable  =  ausdruck

SELECT IF    bedingung

IF   bedingung    ergebnisvariable  =  ausdruck
```

3.7 Einlesen von Rohdaten aus externen Files

Stehen die Daten nicht im Job, sondern in einer externen Datei, müssen sie nach den Konventionen Ihres Rechenzentrums eingelesen werden. Dazu muß der SPSS^X-Job Anweisungen enthalten, die es ermöglichen, einen Bezug zu einer solchen externen Datei herzustellen. In einer IBM/MVS-Umgebung geschieht dies mittels einer DD-Anweisung und der DATA LIST-Anweisung. Ein Beispiel soll dies verdeutlichen:
Die Rohdaten, die in Tabelle I.3-1 gelistet sind, wurden unter der Bezeichnung «U.UID.ROHDATEN» abgespeichert (UID bedeutet «user identification», also die Rechennummer). Gewünscht wird eine Grundauszählung aller Variablen. Der entsprechende Job für eine IBM/MVS-Installation ist in Tabelle I.3-6 beschrieben.

Tabelle I.3-6: Einlesen von Rohdaten aus externen Files (IBM/MVS)

```
// ... JOB ...
// EXEC SPSSX
//ROH DD DSN=U.UID.ROHDATEN,DISP=SHR
DATA LIST FILE = ROH    RECORDS = 1
     /1 NAME 1-12 (A)    SEX   13 (A)    ALTER 16-17
        GROESSE 20-22 GEWICHT 25-26
TITLE 'GRUNDAUSZAEHLUNG ALLER VARIABLEN'
FINISH
```

In der dritten Zeile dieses Jobs steht eine sogenannte DD-Anweisung. Die Bezeichnung «ROH» auf dieser Anweisung – der ddname – kann willkürlich gewählt werden und soll nur die DD-Anweisung mit der DATA LIST-Anweisung verknüpfen. Dadurch wird die externe Datei ROHDATEN referenziert. Wichtig ist also nur, daß der ddname auf beiden Karten identisch ist, aber nicht welcher Name gewählt wird. In vielen Computerinstallationen bzw. Betriebssystemen geschieht die Referenzierung einer extern abgespeicherten Datei anstatt mit einer DD-Anweisung mit Hilfe einer FILE HANDLE-Anweisung. Die FILE HANDLE-Anweisung und die DATA LIST-Anweisung werden über einen beliebigen Dateititel miteinander verknüpft. Der Dateititel einer FILE HANDLE-Anweisung hat die gleiche Funktion wie der ddname auf der DD-Karte. Die Syntax:

```
FILE HANDLE    dateititel / dateibezeichnung
DATA LIST   FILE  =  dateititel
```

Hinsichtlich der Spezifikation des Dateititels ist zu beachten, daß dieser mit einem Buchstaben beginnen sollte und nicht länger als 8 Zeichen sein darf. Der Dateititel darf Ziffern, aber keine Leerzeichen enthalten (Vgl. SPSS^X User's Guide, 1986: 20).

3.8 Das Erstellen und Einlesen von Speicherdateien

Nach den Konventionen Ihres Rechenzentrums können Sie mit dem SAVE-Kommando Ihre Daten mit allen Attributen permanent abspeichern und erhalten so sogenannte SPSS^X-Speicherdateien. Diese können in einem späteren, getrennten SPSS^X-Programm wieder aufgerufen werden. Die Verwendung einer Speicherdatei hat den Vorteil, daß die Daten nicht mehr definiert und die Datenmodifikationen nicht mehr wiederholt werden müssen – dies spart Rechenzeit und vereinfacht den Aufbau des SPSS^X-Jobs.
Speicherdateien werden nicht in 80er-Sätzen, sondern nach einem besonderen Verfahren auf Band oder Platte abgelegt, so daß sie sich am Bildschirm nicht darstellen lassen; die Inhalte können jedoch am Schirm oder auf dem Drucker mit dem DISPLAY-Kommando ausgegeben werden. Diese Speicherdateien enthalten neben den Rohdaten alle Datendefinitionen: Namen der Variablen mit Etiketten, Positionen, Formaten, fehlenden Werten sowie Werteetiketten und Dateidokumentation.
Sollen die Daten mit ihren Attributen in einer Datei permanent abgespeichert werden, muß zuerst der Dateiname festgelegt und die Datei nach der EXEC-Karte allokiert werden. In dem unten beschriebenen Beispiel ist der Dateiname «U.UID.PERSDAT». Dieser muß für eine IBM/MVS-Umgebung in einer DD-Anweisung angegeben werden. Die Verknüpfung mit der SAVE-Anweisung geschieht mit Hilfe eines ddnamens (hier: AUSP). Die Syntax dieses Kommandos ist:

```
SAVE   OUTFILE = ddname
```

Die Anweisungen in Tabelle I.3-7 beschreiben einen Job, mit dem eine SPSS^x-Speicherdatei erzeugt wird.

Tabelle I.3-7: Erzeugung einer SPSS^x-Speicherdatei (IBM/MVS)

```
//  ... JOB ...
// EXEC SPSSX
//AUSP DD DSN=U.UID.PERSDAT,DISP=(,CATLG),UNIT=DISK,
//  SPACE=(TRK,(n1,n2)),VOL=SER=TSO001
DATA LIST /1 NAME 1-10 (A) SEX 12 (A) ALTER 14-15
   GROESSE 17-18  GEWICHT 20-22
MISSING VALUES  ALTER TO GEWICHT (0)
VARIABLE LABELS ALTER    'LEBENSALTER IN JAHREN'
                GROESSE  'KÖERPERGROESSE IN CM'
                GEWICHT  'KOERPERGEWICHT IN KG'
LIST
BEGIN DATA
HANS         M   14   162   52
JOHANNA      W   13   155   48
GERDA        W   14   166   47
DORA         W   13   153   45
MAX          M   17   170   64
JULIUS       M   12   151   54
SABINE       W   18   162   55
KARL         M   15   158   57
KATHRIN      W   13   149   51
LUDWIG       M   17   150   49
LUISE        W   16   157   51
MARGARETE    W   12   145   42
MARIA        W   14   159   46
MARTA        W   15   162   49
PETER        M   16   165   66
REINHARD     M   12   161   45
RICHARD      M   15   162   58
THOMAS       M   13   158   55
WILLI        M   18   174    0
CHARLOTTE    W   17   170   61
END DATA
SAVE OUTFILE = AUSP
FINISH
```

In fast allen anderen Betriebssystemen wird, wie schon gesagt, anstatt einer DD-Anweisung eine FILE HANDLE-Anweisung mit einem dateititel verwendet.

Mit Hilfe des GET FILE-Kommandos können Speicherdateien eingelesen werden. Die Syntax:

GET FILE = ddname bzw.
dateititel

Dieser ddname/dateititel verknüpft die GET FILE-Anweisung mit der DD-Anweisung (IBM/MVS), bzw. mit der FILE HANDLE-Anweisung (sonstige Betriebssysteme). In der Tabelle I.3-8 wird ein Job beschrieben, der eine Speicherdatei einliest und verarbeitet, die durch den Job in Tabelle I.3-7 erzeugt wurde. Mit der Anweisung DISPLAY DICTIONARY werden u.a. die Variablennamen, die Variablenetikette und die Werteetikette ausgegeben. Durch die LIST-Anweisung werden die Werte aller Variablen reproduziert. Das Kommando CONDESCRIPTIVE ist eine Statistikprozedur und wird in den nachfolgenden Kapiteln erläutert.

Tabelle I.3-8: Einlesen einer Speicherdatei (IBM/MVS)

```
//  ... JOB ...
// EXEC SPSSX
//EINPSDT DD DSN=U.UID.PERSDAT,DISP=SHR
GET FILE = EINPSDT
DISPLAY    DICTIONARY
LIST
PRINT / NAME TO GEWICHT
CONDESCRIPTIVE ALTER TO GEWICHT
STATISTICS  1,5,6,10,11
FINISH
```

3.9 Die Verknüpfung von Speicherdateien

Bestehen zwei getrennte Speicherdateien, von denen beispielsweise eine die männlichen Probanden enthält (U.UID.PERSDATM), die andere die weiblichen (U.UID.PERSDATW), so können diese mit dem Kommando ADD FILES FILE=ddname 1/ FILE=ddname 2 verknüpft (concateniert) werden. (Siehe Tabelle I.3-9). Zunächst müssen die Dateien auf DD-Anweisungen mit ddnamen referenziert werden; auf einer weiteren DD-Karte wird die Ausgabedatei (U.UID.PERSDATB) allokiert. Nun werden die Dateien mit GET FILE=ddname 1 und GET FILE=ddname 2 eingelesen; dazwischen kann als Einlesetest jeweils eine Häufigkeitsauszählung eingeschoben werden. Nun folgt das Verknüpfungskommando ADD FILES..., dem zu Testzwecken wiederum eine Häufigkeitsauszählung folgen kann. Schließlich wird die Ausgabedatei abgespeichert: SAVE OUTFILE = AUSMW.

Diese Syntax gilt, wie wiederholt gesagt, in einer IBM/MVS-Umgebung. In fast allen anderen Betriebssystemen muß die DD-Anweisung durch eine FILE HANDLE-Anweisung ersetzt werden. Die concatenierte Datei kann nach den obigen Konventionen eingelesen und beispielsweise mit dem in Tabelle I.3-10 beschriebenen SPSS^x-Programm verarbeitet werden. In diesem wird der nach SEX sortierte File zunächst durch eine SPLIT FILE-Anweisung aufgespalten, wonach für beide Subdateien der in der Prozedur NPAR TESTS enthaltene Kolmogorov-Smirnov-Test auf Normalverteilung getrennt berechnet wird. Danach wird das Splitting aufgehoben, und es können mit der ganzen Datei beliebige weitere Prozeduren aufgerufen werden.

Tabelle I.3-9: Verknüpfung von Speicherdateien durch ADD FILES (IBM/MVS)

```
// ... JOB ...
// EXEC SPSSX
//EINM DD DSN=U.UID.PERSDATM,DISP=SHR
//EINW DD DSN=U.UID.PERSDATW,DISP=SHR
//AUSMW DD DSN=U.UID.PERSDATB,DISP=(,CATLG),UNIT=DISK,
// SPACE=(TRK,(n1,n2)),VOL=SER=TSO002
GET            FILE=EINM
FREQUENCIES    VARIABLES = SEX
GET            FILE=EINW
FREQUENCIES    VARIABLES = SEX
ADD FILES      FILE=EINM / FILE=EINW
FREQUENCIES    VARIABLES = SEX
SAVE           OUTFILE = AUSMW
FINISH
```

Tabelle I.3-10: Einlesen verknüpfter Speicherdateien (IBM/MVS)

```
// ... JOB ...
// EXEC SPSSX
//EINB DD DSN=U.UID.PERSDATB,DISP=SHR
GET            FILE=EINB
DISPLAY        DICTIONARY
DISPLAY        VARIABLES
FREQUENCIES    VARIABLES = SEX
SORT CASES     BY SEX
SPLIT FILE     BY SEX
NPAR TESTS     K-S(NORMAL) = GROESSE GEWICHT
SPLIT FILE     OFF
weitere Prozeduren
FINISH
```

Beim Concatenieren mit ADD FILES werden zwei oder mehr Dateien untereinander gestellt; dieser Prozeß wird durch die Variablennamen gesteuert. Sollen zwei oder mehr Dateien nebeneinander gestellt werden, spricht man vom Fusionieren mit dem Schlüsselwort MATCH FILES. Um den Unterschied deutlich zu machen: Durch die ADD FILES-Anweisung werden zu den ursprünglichen Daten Informationen neuer Fälle eingebracht, während durch MATCH FILES zu den ursprünglichen Daten neue Informationen derselben Fälle hinzugefügt werden. Diese Unterscheidung wird auch in den Begriffen «Concatenieren» und «Fusionieren» zum Ausdruck gebracht.

Das Beispiel in Tabelle I.3-11a für eine Fusionierung mit MATCH FILES gilt wieder für eine IBM/MVS-Umgebung. Der Name der verfügbaren Speicherdatei ist «U.UID. PERSDAT». Diese Datei wird mittels der ersten DD-Anweisung referenziert. In der zweiten DD-Anweisung wird die Datei «U.UID.DATEN» allokiert, die die zusätzlichen Informationen, die zwischen der BEGIN DATA- und der END DATA-Anweisung ste-

Tabelle 1.3-11a: Fusion zweier Dateien durch MATCH FILES (IBM/MVS)

```
//           JOB
// EXEC SPSSX
//EINPERS DD DSN=U.UID.PERSDAT,DISP=SHR
//SAVEDAT DD DSN=U.UID.DATEN,DISP=(,CATLG),UNIT=DISK,
//    SPACE=(TRK,(2,3)),VOL=SER=USER01
//AUSPERSX DD DSN=U.UID.PERSDATX,DISP=(,CATLG),UNIT=DISK,
//    SPACE=(TRK,(5,2)),VOL=SER=USER01
SET WIDTH = 80
DATA LIST /1 NAME 1-10 (A) HUEFTE 13-15
LIST VARIABLES = ALL
BEGIN DATA
HANS         110
JOHANNA       88
GERDA         92
DORA          71
MAX           99
JULIUS       128
SABINE        68
KARL         105
KATHRIN       83
LUDWIG       107
LUISE         59
MARGARETE     86
MARIA         72
MARTA         61
PETER        118
REINHARD     107
RICHARD      112
THOMAS       129
WILLI         99
CHARLOTTE     58
END DATA
SORT CASES   BY NAME
LIST / CASES FROM 1 TO 20 BY 5
SAVE      OUTFILE = SAVEDAT
GET       FILE = EINPERS
LIST / CASES FROM 1 TO 20 BY 5
MATCH FILES    FILE=EINPERS / FILE=SAVEDAT / MAP
LIST VARIABLES = ALL
SAVE      OUTFILE=AUSPERSX
FINISH
```

hen, aufnehmen soll. Die dritte DD-Anweisung allokiert die Datei «U.UID.PERS-DATX»; in dieser sollen die beiden o.g. Dateien in fusionierter Form enthalten sein. Nach den DD-Anweisungen folgt das DATA LIST-Kommando, mit dem eine temporäre Datei mit der Fallidentifikation (NAME) und der neuen Variablen (HUEFTE) erzeugt wird. Dazu bedarf es – damit SPSS^X eine Datei anlegt – zusätzlich einer Statistikprozedur. Hier wurde willkürlich LIST VARIABLES gewählt. Es folgen die Daten. Die Variable, die den Fall identifiziert, muß in den zu fusionierenden Dateien in gleicher Weise sortiert sein! Dies wird durch eine SORT CASES-Anweisung bewirkt, die bei allen zu fusionierenden Dateien angewendet werden muß. In diesem Beispiel wird vorausge-

Tabelle I.3-11b: Output von 1.3-11a:

```
  10   MATCH FILES   FILE=EINPERS / FILE=SAVEDAT / MAP

 FILE CALLED EINPERS :
   LABEL:
   CREATED 03 OCT 88 16:08:24        5 VARIABLES

 FILE CALLED SAVEDAT :
   LABEL:
   CREATED 03 OCT 88 16:12:04        2 VARIABLES

 MAP OF THE RESULT FILE

 RESULT      EINPERS   SAVEDAT
 ------      -------   -------
 NAME        NAME      NAME
 SEX         SEX
 ALTER       ALTER
 GROESSE     GROESSE
 GEWICHT     GEWICHT
 HUEFTE                HUEFTE

  11   LIST VARIABLES = ALL

 NAME         SEX ALTER GROESSE GEWICHT HUEFTE

 CHARLOTTE    W    17    170      61     58
 DORA         W    13    153      45     71
 GERDA        W    14    166      47     92
 HANS         M    14    162      52    110
 JOHANNA      W    13    155      48     88
 JULIUS       M    12    151      54    128
 KARL         M    15    158      57    105
 KATHRIN      W    13    149      51     83
 LUDWIG       M    17    150      49    107
 LUISE        W    16    157      51     59
 MARGARETE    W    12    145      42     86
 MARIA        W    14    159      46     72
 MARTA        W    15    162      49     61
 MAX          M    17    170      64     99
 PETER        M    16    165      66    118
 REINHARD     M    12    161      45    107
 RICHARD      M    15    162      58    112
 SABINE       W    18    162      55     68
 THOMAS       M    13    158      55    129
 WILLI        M    18    174       0     99

 NUMBER OF CASES READ =     20     NUMBER OF CASES LISTED =    20

   12   SAVE      OUTFILE=AUSPERSX

 03 OCT 88 16:12:08        6 VARIABLES,    56 BYTES PER CASE
 03 OCT 88 16:12:08       20 CASES SAVED
```

setzt, daß die ursprünglichen Daten (U.UID.PERSDAT) schon in sortierter Form vorliegen. Nach dem SORT CASES-Kommando folgt eine SAVE-Anweisung. Die in diesem Job aufgeführten Rohdaten werden dadurch permanent unter dem Namen «U.UID.DATEN» abgespeichert. Mit dem ddnamen (SAVEDAT) wird die entsprechende DD-Anweisung referenziert. Die nachfolgende LIST CASES-Anweisung dient lediglich der Inhaltskontrolle. Daraufhin wird mit GET FILE = EINPERS die Stammdatei PERSDAT eingelesen und wiederum mit LIST CASES geprüft. Nun können mit dem Kommando MATCH FILES FILE = EINPERS / FILE = SAVEDAT / MAP die Dateien PERSDAT und DATEN zu einer Datei PERSDATX fusioniert werden; das Subkommando MAP gibt eine Variablenliste der drei Dateien aus. Nach einer erneuten Kontrolle mit dem LIST-Kommando wird die neuerstellte Gesamtdatei unter dem Namen «U.UID.PERSDATX» durch das Kommando SAVE OUTFILE = AUSPERSX permanent abgespeichert. Im Output erscheint das von LIST VARIABLES = ALL erzeugte Listing der fusionierten Datei mit der zusätzlichen Variablen HUEFTE zu den fünf Variablen der Stammdatei.

Das Einlesen einer fusionierten Datei geschieht nach den oben beschriebenen Regeln. Der Job in Tabelle I.3-12 ist ein Beispiel dazu.

Tabelle I.3-12: Einlesen fusionierter Dateien (IBM/MVS)

```
//  ... JOB ...
// EXEC SPSSX
//EINPSDT DD DSN=U.UID.PERSDATX,DISP=SHR
GET FILE = EINPSDT
DISPLAY    DICTIONARY
LIST
FINISH
```

3.10 Die Ausgangsproblematik

In diesem Kapitel über den Aufbau eines SPSS^X-Jobs sind wir – um die Anweisungen an einem Beispiel demonstrieren zu können – von einem exakt definierten Problem ausgegangen. Gefragt war, ob es geschlechts- und altersspezifische Unterschiede im Gewicht und in der Größe der bundesdeutschen Teenager gibt (siehe Kapitel 3.2). Die oben eingeführten Anweisungen dienten zur Vorbereitung der Lösung dieses Problems. Die eigentliche Beantwortung der Fragestellung ist mit Hilfe von Statistikprozeduren möglich, die in den nachfolgenden Kapiteln vorgestellt werden. Diese Prozeduren werden aber in der Praxis häufig auf Speicherdateien angewendet. Aus diesem Grund ist es für jeden «Neuling» in der elektronischen Datenverarbeitung mit SPSS^X wichtig, den Weg von der Erhebung der Rohdaten bis zur Erstellung, Verknüpfung und Verarbeitung von Speicherdateien genau zu kennen.

II Beschreibende Statistik

1 Univariate Statistik

GOTTFRIED FRENZEL/DIETER HERMANN

1.1 Das Meßniveau

Unter «Messen» versteht man die Zuordnung von Zahlen oder Symbolen zu Ereignissen, Objekten oder zu Eigenschaften von Objekten. Zur Veranschaulichung sollen folgende Beispiele für Meßvorschriften dienen:
1. Die berühmte Sonntagsfrage, «Welche Partei würden Sie wählen, wenn am nächsten Sonntag Bundestagswahl wäre», läuft auf ein Messen der gegenwärtigen Wahlabsicht hinaus. Den möglichen Antworten können Zahlen zugeordnet werden:

    CDU   1
    CSU   2
    SPD   3
    FDP   4
    Grüne   5
    Sonstige   6

2. Zum Messen der Wahrnehmung von Konfliktgruppen kann folgende Frage verwendet werden: «Es wird oft gesagt, daß es Interessengegensätze zwischen verschiedenen Gruppen in der Bundesrepublik gibt. Die Gegensätze sind aber nicht alle gleich stark. Sagen Sie mir bitte, ob z.B. die Gegensätze zwischen Männern und Frauen Ihrer Meinung nach sehr stark, ziemlich stark, eher schwach sind, oder ob es da gar keine Gegensätze gibt.» Den möglichen vier Antworten können die Zahlen von eins bis vier zugeordnet werden.
3. Die Messung der Variablen «Alter» kann trivialerweise so durchgeführt werden, daß beispielsweise der Aussage, «A ist 35 Jahre alt», die Zahl 35 zugeordnet wird.

An diesen drei Beispielen ist erkennbar, daß Meßvorschriften unterschiedliche Eigenschaften und Qualitäten haben können. Im zweiten Beispiel sind die Skalenwerte in einer Rangfolge geordnet, im ersten Beispiel hingegen ist eine Rangordnung nicht erkennbar – es könnten anstatt Zahlen genauso gut Buchstaben oder andere Symbole verwendet werden. Wenn auch das Meßergebnis in allen Beispielen aus Zahlen besteht, haben diese doch unterschiedliche Eigenschaften. Zweifellos kann beispielsweise die Differenz zwischen zwei Altersangaben berechnet und interpretiert werden – aber welchen Sinn hat der Differenzwert zwischen CDU und FDP (1 − 4 = −3)? Es gibt zu diesem Wert kein Pendant bei den zu messenden Objekten.

Zur Charakterisierung der verschiedenen Meßvorschriften wird der Begriff des Skalenniveaus verwendet und zwischen Nominal-, Ordinal-, Intervall- und Ratioskalen unterschieden, womit bereits die aufsteigende Güte der Skalen vorweggenommen ist (Stevens 1946).

Die Nominalskala

Die einfachste bzw. niedrigste Skala ist die Nominalskala, denn es werden keinerlei Annahmen über die Beziehungen zwischen den Skalenwerten gemacht. Es wird lediglich vorausgesetzt, daß durch die Meßvorschrift alle möglichen zu messenden Objekte erfaßt werden können und daß jedes Objekt nur einem Skalenwert zugeordnet werden kann. Beispiele für nominalskalierte Variablen sind: Parteibindungen, Familiennamen oder Wohnorte. Die Werte einer nominalskalierten Variablen können somit zwar Zahlen sein, aber diese Zahlenwerte haben nicht die Eigenschaften von Zahlen, die üblicherweise in der Arithmetik verwendet werden. Die Zahlenwerte nominalskalierter Variablen können weder sinnvoll addiert, subtrahiert, multipliziert noch dividiert werden. Daher können statistische Berechnungen, die eine Ordnung oder numerische Distanz der Skalenwerte voraussetzen, keine sinnvolle Information über nominalskalierte Variablen vermitteln.

Die Ordinalskala

Eine Skala wird dann als Ordinalskala bezeichnet, wenn zwischen den Skalenwerten eine Rangordnung besteht, wie beispielsweise bei der Stärke der Interessengegensätze zwischen Mann und Frau oder der Klassifizierung von Personen in Schichten. Ein Angehöriger der Mittelschicht steht im sozialen Ansehen höher als ein Angehöriger der Unterschicht und ein Angehöriger der Oberschicht höher als ein Mitglied der Unterschicht oder Mittelschicht. Durch die Bezeichnung «höher» ist eine Rangordnung der Skalenwerte definiert. Allerdings wird keine Aussage darüber gemacht, um wieviel höher oder niedriger eine Schicht im Vergleich zu den anderen Schichten ist. Die Differenz und Summe von Skalenwerten ist also auch bei ordinalskalierten Variablen nicht ohne weiteres interpretierbar, obwohl sie besteht und über Hilfsgrößen wie Einkommen u.a. ausgedrückt werden kann. Bei der Messung ordinaler Variablen wird also die Rangordnung im Objektbereich einer Rangordnung im Zahlenbereich zugeordnet. Dabei müssen die Zahlenwerte weder fortlaufend sein noch bei null oder eins anfangen. Die Meßvorschrift der oben genannten Schichtskala könnte beispielsweise so lauten, daß der
Unterschicht der Wert 1, der
Mittelschicht der Wert 2 und der
Oberschicht der Wert 3 zugewiesen wird.
Ebenso gültig, aber weniger verständlich, wäre die Zuordnung der Zahlen 10/20/30 oder -7/48/1027. In jedem Fall bleibt die Rangordnung erhalten. Diese Beispiele verdeutlichen die Interpretationsschwierigkeiten von Summen oder Differenzen ordinalskalierter Variablen.

Die Intervallskala

Eine Ordinalskala wird dann als Intervallskala bezeichnet, wenn die Abstände zwischen je zwei benachbarten Skalenwerten gleich groß sind. Ein Beispiel ist die Temperaturmessung in Celsius, Fahrenheit und Reaumur. Die Bildung von Summen und Differenzen intervallskalierter Variablen ist erlaubt. So ist etwa die Differenz zwischen 5 und 6 Grad Celsius die gleiche wie die zwischen 20 und 21 Grad Celsius. Intervallskalen haben zwei willkürliche Momente: Die Wahl der Intervallgröße und des Nullpunkts. Ob nun der

Gefrierpunkt des Wassers mit 0 oder 32 oder einer beliebigen anderen Zahl bezeichnet wird, verändert die Eigenschaften der Temperaturskala nicht – ebensowenig eine Veränderung der Anzahl der Intervalle zwischen Gefrier- und Siedepunkt von Wasser.

Die Ratioskala

Eine Intervallskala wird dann als Ratioskala bezeichnet, wenn ein absoluter bzw. natürlicher Nullpunkt festgelegt ist. Als Beispiele für ratioskalierte Variablen können neben dem Alter in Jahren die Länge einer Strecke in Metern, die Anzahl von Personen einer Gruppe und die Temperatur in Grad Kelvin genannt werden. Die Summe und Differenz, das Produkt und der Quotient zwischen Werten ratioskalierter Variablen sind definiert.
Als weiterführende Literatur zu diesem Thema sind folgende Werke zu nennen: ATTESLANDER 1985: 266–283; MAYNTZ/HOLM/HÜBNER 1978: 33–67; HOLM 1975a; SCHEUCH/ZEHNPFENNIG 1974; ZUMA-Handbuch Sozialwissenschaftlicher Skalen 1983.

1.2 Die Häufigkeitsverteilung

Eine sehr einfache Beschreibung gemessener Merkmale ist die Häufigkeitsverteilung der Einzelmessungen: wie oft wurde jede Merkmalsausprägung erfaßt? Zum Beispiel bemerkt ein Dozent einer Universität eine starke Variation in der Struktur und Anzahl der Teilnehmer seiner Seminare. Er mißt deshalb in jedem seiner abgehaltenen Seminare das Alter, Geschlecht und die Note des Seminarreferats jedes Studenten. Das Ergebnis ist in Tabelle II.1-1 festgehalten.

Tabelle II.1–1: Strukturmerkmale von Seminarteilnehmern

Nr. des Studenten	Seminarthema	Semesterzahl	Geschlecht	Note
1	1	9	1	2
2	1	12	2	2
3	1	13	2	4
4	1	8	1	3
5	1	7	2	1
6	1	15	2	3
7	1	15	1	4
8	1	11	2	3
9	2	6	1	2
10	2	4	1	3
11	2	8	1	2
12	2	5	2	3
13	2	4	1	4
14	2	7	1	1
15	2	7	2	3
16	2	7	1	2
17	2	4	1	2

Nr. des Studenten	Seminarthema	Semesterzahl	Geschlecht	Note
18	2	5	1	3
19	2	7	2	2
20	2	5	1	3

Diese Datenmatrix kann zwar unmittelbar zur Beschreibung der Seminarteilnehmer benutzt werden – eine solche Darstellung ist aber bei größeren Fallzahlen unübersichtlich. Die Häufigkeitsverteilung der Merkmalsausprägungen hingegen ist leichter interpretierbar.

Tabelle II.1–2: Zahlenmäßige Verteilung der Noten in beiden Seminaren

Note	Wert	Häufigkeit	Prozentualer Anteil
Sehr gut	1	2	10,0
Gut	2	7	35,0
Befriedigend	3	8	40,0
Ausreichend	4	3	15,0
		20	100,0

Diese Verteilung kann auch graphisch dargestellt werden: als Histogramm oder als Kreisdiagramm.

Schaubild II.1–1: Histogramm und Kreisdiagramm der Noten von Seminarteilnehmern

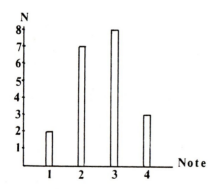
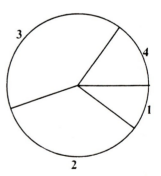

Die Länge der Stäbe des Histogramms bzw. die Größe der Kreissegmente ist ein Maß für die Anzahl der Fälle, die einer Kategorie zugeordnet werden können. Somit sind graphische Darstellungen besonders geeignet, Häufigkeitsverteilungen anschaulich darzustellen. Voraussetzungen in bezug auf das Meßniveau der Variablen existieren nicht.

Die inhaltliche Frage dieses Beispiels war, Unterschiede bei den Teilnehmern verschiedener Seminare festzustellen. Betrachtet man die Verteilungen der Semesterzahlen für jedes

Seminarthema (Tabelle II.1-3), so wird deutlich, daß bei Thema 1 vorwiegend Studenten höherer Semester vertreten waren, während das Thema 2 vorwiegend von mittleren Semestern besucht wurde. Der Strukturunterschied der Teilnehmer in den betrachteten Seminaren basiert also insbesondere auf der Semesterzahl.

Tabelle II.1–3: Häufigkeitsverteilung der Semesterzahl – differenziert nach Seminarthemen

Semesterzahl	Häufigkeit bei Thema 1	Häufigkeit bei Thema 2
4	–	3
5	–	3
6	–	1
7	1	4
8	1	1
9	1	–
10	–	–
11	1	–
12	1	–
13	1	–
14	–	–
15	2	–
	8	12

Die Erstellung von Häufigkeitsverteilungen ist mit Hilfe der SPSS^X-Prozedur FREQUENCIES möglich. Eine zahlenmäßige Darstellung der Noten (Variablenname: NOTE) erhält man durch die Anweisung

```
         FREQUENCIES   VARIABLES = NOTE
```

und eine graphische Darstellung in Form eines Histogramms durch die Anweisungen

```
         FREQUENCIES   VARIABLES = NOTE
                      /FORMAT = NOTABLE
                      /BARCHART = FREQ
```

Durch das Kommando FORMAT = NOTABLE wird die Ausgabe der Häufigkeitstabelle unterdrückt und der Befehl BARCHART = FREQ bewirkt den Ausdruck eines Histogramms, in dem jeder Balken der absoluten Häufigkeit eines Wertes entspricht.
Eine weitere Möglichkeit zur Erzeugung von Histogrammen ist die Prozedur BARCHART: Diese bietet im Vergleich zu FREQUENCIES noch weitere Variationsmöglichkeiten an. Ein Kreisdiagramm kann mit Hilfe von FREQUENCIES nicht erstellt werden. Dazu wird die Prozedur PIECHART benötigt. Die optionalen Prozeduren PIECHART und BARCHART sind von SPSS-Graphics, einem Zusatzprodukt zu SPSS^X, übernommen (SPSS^X User's Guide 1986).
Bei einer graphischen Darstellung von Häufigkeitsverteilungen ist zu beachten, daß diese

unübersichtlich sind, wenn die Anzahl der Merkmalsausprägungen zu hoch ist – beispielsweise die Messung des Körpergewichts bei vielen Personen. In diesem Fall hat man die Möglichkeit, die Variable in wenige Merkmalsbereiche zu rekodieren oder innerhalb der Prozedur FREQUENCIES das Kommando HISTOGRAM zu benutzen. Damit werden ebenso wie durch BARCHART Histogramme erzeugt, allerdings wird die Skala jeder Variablen in maximal 21 gleich breite Intervalle eingeteilt – so die Voreinstellung. Diese Vorgabe kann durch die Angabe der Intervallbreite aufgehoben werden. Das entsprechende Kommando heißt INCREMENT (Breite), wobei die Intervallbreite in Klammern anzugeben ist. Der kleinste bzw. größte darzustellende Wert kann durch die Anweisungen MINIMUM (min) bzw. MAXIMUM (max) vorgegeben werden. Der Programmteil

```
FREQUENCIES   VARIABLES = WEIGHT
               /FORMAT  = NOTABLE
               /HISTOGRAM = MIN (120) MAX (280)
               /INCREMENT (10)
```

führt also zum Ausdruck eines Histogramms der Variablen WEIGHT, wobei der kleinste Wert 120 (lbs) und der größte 280 beträgt. Dieses Intervall wird in Klassen der Breite 10 aufgeteilt und für jede Klasse wird die entsprechende Häufigkeit in Form eines Balkens ausgedruckt. Das Schaubild II.1-2 zeigt ein solches Histogramm für die Messung des Körpergewichts bei 240 Personen.

Weiterführende Literatur dazu: SPIEGEL 1976; RIEDWYL 1975.

Schaubild II.1–2: Histogramm des Körpergewichts

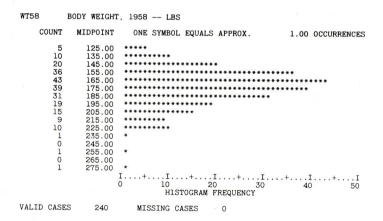

1.3 Maße der zentralen Tendenz

Eine Verteilung kann nicht nur durch die Auflistung der Häufigkeiten in den einzelnen Merkmalsausprägungen beschrieben werden, sondern auch noch wesentlich komprimierter durch die Verwendung von Maßzahlen. Diese Maßzahlen sollen bestimmte Eigenschaften von Variablen charakterisieren: ihre Lage (Tendenz), Streuung und Gestalt. Als Maße der zentralen Tendenz werden – je nach Skalenniveau der Variablen – Mittelwert, Median oder Modus verwendet.

Der Modus ist als häufigster Wert einer Verteilung definiert. In dem oben beschriebenen Beispiel über die Struktur von Seminarteilnehmern (Tabelle II.1-1) ist das Geschlecht mit dem Code «1» am häufigsten vertreten. Die Variable Geschlecht hat in diesem Beispiel also einen Modus von 1. Diese Meßzahl ist vorwiegend bei nominalskalierten Variablen sinnvoll anwendbar.

Zur Berechnung des Medians einer Variable werden alle Fälle nach der Größe dieser Variable geordnet. Der Wert, der eine Verteilung so teilt, daß je eine Hälfte der Fälle oberhalb und eine Hälfte unterhalb dieses Wertes liegt, heißt Median. Ein Beispiel kann dies verdeutlichen: Die Beobachtungen zu einer Variablen X basieren auf 7 Fällen und haben die Werte 6 3 2 6 4 2 7. Nach ihrer Größe geordnet lautet die Reihe: 2 2 3 4 6 6 7. Durch den Wert «4» wird die geordnete Folge der Beobachtungen in zwei gleich große Gruppen aufgeteilt, und somit ist dieser Wert der Median dieser Variablen. Die Bildung einer Rangordnung ist bei nominalskalierten Variablen nicht möglich. Aus diesem Grund ist die Berechnung des Medians bei solchen Variablen nicht sinnvoll – sie müssen mindestens ordinalskaliert sein. Die zentrale Tendenz nominalskalierter Variablen wird, wie schon gesagt, durch den Modus dargestellt.

Die Definition, die dem Median zugrundeliegt, ist verallgemeinerbar. Teilt man die nach ihrer Größe geordneten Werte einer Variablen in 100 Klassen mit jeweils gleichen Häufigkeiten, kann man ein Maß konstruieren, das als Perzentil bezeichnet wird. Allgemein gilt: Das x%-Perzentil (Bezeichnung: P_x) ist der Wert, der die Fälle einer Häufigkeitsverteilung so aufteilt, daß x Prozent davon kleinere Werte als dieser Perzentilwert haben. x ist eine ganze Zahl zwischen 0 und 100. Der Median ist somit mit dem 50%-Perzentil (P_{50}) identisch.

Der Mittelwert einer Variablen X mit N Fällen bzw. Beobachtungen ist als Summe der Meßwerte, geteilt durch ihre Anzahl, definiert. Bezeichnet man diese Messungen mit $X_1, X_2, \ldots, X_N$ und den Mittelwert von X durch das Symbol $\overline{X}$ (lies: X quer), lautet die Definition:

$$\overline{X} = \frac{X_1 + X_2 + \ldots + X_N}{N} = \frac{1}{N} \sum_{i=1}^{N} X_i$$

Als Beispiel sei die Berechnung des Mittelwerts der Semesterzahl im oben genannten Beispiel (Tabelle II.1-1) aufgeführt. In dem Seminar mit dem ersten Thema beträgt die durchschnittliche Semesterzahl der 8 Studenten:

$$\frac{9 + 12 + 13 + 8 + 7 + 15 + 15 + 11}{8} = 11{,}25$$

In der Veranstaltung mit dem zweiten Thema hingegen ist der Mittelwert der Semesterzahl:

$$\frac{6+4+8+5+4+7+7+7+4+5+7+5}{12} = 5{,}75$$

Zur Bestimmung des Mittelwertes müssen also Meßwerte addiert werden. Die Addition von Meßwerten ist allerdings nur bei intervall- und ratioskalierten Variablen definiert. Eine Mittelwertsberechnung ist also nur bei Variablen mit diesem Skalenniveau präzise interpretierbar.

Der Mittelwert ist eine häufig auftretende Statistik. Aus diesem Grund sollen hier – ohne Beweis – einige Eigenschaften des Mittelwertes vorgestellt werden:

1. Besteht eine Variable X nur aus konstanten Werten c, dann ist der Mittelwert von X gleich c.
$$X = c \rightarrow \overline{X} = c$$
2. Transformationen der Variablen X haben Auswirkungen auf den Mittelwert:
Verändert man die Werte einer Variablen X durch die Addition eines konstanten Faktors c, dann ändert sich auch der Mittelwert um diese Größe c:
$$\overline{X + c} = \overline{X} + c$$
3. Verändert man die Werte einer Variablen X durch Multiplikation mit einem konstanten Faktor c, dann ändert sich auch der Mittelwert um das c-fache:
$$\overline{c \cdot X} = c \cdot \overline{X}$$
4. Subtrahiert man von einer Variablen X ihren Mittelwert, dann ist der Mittelwert der so transformierten Variablen null:
$$\overline{X - \overline{X}} = 0$$
5. Der Mittelwert der Summe zweier Variablen X und Y ist gleich der Summe ihrer Mittelwerte:
$$\overline{X + Y} = \overline{X} + \overline{Y}$$

Die Literatur zur univariaten Statistik ist umfangreich. Für dieses Kapitel und die nachfolgenden soll folgende Auswahl dienen: Spiegel 1976; Buttler/Stroh 1980; Clauss/Ebner 1982; Bortz 1985; Benninghaus 1979; Neurath 1974; Maibaum 1976; Kriz 1983; Sachs 1984.

1.4 Streuungsmaße

Streuungsmaße geben Aufschluß über den Grad der Homogenität bzw. Heterogenität der Beobachtungswerte. Es gibt hier, ebenso wie bei den Maßen der zentralen Tendenz, unterschiedliche Konstruktionsmöglichkeiten. Zwei bekannte Streuungsmaße, die Spannweite (Range) und der mittlere Quartilsabstand, basieren auf dem Perzentilbegriff. Die Spannweite (R) ist definiert als die Differenz zwischen dem größten und kleinsten Meßwert einer Verteilung, also der Differenz zwischen dem 100%-Perzentil und dem 0%-Perzentil. Das zweite Maß, der mittlere Quartilsabstand (Q), ist als die Hälfte der Differenz zwischen dem 75%-Perzentil und dem 25%-Perzentil definiert:

$$R = P_{100} - P_0$$
$$Q = \frac{1}{2}(P_{75} - P_{25})$$

Die Spannweite ist ein Maß, deren Größe sehr stark von «Ausreißern» beeinflußt wird. In dem o.g. Beispiel über die Messung des Körpergewichts (Schaubild II.1-2) wird der Nachteil dieser Maßzahl deutlich. Der kleinste Wert liegt in dem Intervall zwischen 120 und 130 (lbs) und der größte zwischen 270 und 280. Falls die drei größten Meßwerte wegfallen würden, hätte dies große Auswirkungen für die Spannweite. Der größte Wert würde dann zwischen 220 und 230 liegen – die Spannweite würde sich also von 150 auf 100 reduzieren. Der mittlere Quartilsabstand hingegen hat nicht diesen Nachteil.
Obwohl beide Maße relativ häufig für ordinalskalierte Variablen benutzt werden, darf doch nicht übersehen werden, daß die Berechnung dieser Maße eigentlich ein metrisches Meßniveau, also mindestens intervallskalierte Variablen, voraussetzt.
Die gebräuchlichsten Streuungsmaße – die Varianz und die Standardabweichung – basieren auf dem Mittelwert. Damit wird deutlich, daß beide Maße nur bei metrischen Daten sinnvoll interpretierbar sind. Die Varianz einer Variable X (Bezeichnung: S_x^2) ist durch folgende Formel definiert:

$$S_x^2 = \sum_{i=1}^{N} \frac{(X_i - \overline{X})^2}{N - 1}$$

Man summiert also die quadrierten Abweichungen aller Meßwerte vom Mittelwert und gewichtet mit der um eins korrigierten Fallzahl. Durch die Quadrierung haben alle Summanden ein positives Vorzeichen. Das zweite oben genannte Streuungsmaß, die Standardabweichung, ist einfach als positive Wurzel der Varianz definiert:

$$S_x = \sqrt{\sum_{i=1}^{N} \frac{(X_i - \bar{X})^2}{N - 1}}$$

Die Varianz und die Standardabweichung messen also, wie stark die Meßwerte vom Mittelwert abweichen. Sie sind, wie alle Statistiken, die auf dem arithmetischen Mittel beruhen, sehr anfällig gegen Ausreißer – im Gegensatz zu Maßen, die auf dem Median basieren.

1.5 Gestaltmaße

Die dritte Gruppe von Maßzahlen, die zur deskriptiven Beschreibung von Verteilungen dienen, sind Gestaltmaße. Unterschieden werden Schiefe (Skewness) und Exzeß (Kurtosis bzw. Wölbung). Die Schiefe mißt den Grad der Abweichung einer Verteilung von der Symmetrie, der Exzeß hingegen den Grad ihrer Steilheit. Ein positiver Schiefewert bedeutet, daß die Häufigkeitsverteilung einen längeren «Schwanz» auf der rechten Seite des zentralen Maximums hat als auf der linken. Man bezeichnet eine solche Verteilung als rechtsschief. Bei einem negativen Schiefewert trifft das Umgekehrte zu. Eine symmetrische Verteilung hat einen Schiefewert von null. Auch beim Exzeß gibt es positive und negative Werte: ein positiver Wert verweist auf eine spitze, ein negativer auf eine flache Verteilung. Beide Maße werden jedoch in der Praxis selten verwendet.

1.6 Die Normalverteilung

Mit Hilfe der Wahrscheinlichkeitstheorie hat man häufig auftretende Verteilungen formalisiert. Diese Formeln basieren meist auf stetigen Variablen, das heißt, alle Zahlen des Wertebereichs können als Meßwerte vorkommen – der Wertebereich stetiger Variablen ist also eine Teilmenge der reellen Zahlen.

Eine in der mathematischen Statistik sehr wichtige Verteilung, die Normalverteilung, soll hier beschrieben werden. Die Normalverteilung ist streng symmetrisch und hat nur ein Maximum: Mittelwert, Median und Modus sind somit bei dieser Verteilung identisch. Ihre Form wird durch das Schaubild II.1-3 beschrieben.

Schaubild II.1–3: Die Normalverteilung

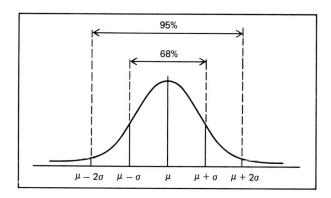

Wichtig ist noch die Eigenschaft der Normalverteilung, daß ca. 68% aller Fälle Werte haben, die zum Intervall [μ-σ, μ+σ] gehören; ca. 95% aller Fälle liegen im Intervall [μ-2σ, μ+2σ]. Dabei ist μ der Mittelwert und σ die Standardabweichung der Normalverteilung – wobei die Verwendung griechischer Buchstaben anzeigt, daß sich diese statistischen Parameter auf ein formalisiertes Verteilungsmodell beziehen und nicht auf eine empirische Häufigkeitsverteilung.

In der Praxis muß manchmal geprüft werden, ob eine Variable als normalverteilt angesehen werden kann oder nicht. Einen optischen Eindruck erhält man durch die Erstellung eines Histogramms. In SPSS kann zusätzlich eine Normalverteilung mit dem gleichen Mittelwert und der gleichen Standardabweichung wie die empirische Verteilung in das Histogramm eingezeichnet werden. Die Prozeduranweisung dazu hat folgende Form:

```
FREQUENCIES    VARIABLES = variablenliste
     /FORMAT   =   NOTABLE
     /HISTOGRAM   =   NORMAL
```

1.7 Die Standardisierung von Variablen

Ein Vergleich verschiedener Verteilungen scheitert oft an Unterschieden in der Skalierung der Variablen. Eine Abhilfe bietet die Standardisierung dieser Variablen. Diese messen dann die Abweichungen jedes Falles vom jeweiligen Mittelwert – als Maßeinheit wird die Standardabweichung gewählt. Die Formel zur Berechnung der standardisierten Werte (Z_i) der Variable X lautet:

$$Z_i = \frac{X_i - \overline{X}}{S_x}$$

Eine standardisierte Variable mißt also, um wieviel Standardabweichungen jeder Fall vom Mittelwert abweicht.

Ein Anwendungsbeispiel: Man möchte das Körpergewicht einer Frau mit dem eines Mannes vergleichen und bei diesem Vergleich berücksichtigen, daß Frauen im Durchschnitt leichter sind als Männer. In diesem Fall bietet sich die Standardisierung der Gewichtswerte an. Beträgt das durchschnittliche Gewicht (eigentlich Masse) der Männer 75 kg und das der Frauen 55 kg und ist die Standardabweichung beider Gewichtsverteilungen 10 kg, so ist der standardisierte Wert für eine 65 kg schwere Frau +1 und für einen gleichgewichtigen Mann −1. Beide unterscheiden sich also um eine Standardabweichung vom jeweiligen Gruppenmittelwert.

Eine wichtige Eigenschaft standardisierter Variablen ist, daß sie grundsätzlich den Mittelwert null und die Standardabweichung eins haben:

$\overline{Z} = 0$
$S_Z = 1$

Eine komfortable Möglichkeit zur Erzeugung standardisierter Variablen bietet die Prozedur CONDESCRIPTIVE. Fügt man in der entsprechenden Prozeduranweisung hinter eine Variablenbezeichnung in Klammern einen Variablennamen hinzu, wird die betreffende Variable standardisiert und unter dem neuen Namen der Arbeitsdatei angehängt. Die Prozeduranweisung für die Standardisierung der Variable WEIGHT lautet:

```
CONDESCRIPTIVE   WEIGHT (WEIGHTZ)
```

Die standardisierte Variable heißt WEIGHTZ. Alternativ kann man die Erzeugung standardisierter Variablen über eine OPTIONS-Anweisung steuern. Wird Option 3 gewählt, werden für alle in der Variablenliste der CONDESCRIPTIVE-Anweisung genannten Variablen standardisierte Werte berechnet. Fehlt der neue Variablenname, wird er aus den ersten 7 Zeichen des Namens der Ursprungsvariablen durch Voranstellen von Z gebildet. Die Anweisungen

```
CONDESCRIPTIVE WEIGHT
OPTIONS 3
```

erzeugen demnach eine standardisierte Variable mit dem Namen ZWEIGHT.

1.8 Die Prozeduren FREQUENCIES und CONDESCRIPTIVE

Die Prozedur FREQUENCIES erlaubt also die Erstellung von Häufigkeitsverteilungen – auch in graphischer Form. Insbesondere dienen dazu die Kommandos

>
> BARCHART,
> HISTOGRAM,
> HBAR.
>

Die Bestimmung von Perzentilen kann durch die Anweisungen

>
> PERTENTILES = liste von prozentwerten
> NTILES = anzahl von untergruppen
>

erfolgen, und zur Berechnung von Mittelwert, Median, Modus, Standardabweichung, Varianz, Spannweite, Schiefe und Exzeß dient das Kommando

>
> STATISTICS spezifikationen
>

Zusätzlich können auch die Standardfehler von Mittelwert, Schiefe und Exzeß bestimmt werden. Die Bedeutung dieser Statistiken wird in den nachfolgenden Kapiteln (Schließende Statistik) erläutert.
Die Prozeduren FREQUENCIES und CONDESCRIPTIVE überschneiden sich teilweise. Auch CONDESCRIPTIVE berechnet alle Statistiken von FREQUENCIES – mit Ausnahme von Median und Modus. Somit ist die Verwendung von CONDESCRIPTIVE dann angebracht, wenn die konkrete Form der Häufigkeitsverteilung nicht interessiert. Darüber hinaus ermöglicht CONDESCRIPTIVE die Erzeugung standardisierter Variablen.
Die Syntax beider Prozeduranweisungen ist im Anhang beschrieben, ebenso bei SCHUBÖ/UEHLINGER 1984, bei KÄHLER 1988 und im SPSS^x User's Guide 1986.

1.9 Zwei Anwendungsbeispiele

Überprüfung der Eingabedaten auf Codierfehler

Eine Überprüfung der Eingabedaten auf Codierfehler kann unter anderem mit Hilfe von FREQUENCIES erfolgen. Dadurch kann man feststellen, ob unzulässige Werte auftreten und in einem zweiten Schritt, zu welchen Fällen diese Werte gehören. Die entsprechende Anweisung lautet:

```
                    FREQUENCIES VARIABLES  =  ALL
```

Führt eine Kontrolle der so erhaltenen Grundauszählung zu dem Ergebnis, daß beispielsweise bei Variable V7 der Wert 12 unzulässig ist und bei Variable V24 die Werte 3 und 4, können die dazugehörigen Fälle ermittelt werden.

```
            TEMPORARY
            SELECT IF (V7  =  12)
            LIST VARIABLES   =  NAME, V7 / FORMAT  =  NUMBERED
            TEMPORARY
            SELECT IF (V24  =  3   OR   V24  =  4)
            LIST VARIABLES   =  NAME, V24 / FORMAT  =  NUMBERED
```

Die Anweisung TEMPORARY bewirkt, daß die nachfolgende Dateimodifikation nur für eine, die nächste Prozedur gilt und nach deren Abarbeitung aufgehoben wird. Durch die oben beschriebenen Anweisungen werden für jeden Fall mit unzulässigen Werten der Name – alternativ ist die Ausgabe einer Identifikationsnummer möglich – und die laufende Nummer ausgedruckt. Diese Informationen sind mit den Ausgangsdaten vergleichbar und Fehler können korrigiert werden.

Berufsrollen von Bewährungshelfern

In einer berufssoziologischen Analyse wurde das berufliche Selbstverständnis und das berufliche Idealbild von Bewährungshelfern untersucht (Kerner/Hermann/Bockwoldt 1984). Die beiden Fragen dazu sind in der Tabelle II.1-4 beschrieben.
Ein Ziel der Analyse war, das Realbild – das berufliche Selbstverständnis der Bewährungshelfer – mit dem Idealbild zu vergleichen. Zu der Frage nach dem beruflichen Selbstverständnis gibt es 14 Teilfragen, ebenso zu der Frage nach dem beruflichen Idealbild – also müssen 14 Häufigkeitsverteilungen mit 14 anderen verglichen werden. Eine erste Orientierung erhält man durch einen Vergleich der Mittelwerte; die Variablen können dazu als intervallskaliert angesehen werden. Bezeichnet man die Items zur ersten Frage mit R1 bis R14 und die zur zweiten Frage mit I1 bis I14, können durch folgende Anweisungen die Mittelwerte bestimmt werden:

```
        CONDESCRIPTIVE          R1 TO R14,  I1 TO I14
        STATISTICS              1
```

Das Ergebnis ist in Schaubild II.1-4 beschrieben, wobei hier der übliche Ausdruck von CONDESCRIPTIVE graphisch umgesetzt wurde. Nicht jeder Ausdruck ist auch veröffentlichungsreif!
Es wird deutlich, daß die Kluft zwischen Real- und Idealbild bei einigen Berufsrollen relativ groß ist. Insbesondere die Aufgabe als Krisenmanager, Verwalter, Kontrolleur

Tabelle II.1-4: Das berufliche Selbstverständnis und das berufliche Idealbild von Bewährungshelfern

Hier geht es darum, wie Sie Ihre augenblickliche, tatsächliche Arbeit sehen (also nicht, wie sie Ihrer Meinung nach sein sollte, sondern wie sie im Moment *ist*). Bitte kreuzen Sie *auf der Linie* entsprechend an, wieweit das jeweilige Schlagwort auf Ihre derzeitige Arbeit zutrifft.

	trifft gar nicht zu		trifft völlig zu
Krisenmanagement	I	_____	I
Hilfe zur Selbsthilfe	I	_____	I
Anpassung	I	_____	I
Berater	I	_____	I
Fürsorger	I	_____	I
Kontrolleur	I	_____	I
Sozialarbeiter	I	_____	I
Psychotherapeut	I	_____	I
Sozialpolitiker	I	_____	I
Rechtsanwalt	I	_____	I
Erzieher	I	_____	I
Verbündeter des Pbn	I	_____	I
Vater/Mutterersatz	I	_____	I

Hier geht es nun darum, wie Sie Ihre Arbeit gern sehen würden, auch wenn sie tatsächlich im Augenblick anders aussieht. Bitte kreuzen Sie auf der Linie entsprechend an, wieweit auf Ihre *positive Zielvorstellung* der jeweilige Begriff zutrifft.

	trifft gar nicht zu		trifft völlig zu
Krisenmanagement	I	_____	I
Hilfe zur Selbsthilfe	I	_____	I
Anpassung	I	_____	I
Berater	I	_____	I
Fürsorger	I	_____	I
Kontrolleur	I	_____	I
Sozialarbeiter	I	_____	I
Psychotherapeut	I	_____	I
Sozialpolitiker	I	_____	I
Rechtsanwalt	I	_____	I
Erzieher	I	_____	I
Verbündeter des Pbn	I	_____	I
Vater/Mutterersatz	I	_____	I

und Anpasser beansprucht die Bewährungshelfer weit mehr als ihnen lieb ist. Auch in der Rolle als Sozialarbeiter und als Helfer, der die Klienten zur Selbsthilfe führt, sehen die Bewährungshelfer eine Diskrepanz zwischen Real- und Idealbild ihres Berufes: Das gewünschte Ziel wird in der Realität nicht erreicht. Bei anderen Aufgabenbereichen hingegen stimmen beide Bilder relativ gut überein. Zur weiteren Interpretation siehe KERNER/HERMANN/BOCKWOLDT (1984: 58–60).

Schaubild II.1–4: Ein Vergleich von realen und idealen Berufsrollen von Bewährungshelfern durch Mittelwerte

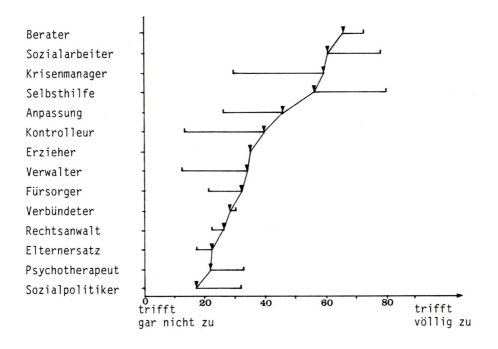

LEGENDE:

▼: Mittelwert des Realbildes
ı: Mittelwert des Idealbildes

2 Bivariate Statistik

GOTTFRIED FRENZEL

2.1 Grundzüge des Chiquadrat-Tests

In Kapitel III.3 wird die Korrelationsanalyse vorgestellt. Diese behandelt den Zusammenhang von Variablen, deren Ausprägungen auf Intervallskalen abgetragen sind. Liegen Variablen auf niedrigerem Meßniveau vor, insbes. Nominal- bzw. Kategorialskalen, müssen für den Zusammenhangstest andere Verfahren gewählt werden – für letztere bietet sich der Chiquadrat-Test an, der mittels eines einfachen Beispiels eingeführt werden kann:

Das Problem besteht in der Aufdeckung eines eventuellen Zusammenhangs zwischen Lebensalter und Parteipräferenzen der Wähler. Verfügbar sind drei Variablen: das Lebensalter ALTER in aufsteigender Ordnung, die Parteipräferenzen PARTPRF1 der Wähler und eine hypothetische Variable mit bzgl. dem Alter *gleichverteilten* Werten, PARTPRF0. Letztere dient der Demonstration – sie kann wegen der Gleichverteilung keinen Zusammenhang erbringen. Programmtechnisch werden mit der Prozedur CROSSTABS die Parteipräferenzen mit dem Alter gekreuzt, wobei der Chiquadrat-Test auf Unabhängigkeit ausgegeben wird. Das Programm hat folgendes Aussehen (Abb. II.2-1). Die Funktionen der Anweisungen sind: Nach dem Aufbau der Datei und dem Etikettieren von Variablen und Werten werden mit LIST die ersten zehn Fälle ausgegeben, an denen die ungleiche und gleiche Verteilung der Präferenzen gegen das Alter abgelesen werden kann. Einen optischen Eindruck vermitteln die Histogramme. Nun werden mit der Prozedur CROSSTABS zwei Tabellen angefordert: PARTPRF1 und PARTPRF0 gegen ALTER mit Chiquadrat-Statistik sowie Zeilen- und Spaltenprozenten und Erwartungswerten in den Zellen.

Der Output in Abb. II.2-2a zeigt die erste Tabelle mit dem *unabhängigen* ALTER als Spaltenvariable und der *abhängigen* PARTPRF1 als Zeilenvariable. In den Zellen stehen die empirischen Häufigkeiten bzw. die Zellbesetzung, darunter die Erwartungswerte (s. u.), die Zeilen- und Spaltenprozente; in den Randverteilungen stehen die akkumulierten Zellbesetzungen über die Zeilen bzw. Spalten mit zugehörigen Prozenten. Rechtsunten steht 53 als Gesamtzahl der Fälle. Die Chiquadrat-Statistik weist einen Wert von 11.74 aus mit einer Signifikanz (s. Kap. III) von 0.019, die unter dem Testniveau von 0.05 liegt und deshalb auf Zusammenhang hinweist. Allerdings ist die Anzahl der Zellen mit einem Erwartungswert kleiner als 5 mit 4 von 9 bzw. 44.4% zu hoch, so daß der Test ungültig sein kann (25% sollten nicht überschritten werden); daher ist es angezeigt, die Tabelle zusammenzufassen.

Die Auswertung einer Tabelle beginnt meist mit der *unabhängigen* Variablen und würde lauten: 11.1% oder 1 junger Wähler bevorzugt die CDU, während 4.1 Wähler erwartet werden, wenn zwischen den Merkmalen kein Zusammenhang bestünde; 55.6% oder 5 junge Wähler bevorzugen die SPD bei einer Erwartung von 2.2, und 33.3% oder 3 junge Wähler bevorzugen die FDP, wo 2.7 erwartet werden. Insoweit beruht der Zusammen-

Abbildung II.2-1: Programm zum X^2-Test

```
//...        JOB...
// EXEC SPSSX
SET WIDTH = 80
COMMENT KREUZTABELLIERUNG VON KATEGORIALDATEN.
DATA LIST LIST /1 IDENT PARTPRF1 PARTPRF0 ALTER
VARIABLE LABELS      PARTPRF1  'EMPIRISCHE PARTEIPRAEFERENZEN'
                     PARTPRF0  'HYPOTHETISCHE GLEICHVERTEILUNG'
VALUE LABELS         PARTPRF1 PARTPRF0 1    'CDU'
                                       2    'SPD'
                                       3    'FDP'
LIST / CASES = FROM 1 TO 10 BY 1 /*LISTING DER ERSTEN 10 FAELLE*/
BEGIN DATA
    1             2      1      18
    2             2      2      20
    3             3      3      21
    4             3      1      22
    5             2      2      25
    6             2      3      26
    7             2      1      28
    8             3      2      29
    9             1      3      30
   10             2      1      32
END DATA
COMMENT ***HISTOGRAMME ZEIGEN DIE VERTEILUNG DER DATENWERTE.
TITLE "HISTOGRAMME FUER DIE VARIABLEN PARTPRF1 UND PARTPRF0"
FREQUENCIES VARIABLES = PARTPRF1 PARTPRF0 / FORMAT = NOTABLE /
    HISTOGRAM = NORMAL
COMMENT ***EINFUEHRUNG VON ALTERSKLASSEN.
RECODE ALTER (18 THRU 30 = 1) (31 THRU 65 = 2) (66 THRU 95 = 3)
COMMENT ***NUN WERDEN ZWEI KREUZTABELLEN ANGEFORDERT.
              EMPIRISCHE UND HYPOTHETISCHE PRAEFERENZ GEGEN ALTER.
TITLE "KREUZTABELLEN DER PARTEIPRAEFERENZEN GEGEN DAS ALTER"
CROSSTABS      PARTPRF1 PARTPRF0 BY ALTER
STATISTICS     1
OPTIONS        3,4,14
COMMENT ***RECODIERUNG AUF 2*2-TABELLE.
RECODE ALTER (2,3 = 2)
RECODE PARTPRF1 (1,3 = 1)
VALUE LABELS   PARTPRF1 1 'CDU+FDP'
                        2 'SPD' /
               ALTER    1 '18-30 JAHRE'
                        2 '31-95 JAHRE'
TITLE "VIERFELDERTAFEL MIT YATES' KORREKTUR"
CROSSTABS      PARTPRF1 BY ALTER
STATISTICS     1
OPTIONS        3,4,14
```

hang auf Zurückhaltung der jungen Wähler gegenüber der CDU bei deutlicher Präferenz für die SPD (die Daten in PARTPRF1 sind konstruiert).

Die Tabelle in Abb. II.2-2b kreuzt das Alter mit den gleichverteilten Parteipräferenzen in PARTPRF0. Aufgrund der bewußt eingeführten Gleichverteilung kann kein Zusammenhang zustande kommen. Dies führt dazu, daß in den Spalten die empirischen Häufigkeiten mit den Erwartungswerten fast zusammenfallen, desgleichen die Spaltenprozente. Daraus ergibt sich ein extrem niedriger Chiquadrat-Wert von 0.06 mit einer Signifikanz von fast 1.0. Es sei vorweggenommen: die Größe des Chiquadrat-Wertes ergibt sich aus der *Differenz zwischen empirischem Wert und dem Erwartungswert* in den Zellen.

Abbildung II.2-2a: Kreuztabelle ALTER vs. PARTPRF1

```
- - - - - - - - - -   C R O S S T A B U L A T I O N   O F   - - - - - - - - - -
      PARTPRF1    EMPIRISCHE PARTEIPRAEFERENZEN
BY    ALTER
- - - - - - - - - - - - - - - - - - - - - - - - - - - - - - -   PAGE   1 OF  1
                        ALTER
             COUNT   I
             EXP VAL I                                    ROW
             ROW PCT I                                    TOTAL
             COL PCT I    1.00I    2.00I    3.00I
  PARTPRF1           --------+--------+--------+--------+
               1.00  I    1   I    9   I   14   I    24
  CDU                I    4.1 I   10.9  I    9.1 I   45.3%
                     I    4.2%I   37.5% I   58.3%I
                     I   11.1%I   37.5% I   70.0%I
                     +--------+--------+--------+
               2.00  I    5   I    6   I    2   I    13
  SPD                I    2.2 I    5.9  I    4.9 I   24.5%
                     I   38.5%I   46.2% I   15.4%I
                     I   55.6%I   25.0% I   10.0%I
                     +--------+--------+--------+
               3.00  I    3   I    9   I    4   I    16
  FDP                I    2.7 I    7.2  I    6.0 I   30.2%
                     I   18.8%I   56.3% I   25.0%I
                     I   33.3%I   37.5% I   20.0%I
                     +--------+--------+--------+
             COLUMN       9        24       20        53
             TOTAL      17.0%    45.3%    37.7%    100.0%


  CHI-SQUARE       D.F.       SIGNIFICANCE      MIN E.F.       CELLS WITH E.F.< 5
  ----------       ----       ------------      --------       ------------------
   11.73790          4           0.0194           2.208        4 OF    9 ( 44.4%)

             NUMBER OF MISSING OBSERVATIONS =        0
```

Abbildung II.2-2b: Kreuztabelle ALTER vs. PARTPFR0

```
- - - - - - - - - -   C R O S S T A B U L A T I O N   O F   - - - - - - - - - -
      PARTPRF0    HYPOTHETISCHE GLEICHVERTEILUNG
BY    ALTER
- - - - - - - - - - - - - - - - - - - - - - - - - - - - - - -   PAGE   1 OF  1
                        ALTER
             COUNT   I
             EXP VAL I                                    ROW
             ROW PCT I                                    TOTAL
             COL PCT I    1.00I    2.00I    3.00I
  PARTPRF0           --------+--------+--------+--------+
               1.00  I    3   I    8   I    7   I    18
  CDU                I    3.1 I    8.2  I    6.8 I   34.0%
                     I   16.7%I   44.4% I   38.9%I
                     I   33.3%I   33.3% I   35.0%I
                     +--------+--------+--------+
               2.00  I    3   I    8   I    7   I    18
  SPD                I    3.1 I    8.2  I    6.8 I   34.0%
                     I   16.7%I   44.4% I   38.9%I
                     I   33.3%I   33.3% I   35.0%I
                     +--------+--------+--------+
               3.00  I    3   I    8   I    6   I    17
  FDP                I    2.9 I    7.7  I    6.4 I   32.1%
                     I   17.6%I   47.1% I   35.3%I
                     I   33.3%I   33.3% I   30.0%I
                     +--------+--------+--------+
             COLUMN       9        24       20        53
             TOTAL      17.0%    45.3%    37.7%    100.0%


  CHI-SQUARE       D.F.       SIGNIFICANCE      MIN E.F.       CELLS WITH E.F.< 5
  ----------       ----       ------------      --------       ------------------
    0.06351          4           0.9995           2.887        3 OF    9 ( 33.3%)

             NUMBER OF MISSING OBSERVATIONS =        0
```

Das Zusammenfassen der Tabelle zu einer Vierfelder-Tafel wird mit dem RECODE-Statement bewirkt, und zwar so, daß die CDU- und FDP-Wähler nun eine Parteiengruppe bilden und die Wähler mittleren und höheren Alters eine Altersgruppe. Nun wird wiederum mit CROSSTABS PARTPRF1 mit ALTER gekreuzt, was zu vergleichbaren Resultaten wie die 9-Felder-Tabelle führt (ohne Korrektur).

Abbildung II.2-2c: 4-Felder-Tafel

```
- - - - - - - - - -   C R O S S T A B U L A T I O N   O F   - - - - - - - - - -
       PARTPRF1   EMPIRISCHE PARTEIPRAEFERENZEN
    BY ALTER
- - - - - - - - - - - - - - - - - - - - - - - - - - - - - - - -  PAGE  1 OF  1

                         ALTER
              COUNT    I
              EXP VAL  I18-30 JA 31-95 JA   ROW
              ROW PCT  IHRE      HRE        TOTAL
              COL PCT  I   1.00I    2.00I
   PARTPRF1           -+--------+--------+
                1.00   I    4   I   36   I    40
      CDU+FDP          I  6.8   I 33.2   I  75.5%
                       I 10.0%  I 90.0%  I
                       I 44.4%  I 81.8%  I
                      +--------+--------+
                2.00   I    5   I    8   I    13
      SPD              I  2.2   I 10.8   I  24.5%
                       I 38.5%  I 61.5%  I
                       I 55.6%  I 18.2%  I
                      +--------+--------+
              COLUMN         9       44        53
              TOTAL       17.0%    83.0%    100.0%


     CHI-SQUARE      D.F.      SIGNIFICANCE       MIN E.F.       CELLS WITH E.F.< 5
     ----------      ----      ------------       --------       ------------------

       3.79953        1           0.0513           2.208           1 OF   4 ( 25.0%)
       5.63769        1           0.0176         ( BEFORE YATES CORRECTION )

   NUMBER OF MISSING OBSERVATIONS =        0
```

Folgende Überlegung erhellt die *Logik des «Erwartungswertes»* und des damit verknüpften Chiquadrat-Wertes: In der Vierfelder-Tafel stimmen von 53 Wählern 40 für CDU + FDP, 13 für die SPD; es gibt 9 jüngere und 44 ältere Wähler. Gäbe es keine Altersdifferenz in der Wählerpräferenz, wäre der Anteil der CDU + FDP-Sympathisanten (40/53) für die Jüngeren und Älteren gleich groß. Da 9 Jüngere wählen, werden 40/53 von 9 bzw. $40/53*9 = 6.8$ CDU + FDP-Sympathisanten erwartet, von den 44 Älteren $40/53*44 = 32.2$ Wähler in dieser Gruppe. Der Erwartungswert einer Zelle ist gleich dem Produkt der Randsummen, dividiert durch die Gesamtzahl der Fälle. Die erwarteten SPD-Wähler berechnen sich entsprechend. Sind nun die empirischen (observed) und erwarteten (expected) Häufigkeiten für alle Zellen ermittelt, läßt sich die Chiquadrat-Statistik als Summe der quadrierten Differenzen über alle Zellen berechnen (vgl. unten, II.2.4).

2.2 Ein Beispiel

M. Norusis (1983) präsentiert folgende Anwendung und Erläuterungen: Eine moderne Großstadt wie etwa Frankfurt, geprägt von Bank- und Industriekonzernen, Zentrum weltweiter Flugverbindungen und Geschäftsbeziehungen, also eine Metropole (City), unterscheidet sich nach allgemeiner Vorstellung im sozialen Verhalten ihrer Einwohner erheblich von einer normalen Großstadt, in der ein im wesentlichen mittelständisch geprägtes Wirtschaftsleben und vielleicht Bildungseinrichtungen vorherrschen (Town). Eine solche Hypothese soll in dem Experiment von HANSSON und SLADE (1977) geprüft werden. Diese haben die Hypothese getestet, daß in Kleinstädten ein höherer Grad von Altruismus entwickelt ist als in Großstädten – es sei denn, der Hilfsbedürftige ist ein sozialer Außenseiter. Angewandt wurde das «Verfahren der verlorenen Briefe»: frankierte und adressierte Briefe werden auf der Straße ausgelegt, also «verloren», und der Anteil der eingesammelten und postalisch aufgegebenen Briefe wird nach Anzahl, Adresse und Stadttyp untersucht. Von insgesamt 216 Briefen wurden die Hälfte in Tulsa, Oklahoma, verloren, der Rest in 51 Kleinstädten in einer Entfernung von bis zu 50 Meilen. Die Briefe wurden postlagernd an drei fiktive Empfänger in Tulsa adressiert: an M. J. Davis; Dandee Davis, z. H. der Bummler der Roten Panther; und M. J. Davis, z. H. der Freunde der Kommunistischen Partei. Der erste Adressat dient als normaler Bürger der Kontrolle und kennzeichnet die Hilfsbereitschaft überhaupt, der zweite hat eine fragwürdige Existenz, und der dritte ist ein politischer Außenseiter. Die Unterschiede in den Tabellen für die Großstadt und die Kleinstädte müßten dann über Annahme oder Ablehnung der obigen Hypothese entscheiden.

Um zunächst festzustellen, ob die Rückflußrate für die Adressen gleich ist, müssen die eingesammelten und aufgegebenen sowie die nicht abgeschickten Briefe für jede Adresse getrennt ausgezählt werden. Die Abb. II.2.3 zeigt eine Kreuztabelle nach Adressentyp der Briefe und Reaktion der Finder. Die Zelleneinträge vermitteln die Information über die Beziehungen zwischen den Variablen. In der Abbildung ist die Adresse die unabhängige Spaltenvariable, der Status des Briefes – ob aufgegeben oder nicht – die abhängige Zeilenvariable. Mit drei Kategorien der Spaltenvariablen und zweien der Zeilenvariablen haben wir sechs Zellen bzw. eine 2*3-Tabelle.

Diese Werte dieser Tabelle müssen in ihren wechselseitigen Beziehungen untersucht werden. Links-oben sind die Zelleninhalte der Tabelle erklärt: Der Zähler (COUNT) entspricht der Häufigkeit. So wurden 35 an die Kontrolle adressierte Briefe aufgegeben, 62 an den Kommunisten adressierte wurden es nicht. Der zweite Eintrag sind die Zeilenprozente (ROW PCT) – der Prozentsatz aller Fälle einer Zeile, der in eine bestimmte Zelle fällt. Von den 77 aufgegebenen Briefen sind 45.5% an die Kontrolle, 41.6% an Dandee und 13.0% an den Kommunisten adressiert; entsprechend die Spaltenprozente (COL PCT).

Der letzte wahlfreie Eintrag in der Zelle sind Tabellenprozente (TOT PCT). Sie drücken die Anzahl der Fälle in einer Zelle als Prozentsatz der Gesamtzahl der Fälle in der Tabelle aus. In unserem Beispiel machen die 35 an die Kontrolle aufgegebenen Briefe 16.2% der insgesamt 216 Briefe des Experiments aus (nicht im Output).

Rechts von der Tabelle und darunter stehen die Randwerte. Sie sind Zähler und Prozente für die Zeilen- und Spaltenvariablen. In Abb. II.2.3 zeigen die Zeilenwerte, daß 77 (35.6%) der Briefe aufgegeben, 139 (64.4%) jedoch nicht aufgegeben wurden.

Im obigen Beispiel zeigen die Zeilenprozente die Verteilung des Adresstyps für aufgege-

Abbildung II.2-3: Kreuztabelle Adresse vs. Status

```
- - - - - - - - - - -   C R O S S T A B U L A T I O N   O F   - - - - - - - - -
         RETURNED     FOUND AND MAILED
    BY   ADDRESS      ADDRESS ON LETTER
- - - - - - - - - - - - - - - - - - - - - - - - - - - - - - - - -  PAGE  1 OF  1

                         ADDRESS
               COUNT  I
               ROW PCT ICONTROL  DANDEE    COMMUNIS   ROW
               COL PCT I                   T          TOTAL
                       I     1I        2I         3I
    RETURNED   --------+--------+--------+--------+
                    1  I    35 I     32 I     10 I      77
         YES        I  I  45.5 I   41.6 I   13.0 I    35.6
                    I  I  48.6 I   44.4 I   13.9 I
                       +--------+--------+--------+
                    2  I    37 I     40 I     62 I     139
          NO        I  I  26.6 I   28.8 I   44.6 I    64.4
                    I  I  51.4 I   55.6 I   86.1 I
                       +--------+--------+--------+
               COLUMN       72       72       72      216
               TOTAL      33.3     33.3     33.3    100.0


    CHI-SQUARE         D.F.        SIGNIFICANCE       MIN E.F.           CELLS WITH E.F.< 5
    ----------         ----        ------------       --------           ------------------

     22.56265           2             0.0000           25.667                   NONE

    NUMBER OF MISSING OBSERVATIONS =         0
```

bene und verlorengegangene Briefe. Sie vermitteln keine direkte Information über die Rückflußrate. Wären z.B. doppelt so viele Briefe an die Kontrolle adressiert worden, würde eine gleiche Rückflußrate für alle Briefe zu Zeilenprozenten von 50%, 25% und 25% führen, was jedoch keineswegs auf eine höhere Rückflußrate für die Kontrolle schließen ließe. Oder hätte etwa jede Kategorie die gleiche Anzahl aufgegebener Briefe, wären die Zeilenprozente 33.3, 33.3 und 33.3 Prozent, unterschiedslos, ob einer oder alle Briefe aufgegeben wurden.

Die Spaltenprozente drücken aufgegebene und nicht aufgegebene Briefe an die drei Adressen aus. Prüft man die Spaltenprozente über die Zeilen, kann man die Rückflußraten nach Adresstyp vergleichen. Die Interpretation dieses Vergleichs würde nicht beeinflußt, wenn ungleich viel Briefe an die Kategorien adressiert worden wären.

Die Wahl zwischen Zeilen- und Spaltenprozenten muß in Abhängigkeit von der Natur der Variablen getroffen werden. Die Variable unter Versuchskontrolle heißt die unabhängige Variable. Von dieser wird angenommen, daß sie die abhängige Variable beeinflußt. Können Variablen in unabhängige und abhängige klassifiziert werden, kann *folgende Anleitung* helfen: Wenn die unabhängige Variable die Zeilenvariable ist, sollten die Zeilenprozente gewählt werden; ist es die Spaltenvariable, die Spaltenprozente. Im Beispiel ist der Briefstatus, ob aufgegeben oder nicht, die abhängige Variable. Der Adresstyp ist die unabhängige Variable. Da dies in Abb. II.2-3 die Spaltenvariable ist, sollten die Spaltenprozente für Vergleiche von Rückflußraten benutzt werden.

Eine Differenzierungsvariable ist erforderlich, da die Abb. II.2-3 die Resultate von Tulsa (CITY) und Kleinstädten (TOWN) zusammenfaßt und somit die Unterschiede im Stadttyp (LOCATION) verschleiert. Benötigt werden also zwei Tabellen – je eine für die zwei Ausprägungen der Differenzierungsvariablen LOCATION, wie dies in Abb. II.2-4a und 4b dargestellt ist.

Abbildung II.2-4a: Beziehung in Kleinstädten

```
- - - - - - - - - -      C R O S S T A B U L A T I O N   O F   - - - - - - - - - -
        RETURNED     FOUND AND MAILED
BY      ADDRESS      ADDRESS ON LETTER      AUFGEGEBENE BRIEFE IN KLEINSTAEDTEN
- - - - - - - - - - - - - - - - - - - - - - - - - - - - - - - - - PAGE  1 OF  1
                          ADDRESS
                  COUNT  I
                  ROW PCT ICONTROL   DANDEE    COMMUNIS   ROW
                  COL PCT I                       T       TOTAL
                          I       1I        2I        3I
         RETURNED        -+--------+--------+--------+
                     1  I     19  I     18  I      1  I      38
            YES         I   50.0  I   47.4  I    2.6  I    35.2
                        I   52.8  I   50.0  I    2.8  I
                        +--------+--------+--------+
                     2  I     17  I     18  I     35  I      70
             NO         I   24.3  I   25.7  I   50.0  I    64.8
                        I   47.2  I   50.0  I   97.2  I
                        +--------+--------+--------+
                  COLUMN       36        36        36       108
                  TOTAL      33.3      33.3      33.3     100.0

         CHI-SQUARE      D.F.       SIGNIFICANCE       MIN E.F.      CELLS WITH E.F.< 5
         ----------      ----       ------------       --------      ------------------
          24.92932        2            0.0000           12.667            NONE

       NUMBER OF MISSING OBSERVATIONS =         0
```

Abbildung II.2-4b: Beziehung in Großstädten

```
- - - - - - - - - -      C R O S S T A B U L A T I O N   O F   - - - - - - - - - -
        RETURNED     FOUND AND MAILED
BY      ADDRESS      ADDRESS ON LETTER      AUFGEGEBENE BRIEFE IN GROSSSTAEDTEN
- - - - - - - - - - - - - - - - - - - - - - - - - - - - - - - - - PAGE  1 OF  1
                          ADDRESS
                  COUNT  I
                  ROW PCT ICONTROL   DANDEE    COMMUNIS   ROW
                  COL PCT I                       T       TOTAL
                          I       1I        2I        3I
         RETURNED        -+--------+--------+--------+
                     1  I     16  I     14  I      9  I      39
            YES         I   41.0  I   35.9  I   23.1  I    36.1
                        I   44.4  I   38.9  I   25.0  I
                        +--------+--------+--------+
                     2  I     20  I     22  I     27  I      69
             NO         I   29.0  I   31.9  I   39.1  I    63.9
                        I   55.6  I   61.1  I   75.0  I
                        +--------+--------+--------+
                  COLUMN       36        36        36       108
                  TOTAL      33.3      33.3      33.3     100.0

         CHI-SQUARE      D.F.       SIGNIFICANCE       MIN E.F.      CELLS WITH E.F.< 5
         ----------      ----       ------------       --------      ------------------
           3.13043        2            0.2090           13.000            NONE

       NUMBER OF MISSING OBSERVATIONS =         0
```

Wie bei Häufigkeitstabellen erleichtert auch bei Kreuztabellen die visuelle Darstellung oftmals die Suche nach Assoziationen. Die Abb. II.2-5 ist ein Stabdiagramm der Tabellen in Abb. II.2-4. Die Länge eines Stabes stellt die Häufigkeit bzw. Prozente für die Kategorien einer Variablen dar. Die in Abb. II.2-5 geplotteten Prozente sind die Spaltenprozente aus Abb. II.2-4 für die aufgegebenen Briefe. Dieses Diagramm zeigt augenfällig, daß die Rückflußraten für die Kontrollvariable und Dandee hoch sind im Vergleich zum Kommunisten. Es zeigt auch deutlicher als die Kreuztabellen, daß die Rückflußraten von Kleinstädtern für Kontrolle und Dandee höher sind als die der Großstadtbewohner – doch für den Kommunisten gilt das Gegenteil.

Abbildung II.2-5: Aufgegebene Briefe in Groß- und Kleinstädten

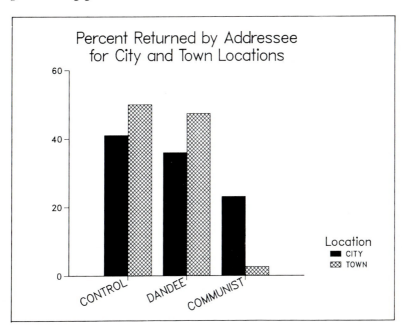

2.3 Anwendung von Kreuztabellen für eine Datenprüfung

Fehler bei der Dateneingabe, die die eindimensionale Häufigkeitsauszählung mit FREQUENCIES nicht aufzeigt, können oftmals mit Kreuztabellen identifiziert werden. Z.B. würde ein Fall, als männlich kodiert und mit drei Schwangerschaften, in Häufigkeitsauszählungen von Geschlecht und Schwangerschaften keinen Verdacht erwecken. Gekreuzt müßten sich die Kodierungen als irrtümlich herausstellen.

2.4 Der Chiquadrat-Test auf Unabhängigkeit

Zwei Variablen sind definitionsgemäß *unabhängig*, wenn die Wahrscheinlichkeit, daß eine Beobachtung in eine bestimmte Zelle fällt, das Produkt der marginalen Wahrscheinlichkeiten der beiden Kategorien ist, die die Zelle definieren. Wenn z.B. in Abb. II.2-3 der Rückfluß des Briefes und der Adressentyp unabhängig sind, ist die Wahrscheinlichkeit, daß ein Brief an einen Kommunisten zurückkommt, das Produkt aus der Wahrscheinlichkeit, daß ein Brief zurückkommt, und der Wahrscheinlichkeit, daß ein Brief an einen Kommunisten adressiert ist. In der Tabelle von Abb. II.2-3 kommen 35.6% der Briefe zurück, und 33.3% der Briefe sind an einen Kommunisten adressiert. Wenn nun Adressentyp und Briefstatus unabhängig sind, ergibt sich die Wahrscheinlichkeit, daß ein Brief an den Kommunisten zurückkommt, aus P(returned)P(Communist) = 0.356 × 0.333 = 0.119.

Die *erwartete* Anzahl der Fälle in dieser Zelle beträgt 25.7, was 11.9% der 216 Fälle der Stichprobe ausmacht. In der Tabelle beträgt die *beobachtete* Anzahl der an den Kommunisten zurückgekommenen Briefe 10 (4.6%), fast 16 weniger als erwartet (im Falle der Unabhängigkeit der Variablen).

Zur Durchführung eines statistischen Tests der Hypothese der Unabhängigkeit müssen die obigen Berechnungen für jede Zelle der Tabelle wiederholt werden. Die Wahrscheinlichkeit, daß eine Beobachtung unter Unabhängigkeit in die Zelle (ij) fällt, berechnet sich aus

$$P(\text{Zeile} = i \text{ und Spalte} = j) = \left(\frac{\text{Häufigkt in Zeile i}}{N}\right)\left(\frac{\text{Häufigkt in Spalte j}}{N}\right)$$

Um nun die erwartete Anzahl der Beobachtungen in Zelle (ij) zu erhalten, wird die Wahrscheinlichkeit mit dem Stichprobenumfang multipliziert:

$$E_{ij} = N \left(\frac{\text{Häufigkt in Zeile i}}{N}\right)\left(\frac{\text{Häufigkt in Spalte j}}{N}\right) = \frac{(\text{Häufigkt in Zeile i})(\text{Häufigkt in Spalte j})}{N}$$

Die Abb. II.2-6 zeigt die empirischen und die erwarteten Häufigkeiten und deren Differenz, die Residuen, für die Daten in Abb. II.2-3.
Diese Tabelle erstellen die Anweisungen

Abbildung II.2-6: Kreuztabelle mit Erwartungswerten

```
         - - - - - - - - - -   C R O S S T A B U L A T I O N   O F   - - - - - - - - - -
            RETURNED    FOUND AND MAILED
   BY       ADDRESS     ADDRESS ON LETTER
         - - - - - - - - - - - - - - - - - - - - - - - - - - - - - -   PAGE   1 OF   1
                          ADDRESS
              COUNT  I
              EXP VAL ICONTROL   DANDEE   COMMUNIS    ROW
              RESIDUALI                      T       TOTAL
                      I      1I        2I        3I
   RETURNED   -------+--------+--------+--------+
                 1  I     35  I     32  I     10  I     77
      YES         I    25.7  I   25.7  I   25.7  I   35.6%
                  I     9.3  I    6.3  I  -15.7  I
                  +--------+--------+--------+
                 2  I     37  I     40  I     62  I    139
      NO          I    46.3  I   46.3  I   46.3  I   64.4%
                  I    -9.3  I   -6.3  I   15.7  I
                  +--------+--------+--------+
              COLUMN       72       72       72      216
              TOTAL      33.3%    33.3%    33.3%   100.0%

   NUMBER OF MISSING OBSERVATIONS =         0
```

> CROSSTABS TABLES = RETURNED BY ADDRESS
> OPTIONS 14,15

Eine zum Testen der Unabhängigkeitshypothese zwischen Zeilen- und Spaltenvariablen häufig benutzte Statistik ist das *Chiquadrat von Pearson*. Das Maß berechnet sich durch Aufsummieren über alle Zellen der quadrierten Residuen, dividiert durch die erwarteten Häufigkeiten:

$$\chi^2 = \sum_i \sum_j \frac{(O_{ij} - E_{ij})^2}{E_{ij}}$$

Da der Chiquadrat-Wert von der Anzahl der Zeilen und Spalten der Tabelle abhängt, muß die Anzahl der Freiheitsgrade bekannt sein. Dies ist die Anzahl der Zellen, die willkürlich ausgefüllt werden können, wenn die Randwerte gegeben sind. Eine R*C-Tabelle hat (R-1)*(C-1) Freiheitsgrade.

Die Tabelle in Abb. II.2-3 hat zwei Freiheitsgrade (1*2) und einen Chiquadrat-Wert von 22.56. Wenn nun Adressentyp und Rückflußrate unabhängig sind, ist die Wahrscheinlichkeit, daß eine Zufallsstichprobe einen Chiquadrat-Wert von zumindest dieser Größe ergibt, geringer als 0.00005 – in der SPSS^X-Ausgabe auf vier Dezimalen gerundet, also 0.0000. Diese Wahrscheinlichkeit heißt das empirische *Signifikanzniveau* des Tests. Und wenn nun diese Wahrscheinlichkeit klein genug ist (üblicherweise kleiner als 0.05 oder 0.01 – was jedoch nur eine Konvention ist), muß die Hypothese, daß die beiden Variablen unabhängig sind, verworfen werden.

Wenn der Chiquadrat-Test für die Großstadt und die Kleinstädte getrennt berechnet wird (Abb. II.2-4), ergibt sich ein empirisches Signifikanzniveau für Tulsa von 0.209, also größer als 0.05, womit die Unabhängigkeitshypothese nicht verworfen werden kann. Für die Kleinstädte ist das Signifikanzniveau kleiner als 0.00005, und die 0-Hypothese, daß Adresse und Rückflußrate unabhängig sind, wird verworfen. Diese Resultate stützen die Theorie, daß Groß- und Kleinstadtbewohner unterschiedlich reagieren.

Der Chiquadrat-Test beantwortet die Frage nach der Unabhängigkeit von Variablen, nicht nach Art oder Stärke des Zusammenhangs zwischen ihnen. Denn die Größe des Chiquadrats hängt nicht nur von der Güte des Modells ab, sondern auch vom Stichprobenumfang. Wenn dieser für eine bestimmte Tabelle n-fach wächst, tut dies auch der Chiquadrat-Wert. Daher können bei großen Stichproben auch kleine Residuen zu einem hohen Chiquadrat-Wert führen.

Zu den Bedingungen, die erfüllt sein müssen, damit der Chiquadrat-Test angewandt werden kann, gehört die Forderung, daß die Daten Zufallsstichproben aus multinomialen Verteilungen und die Erwartungswerte nicht zu klein sind. Die Forderung nach erwarteten Häufigkeiten nicht kleiner als 5 ist wahrscheinlich zu streng (EVERITT, 1977). Treten Zellen mit Erwartungswerten unter 5 auf, druckt SPSS^X die Zahl der Zellen mit solchen Werten und den minimalen Erwartungswert aus.

In der Hoffnung, die genannte Annäherung für 2*2-Tabellen zu verbessern, wird gelegentlich *Yates Kontinuitätskorrektur* angewandt, über deren Wert jedoch diskutiert wird (CONOVER, 1974). Ein alternativer Test für 2*2-Tabellen gründet sich auf die hypergeometrische Verteilung. Dies ist *Fisher's Exakter Test*. Er ist von größtem Nutzen wenn Stichprobenumfang und Erwartungswerte klein sind. SPSS^X berechnet den Fishertest, wenn in einer 2*2-Tabelle der Stichprobenumfang 20 oder kleiner ist.

2.5 Assoziationsmaße

Sie dienen der Messung von Art und Stärke des Zusammenhangs von Variablen. Es gibt kein spezifisches Maß, das alle möglichen Assoziationen adäquat quantifiziert. Diese Maße bedürfen unterschiedlicher Interpretation, und sie unterscheiden sich auch darin, wie sie von verschiedenen Faktoren wie etwa der Randverteilung beeinflußt werden. Solche Maße vermitteln Information über die Randwerte zusammen mit Information über den Zusammenhang.

Ein bestimmtes Maß kann für eine Tabelle einen geringen Wert haben – aber nicht, weil kein Zusammenhang besteht, sondern weil der Zusammenhang nicht von der Art der Sensitivität des Maßes ist. Es ist daher falsch, viele Maße zu berechnen, und dann das eindruckvollste auszuwählen, als sei es das einzig richtige.

CROSSTABS berechnet Assoziationsmaße nur aus bivariaten Tabellen (vgl. Abb. II.2-4). Wenn z.B. in einer Tabelle drei dichotome Variablen spezifiziert sind, werden zwei Bündel von Maßen berechnet, eines für jede von den Werten der Kontrollvariablen erstellten Subtabelle. Wenn die Beziehungen zwischen mehr als zwei Variablen untersucht werden sollen, ist die Rückführung auf bivariate Tabellen allerdings nur ein erster Schritt. Eine extensive Diskussion komplizierter multivariater Prozeduren für die Analyse qualitativer Daten bieten FIENBERG (1977), EVERITT (1977) und HABERMAN (1978).

2.5.1 Nominale Maße

Sie sind angezeigt, wenn mindestens eine Variable in der Tabelle nominaler Natur sind. Solche Maße können nur einen Hinweis auf die Stärke des Zusammenhangs vermitteln, sie können nichts aussagen über Art oder Richtung des Zusammenhangs. Es werden zwei Typen von Maßen angeboten: solche, die auf der Chiquadrat-Statistik beruhen, und solche, die der Logik der proportionalen Reduktion des Fehlers, abgekürzt PRE, folgen.

2.5.2 Chiquadrat-Maße

Diese sind in Unabhängigkeitstests weit verbreitet und werden als Assoziationsmaße angeboten, obwohl die Chiquadrat-Statistik kein gutes Maß für den Grad des Zusammenhangs zwischen Variablen ist. Indessen hat die weite Verbreitung dieser Statistik in Unabhängigkeitstests zur Verwendung von Assoziationsmaßen geführt, die auf Chiquadrat gründen. Jedes dieser Maße versucht, die Chiquadrat-Statistik derart zu modifizieren, daß der Einfluß des Stichprobenumfangs und der Freiheitsgrade minimiert und gleichzeitig der Wertebereich der Maße auf 0 bis 1 beschränkt wird. Ohne solche Anpassungen wäre der Vergleich von Chiquadrat-Werten aus Tabellen mit unterschiedlichen Dimensionen und Stichprobenumfang sinnlos.

Der *Phi-Koeffizient* modifiziert das Chiquadrat durch Division mit dem Stichprobenumfang und Berechnung der Quadratwurzel aus dem Ergebnis:

$$\Phi = \sqrt{\frac{\chi^2}{N}}$$

Für Tabellen mit einer Dimension größer als zwei braucht Phi nicht zwischen 0 und 1 zu liegen, weil dann der Chiquadrat-Wert größer sein kann als der Stichprobenumfang. Um das Maß auf 0 bis 1 zu beschränken, schlug Pearson den *Kontingenzkoeffizienten* vor, der stets im gewünschten Intervall liegt, dessen Obergrenze jedoch durch die Anzahl von Zeilen und Spalten bestimmt wird – für eine 4∗4-Tabelle beträgt sie 0.87. Der Koeffizient berechnet sich zu

$$C = \sqrt{\frac{\chi^2}{\chi^2 + N}}$$

Cramer führte die folgende Variante ein:

$$V = \sqrt{\frac{\chi^2}{N(k-1)}}$$

wobei k die kleinere der Anzahl der Zeilen und Spalten ist. Diese Statistik, genannt *Cramer's V* bzw. Cramerkoeffizient, kann das Maximum von 1 für Tabellen jedweder Dimension erreichen. Wenn eine der Tabellendimensionen 2 beträgt, sind V und Phi identisch.

Die auf das Chiquadrat gegründeten Maße sind schwierig zu interpretieren. Nach angemessener Standardisierung können sie zwar die Stärke der Assoziation in vielen Tabellen vergleichen – allerdings steht diese «Stärke der Assoziation» in keiner direkten Beziehung zum intuitiven Assoziationsbegriff.

2.5.3 Proportionale Fehlerreduktion

Allgemeine Alternativen zu den Chiquadrat-Maßen gründen sich auf die von GOODMAN und KRUSKAL (1954) eingeführte Vorstellung von der *Proportionalen Fehlerreduktion* (proportional reduction in error – PRE). Diese Maße sind Relationen zwischen dem Fehlermaß bei der Prognose der Werte einer Variablen, die sich auf diese Variable allein stützen, und dem gleichen Fehlermaß bei Prognosen, die sich auf eine zusätzliche Variable gründen (vgl. auch BENNINGHAUS 1979: 87ff.).

Zum Beispiel zeigt die Abb. II.2-7 eine Kreuztabelle zwischen der Tiefe der Hypnose und dem Erfolg der Behandlung von Migräne-Kopfschmerzen durch Suggestion (CEDERCREUTZ 1978). Ohne weitere Information ist die beste Prognose des Behandlungserfolgs die Ergebniskategorie mit den meisten Beobachtungen (die modale Kategorie). In Abb. II.2-7 ist «keine Veränderung» die größte Ergebniskategorie mit 45% der Probanden. Die Schätzung der Wahrscheinlichkeit falscher Klassifikation ist nun 1 minus Wahrscheinlichkeit der modalen Kategorie:

$$P(1) = 1 - 0.45 = 0.55$$

Zur Verbesserung der Klassifikationsregel kann Information über die Hypnosetiefe herangezogen werden: Für jede Hypnosekategorie wird die Ergebniskategorie prognostiziert, die für dieses Hypnoseniveau am häufigsten vorkommt. Für Probanden mit einem «leichten» Hypnoseniveau wird «keine Veränderung» prognostiziert, «besser» für das «mittlere» Niveau und «geheilt» für das «tiefe» Niveau. Nun ist die Wahrscheinlichkeit einer falschen Klassifikation bei der Verwendung der Tiefe der Hypnose zur Ergeb-

Abbildung II.2-7: Kreuzung zw. Hypnosetiefe und Behandlungserfolg

```
- - - - - - - - - - -   C R O S S T A B U L A T I O N   O F   - - - - - - - - - -
       HYPNOSIS   DEPTH OF HYPNOSIS
BY     MIGRAINE   MIGRAINE OUTCOME
- - - - - - - - - - - - - - - - - - - - - - - - - - - - - -   PAGE  1 OF  1

                      MIGRAINE
             COUNT  I
             TOT PCT ICURED     BETTER    NO CHANGE    ROW
                    I                                  TOTAL
                    I     1I         2I        3I
HYPNOSIS     -------+--------+--------+--------+
                  1 I   13 I      5 I          I       18
    DEEP          I   13.0 I    5.0 I          I     18.0
                  +--------+--------+--------+
                  2 I   10 I     26 I       17 I       53
    MEDIUM        I   10.0 I   26.0 I     17.0 I     53.0
                  +--------+--------+--------+
                  3 I      I      1 I       28 I       29
    LIGHT         I      I    1.0 I     28.0 I     29.0
                  +--------+--------+--------+
             COLUMN    23         32         45        100
             TOTAL   23.0       32.0       45.0      100.0


  CHI-SQUARE      D.F.      SIGNIFICANCE       MIN E.F.     CELLS WITH E.F.< 5
  ----------      ----      ------------       --------     ------------------

   65.52525         4          0.0000           4.140        1 OF    9 ( 11.1%)

                                                 WITH HYPNOSIS    WITH MIGRAINE
     STATISTIC               SYMMETRIC            DEPENDENT        DEPENDENT
     ---------               ---------           -------------    -------------

  LAMBDA                      0.35294              0.29787          0.40000
  UNCERTAINTY COEFFICIENT     0.35514              0.36537          0.34547

     STATISTIC                 VALUE             SIGNIFICANCE
     ---------                 -----             ------------

  CRAMER'S V                  0.57239
  CONTINGENCY COEFFICIENT     0.62918

  NUMBER OF MISSING OBSERVATIONS =     0
```

nisprognose gleich der Summe der Wahrscheinlichkeiten aller Zellen, die keine Zeilenmodi sind:

$$P(2) = 0.05 + 0.01 + 0.17 + 0.01 = 0.33$$

Das *Lambda* von Goodman und Kruskal, mit dem Ergebnis als der prognostizierten (abhängigen) Variablen, berechnet sich zu:

$$\lambda_{Erfolg} = \frac{P(1) - P(2)}{P(1)} = \frac{0.55 - 0.33}{0.55} = 0.40$$

Die Verwendung der Hypnosetiefe zur Ergebnisprognose führt also zu einer Fehlerreduktion von 40 Prozent.

Lambda hat stets Werte zwischen 0 und 1. 0 bedeutet, daß die unabhängige Variable «wertlos» ist für die Prognose der abhängigen. 1 bedeutet das Gegenteil. Sind die beiden Variablen unabhängig, ist Lambda 0; indessen braucht ein Lambda von 0 keineswegs statistische Unabhängigkeit zu implizieren. Lambda mißt die Assoziation in einer ganz spezifischen Weise. Insbesondere reflektiert Lambda die Fehlerreduktion gerade dann, wenn eine Variable zur Prognose der Werte der anderen herangezogen wird. Die Werte von Lambda gelten unter diesen Voraussetzungen. Und wenn dieser spezifische Assoziationstyp fehlt, ist Lambda 0. Andere Assoziationsmaße können dennoch eine Assoziation feststellen – auch wenn Lambda 0 ist. Ein für jeden vorstellbaren Assoziationstyp sensitives Maß existiert nicht.

2.5.4 Ordinale Maße

Beziehungen zwischen ordinalen Variablen können mit nominalen Maßen untersucht werden; allerdings bleibt die in einer Rangordnung enthaltene zusätzliche Information unberücksichtigt. Die Betrachtung der Art von Beziehungen, die zwischen zwei sortierten Variablen bestehen können, führt zu den Begriffen der gerichteten Beziehungen und der *Korrelation*. Variablen sind positiv korreliert, wenn Fälle mit niedrigen (hohen) Werten für die eine Variable auch niedrige (hohe) Werte für die andere haben. Negative Korrelation liegt vor, wenn die Werte der einen Variablen umso niedriger sind, je höher die der anderen sind und umgekehrt.

Mehrere Assoziationsmaße für eine Tabelle mit zwei ordinal skalierten Variablen gründen sich auf den Vergleich der Werte beider Variablen für alle möglichen Paare von Fällen bzw. Beobachtungen. Ein Fallpaar ist *konkordant*, wenn die Werte beider Variablen für einen Fall höher (oder beide niedriger) sind als die entsprechenden Werte für den anderen Fall. Das Paar ist *diskordant*, wenn der Wert einer Variablen für einen Fall größer ist als der entsprechende Wert für den anderen Fall und die Richtung für die zweite Variable umgekehrt ist. Wenn die beiden Fälle identische Werte für eine oder beide Variablen haben, sind sie gebunden.

So kann ein gegebenes Fallpaar mit Messungen für die Variablen X und Y auf dreierlei Art und Weise konkordant, diskordant oder gebunden sein: sie können bezüglich X gebunden sein, aber nicht bezüglich Y, oder umgekehrt; sie können auch bezüglich beider Variablen gebunden sein. Liegen die Daten in einer Kreuztabelle vor, läßt sich die Anzahl konkordanter, diskordanter und gebundener Paare leicht berechnen, da alle möglichen Paare auf einfache Weise bestimmt werden können.

Wenn die Paare überwiegend konkordant sind, spricht man von positivem Zusammenhang: wenn die Ränge der Variablen X größer (oder kleiner) werden, tun dies die Ränge der Variablen Y auch. Wenn die Mehrzahl der Paare diskordant ist, ist der Zusammenhang negativ: Mit wachsenden Rängen der einen Variablen werden die der anderen kleiner. Liegen gleich viele konkordante und diskordante Fälle vor, besteht kein Zusammenhang.

Die hier behandelten ordinalen Maße haben alle den gleichen Zähler: Die Anzahl der konkordanten Paare (P) minus der Anzahl der diskordanten Paare (Q), berechnet für alle Paare von Beobachtungen. Sie unterscheiden sich vorrangig in der Art der Normierung von P–Q. Das einfachste Maß besteht in der Subtraktion des P vom Q und Division durch die Gesamtzahl von Paaren. Wenn es keine Paare mit Bindungen (engl. ties) gibt, hat dieses Maß (Kendalls Tau-a) Werte von -1 bis $+1$. Liegen Bindungen vor, ist die Spannweite geringer; sie hängt von der Anzahl der Bindungen ab. Sind alle Beobachtungen in der gleichen Zeile gebunden, sind sie es auch in der gleichen Spalte, und die Interpretation von Tau-a bereitet Schwierigkeiten.

Ein Maß, das P–Q durch Berücksichtigung von Bindungen bezüglich jeder Variablen in einem Paar getrennt normiert, aber nicht Bindungen bezüglich beider Variablen in einem Paar, ist *Tau-b*:

$$\tau_b = \frac{P - Q}{\sqrt{(P + Q + T_x)(P + Q + T_y)}}$$

wobei T_x die Anzahl der bezüglich X, aber nicht Y gebundenen Paare ist, und T_y ist die Anzahl der bezüglich Y, aber nicht bezüglich X gebundenen Paare. Wenn keine marginale Häufigkeit 0 ist, kann Tau-b +1 oder −1 nur für eine quadratische Tabelle erreichen. Ein Maß, das zumindest näherungsweise für jede RxC-Tabelle +1 oder −1 erreichen kann, ist *Tau-c*:

$$\tau_c = \frac{2m\,(P-Q)}{N^2\,(m-1)}$$

wobei m von der Anzahl der Zeilen und der der Spalten die kleinere ist. Die Koeffizienten Tau-b und Tau-c unterscheiden sich nicht sehr in ihrem Wert, wenn jeder Randwert etwa gleiche Häufigkeiten aufweist.

Das *Gamma* von Goodman und Kruskal steht in enger Beziehung zu den Tau-Statistiken und berechnet sich zu:

$$G = \frac{P - Q}{P + Q}$$

Gamma kann verstanden werden als die Wahrscheinlichkeit, daß ein Zufallspaar von Beobachtungen konkordant ist minus der Wahrscheinlichkeit, daß das Paar diskordant ist, wobei das Fehlen von Bindungen unterstellt wird. Es mißt also den Überschuß bzw. das Defizit konkordanter Paare zur Gesamtzahl aller Paare. Zusätzlich kann Gamma als PRE-Maß interpretiert werden (Vgl. BENNINGHAUS 1979: 169–175). Gamma ist 1 wenn alle Beobachtungen auf der Hauptdiagonalen der Tabelle konzentriert sind. Im Falle von Unabhängigkeit ist Gamma 0. Indessen impliziert ein Gamma von 0 nicht immer Unabhängigkeit, es sei denn in 2 × 2-Tabellen.

Bei der Berechnung von Gamma wird nicht zwischen abhängiger und unabhängiger Variablen unterschieden: die Variablen werden als symmetrisch behandelt. SOMERS (1962) hat eine asymmetrische Erweiterung von Gamma vorgeschlagen. Sie unterscheidet sich von der symmetrischen Form von Gamma lediglich durch die Einbeziehung der Anzahl der bezüglich der unabhängigen Variablen (X) nicht gebundenen Paare im Nenner. *Somers d* berechnet sich zu

$$d_y = \frac{P - Q}{P + Q + T_y}$$

Der Koeffizient d_y beinhaltet den proportionalen Überhang der konkordanten Paare über die nicht konkordanten und den bezüglich der unabhängigen Variablen nicht gebundenen Paare. Die symmetrische Variante von Somers d verwendet als Nenner den durchschnittlichen Wert der Nenner der beiden asymmetrischen Koeffizienten.

2.5.5 Maße für intervallskalierte Daten

Werden die beiden Variablen der Tabelle auf Intervallskalen gemessen, können mehrere Koeffizienten berechnet werden, die die zusätzliche Information nutzen. Ein guter symmetrischer Koeffizient, der die Stärke des linearen Zusammenhangs mißt, ist *Pearsons*

Korrelationskoeffizient r, der zwischen −1 und +1 liegt. Eine eingehende Beschreibung ist in Kapitel III.3.1 zu finden.

Die Beziehung zwischen zwei Variablen läßt sich anschaulich durch Streuungsdiagramme darstellen. Im allgemeinen werden die Werte der *abhängigen* Variablen auf der Ordinate, die der *unabhängigen* auf der Abszisse abgetragen. Im Diagramm werden dann die Datenwerte fallweise gekreuzt und jede Kreuzung ergibt einen Plotpunkt. Die Wolke dieser Punkte zeigt nun die Art der Beziehung zwischen den beiden Variablen: Verteilen sich die Punkte unregelmäßig über das Diagramm, besteht kein Zusammenhang; steigen sie in einer Krümmung konkav zur Ordinate von links-unten nach rechts-oben, läßt sich der Zusammenhang durch eine Wachstumsfunktion beschreiben; verteilen sich die Plotpunkte U-förmig, liegt eine nicht-lineare Beziehung schwieriger Natur vor, die auch statistisch mit besonderer Sorgfalt behandelt werden sollte. Abb. II.2-8 zeigt diese drei beschriebenen Beziehungen.

Abbildung II.2-8: Beziehungen zwischen Variablen

In SPSS^X gibt die Prozedur PLOT Streuungsdiagramme aus. Die Plotpunkte werden mit 1 markiert, fallen zwei Punkte aufeinander, mit 2 usw.

Werden aus einer fiktiven Untersuchung beispielsweise die Variablen GEWICHT gegen GROESSE geplottet, läßt die Gestalt der Punktewolke (Abb. II.2-9) eine lineare Beziehung zumindest vermuten: Mit zunehmender Größe scheint auch das Gewicht zuzunehmen. Die Prozedur PLOT kann diese Vermutung überprüfen, indem sie folgende Anweisungen abarbeitet:

```
PLOT
    / VERTICAL = 'GEWICHT IN KG' MIN (42) MAX (166)
    / HORIZONTAL = 'GROESSE IN KG' MIN (145) MAX (174)
    / FORMAT = REGRESSION
    / PLOT = GEWICHT WITH GROESSE
```

Ausgedruckt wird die Tabelle in Abb. II.2-9 mit dem angeforderten Streuungsdiagramm, das unabhängige Gewicht auf der Ordinate und die unabhängige Größe auf der Abszisse. Zudem werden folgende Statistiken ausgegeben: Der Pearsonsche Koeffizient R = 0.60, R-QUADRAT = 0.36, SIG = 0.006, der Achsenschnittpunkt INTERCEPT = −39.31 und das Steigungsmaß SLOPE = 0.58. Zudem ist die Lage der Regressionslinie durch die R's auf den vertikalen Achsen markiert: Der Zusammenhang ist also *linear und signifikant* (vgl. auch Kap. III.3).

Der *Eta-Koeffizient* ist angemessen für Daten, bei denen die abhängige Variable auf einer Intervallskala gemessen wird, die unabhängige aber auf einer nominalen oder ordinalen.

Abbildung II.2-9: Plot von GEWICHT auf GROESSE mit Korrelations- und Regressionsstatistiken

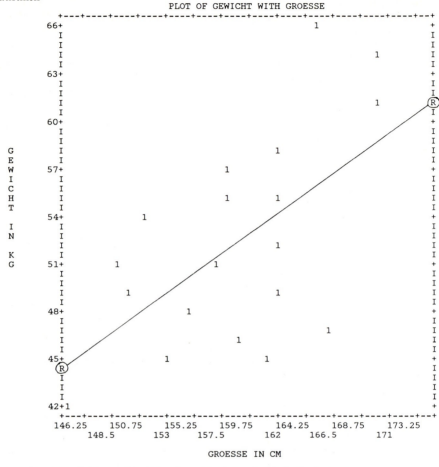

Quadriert kann Eta interpretiert werden als der Anteil an der Gesamtvariation der abhängigen Variablen, der auf Kenntnis der Werte der unabhängigen zurückgeführt werden kann. Das Maß ist asymmetrisch und setzt keine lineare Beziehung zwischen den Variablen voraus.

2.6 Die Prozedur CROSSTABS

Die Prozedur CROSSTABS erstellt Kreuztabellen und zugehörige statistische Maße für Variablen mit begrenzter Anzahl numerischer oder alphanumerischer Werte. Für die Zellen werden absolute Häufigkeiten, Prozente und Erwartungswerte ausgegeben. Möglich ist, die Behandlung fehlender Werte zu modifizieren, Zeilen umzustellen, einen Tabellenindex anzufordern und die Zellenhäufigkeiten in eine Datei zu schreiben. SPSS^x druckt 11 optionale Statistiken aus einschließlich des Chiquadrats und der oben beschriebenen Assoziationsmaße.

CROSSTABS arbeitet mit Subkommandos und zugehörigen OPTIONS- und STATISTICS-Kommandos. Die Spezifikationen hängen davon ab, ob im allgemeinen oder ganzzahligen Modus gerechnet wird. Der erstere erfordert nur das TABLES-Kommando. Der ganzzahlige Modus empfiehlt sich, wenn bestimmte Statistiken und Optionen gewünscht werden, die im allgemeinen Modus nicht verfügbar sind.

Die folgenden Kommandos rufen CROSSTABS im allgemeinen Modus auf und erstellen die Kreuztabelle in Abb. II.2-3:

```
CROSSTABS TABLES = RETURNED BY ADDRESS
OPTIONS 3,4,5
```

Die Variable RETURNED definiert die Zeilen der Tabelle und die Variable nach dem Schlüsselwort BY, ADDRESS, die Spalten. Die Optionen 3, 4, und 5 fordern die Zeilen-, Spalten- und Gesamtprozente in den Zellen an. Ohne Optionen enthalten die Zellen nur den Häufigkeitszähler.

Wird eine Kontrollvariable einbezogen, folgt diese nach einem zweiten BY. Die Kommandos

```
CROSSTABS TABLES = RETURNED BY ADDRESS BY LOCATION
OPTIONS 4
```

erstellen Abb. II.2-4,a und b. SPSS^x erstellt eine bivariate Tabelle (bzw. Subtabelle) der Variablen RETURNED BY ADDRESS für jeden Wert der Variablen LOCATION. Im allgemeinen Modus können Sie bis zu acht Kontrollvariablen anfordern, im ganzzahligen bis zu sechs. Indessen wird auf jedem weiteren Niveau durch Unterteilungen die Zellbesetzung immer geringer, so daß sich viele leere Zellen ergeben – es sei denn, die Datei ist sehr groß.

Das vollständige SPSS^x-Programm zur Erstellung von Tabellen und Statistiken in Abb. II.2-4 ist

```
TITLE 'LOST LETTER DATA'
DATA LIST FIXED/1    ADDRESS RETURNED LOCATION 1-3
VARIABLE LABELS  ADDRESS 'ADDRESS ON LETTER'/
                 RETURNED 'FOUND AND MAILED'/
                 LOCATION 'LOCATION LOST'/
VALUE LABELS     ADDRESS 1 'CONTROL' 2 'DANDEE' 3 'COMMUNIST'/
                 RETURNED 1 'YES' 2 'NO'/
                 LOCATION 1 'CITY' 2 'TOWN'/
CROSSTABS TABLES = RETURNED BY ADDRESS BY LOCATION
OPTIONS 4
```

```
STATISTICS 1
BEGIN DATA
  Datenzeilen
END DATA
FINISH
```

Das DATA LIST-Kommando liest in dieser Spezifikation die drei einspaltigen Variablen ADDRESS, RETURNED und LOCATION in den ersten drei Spalten einer jeden Datenzeile. SPSS^x erlaubt die Spezifikation einer Variablenliste und eines Bereichs von Spalten, der dann gleichmäßig den Variablen zugeordnet wird.

Die Etiketten erscheinen in der Ausgabe wie in den LABELS-Kommandos spezifiziert.

Das CROSSTABS-Kommando erstellt die Subtabellen der Variablen RETURNED BY ADDRESS für die Werte von LOCATION.

Die Option 4 fordert Spaltenprozente in den Zellen an.

Statistik 1 berechnet die Chiquadrat-Statistik für jede bivariate Subtabelle.

SPSS^x druckt nur 16 Zeichen für die Werteetiketten, für die Spaltenvariablen werden sie nach dem achten Zeichen gespalten und in zwei Zeilen gedruckt. Zur besseren Lesbarkeit sollten die Etiketten entsprechend geschrieben werden, wie etwa in folgendem Programm:

```
DATA LIST FIXED/1 HYPNOSIS MIGRAINE 1-2
VARIABLE LABELS  HYPNOSIS 'DEPTH OF HYPNOSIS'/
                 MIGRAINE 'OUTCOME'/
VALUE LABELS  HYPNOSIS 1 'DEEP' 2 'MEDIUM' 3 'LIGHT'/
              MIGRAINE 1 'CURED' 2 'BETTER'
                       3 'NO ... CHANGE'/
CROSSTABS TABLES = HYPNOSIS BY MIGRAINE
OPTIONS 5
STATISTICS 1,2,3,4,5
BEGIN DATA
  Datenzeilen
END DATA
FINISH
```

Diese Kommandos erstellen die Ausgabe in Abb. II.2-7. Wichtig ist die Formatierung von ‹NO CHANGE› mit sechs Leerzeichen, damit CHANGE nicht gebrochen wird.

Haben die Variablen viele Werte und ihre Zellen weisen eine zu gringe Besetzung auf, können mit dem RECODE-Kommando Kategorien zusammengefaßt werden, sofern der damit verbundene Informationsverlust vertretbar erscheint. Zum Beispiel:

```
RECODE MIGRAINE (2 = 1)
CROSSTABS TABLES = HYPNOSIS BY MIGRAINE
OPTIONS 5
```

Damit werden für die Variable MIGRAINE die Ausprägungen 2 ‹better› und 1 ‹cured› zu 1 zusammengefaßt und die Besetzungen der Zellen in der entsprechenden ersten Spalte steigen von 13, 10, 0 auf 18, 36 und 1.

2.6.1 Eingeben kreuztabellierter Daten

Dies ist dann angezeigt, wenn eine Kreuztabelle in anderer Form dargestellt werden soll oder etwa zusätzliche Statistiken benötigt werden. Dazu werden anstelle der Rohdaten die kreuztabellierten Daten eingegeben. Es wird jede Zelle der Tabelle als Fall behandelt. Dann werden für jeden Fall (Tabellenzelle) die Häufigkeiten (FREQ) zusammen mit den Werten der Zeilen-, Spalten- und Kontrollvariablen eingelesen. Diese Datei wird wie jeder Datenfile definiert. Und darauf folgt das Kommando WEIGHT, um zu spezifizieren, daß jeder Fall soviel mal gezählt wird wie es der Zellenhäufigkeit entspricht.
Soll beispielsweise die Tabelle in Abb. II.2-3 aus den kreuztabellierten Daten reproduziert werden, muß folgendes SPSS^x-Programm erstellt werden:

```
TITLE 'ENTERING THE TABLE FOR RETURNED BY ADDRESS'
DATA LIST FIXED/1 FREQ 1-5 RETURNED 7 ADDRESS 9
WEIGHT BY FREQ
VARIABLE LABELS
   RETURNED 'FOUND AND MAILED'/
   ADDRESS 'ADDRESS ON LETTER'/
VALUE LABELS
   RETURNED 1 'YES' 2 'NO'/
   ADDRESS 1 'CONTROL' 2 'DANDEE' 3 'COMMUNIST'/
CROSSTABS TABLES = RETURNED BY ADDRESS
STATISTICS 1
BEGIN DATA
   Datenzeilen
END DATA
FINISH
```

Das DATA LIST-Kommando definiert die Variablen für die Zellen, die wie Fälle behandelt werden. Die Zellenhäufigkeit steht in den Spalten 1–5 und ist als Variable FREQ definiert. Der Wert von RETURNED für jede Zelle steht in Spalte 7 und der Wert von ADDRESS in Spalte 9. Somit repräsentiert die erste Datenzeile die erste Zelle der Tabelle, für die RETURNED und ADDRESS jeweils den Wert 1 haben. Die zweite Datenzeile ist die zweite Zelle in der ersten Spalte der Tabelle usw.
Das WEIGHT-Kommando verwendet FREQ, die Zellenbesetzung, als Gewichtungsvariable. Der Wert dieser Variablen für jeden Fall wird als Replikationsfaktor benutzt. Z.B. zählt der erste Fall wie 35 Fälle in der von CROSSTABS angeforderten Tabelle. Mit dem WEIGHT-Kommando können aus den kreuztabellierten Daten die Rohdaten reproduziert werden.
Es können den kreuztabellierten Daten Etiketten zugewiesen und mit CROSSTABS die gewünschte Tabelle ausgegeben werden.

Mit PRINT FORMATS wird die Anzahl der gewünschten Dezimalen spezifiziert. Sollen Werte ausgeschlossen werden, steht das MISSING VALUES-Kommando zur Verfügung, und schließlich können durch Änderung der Reihenfolge der Variablen im TABLES-Kommando Zeilen- und Spaltenvariablen vertauscht werden.

Bei der kreuztabellierten Eingabe können Variablen weggelassen oder umgestellt werden. Beispielsweise definiert das Kommando

---

CROSSTABS TABLES = ADDRESS BY RETURNED

ADDRESS als Zeilenvariable und RETURNED als Spaltenvariable.

Zur Steuerung der Ausgabe stehen in Version 2.2 der Prozedur CROSSTABS 18 Optionen und 11 Statistiken zur Verfügung.

3 Multivariate Deskriptive Statistik

GOTTFRIED FRENZEL

3.1 Ein Beispiel

In allen zivilisierten Ländern ist heute die Diskriminierung am Arbeitsplatz wegen Geschlechts- oder Rassenzugehörigkeit gesetzlich verboten. Im Falle von daraus resultierenden Prozessen können die Parteien Statistiken als Beweismittel vorbringen. Diese sind kompliziert; denn das Identifizieren und Messen aller Variablen, die Einstellung, Einstufung und Beförderung beeinflussen, ist recht schwierig. Während sich Ausbildungsjahre und Zeiten beruflicher Tätigkeit quantifizieren lassen, erscheint dies bei solchen Attributen wie Begeisterung und Kreativität ausgeschlossen. Versuche zur Messung letztgenannter Merkmale dienen gelegentlich der Verschleierung tatsächlicher Diskriminierung.

Im weiteren werden 474 Angestellte analysiert, die zwischen 1969 und 1971 von einer Bank eingestellt wurden, welche sich in einem Rechtsstreit über gleiche Berufschancen engagiert. Dabei kommt zwei Praktiken besondere Bedeutung zu: der falschen Einstufung sowie unangemessener Entlöhnung und Beförderung.

In Untersuchungen solcher Art werden komplizierte Analysen durchgeführt (vgl. z.B. ROBERTS, 1980); die vorliegende Abhandlung ist notwendigerweise begrenzt. Die SPSS^X-Prozedur BREAKDOWN wird verwendet, um Durchschnittslöhne zu berechnen für Angestelltengruppen, die nach Rasse und Geschlecht zusammengestellt sind. Und zusätzliche Gruppierungsvariablen zur Erklärung der Variabilität des Lohnes werden eingeführt.

Die Abb. II.3-1 ist eine Kreuztabelle zwischen der Jobkategorie (JOBCAT) zum Einstellungstermin und den Geschlechts- und Rassencharakteristiken (SEXRACE). Die ersten drei Jobklassifikationen enthalten 64% der weißen Männer (man addiere die Spaltenprozente), 94% von sowohl der farbigen Männer als auch der weißen Frauen und 100% der farbigen Frauen. Unter den weißen Männern absolvieren 17% ein Fortbildungsprogramm am College, bei den weißen Frauen sind es nur 4 Prozent.

Obwohl diese Ergebnisse interessant sind, implizieren Sie *keine* diskriminierende Einstufung in die Einstellungskategorien, da die Qualifikationen der verschiedenen Gruppen nicht notwendigerweise gleich sein müssen. Wenn jedoch Frauen und Farbige in der gleichen Einstellungskategorie höher qualifiziert sind als weiße Männer, besteht der Verdacht auf Diskriminierung.

Eine leicht zu messende Berufsqualifikation sind die Bildungsjahre. Abb. II.3-2a zeigt die durchschnittlichen Bildungsjahre für die gesamte Stichprobe (etikettiert FOR ENTIRE POPULATION) und danach für jedes der beiden Geschlechter (etikettiert SEX und MALES bzw. FEMALES) und danach für jede der beiden Rassenkategorien innerhalb jeder Geschlechtskategorie (etikettiert MINORITY und WHITE bzw. NONWHITE).

Die gesamte Stichprobe zeigt einen Durchschnitt von 13.49 Bildungsjahren. Die Männer haben mehr als die Frauen – einen Durchschnitt von 14.43 Jahren gegenüber 12.37.

Abbildung II.3-1: Kreuztabelle zw. Jobkategorie und Sex-Rassencharakteristik

```
- - - - - - - - - -     C R O S S T A B U L A T I O N    O F    - - - - - - - - - -
    JOBCAT      EMPLOYMENT CATEGORY
BY  SEXRACE     SEX & RACE CLASSIFICATION
- - - - - - - - - - - - - - - - - - - - - - - - - - - - - - - - -     PAGE  1 OF  1

                      SEXRACE
             COUNT  I
             COL PCT IWHITE     MINORITY WHITE     MINORITY    ROW
             TOT PCT IMALES     MALES    FEMALES   FEMALES     TOTAL
                    I    1.00I     2.00I     3.00I     4.00I
JOBCAT              --------+--------+--------+--------+--------+
                1   I      75 I      35 I      85 I      32 I     227
   CLERICAL         I    38.7 I    54.7 I    48.3 I    80.0 I    47.9
                    I    15.8 I     7.4 I    17.9 I     6.8 I
                    +--------+--------+--------+--------+--------+
                2   I      35 I      12 I      81 I       8 I     136
   OFFICE TRAINEE   I    18.0 I    18.8 I    46.0 I    20.0 I    28.7
                    I     7.4 I     2.5 I    17.1 I     1.7 I
                    +--------+--------+--------+--------+--------+
                3   I      14 I      13 I         I         I      27
   SECURITY OFFICER I     7.2 I    20.3 I         I         I     5.7
                    I     3.0 I     2.7 I         I         I
                    +--------+--------+--------+--------+--------+
                4   I      33 I       1 I       7 I         I      41
   COLLEGE TRAINEE  I    17.0 I     1.6 I     4.0 I         I     8.6
                    I     7.0 I      .2 I     1.5 I         I
                    +--------+--------+--------+--------+--------+
                5   I      28 I       2 I       2 I         I      32
   EXEMPT EMPLOYEE  I    14.4 I     3.1 I     1.1 I         I     6.8
                    I     5.9 I      .4 I      .4 I         I
                    +--------+--------+--------+--------+--------+
                6   I       3 I       1 I       1 I         I       5
   MBA TRAINEE      I     1.5 I     1.6 I      .6 I         I     1.1
                    I      .6 I      .2 I      .2 I         I
                    +--------+--------+--------+--------+--------+
                7   I       6 I         I         I         I       6
   TECHNICAL        I     3.1 I         I         I         I     1.3
                    I     1.3 I         I         I         I
                    +--------+--------+--------+--------+--------+
             COLUMN       194        64       176        40       474
             TOTAL       40.9      13.5      37.1       8.4     100.0

NUMBER OF MISSING OBSERVATIONS =         0
```

Abbildung II.3-2a: Bildungsjahre nach Sex und Minoritäten

```
- - - - -     D E S C R I P T I O N    O F    S U B P O P U L A T I O N S    - - - - -

CRITERION VARIABLE    EDLEVEL     EDUCATIONAL LEVEL
   BROKEN DOWN BY     SEX         SEX OF EMPLOYEE
              BY      MINORITY    MINORITY CLASSIFICATION

- - - - - - - - - - - - - - - - - - - - - - - - - - - - - - - - - - - - - - - - -

VARIABLE           VALUE    LABEL                     MEAN      STD DEV     CASES

FOR ENTIRE POPULATION                               13.4916      2.8848       474

SEX                  0      MALES                   14.4302      2.9793       258
   MINORITY          0      WHITE                   14.9227      2.8484       194
   MINORITY          1      NONWHITE                12.9375      2.8888        64

SEX                  1      FEMALES                 12.3704      2.3192       216
   MINORITY          0      WHITE                   12.3409      2.4066       176
   MINORITY          1      NONWHITE                12.5000      1.9081        40

   TOTAL CASES =       474
```

Abbildung II.3-2b: Jobkategorie nach Sex-Rassencharakteristik mit durchschnittl. Bildungsjahren

```
- - - - - - - - - -    C R O S S - - - B R E A K D O W N   O F   - - - - - - - - - -
     JOBCAT      EMPLOYMENT CATEGORY
BY   SEXRACE     SEX & RACE CLASSIFICATION

VARIABLE AVERAGED...    EDLEVEL    EDUCATIONAL LEVEL

- - - - - - - - - - - - - - - - - - - - - - - - - - - - - -   PAGE  1 OF  1
                        SEXRACE
                MEAN  I
                COUNT I  WHITE       MINORITY    WHITE       MINORITY     ROW
              STD DEV I  MALES       MALES       FEMALES     FEMALES      TOTAL
                      I     1    I      2    I     3    I      4    I
JOBCAT                -------+-----------+-----------+-----------+-----------+
                  1   I   13.87  I    13.77  I   11.46  I    12.63  I    12.78
      CLERICAL        I      75  I       35  I      85  I       32  I     227
                      I    2.30  I     2.31  I    2.43  I     2.12  I    2.56
                      -+-----------+-----------+-----------+-----------+
                  2   I   13.89  I    12.58  I   12.81  I    12.00  I    13.02
OFFICE TRAINEE        I      35  I       12  I      81  I        8  I     136
                      I    1.41  I     2.61  I    1.93  I      .00  I    1.89
                      -+-----------+-----------+-----------+-----------+
                  3   I   10.29  I    10.08  I     .00  I      .00  I    10.19
SECURITY OFFICER      I      14  I       13  I       0  I        0  I      27
                      I    2.05  I     2.47  I     .00  I      .00  I    2.22
                      -+-----------+-----------+-----------+-----------+
                  4   I   17.21  I    17.00  I   16.00  I      .00  I    17.00
COLLEGE TRAINEE       I      33  I        1  I       7  I        0  I      41
                      I    1.34  I      .00  I     .00  I      .00  I    1.28
                      -+-----------+-----------+-----------+-----------+
                  5   I   17.61  I    14.00  I   16.00  I      .00  I    17.28
EXEMPT EMPLOYEE       I      28  I        2  I       2  I        0  I      32
                      I    1.77  I     2.83  I     .00  I      .00  I    1.97
                      -+-----------+-----------+-----------+-----------+
                  6   I   18.33  I    19.00  I   16.00  I      .00  I    18.00
MBA TRAINEE           I       3  I        1  I       1  I        0  I       5
                      I    1.15  I      .00  I     .00  I      .00  I    1.41
                      -+-----------+-----------+-----------+-----------+
                  7   I   18.17  I      .00  I     .00  I      .00  I    18.17
TECHNICAL             I       6  I        0  I       0  I        0  I       6
                      I    1.47  I      .00  I     .00  I      .00  I    1.47
                      -+-----------+-----------+-----------+-----------+
       COLUMN TOTAL       14.92       12.94      12.34       12.50       13.49
                            194          64        176          40         474
                           2.85        2.89       2.41        1.91        2.88
```

Weiße Männer haben das höchste Bildungsniveau mit nahezu 15 Jahren, 2 Jahre mehr als farbige Männer und fast 2.5 Jahre mehr als die beiden Frauengruppen.

In Abb. II.3-2b sind die Fälle weiter unterteilt nach ihren *gemeinsamen* Geschlechts- und Rassencharakteristiken und ihren Jobkategorien bei Einstellung. Für jede Zelle werden die durchschnittlichen Bildungsjahre, die Zahl der Fälle und die Standardabweichung ausgegeben. Weiße Männer haben die meisten durchschnittlichen Bildungsjahre in allen Jobkategorien mit Ausnahme der Dipl.Kfm.-Anwärter (Master of Business Administration trainee), unter denen der einzige farbige Mann 19 Jahre erreicht. Aus dieser Tabelle läßt sich *nicht* ableiten, daß Frauen und Farbige zu viel Bildungsjahre haben gegenüber weißen Männern in gleichen Jobkategorien. Wichtig ist jedoch die Feststellung, daß Gruppenmittel Informationen vermitteln über eine bestimmte Klasse von Beschäftigten. Auch wo keine Diskriminierung vorliegt für eine Klasse als ganze, können einige Individuen innerhalb dieser Klasse Opfer (oder Nutznießer) von Diskriminierung sein.

Das durchschnittliche Anfangsgehalt für die zwischen 1969 und 1971 eingestellten 474 Mitarbeiter beträgt $ 6806.–. Die Verteilung auf die vier Sex-Rasse-Kategorien ist in Abb. II.3-3a dargestellt.

Abbildung II.3-3a: Gruppenspezifische Verteilung des Anfangsgehalts

```
 - - - -    D E S C R I P T I O N   O F   S U B P O P U L A T I O N S    - - - - -
CRITERION VARIABLE      SALBEG      BEGINNING SALARY
    BROKEN DOWN BY      SEXRACE     SEX & RACE CLASSIFICATION

 - - - - - - - - - - - - - - - - - - - - - - - - - - - - - - - - - - - - - - -

VARIABLE          VALUE  LABEL                     MEAN        STD DEV     CASES

FOR ENTIRE POPULATION                            6806.4346   3148.2553      474

SEXRACE            1.00  WHITE    MALES          8637.5258   3871.1017      194
SEXRACE            2.00  MINORITYMALES           6553.5000   2228.1436       64
SEXRACE            3.00  WHITE    FEMALES        5340.4886   1225.9605      176
SEXRACE            4.00  MINORITYFEMALES         4780.5000    771.4188       40

    TOTAL CASES =       474
```

Abbildung II.3-3b: Gruppenspezifische Kreuztabelle

```
 - - - - - - - - - -    C R O S S - - - B R E A K D O W N   O F    - - - - - - - - -
      JOBCAT      EMPLOYMENT CATEGORY
BY    SEXRACE     SEX & RACE CLASSIFICATION

VARIABLE AVERAGED...      SALBEG      BEGINNING SALARY

 - - - - - - - - - - - - - - - - - - - - - - - - - - - -  PAGE  1 OF  1

                        SEXRACE
                MEAN  I
                COUNT I  WHITE       MINORITY    WHITE       MINORITY    ROW
                STD DEV I MALES      MALES       FEMALES     FEMALES     TOTAL
                      I       1  I        2  I        3  I        4  I
JOBCAT          --------+-----------+-----------+-----------+-----------+
                    1 I  6553.44 I  6230.74 I  5147.32 I  4828.13 I  5733.95
        CLERICAL  I       75  I      35  I      85  I      32  I      227
                  I  1238.63 I   941.62 I  1006.99 I   847.57 I  1271.96
                 -+-----------+-----------+-----------+-----------+
                    2 I  6262.29 I  5610.00 I  5208.89 I  4590.00 I  5478.97
  OFFICE TRAINEE  I      35  I      12  I      81  I       8  I      136
                  I   327.05 I   764.32 I   961.13 I   286.85 I   936.71
                 -+-----------+-----------+-----------+-----------+
                    3 I  6102.86 I  5953.85 I      .00 I      .00 I  6031.11
SECURITY OFFICER  I      14  I      13  I       0  I       0  I       27
                  I   285.75 I   722.97 I      .00 I      .00 I   536.49
                 -+-----------+-----------+-----------+-----------+
                    4 I 10467.64 I 11496.00 I  7326.86 I      .00 I  9956.49
  COLLEGE TRAINEE I      33  I       1  I       7  I       0  I       41
                  I  1748.55 I      .00 I   614.58 I      .00 I  1996.87
                 -+-----------+-----------+-----------+-----------+
                    5 I 13255.29 I 15570.00 I 10998.00 I      .00 I 13258.88
  EXEMPT EMPLOYEE I      28  I       2  I       2  I       0  I       32
                  I  3193.37 I  2927.42 I  1417.04 I      .00 I  3146.02
                 -+-----------+-----------+-----------+-----------+
                    6 I 14332.00 I 13992.00 I  7200.00 I      .00 I 12837.60
      MBA TRAINEE I       3  I       1  I       1  I       0  I        5
                  I  2314.02 I      .00 I      .00 I      .00 I  3554.02
                 -+-----------+-----------+-----------+-----------+
                    7 I 19996.00 I      .00 I      .00 I      .00 I 19996.00
        TECHNICAL I       6  I       0  I       0  I       0  I        6
                  I  6292.09 I      .00 I      .00 I      .00 I  6292.09
                 -+-----------+-----------+-----------+-----------+
     COLUMN TOTAL      8637.53     6553.50     5340.49     4780.50     6806.43
                         194          64         176          40         474
                       3871.10     2228.14     1225.96      771.42     3148.26
```

Weiße Männer haben mit einem Durchschnittsgehalt von $ 8638.– das höchste Anfangsgehalt, gefolgt von den farbigen Männern. Da Männer in höheren Jobkategorien tätig sind als Frauen, ist diese Differenz zu erwarten.

Die Abb. II.3-3b zeigt die Anfangsgehälter, unterteilt nach Rasse, Sex und Jobkategorie. In den meisten Kategorien haben weiße Männer höhere Anfangsgehälter als andere Gruppen. Es besteht eine Gehaltsdifferenz von $ 1400.– zwischen weißen Männern und weißen Frauen bei den einfachen Büroangestellten und ein Unterschied von $ 1000.– bei Angestellten mit allgemeiner Verwaltungsausbildung. Unter den Mitarbeitern im College-Fortbildungsprogramm erzielen weiße Männer im Durchschnitt über $ 3000.– mehr als weiße Frauen. Abb. II.3.2b zeigt jedoch, daß weiße Frauen in diesem Programm nur Vordiplom erreichen (untergraduiert sind), während weiße Männer im Durchschnitt 17.2 Bildungsjahre aufweisen.

Zusätzliche Variablen sollten eingeführt werden, da die Differenz zwischen mittleren Anfangsgehältern von Männern und Frauen *Verdacht* aufkommen läßt. Solange wichtige Variablen wie etwa die Jahre an vorheriger Berufserfahrung nicht berücksichtigt sind, sollte nicht auf Lohndiskriminierung geschlossen werden. Eine Kreuzklassifizierung von Fällen nach relevanten Variablen und der Lohnvergleich zwischen den Subgruppen müssen zur Kontrolle durchgeführt werden. Mit wachsender Anzahl von Variablen sinkt jedoch die Anzahl der Fälle in den Zellen sehr schnell, was statistische Vergleiche erschwert. Diese Probleme lassen sich mit Regressionsverfahren umgehen, die eine Kontrolle durch Spezifizierung bestimmter statistischer Beziehungen ermöglichen. Solche Verfahren sind in Kapitel III.3 beschrieben.

3.2 Die Prozedur BREAKDOWN

BREAKDOWN druckt Summen, Mittelwerte, Standardabweichungen und Varianzen einer Variablen innerhalb von Subgruppen aus, die durch andere Variablen definiert sind. Zum Beispiel ermittelt die Prozedur Einkommensstatistiken, aufgespalten nach Geschlecht, Altersgruppe, Bildungsniveau usw. Für die meisten Anwendungen braucht man nur das TABLES-Subkommando zu spezifizieren, um die Variablen anzugeben. Dies ist der allgemeine Modus von BREAKDOWN. Sind die Datenwerte ganzzahlig und soll das Kreuztabellen-Format ausgegeben werden, werden die Subkommandos VARIABLES und CROSSBREAK benötigt. Es können auch optionale Statistiken angefordert und die Behandlung von fehlenden Werten geändert werden.

Zur Verwendung von BREAKDOWN im allgemeinen Modus gibt man das BREAKDOWN-Kommando ein, gefolgt vom TABLES-Subkommando und Spezifikationen. Mittelwerte, Standardabweichungen, Summen, Varianzen und Fallzahlen werden berechnet für die erste Variable für die Kategorien, die in der Variablenliste nach dem Schlüsselwort BY definiert sind. Um zum Beispiel die Tabelle in Abb. II.3-3a zu erstellen, schreibt man:

```
BREAKDOWN TABLES = SALBEG BY SEXRACE
```

Zur Erstellung des alternativen Kreuztabellen-Formats in Abb. II.3-2b und II.3-3b wird das VARIABLES-Subkommando verwendet, um die Variablen und ihre Spannweiten zu spezifizieren, und danach das CROSSBREAK-Subkommando zur Spezifikation der Tabellen. Zur Erstellung der Ausgabe in Abb. II.3-2b schreibt man beispielsweise:

```
BREAKDOWN  VARIABLES  =  EDLEVEL(LO,HI) SEXRACE(1,4) JOBCAT(1,7) /
                       CROSSBREAK  =  EDLEVEL BY JOBCAT BY SEXRACE
OPTIONS 6
```

Die Option 6 unterdrückt das Ausdrucken der Summen.
Das folgende SPSS^x-Programm erstellt die Abb. II.3-2a und II.3-2b (FILE HANDLE gem. CMS-Notation):

```
FILE HANDLE BANK / Dateispezifikationen
GET FILE = BANK
COMPUTE SEXRACE = 1
IF        (MINORITY EQ 1 AND SEX EQ 0) SEXRACE = 2
IF        (MINORITY EQ 0 AND SEX EQ 1) SEXRACE = 3
IF        (MINORITY EQ 1 AND SEX EQ 1) SEXRACE = 4
BREAKDOWN       TABLES = EDLEVEL BY SEX BY MINORITY
VALUE LABELS    SEXRACE 1 'WHITE MALES' 2 'MINORITY MALES'
                3 'WHITE FEMALES' 4 'MINORITY FEMALES' /
BREAKDOWN VARIABLES = EDLEVEL(LO,HI) SEXRACE(1,4) JOBCAT(1,7) /
                CROSSBREAK = EDLEVEL BY JOBCAT BY SEXRACE
OPTIONS      5,6,7
```

Das COMPUTE-Kommando und die drei IF-Kommandos erstellen eine Vier-Kategorien-Variable, die die in der Datei bereits bestehenden Variablen SEX und RACE zusammenfaßt. Zudem setzt das COMPUTE-Kommando die neue Variable SEXRACE auf 1, was zur Kategorie der weißen Männer wird. Die IF-Kommandos setzen den Wert auf 2 für farbige Männer, auf 3 für weiße Frauen und auf 4 für farbige Frauen.
Das erste BREAKDOWN-Kommando faßt Bildung für Rasse innerhalb einer jeden Geschlechtskategorie zusammen (vgl. Abb. II.3-2a).
Ein Bündel VALUE LABELS wird der neuen Variablen SEXRACE für das zweite BREAKDOWN-Kommando zugewiesen. Diese Etiketten sind so formatiert, daß sie in der Kopfzeile der Tabellen nicht gespalten werden.
Das zweite BREAKDOWN-Kommando verwendet den Ganzzahlenmodus und fordert das Kreuztabellen-Format an (vgl. Abb. II.3-3b). Zu beachten ist, daß die Schlüsselwörter LO und HI die minimalen und maximalen Werte für die Variable SALBEG bedeuten.
Die Optionen 5, 6 und 7 unterdrücken entsprechend das Ausdrucken von Häufigkeiten, Summen und Standardabweichungen in den Zellen.
Neben acht Optionen zur Steuerung der Ausgabe stellt BREAKDOWN noch zwei Statistiken zur Verfügung:

STATISTIC 1 Varianzanalyse. Druckt eine Standard-Varianzanalyse-Tabelle und berechnet ETA und ETA-Quadrat.
STATISTIC 2 Linearitätstest. Berechnet Quadratsummen, Freiheitsgrade und mittlere Quadrate in bezug auf lineare und nichtlineare Komponenten sowie den F-Wert, Pearsons r und r-Quadrat. Die Statistik 1 muß angefordert werden, um Statistik 2 zu bekommen. Statistik 2 wird ignoriert, wenn die Kontrollvariable eine kurze Zeichenkette ist.

Anm.: Zum Durchrechnen der Beispiele wurden der General social survey file und der Bank file des SPSS^x-Verteilerbandes verwendet.

III Schließende Statistik

1 Grundlagen der Inferenzstatistik

JOACHIM WERNER

Würden Sie Einmalregenmäntel, Gemüse in Dosen oder Investment-Beratungen per Bildschirmtext bestellen? Diese und weitere 17 Produkt- und Dienstleistungsangebote waren in einem Fragebogen aufgeführt, der 100 Ehepaaren zur Beantwortung vorgelegt wurde (DAVIS/RAGSDALE 1983). Die Befragten hatten für jedes der 20 Angebote auf einer Skala von 1 (definitiv kaufen) bis 7 (definitiv nicht kaufen) anzugeben, wie wahrscheinlich es ist, daß sie es kaufen würden. Von den 100 Ehepaaren erhielt die eine Hälfte den Fragebogen mit und die andere Hälfte ohne bildhafte Darstellungen der Offerten. Mit dieser Befragung sollte geklärt werden, ob die Kaufbereitschaft durch visuelle Illustrationen beeinflußbar ist und ob Männer und Frauen unterschiedlich reagieren.

1.1 Grundlagen des Hypothesentestens

Der linke Teil der Tabelle III.1-1 enthält einige deskriptive Statistiken: Als Score der Kaufbereitschaft wird die Summe aller Skalenwerte beider Ehepartner verwendet. Niedrige Werte weisen auf Kaufbereitschaft hin und hohe Werte auf das Gegenteil. Der mittlere Score der 1. Gruppe (ohne visuelle Illustration) beträgt 168 und der der 2. Gruppe (mit visueller Illustration) 159. In der 2. Gruppe wurde der Fragebogen von 2 Ehepaaren unzureichend ausgefüllt, so daß sie von der weiteren Analyse ausgenommen wurden. In der 1. Gruppe ist die Standardabweichung geringer als in der 2. Gruppe.

Tabelle III.1-1: Deskriptive Statistiken und t-Test

```
- - - - - - - - - - - - - - - - - - - - - - - - - T - T E S T - - - - - - - - - - - - - - - - - - - - - - - - - - - - -
  GROUP 1 - VISUAL   EQ    0.
  GROUP 2 - VISUAL   EQ    1.
                                                          *              POOLED VARIANCE ESTIMATE  *  SEPARATE VARIANCE ESTIMATE
  VARIABLE         NUMBER              STANDARD   STANDARD  *   F    2-TAIL  *   T    DEGREES OF  2-TAIL  *   T    DEGREES OF  2-TAIL
                   OF CASES     MEAN   DEVIATION  ERROR    * VALUE  PROB.   * VALUE   FREEDOM     PROB.   * VALUE   FREEDOM     PROB.
  FAMSCORE  FAMILY BUYING SCORE
      GROUP 1       50      168.0000   21.787     3.081    *                *                             *
                                                           *  1.60   0.106  *  1.78    96         0.078   *  1.77    89.43      0.080
      GROUP 2       48      159.0833   27.564     3.979    *                *                             *
```

Falls aus dieser Verbrauchererhebung nur Schlußfolgerungen bezüglich der befragten 98 Ehepaare gezogen werden sollten, ist klar, daß die Ehepaare der Gruppe mit den bildlichen Illustrationen (im Durchschnitt) eine größere Kaufbereitschaft (geringeren Mittelwert) haben als die der anderen Gruppe. Solche in ihrem Gültigkeitsbereich eingeschränkten Aussagen sind aber unbefriedigend. Von ungleich größerem Nutzen wäre es, Aussagen über alle Ehepaare – oder wenigstens eine größere Menge von Ehepaaren – treffen zu können und nicht nur für die der tatsächlich befragten Stichprobe. Aussagen über eine definierbare, größere Menge von Ehepaaren werden dann als Hypothesen formuliert und ihre Auftretenswahrscheinlichkeiten an einer Stichprobe (von z.B. 98 Ehepaaren wie in der vorliegenden Untersuchung) auf der Basis von *Hypothesentests* überprüft.

1.2 Stichproben und Populationen

Die Gesamtheit aller Fälle, für die eine Aussage gelten soll, heißt *Population*; die Menge der in einer Erhebung befragten/beobachteten Fälle heißt *Stichprobe*. Die 98 Ehepaare der vorliegenden Erhebung sind also eine Stichprobe aus der Population aller Ehepaare (einer Nation).
Mit Hilfe der Inferenzstatistik ist es möglich, Aussagen über Populationen auf der Basis von Stichproben zu machen. Voraussetzung dafür ist, daß die Stichproben ein «Miniaturabbild» der Population, d.h. daß sie für die Population repräsentativ sind. Es gibt verschiedene Methoden zur Gewinnung *repräsentativer Stichproben*. Würden in einer Stichprobe z.B. verstärkt wohlhabende Vorstadtehepaare vertreten sein, ist diese Stichprobe keine gute Repräsentation der Population Ehepaare (einer Nation). Eine *Zufallsstichprobe*, in der jedes Ehepaar der Population die gleiche Chance hat, in die Stichprobe aufgenommen zu werden, kann solche Repräsentationsfehler vermeiden.
Für die Beschreibung von Populationen werden in der Regel eine Reihe deskriptiver Größen, wie z.B. Mittelwerte, Streuungen usw. herangezogen. Da es unökonomisch ist, solche Größen für eine gesamte Population zu erheben, werden sie an Stichproben ermittelt und als *Schätzungen* für die Populationswerte verwendet. Die Populationswerte heißen *Parameter*, die Stichprobenwerte heißen *Statistiken* oder *Kennwerte*. Parameter werden mit griechischen und Statistiken mit lateinischen Buchstaben bezeichnet, so daß sich als Notation für Mittelwert und Streuung μ bzw. $\overline{X}$ und σ bzw. s ergibt.

1.3 Verteilungen von Stichprobenkennwerten

Die Beobachtungen einer Erhebung stellen (bestenfalls) eine der vielen möglichen Zufallsstichproben dar, die aus einer Population gezogen werden können. Wiederholte Stichprobenziehungen führen in der Regel zu unterschiedlichen Kennwerten und damit zu unterschiedlichen Schätzungen der Populationsparameter.
In der Tabelle III.1-2 ist eine Häufigkeitsverteilung von 400 Mittelwerten aufgezeichnet. Jeder Mittelwert basiert auf einer Stichprobe von 25 Beobachtungen aus einer Population, die $N(0,1)$-verteilt ist, d.h. die Meßwerte der Population sind normalverteilt und haben einen Mittelwert von 0 und eine Standardabweichung von 1. Wie aus dem Histogramm ersichtlich ist, liegen sehr viele Stichprobenmittelwerte in der Nähe des Populationsmittelwertes 0 und wenige fern vom Populationsmittelwert. Der Mittelwert der 400 Mittelwerte beträgt .01 und deren Standardabweichung .205. Die Verteilung der Mittelwerte ist *approximativ* normal. Diese Approximation ließe sich dadurch verbessern, daß nicht nur 400, sondern z.B. 1000 Zufallsstichproben (mit jeweils 25 Beobachtungen) gezogen würden, usw. Mit steigender Anzahl der Stichproben (gleichen Umfanges) ist

folglich zu Recht für die Verteilung der Stichprobenmittelwerte eine Annäherung an die theoretische Verteilung zu erwarten, d.h. die Verteilung der Mittelwerte nimmt im Falle der Normalverteilung der Rohwerte der Population immer mehr die Gestalt einer Normalverteilung an.

Tabelle III.1-2: Mittelwerte von 400 Stichproben der Größe 25 aus einer normalverteilten Population

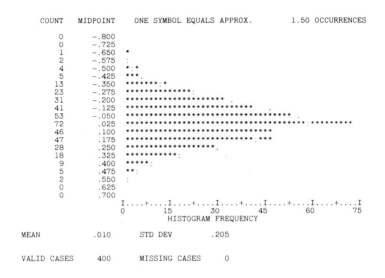

Die Verteilung der verschiedenen Stichprobenwerte einer Statistik heißt *Stichprobenverteilung der Statistik* oder *Stichprobenkennwerteverteilung* (englisch: sampling distribution) und ist zu unterscheiden von der *Stichprobenverteilung der Rohwerte* oder *Stichprobenrohwerteverteilung* (englisch: sample distribution). Die Standardabweichung einer Stichprobenverteilung einer Statistik wird *Standardfehler* genannt und der Mittelwert der Kennwerteverteilung wird häufig mit dem *Erwartungswert der Statistik* gleichgesetzt, was immer dann möglich ist, wenn die theoretische Kennwerteverteilung bekannt ist.

Das Testen von Hypothesen basiert nun auf solchen (theoretischen) Stichprobenkennwerteverteilung, denn aus ihnen ist ablesbar, wie wahrscheinlich ein bestimmtes Stichprobenergebnis unter der Annahme bestimmter Populationsparameter ist. Gemäß der Tabelle III.1-2 ist es z.B. relativ unwahrscheinlich, aus einer N(0,1)-verteilten Population einen Stichprobenmittelwert von 0.5, berechnet aufgrund auf 25 Beobachtungen, zu erhalten.

1.4 Stichprobenverteilung des Mittelwertes

Die Stichprobenverteilung der Mittelwerte (oder auch Singular ... des Mittelwertes) ist von zentraler Bedeutung, da sich wissenschaftliche Hypothesen häufig auf Mittelwertsunterschiede beziehen.

Wie bereits dargelegt wurde, ist die Verteilung von (unendlich vielen) Mittelwerten von Stichproben, die aus normalverteilten Populationen gezogen werden, ebenfalls (*exakt*) normal. Die Stichprobenverteilung der Mittelwerte ist aber auch dann *asymptotisch normalverteilt*, wenn die Population nicht normalverteilt ist, sofern die einzelne Stichprobe hinreichend groß ist (= *zentraler Grenzwertsatz*). Die Stichprobenverteilung der Mittelwerte, gezogen aus nichtnormalen Populationen, ist also nie *exakt* normalverteilt, – da der Stichprobenumfang in der Praxis nicht unendlich groß sein kann – aber die Approximation an die Normalverteilung ist für die Belange des Hypothesentestens auch bei kleinerem Stichprobenumfang hinreichend, wie das nachfolgende Beispiel zu belegen vermag.

Die Tabelle III.1-3a zeigt eine Stichprobenverteilung von Rohwerten, die aus einer gleichverteilten Population stammen. In einer Gleichverteilung kommen alle Ausprägungen einer Variablen gleich häufig vor.

Tabelle III.1-3a: (Stichproben-) Werte aus einer gleichverteilten Population

```
         COUNT    MIDPOINT    ONE SYMBOL EQUALS APPROX.         1.00 OCCURRENCES
           48       .05       ************************************************
           41       .15       *****************************************
           40       .25       ****************************************
           41       .35       *****************************************
           42       .45       ******************************************
           36       .55       ************************************
           42       .65       ******************************************
           34       .75       **********************************
           35       .85       ***********************************
           39       .95       ***************************************
                              I....+....I....+....I....+....I....+....I....+....I
                              0        10        20        30        40        50
                                             HISTOGRAM FREQUENCY

       MEAN          .482    STD DEV       .294

       VALID CASES   400     MISSING CASES   0
```

In der Tabelle III.1-3b sind wiederum die Stichprobenmittelwerte von 400 Stichproben des Umfanges 25 aus einer solchen Gleichverteilung aufgeführt. Wie darin deutlich wird sind die Mittelwerte annähernd normalverteilt, obwohl die Populationsverteilung nicht normal ist.

Der Mittelwert der theoretischen Stichprobenverteilung des Mittelwertes ist gleich μ, d.h. er ist mit dem Populationsmittelwert identisch. Die Standardabweichung der Stichprobenmittelwerte, kurz der Standardfehler des Mittelwertes, läßt sich aus der Standardabweichung der Population σ und der Größe der Stichprobe N berechnen:

$$\sigma_{\bar{x}} = \frac{\sigma}{\sqrt{N}}$$

Dieser Standardfehler wird in der FREQUENCIES- und T-TEST-Prozedur berechnet und ist auch in Tabelle III.1-1 aufgeführt. Für die Gruppe 1 lautet er, wobei für die Populationsstreuung σ die beste verfügbare Schätzung, nämlich die Stichprobenstreuung s, eingesetzt wurde:

$$\frac{21.787}{\sqrt{50}} = 3.081$$

Tabelle III.1-3b: Mittelwerte von 400 Stichproben der Größe 25 aus einer gleichverteilten Population

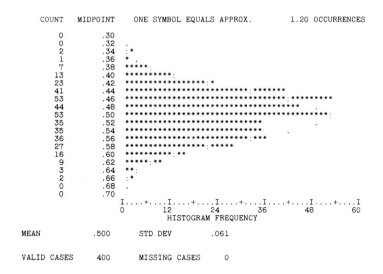

Wie aus der Formel deutlich wird ist im Falle einer geringen Populationsstreuung und/oder großem N ein kleiner Standardfehler zu erwarten; entsprechend resultiert ein großer Standardfehler, wenn die Populationsstreuung groß und/oder N klein ist, d.h. Stichprobenmittelwerte homogener Rohwerte streuen geringer als die heterogener und/oder größere Stichproben schätzen die Parameter genauer als kleine.

1.5 Der t-Test für unabhängige Stichproben

Die Frage, ob sich in dem Beispiel der Verbraucherbefragung die beiden Gruppen in ihrer Kaufneigung statistisch unterscheiden, kann inzwischen präzisiert werden: Ist die in der Stichprobe ermittelte numerische Differenz $\overline{X}_1 - \overline{X}_2$ als zufällig oder als systematisch zu betrachten? Dazu ist es erforderlich, den Standardfehler einer Mittelwertsdifferenz, d.h. die Standardabweichung aller Mittelwertsdifferenzen je zweier Stichproben zu kennen, denn die Statistik

$$z = \frac{\overline{X}_1 - \overline{X}_2 - E(\overline{X}_1 - \overline{X}_2)}{\sigma_{\text{diff}}}$$

ist normalverteilt, da $\overline{X}_1 - \overline{X}_2$ als Linearkombination normalverteilter Mittelwerte ebenfalls normalverteilt ist und $E(\overline{X}_1 - \overline{X}_2)$ sowie σ_{diff} nonstochastische, d.h. konstante Größen sind. Unter der (Null-)Hypothese, daß die Stichprobenmittelwerte aus derselben Population stammen, wird $E(\overline{X}_1 - \overline{X}_2) = 0$. Da σ_{diff} in der Regel nicht bekannt ist, muß σ_{diff} geschätzt werden, so daß der obige Quotient im Zähler *und* Nenner Zufallsvariablen enthält. Eine solche Größe ist nicht mehr z- (vgl. oben), sondern *t-verteilt*:

$$t = \frac{\overline{X}_1 - \overline{X}_2 - E(\overline{X}_1 - \overline{X}_2)}{s_{diff}} \qquad df = N_1 + N_2 - 2$$

Die Verteilungsfunktion von t bezeichnet eine Familie von Verteilungen, die sich durch die *Freiheitsgrade* df, d.h. durch die Anzahl der in die Varianzschätzung eingehenden unabhängigen Rohwerte unterscheiden.

Sofern die Mittelwerte aus 2 voneinander unabhängigen Stichproben stammen, ist der Standardfehler einer solchen Mittelwertsdifferenz σ_{diff} aus den beiden Populationsvarianzen bestimmbar, denn die Varianz einer (ungewichteten) Linearkombination zweier voneinander unabhängiger Zufallsvariablen ($\overline{X}_1 - \overline{X}_2$) ist gleich der (ungewichteten) Summe der einzelnen Varianzen von $\overline{X}_1$ und $\overline{X}_2$ (vgl. HAYS, S. 315).

$$\sigma^2_{diff} = \sigma^2_{\overline{X}_1} + \sigma^2_{\overline{X}_2} = \frac{\sigma^2_1}{N_1} + \frac{\sigma^2_2}{N_2}$$

Entsprechendes gilt auch für die *Schätzung* von σ_{diff}, wenn nämlich σ_{X_1} und σ_{X_2} durch s_{X_1} und s_{X_2} geschätzt werden müssen.

Allerdings entsteht im Falle kleiner Stichprobenumfänge das Problem, daß der t-Test homogene Stichprobenvarianzen erfordert. Die t-Statistik ist nämlich nur dann t-verteilt, wenn Zähler und Nenner χ^2-verteilt sind. Die Varianz s^2_{diff} folgt aber nur dann einer einfachen χ^2-Variablen, wenn die beiden Populationsvarianzen der Rohwerte gleich groß sind (vgl. HAYS, S. 452ff.), so daß die t-Statistik

$$t = \frac{\overline{X}_1 - \overline{X}_2}{\sqrt{\frac{s^2_p}{N_1} + \frac{s^2_p}{N_2}}}$$

lauten kann. Darin ist s^2_p die gemeinsame Varianz beider Stichproben (englisch: pooled variance):

$$s^2_p = \frac{(N_1 - 1)s^2_1 + (N_2 - 1)s^2_2}{N_1 + N_2 - 2}$$

Dieser t-Test heißt im Englischen «*pooled variance t-Test*».

Für die Daten der Verbraucherbefragung lautet der (pooled variance) t-Test (vgl. Tabelle III.1-1):

$$s^2_p = \frac{49 * 21.787^2 + 47 * 27.564^2}{50 + 48 - 2} = 614.2539$$

$$t = \frac{168 - 159.0833}{\sqrt{\frac{614.2539}{50} + \frac{614.2539}{48}}} = \frac{8.9167}{5.0082} = 1.78$$

Die Anzahl der Freiheitsgrade für den Vergleich zweier Gruppenmittelwerte ist dem Nenner der gemeinsamen Varianzformel zu entnehmen. Sie beträgt in dem Beispiel der Verbrauchsbefragung df = 96. Anhand der Stichprobenverteilung der t-Werte ist nun die Wahrscheinlichkeit für einen solchen (und extremeren) t-Wert von 1.78 bei df = 96 zu ermitteln. Diese Wahrscheinlichkeit heißt berechnete oder *exakte* Wahrscheinlichkeit einer Teststatistik. Wenn sie klein genug ist, d.h. kleiner als .05 oder 0.1, wird die Hypothese der identischen Stichprobenmittelwerte verworfen. Die exakte Wahrscheinlichkeit für den obigen t-Wert beträgt p(t > 1.78) = .078, d.h., da p größer als .05 ist, wird die Hypothese der identischen Stichprobenmittelwerte beibehalten.

Wenn die Voraussetzung der Homogenität der beiden Populationsvarianzen als nicht gegeben gelten muß, sind die resultierenden t-Werte nicht mehr exakt t-verteilt. BEHRENS und FISHER geben für diese t-Statistik eine Verteilung an, die nach ihnen benannt die Behrens-Fisher-Verteilung heißt. Es gibt eine Reihe verschiedener Lösungen des *Behrens-Fisher-Problems* (t-Test mit heterogenen Varianzen), u.a. Approximationen, die wiederum auf die t-Verteilung zurückgreifen, indem sie vorschlagen, den t-Wert wie üblich zu berechnen und z.B. die Freiheitsgrade wie folgt zu korrigieren (SATTERTHWAITE 1946, zit. in WINER 1971, S. 42):

$$df = \frac{1}{\frac{c^2}{N_1 - 1} + \frac{(1 - c)^2}{N_2 - 1}}$$

$$\text{worin } c = \frac{s_1^2/N_1}{s_1^2/N_1 + s_2^2/N_2}$$

Dieser t-Test heißt im Englischen *«separate variance t-test»*. Er lautet für die Daten der Verbraucherbefragung (vgl. Tabelle III.3-1):

$$t = \frac{168 - 159.0833}{\sqrt{\frac{21.787^2}{50} + \frac{27.564^2}{48}}} = 1.77$$

$$df_c = \frac{1}{\frac{.3749^2}{49} + \frac{.6251^2}{47}} = 89.43 \quad c = \frac{21.787^2/50}{\frac{21.787^2}{50} + \frac{27.564^2}{48}} = .3749$$

Die fälschliche Verwendung des t-Tests für heterogene Varianzen führt zum konservativen Testen, d.h., wird dieser t-Test herangezogen, obwohl die Stichprobenvarianzen homogen sind, werden Mittelwertunterschiede im Grenzbereich eher für nicht different (als für different) gehalten.

Die Homogenität von Varianzen wird mit Hilfe des F-Tests geprüft, der die größere Varianz ins Verhältnis zur kleineren Varianz setzt. In der Tabelle III.1-1 ist dieser Wert $27.564^2/21.787^2 = 1.60$ und die dazugehörige Wahrscheinlichkeit beträgt .106, d.h. die Varianzen sind selbst bei einem α-Niveau von .10 noch als homogen zu betrachten. Allgemein gilt: Ist die Wahrscheinlichkeit für einen solchen F-Wert klein, wird die (Null-)Hypothese der homogenen Varianzen zurückgewiesen und der t-Test für heterogene Varianzen verwendet, anderenfalls der für homogene Varianzen. Es ist allerdings zu beachten, daß das α-Niveau von Tests, die die Voraussetzungen anderer statistischer Tests prüfen sollen, häufig so festgesetzt wird, daß sich die Chance der Nichthaltbarkeit der Voraussetzungen erhöht (indem z.B. α ≫ .05 gewählt wird), weil die Nichthaltbarkeit

fälschlich anzunehmen unproblematischer ist, als die Haltbarkeit zu Unrecht zu behaupten (vgl. Kap. III.1.13).
Sind die Stichproben hinreichend groß, so daß die Verteilung der t-Statistik gut mit Hilfe der Normalverteilung approximierbar ist, wird die Annahme der Gleichheit der Populationsvarianzen überflüssig, d.h. s_{diff} kann dann auch auf der Basis unterschiedlicher Varianzen berechnet werden. Von dieser Möglichkeit wird in der Praxis unzureichend Gebrauch gemacht, d.h. sind heterogene Varianzen zu erwarten, sollten die Stichprobenumfänge so gewählt werden, daß s_{diff} nach der obigen Formel für σ_{diff} berechnet werden kann.

1.6 α- und β-Fehler

Inhaltliche Hypothesen werden in der Regel in *statistische* Hypothesen umgesetzt, indem für den zur Beschreibung der wissenschaftlichen Behauptung herangezogenen Kennwert 2 komplementäre Hypothesen, nämlich die *Null-* und die *Alternativhypothese* formuliert werden. Dies soll am Beispiel der Untersuchung zur Kaufbereitschaft demonstriert werden: Die wissenschaftliche Hypothese «bildliche Illustrationen verändern die Kaufbereitschaft» wird zunächst in die statistische Hypothese übersetzt «bildliche Illustrationen verändern im Mittel die Kaufbereitschaft». Desweiteren lauten dann die Null- bzw. H_0-Hypothese «die Mittelwerte (der Variablen Kaufbereitschaft) der beiden Stichproben stammen aus derselben Population» und die Alternativ- bzw. H_1-Hypothese «die Mittelwerte der beiden Stichproben stammen aus verschiedenen Populationen». Auch wenn Stichprobenkennwerte aus Stichproben derselben Population stammen, können sie per Zufall sehr different sein. Dies ist zwar selten, aber durchaus möglich. Kennwerte, deren Auftretenswahrscheinlichkeiten unter H_0 sehr gering sind, werden nun in der Regel als *statistisch bedeutsam (= signifikant)* interpretiert, d.h. es wird angenommen, daß H_1 gilt und die Stichprobenkennwerte aus Stichproben verschiedener Populationen stammen. Das Signifikanzniveau α bezeichnet die Wahrscheinlichkeit der Menge solch seltener Kennwerte. Indem die Entscheidung zu Gunsten der Alternativhypothese ausfällt, wird unter Umständen ein Fehler, nämlich der α-Fehler, gemacht, denn, wie bereits erörtert, können differente Kennwerte auch zufällig different sein. Der dem α-Fehler gegenläufige Fehler ist der β-Fehler: wenn H_0 beibehalten wird, ist es möglich, daß die Kennwerte aus Stichproben verschiedener Populationen stammen und nur zufällig ähnlich ausfallen. Übliche α-Wahrscheinlichkeiten sind .05, .01 oder .001. Für den β-Fehler sind keine bestimmten Wahrscheinlichkeiten festgelegt worden, da er nur bestimmbar ist, wenn die Alternativhypothese exakt spezifiziert werden kann, was selten der Fall ist. Auch in dem Beispiel der Verbraucherbefragung ist nicht angegeben, wie unterschiedlich die beiden Mittelwerte sein sollen. Die Wahl der Höhe des α- (bzw. β-) Fehlers hängt von den (zu erwartenden) Konsequenzen der Entscheidungen für H_0 bzw. H_1 ab.

1.7 Einseitige und zweiseitige Tests

Gerichtete Alternativhypothesen werden mit *einseitigen* und ungerichtete mit *zweiseitigen* Tests geprüft. In dem Beispiel der Verbrauchererhebung lautete die Frage, ob bildliche Illustrationen die Kaufneigung beeinflussen, d. h. ob die Kaufneigung kleiner oder größer wird. Die Frage ist somit zweiseitig. Zur Einhaltung eines bestimmten Signifikanzniveaus ist die Wahrscheinlichkeit im Falle zweiseitiger Fragestellungen gleichmäßig auf beide Enden der Verteilung aufzuteilen, d. h. z. B. für das Signifikanzniveau von .05, daß die oberen und unteren 2,5% der Verteilung zum Rejektionsbereich zählen. Eine einseitige Alternativhypothese könnte in bezug auf die Verbraucherbefragung z. B. lauten: bildliche Illustrationen erhöhen die Kaufneigung.

1.8 Die Mittelwertedifferenz der Verbraucherbefragung

Die Illustration der Waren hat zu keiner Steigerung der Kaufbereitschaft geführt, im Gegenteil, einige Waren wurden durch die Illustration eher unattraktiv, vielleicht dadurch bedingt, daß sie nicht sehr vorteilhaft waren. In der Verbraucherbefragung ist also die Nullhypothese beizubehalten, daß die beiden Fragebogentypen keine unterschiedliche Kaufbereitschaft provozieren.

1.9 Testung einzelner Fragebogenitems

Mit dem t-Test ist (natürlich) auch ein *einzelnes* Item auf Gruppenunterschiede statistisch prüfbar. Zur Testung von Einzelitems auf Gruppenunterschiede läßt sich im Prinzip auch der χ^2-Test heranziehen, wie er z. B. in der Prozedur CROSSTABS programmiert ist. Dieser χ^2-Test basiert auf weniger restriktiven Voraussetzungen als der t-Test, allerdings unter Preisgabe von Informationen, denn die Antwortskala wird (in der Regel) auf 2 Kategorien reduziert. Auch wenn die Kategorienzahl beibehalten würde, ist der χ^2-Test gegenüber dem t-Test weniger effizient. In jedem Fall ist bei mehrfacher Anwendung derselben Tests, d. h. bei *multipler Testung,* die Veränderung des Signifikanzniveaus zu beachten (vgl. WERNER 1989).

1.10 Unabhängige und abhängige Stichproben

In der bisherigen Darstellung wurde davon ausgegangen, daß die Elemente der beiden Stichproben voneinander unabhängig sind. Häufig ist es aber aufgrund der Fragestellung erforderlich, zwei Stichproben zu vergleichen, deren Elemente sich paarweise einander zuordnen lassen, da die Meßwerte der beiden Gruppen voneinander abhängig sind.

Abhängigkeiten dieser Art können bereits vorgegeben sein, wie z. B. bei Zwillingen, Ehepaaren, soziologischen Kleingruppen, oder aus Gründen der Versuchsplanung generiert werden, wenn die Elemente der Population (und damit auch die der Stichprobe) sehr heterogen sind, d.h. wenn sie sehr stark variieren. Als Homogenisierungsmaßnahmen bieten sich entweder an, die Messungen für die beiden Bedingungen an derselben Stichprobe vorzunehmen oder aber die Elemente der Stichprobe bezüglich bestimmter Variablen (wie z.B. Einkommen, Ausbildung, Familienstatus usw.) – sofern sie mit dem zu untersuchenden Merkmal in Beziehung stehen – zu *parallelisieren*, indem homogene Paare gebildet und die Paarlinge den beiden Gruppen zugeordnet werden.

1.11 Der t-Test für abhängige Stichproben

Die statistischen Probleme, die durch die Abhängigkeit der Stichproben auftreten, lassen sich dadurch umgehen, daß der t-Test für Differenzen definiert wird:

$$t = \frac{\bar{D}}{s_{\bar{D}}} \qquad df = N - 1$$

worin $\bar{D}$ die mittlere Differenz aller Meßwertpaare, $s_{\bar{D}}$ die Streuung solcher mittleren Differenzen und N gleich der Anzahl der Meßwertpaare, d.h. df = N-1 ist. Die Streuung der Verteilung der mittleren Differenzen $s_{\bar{D}}$ ist – analog der Streuung der Differenzen von Mittelwerten – aus der Streuung der Differenzen s_D berechenbar:

$$s_{\bar{D}} = \frac{s_D}{\sqrt{N}}$$

worin

$$s_D = \frac{\sum D_i^2 - \frac{(\sum D_i)^2}{N}}{N - 1}$$

Je höher die Meßwertpaare der beiden Stichproben korreliert sind, desto kleiner wird s_D, d.h. der t-Test für abhängige Stichproben ist bei mittlerer und hoher Stichprobeninterkorrelation effizienter als der t-Test für unabhängige Stichproben. Im Falle von niedriger (bzw. von Null-)Korrelation zwischen den Meßwerten der beiden Stichproben ist die Effizienzrelation umgekehrt, da die Standardfehler im Falle der Nullkorrelation gleich sind und die Anzahl der Freiheitsgrade des t-Tests für abhängige nur halb so groß wie die des t-Tests für unabhängige Stichproben ist.

Um die Hypothese zu testen, daß sich die Frauen und die Männer in der Verbraucherbefragung bezüglich ihrer Kaufambitionen nicht unterscheiden, ist ein t-Test für abhängige Stichproben zu rechnen, da Ehepartner nicht unabhängig voneinander sind. Die Aufteilung der Ehepartner in zwei Gruppen bedeutet bezüglich einiger Variablen, wie z.B. soziökonomischer Status, Alter usw., eine (gewisse) Parallelisierung, die dazu führt, daß

die ggf. auftretenden Geschlechtsunterschiede von den Einflüssen dieser Variablen (weitgehendst) frei sind.
Tabelle III.1-4 enthält den Ausdruck des t-Tests für abhängige Stichproben.

Tabelle III.1-4: Kaufbereitschaftsscores getrennt für Ehefrauen und Ehemänner

```
- - - - - - - - - - - - - - - - - - - - - - - - - - T - T E S T - - - - - - - - - - - - - - - - - - - - - - - - - - - -

VARIABLE     NUMBER                STANDARD   STANDARD  *(DIFFERENCE) STANDARD   STANDARD  *   2-TAIL   *    T    * DEGREES OF  2-TAIL
            OF CASES    MEAN      DEVIATION    ERROR    *    MEAN    DEVIATION    ERROR    * CORR. PROB. *  VALUE *   FREEDOM   PROB.
-------------------------------------------------------------------------------------------------------------------------------------
HSSCALE   HUSBANDS BUYING SCORE
                       82.0918     14.352     1.450    *                                   *             *        *
              98                                       *   0.5510     17.095     1.727    * 0.367 0.000 *  0.32  *     97      0.750
                       81.5408     15.942     1.610    *                                   *             *        *
WSSCALE   WIVES BUYING SCORE
```

Der t-Wert beträgt .32 und ist nicht signifikant (α-Fehler = .75). Die Korrelation ist wie zu erwarten positiv und führt folglich zu einer Reduktion des Standardfehlers auf 1.727 gegenüber 2.167. Letzterer Wert berechnet sich unter Zugrundelegung der Unabhängigkeit der beiden Stichproben.

1.12 Stufen des Hypothesentestens

Ziel des Hypothesentestens ist es, Entscheidungen über Populationsparameter aufgrund von Stichprobenkennwerten treffen zu können. Für die meisten dieser Tests ergibt sich ein identisches Vorgehen, das wie folgt charakterisiert werden kann:
– Formulierung von Null- und Alternativhypothese
– Auswahl einer Statistik zur Erfassung dieser Hypothesen
– Berechnung dieser Statistik für die vorliegende(n) Stichprobe(n)
– Bestimmung der Wahrscheinlichkeit für den errechneten sowie aller extremeren Werte dieser Statistik (unter der Voraussetzung der Richtigkeit der Nullhypothese)
– wenn diese Wahrscheinlichkeit klein genug ist, Entscheidung für H_1, andernfalls ist H_0 beizubehalten.

1.13 Annahmen

In der Ableitung statistischer Tests werden in der Regel eine Reihe von Annahmen gemacht. Strenggenommen dürfen statistische Tests folglich nur dann angewendet werden, wenn ihre Voraussetzungen als gegeben gelten können. Es ist aber (vorwiegend aus Monte Carlo-Simulationen) bekannt, daß statistische Tests gewisse Verletzungen zulassen. Die Konsequenzen der Verletzungen von Annahmen sind aber für die verschiedenen Tests nicht gleich, so daß auf Seiten des Anwenders sehr differenzierte Abwägungen erforderlich werden.
Der t-Test z.B. basiert auf der Annahme der *Normalverteilung der Meßwerte* und der *Homogenität der Populationsvarianzen*:

Die Annahme der Normalverteilung der Meßwerte in der Population ist dabei weniger bedeutsam als die der Homogenität der Varianzen. Solange der Stichprobenumfang im mittleren Bereich und die Abweichung von der Normalverteilung nicht zu stark ist, sind faktisches und nominelles (d.h. vorgegebenes) α-Niveau vergleichbar. Dies gilt für zweiseitige eher als für einseitige Tests. Außerdem sind Abweichungen von der Normalverteilung durch eine Erhöhung der Stichprobengröße(n) kompensierbar.

Die Heterogenität der Varianzen führt insbesondere bei ungleichen Stichprobenumfängen zu falschen Entscheidungen.

Als Richtlinien für die Praxis ist somit zu beachten (vgl. HAVLICEK/PETERSEN 1974), daß die Annahme der Homogenität der Varianzen erheblich kritischer ist als die der Normalverteilung der Rohwerte, denn

1. ist der t-Test gegenüber heterogenen Varianzen nur dann robust, wenn die Rohwerte normalverteilt sind *und* die Stichproben gleich groß sind;

2. ist in allen anderen Fällen beim Vorliegen heterogener Varianzen (mit gleichen Zellhäufigkeiten und nonnormalen Rohwerteverteilungen oder mit ungleichen Zellhäufigkeiten und normalen oder nonnormalen Rohwerteverteilungen) der t-Test nicht robust;

3. sind die Verteilungsformen der Rohwerte erst dann von Bedeutung, wenn die Verteilungen maximal different werden, indem die eine Verteilung links- und die andere rechtsschief ist: In diesem Fall ist der t-Test auch dann nicht robust, wenn die Varianzen homogen und die Stichproben gleich groß sind.

Für die Überprüfung der Voraussetzungen statistischer Tests stehen wiederum statistische Tests zur Verfügung. Dabei ist problematisch, daß letztere Tests in der Regel dann versagen, wenn sie am dringlichsten gebraucht werden. So ist die Überprüfung der Normalverteilung (z.B. mit Hilfe des χ^2-Tests zur Güte der Anpassung von Verteilungsfunktionen) insbesondere in kleinen Stichproben erforderlich, in denen aber jeder Prüftest nur eine geringe Effizienz hat. Für größere Stichproben ist die Überprüfung der Normalverteilung insofern weniger bedeutsam, als gemäß des zentralen Grenzwertsatzes Stichprobenmittelwerte sowieso asymptotisch normalverteilt sind.

Die Überprüfung der Homogenität der Varianzen mit Hilfe des F-Tests setzt Normalverteilung der Daten voraus. Dieser F-Test ist gegenüber Nonnormalität weniger robust als der t-Test, so daß sich die Situation ergibt, daß zur Überprüfung der 2. Voraussetzung des t-Tests die Voraussetzung der Normalverteilung bedeutender ist als für den t-Test selbst.

Da bei der Testung der Voraussetzungen außerdem ein β-Fehler zu vermeiden ist (sich für das Gegebensein der Voraussetzungen zu entscheiden, wenn dies falsch ist), wird das α-Niveau häufig entsprechend groß gewählt (z.B. $\alpha = .10$), wodurch der t-Test dann aber «zu» häufig an der Nichterfüllbarkeit der Voraussetzungen scheitert.

Aus der Problematik des Testens der Voraussetzungen ist keinesfalls zu folgern, daß sich Tests dieser Art erübrigen. Im Gegenteil, es ist empfehlenswert, zweistufig vorzugehen, indem zunächst einmal bereits bei der Versuchsplanung die Chancen der Erfüllbarkeit der Voraussetzungen abzuschätzen und bei Zweifeln an der Erfüllbarkeit Kompensationen (wie z.B. gleiche Stichprobengröße und/oder größeres N, usw.) zu suchen sind. Die Effizienz der ggf. durchzuführenden vorbeugenden Maßnahmen zur Wahrung der Voraussetzungen ist desweiteren dann nach Erhebung der Daten mit Hilfe der Voraussetzungstests überprüfbar.

In SPSS^X stehen einige Tests zur Abklärung der Voraussetzungen zur Verfügung. So wird z.B. in der Prozedur T-TEST der F-Test zur Abschätzung der Homogenität der Varianzen berechnet und in der FREQUENCIES-Prozedur können Maße der *Schiefe* und *Kurtosis* (Wölbung) angefordert werden.

1.14 Die Prozedur T-TEST

Mit der Prozedur T-TEST können Mittelwertsunterschiede zwischen unabhängigen oder abhängigen Stichproben auf Signifikanz getestet werden.
Im Falle *unabhängiger Stichproben* (Aufruf GROUPS) werden sowohl «gepoolte» als auch separate Varianzschätzungen berechnet.
Für die Steuerung des t-Tests in dem Beispiel der Kaufbereitschaft ist zur Ausgabe der Tabelle III.1-1 folgende Anweisung erforderlich:

```
T-TEST GROUPS = VISUAL / VARIABLES = FAMSCORE
```

Die Anweisung T-TEST dient dem Aufruf der Prozedur T-TEST. Die Anweisung GROUPS benennt die Variable, die die Gruppenzugehörigkeit kodiert. Wenn diese Variable nur die Werte 1 und 2 enthält, brauchen die Werte nicht angegeben zu werden, andernfalls stehen 2 Alternativen zur Verfügung:
1)... GROUPS = INCOM (1,3)...
In diesem Beispiel, in dem als Faktor eine Variable mit dem Namen Einkommen verwendet wird, werden nur die Fälle berücksichtigt, die in der Variablen INCOME die Werte 1 und 3 haben.
2)... GROUPS = INCOME (4)...
Alle Fälle mit der Kennung 4 und größer in der Variablen INCOME werden zu einer Gruppe zusammengefaßt, die verbleibenden Fälle bilden die 2. Gruppe.
Außerdem ist über die RECODE-Anweisung eine Rekodierung der Gruppenbezeichnungen möglich.

```
RECODE INCOME (1 THRU 7 = 1) (8 THRU 15 = 2)
T-TEST GROUPS = INCOME / VARIABLES = FAMSCORE
```

Für die Berechnung des t-Tests für *abhängige Stichproben* (Aufruf PAIRS) ist es erforderlich, daß die beiden Messungen als 2 Variablen (desselben Meßobjekts) deklariert sind, wie z.B. in der Anweisung:

```
T-TEST PAIRS = WCLOTHES, MCLOTHES
```

Es sind mit einer T-TEST-Anweisung jeweils einmal die Prozedur für den t-Test für unabhängige und einmal die Prozedur für den t-Test für abhängige Stichproben aufrufbar, wenn GROUPS vor PAIRS auftritt, d.h. z.B.

```
T-TEST GROUPS = VISUAL / VARIABLES = FAMSCORE /
       PAIRS = WCLOTHES, MCLOTHES
```

Weiterhin ist es möglich, pro Klassifikation (d.h. pro unabhängiger Variablen) für mehrere Meßvariablen (wiederholte) t-Tests zu berechnen, wie in folgenden Beispielen:
... GROUPS = VISUAL / VARIABLES = FAMSCORE, NTC, NPT ...
... PAIRS   = WCLOTHES, MCLOTHES / MA, MB, MC ...

Es werden also in der Subprozedur GROUPS für die 3 abhängigen Variablen FAMSCORE, NTC und NPT jeweils ein t-Test für unabhängige Stichproben gerechnet. In der Subprozedur PAIRS für abhängige t-Tests werden WCLOTHES mit MCLOTHES und außerdem alle Zweierkombinationen der weiteren 3 Variablen (MA, MB, MC) gebildet, d.h. jede Variable wird in einem Mittelwertsvergleich jeder anderen Variablen gegenübergestellt. Wenn bezüglich der Variablen MA, MB, MC nur der Vergleich der 1. mit der 2. und der 1. mit der 3. gewünscht wird, heißt die Anweisung:
... PAIRS = ... / MA WITH MB, MC ...

Wiederholte t-Tests sind aber multiple Testungen, die mit jeder Wiederholung des t-Tests progressiver testen, so daß wenigstens eine Korrektur des α-Niveaus gemäß der α_r-Formel vorzunehmen ist (vgl. Kap. III.2.1.5). Dabei ist aber zu bedenken, daß der t-Test weder zur Erfassung von multivariaten Mittelwertsunterschieden noch zur Abschätzung von Mittelwertsdifferenzen abhängiger Meßwerte in mehr als 2 Gruppen konstruiert wurde und daß es sehr viel geeignetere Testverfahren zur Beantwortung solcher Fragestellungen gibt, wie z.B. den multivariaten t-Test und die Varianzanalysen für Meßwiederholungen.

Weitere Subkommandos sind:
OPTIONS zahl /
1: fehlende Werte werden verarbeitet
2: fehlende Werte werden listenweise ausgeschlossen
3: Variablenbenennungen werden unterdrückt
4: Ausdruck wird auf 80 Spalten begrenzt
5: Spezialpaarung für WITH

1.15 Kommentiertes Beispiel

```
TITLE    CONSUMER SURVEY
DATA LIST / VISUAL 1 FAMSCORE 3-5 HSSCALE 7-9 WSSCALE 11-13
LIST
BEGIN DATA
   ...data records...
END DATA
VARIABLE LABELS
         VISUAL      'QUESTIONAIRE TYPE'
         FAMSCORE    'FAMILY BUYING SCORE'
         HSSCALE     'HUSBANDS BUYING SCORE'
         WSSCALE     'WIVES BUYING SCORE'
T-TEST   GROUPS =    VISUAL (0,1) / VARIABLES = FAMSCORE /
         PAIRS  =    HSSCALE WSSCALE
FINISH
```

Durch diese Steuerkarten wird folgendes veranlaßt:
- Der Titel CONSUMER SURVEY erscheint auf jeder Ausdrucksseite.
- DATA LIST definiert die Variablen und deren Spaltenlokationen.
- LIST veranlaßt (zwecks Kontrolle) die Ausgabe der Daten.
- BEGIN DATA und END DATA dienen der Dateneingabe, sofern die Daten im Rahmen von SPSS^X-Jobs eingegeben werden sollen und nicht auf einem File gesondert zur Verfügung stehen.
- VARIABLE LABELS benennt die Variablen.
- T-TEST ist oben erklärt.

2 Die Varianzanalyse

JOACHIM WERNER

2.1 Einfaktorielle Varianzanalyse

In «Ethnic Drinking Subcultures» untersuchte GREELEY (1981) mit Hilfe eines Fragebogens den Alkoholkonsum von 5 ethnischen Populationen in 4 amerikanischen Großstädten. Die Stichprobe erfaßte 1107 Familien irischer, italienischer, jüdischer, schwedischer oder englischer Herkunft.

2.1.1 Deskriptive Statistiken und Konfidenzintervalle

Die Tabelle III.2-1 enthält für die Männer einige deskriptive Statistiken der Variablen Alkoholkonsum in pints (1 pint = 0,47 l) pro Jahr. Wie die Mittelwerte zeigen, trinken Iren und Italiener im Durchschnitt am meisten und Juden am wenigsten.

Tabelle III.2-1: Alkoholkonsum (in pints pro Jahr) für Männer

GROUP	COUNT	MEAN	STANDARD DEVIATION	STANDARD ERROR	MINIMUM	MAXIMUM	95 PCT CONF INT FOR MEAN		
IRISH	119	24.2500	25.5620	2.3433	0.0	145.0	19.6097	TO	28.8903
ITALIAN	84	24.3120	24.1880	2.6391	0.0	128.0	19.0629	TO	29.5611
JEWISH	41	9.2500	21.6250	3.3773	0.0	87.0	2.4243	TO	16.0757
SWEDISH	74	16.5630	26.7500	3.1096	0.0	112.0	10.3655	TO	22.7605
ENGLISH	90	21.8750	21.5630	2.2729	0.0	117.0	17.3587	TO	26.3913
TOTAL	408	20.8373	24.6519	1.2204	0.0	145.0	18.4381	TO	23.2365

Die Stichprobenmittelwerte stellen zwar die beste Schätzung der Populationsmittelwerte dar, aber es ist keinesfalls zu erwarten, daß sie diese genau treffen. Häufig treten in Stichproben kleinere Abweichungen vom Populationswert auf, größere Abweichungen sind hingegen entsprechend seltener. Ausgehend von dem Stichprobenmittelwert lassen sich Bereiche von Werten abgrenzen, *Konfidenzintervalle* genannt, in denen mit einer bestimmten Wahrscheinlichkeit der Populationsmittelwert liegt. So liegt z.B. der Populationswert für die Volksgruppe der Iren mit einer Wahrscheinlichkeit von .95 in dem Bereich von 19.61 bis 28.89 pints (= 95%-Konfidenzintervall), d.h. bei wiederholter Stichprobenziehung aus derselben Population ist der (unbekannte) Populationswert in 95% der jeweils für die einzelnen Stichproben berechneten Konfidenzintervalle enthalten. Zu beachten ist, daß sich die Konfidenzwahrscheinlichkeit immer nur auf den gesamten Bereich bezieht und keine Aussage über einen z.B. «wahrscheinlichsten» Punkt in dem Intervall möglich ist.

2.1.2 Varianzanalyse

Die Mittelwerte der 5 *Stufen* (= Gruppen) in der Tabelle III.2-1 sind numerisch zwar different, es erhebt sich aber die Frage, ob diese Unterschiede im üblichen statistischen Inferenzmodell als systematisch oder als zufällig zu betrachten sind. Ein statistisches Verfahren zur Testung der Hypothese der Gleichheit mehrerer Populationsmittelwerte ist die *Varianzanalyse* (= ANOVA), die hier nur für das Modell mit *festen Effekten* (englisch: fixed effect model) definiert wird. Die z.B. 5 Stufen des Faktors «Völker» der Erhebung zum Alkoholkonsum sind in einem Modell mit festen Effekten die einzigen Stufen, die interessieren und über die etwas ausgesagt werden soll. In einem Modell mit *zufälligen Effekten* (englisch: random effect model) hingegen wären die 5 Stufen als Zufallsstichproben aus der Population der Völker aufzufassen (und müßten natürlich auch gemäß der üblichen Regeln zur Gewinnung von Zufallsstichproben gezogen worden sein!), so daß die geschätzte Variation des Faktors «Völker» entsprechend verallgemeinert werden könnte.

Die korrekte Anwendung der Varianzanalyse ist an gewisse Voraussetzungen geknüpft, die ausführlich im Kapitel III.2.1.8 dargestellt werden.

2.1.3 Quadratsummenzerlegung

In der einfaktoriellen Varianzanalyse wird die beobachtete Variation, d.h. die Quadratsumme der Meßwerte, in 2 Komponenten zerlegt, in die Variation bzw. Quadratsumme der N_i Meßwerte innerhalb einer Gruppe und in die Variation zwischen den k Mittelwerten der Gruppen. Unterschiede zwischen den Mittelwerten der Gruppen werden nämlich umso eher als systematisch eingeschätzt, je kleiner die Innerhalbvariation ist.

Die Innerhalbquadratsumme berechnet sich aus:

$$SSW = \sum_{i=1}^{k} \sum_{j=1}^{N_i} (x_{ij} - \bar{x}_i)^2 \quad \text{für } i = 1, \ldots, k; \quad j = 1, \ldots, N_i$$

Sofern pro Gruppe die Varianzen s^2 bereits vorliegen, ergibt sich alternativ:

$$SSW = \sum_i (N_i - 1) s_i^2$$

In Anwendung auf Tabelle III.2-1 berechnet sich:

$$= 118 * (25.562^2 + 83 * 24.188^2 + 40 * 21.625^2$$
$$+ 73 * 26.75^2 + 89 * 21.563^2$$
$$\hat{=} 237986.20$$

Die Zwischenquadratsumme ergibt sich aus:

$$SSB = \sum_{i=1}^{k} N_i (\bar{x}_i - \bar{x})^2$$

$$= 119 * (24.25 - 20.8373)^2 + 84 * (24.312 - 20.8373)^2$$
$$+ 41 * (9.25 - 20.8373)^2 + 74 * (16.563 - 20.8373)^2$$
$$+ 90 * (21.875 - 20.8373)^2$$
$$\hat{=} 9353.89$$

Diese Quadratsummen sind Bestandteil der üblichen ANOVA-Tabellen, wie Tabelle III.2-2 zeigt. Die Quadratsummen SSB und SSW sind dieser Tabelle entnommen (und haben geringere Rundungsfehler als die oben vorgerechneten Quadratsummen):

Tabelle III.2-2: Varianzanalyse-Tabelle

```
- - - - - - - - - - - - - - - - - - - - - - - O N E W A Y - - - - - - - - - - - - - - - - - -
       VARIABLE  AMOUNT      AMOUNT OF ALCOHOL CONSUMED IN PINTS
    BY VARIABLE  ETHNIC      ETHNIC BACKGROUND
                                        ANALYSIS OF VARIANCE
                   SOURCE         D.F.    SUM OF SQUARES    MEAN SQUARES     F RATIO    F PROB.
            BETWEEN GROUPS          4         9353.8877       2338.4717        3.960     0.0036
             WITHIN GROUPS        403       237986.2031        590.5364
                    TOTAL        407       247340.0625
```

Die Freiheitsgrade für die Zwischen- und Innerhalbvariation betragen k-1 und N-k, wobei $N = \Sigma N_i$ ist, so daß die Division der Quadratsummen durch die entsprechenden Freiheitsgrade die mittleren Quadratsummen bzw. Varianzen liefert.

2.1.4 Hypothesentest

Zur Überprüfung der (Null-)Hypothese, die 5 Volksgruppen konsumierten im Durchschnitt die gleiche Menge Alkohol, d.h. zur Testung, ob

$$\mu_{Ire} = \mu_{Italiener} = \mu_{Jude} = \mu_{Schwede} = \mu_{Engländer}$$

ist die *F-Statistik* heranzuziehen:

$$F = \frac{MS_{zwischen}}{MS_{innerhalb}} = \frac{2338.47}{590.54} = 3.96$$

Die Wahrscheinlichkeit dieses F-Wertes ist nun entweder über die F-Verteilung zu berechnen oder anhand von F-Tabellen abzuschätzen, indem der kritische F-Wert ($= F_{Tab}$) für ein festgelegtes α-Niveau und den entsprechenden Freiheitsgraden mit dem ermittelten F verglichen wird. Ist $F > F_{Tab}$ wird H_0 abgelehnt, andernfalls beibehalten. In dem ONE-WAY-Programm wird die (exakte) Wahrscheinlichkeit für F berechnet; sie beträgt für 4 und 403 Freiheitsgrade .0036, d.h. die Nullhypothese ist auf dem .01-Niveau zu verwerfen, daß in allen 5 ethnischen Populationen gleichviel Alkohol getrunken wird.

2.1.5 Multiple Vergleiche

Ist in der Varianzanalyse ein Effekt signifikant, so heißt das nur, daß sich die Gruppenmittelwerte unterscheiden. Besteht ein Faktor aus mehr als 2 Stufen, bleibt zu klären, auf welche Gruppe(n) die Mittelwertsunterschiede zurückzuführen sind. Zur Testung solcher Gruppenunterschiede stehen eine Reihe von Verfahren zur Verfügung, die *multiple Vergleiche* (bzw. manchmal auch paradoxerweise Einzelvergleiche) genannt werden.
Mehrfache Vergleiche mit dem üblichen t-Test zu rechnen, erhöhen das α-Risiko (vgl. Kap. III.1.9 und III.1.14) und sind deshalb zu vermeiden. In dem Beispiel des Trinkverhaltens der 5 verschiedenen Volksgruppen gibt es 10 Zweigruppenvergleiche und die

Wahrscheinlichkeit, daß mindestens einer der Tests unter H_0 bei nominellem $\alpha = .05$ signifikant ist, beträgt – sofern die Tests voneinander unabhängig sind – .40.

Häufig werden *a priori-Vergleiche* von der Adjustierung des α-Risikos zu Unrecht ausgenommen. Die in den a priori-Vergleichen geforderte theoriebezogene Festlegung der Vergleiche vor der Auswertung der Daten reduziert zwar in der Regel die Gesamtmenge der Vergleiche, kann aber nicht darüber hinwegtäuschen, daß mehrfache Testungen vorgenommen werden. Multiple Testungen führen in Abhängigkeit von der Anzahl der Tests und dem nominellen α-Niveau zu Erhöhungen des α-Risikos, und dies gilt gleichermaßen für a priori- wie a posteriori-Vergleiche.

Die Wahrscheinlichkeit, daß in r voneinander unabhängigen Tests mindestens einmal H_0 fälschlicherweise verworfen wird, beträgt

$$\alpha_r = 1 - (1 - \alpha)^r$$

Die multiplen Vergleiche tragen dieser Veränderung des α-Risikos in sehr unterschiedlichem Ausmaß Rechnung. Dabei ist zu unterscheiden, ob das α-Risiko pro *einzelnem* Vergleich (als α_C), pro *Experiment für die vollständige Nullhypothese* (als α_E) oder pro *Experiment für vollständige und partielle Nullhypothesen* (als α_{VP}) definiert wird (vgl. WERNER 1989). Wenn nur α_C kontrolliert wird, entspricht die Fehlerrate eines einzelnen Vergleichs α. Dann berechnet sich die Fehlerrate pro Experiment nach der Formel für α_r. Soll die α_E-Rate hingegen α betragen, ist α_C entsprechend zu reduzieren. Da häufig Theorien auch partielle Nullhypothesen enthalten, wird die Definition von α_{VP} erforderlich. Während sich die vollständige Nullhypothese auf alle Mittelwerte des Versuchsplans bezieht, werden in der partiellen Nullhypothese Untergruppen dieser Mittelwerte betrachtet. Eine Festsetzung des α_{VP}-Risikos auf ein bestimmtes α-Niveau bedeutet folglich, daß das α-Risiko sowohl für die Gesamthypothese als auch für Vergleiche von Untergruppen maximal α betragen darf.

2.1.6 Der Scheffé-Test

Als Demonstrationsbeispiel für multiple Vergleiche wurde der Scheffé-Test ausgewählt. Er stellt zwar einerseits den konservativsten Test dar, da er alle möglichen Vergleiche – also sowohl paarweise als auch Linearkombinationen von mehr als 2 Mittelwerten – berücksichtigt, ist aber andererseits kohärent und konsonant mit dem F-Test des entsprechenden Faktors, d.h. sofern ein Faktor signifikant ist, muß auch (mindestens) einer der Vergleiche dieses Faktors signifikant werden, u.u. Es ist aber sehr wohl möglich, daß keiner der *paarweisen* Vergleiche, sondern nur Linearkombinationen von Mittelwerten signifikant werden, wenn der entsprechende Faktor signifikant ist. In Tabelle III.2-3 wurde der Scheffé-Test auf die Daten der Fragebogenuntersuchung zum Alkoholkonsum angewendet:

Wie die untere Matrix zeigt, werden die Gruppenmittelwerte der Größe nach geordnet und statistisch differente Paare mit einem * gekennzeichnet. In dem Beispiel unterscheidet sich nur der Alkoholkonsum der Juden von dem der Iren und der Italiener. In der Prozedur ONEWAY sind mit Hilfe der Kontrastspezifikation CONTRAST auch komplexe Linearkombinationen von Mittelwerten berechenbar.

In dem Ausdruck zum Scheffé-Test werden im Falle *gleichgroßer* Stichprobenumfänge bezüglich der Mittelwertsdifferenzen homogene Untermengen dadurch gebildet, daß Stufen von jeweils sich statistisch nicht unterscheidenden Mittelwerten zu einer Untermenge

Tabelle III.2-3: Scheffé-Test für multiple Vergleiche

```
           VARIABLE  AMOUNT    AMOUNT OF ALCOHOL CONSUMED IN PINTS
           BY VARIABLE ETHNIC   ETHNIC BACKGROUND

MULTIPLE RANGE TEST

SCHEFFE PROCEDURE
RANGES FOR THE 0.050 LEVEL -

            4.38   4.38   4.38   4.38

THE RANGES ABOVE ARE TABLE RANGES.  THE VALUE ACTUALLY COMPARED WITH MEAN(J)-MEAN(I) IS..
      17.1834 * RANGE * SQRT(1/N(I) + 1/N(J))

    (*) DENOTES PAIRS OF GROUPS SIGNIFICANTLY DIFFERENT AT THE 0.050 LEVEL


                        J  S  E  I  I
                        E  W  N  R  T
                        W  E  G  I  A
                        I  D  L  S  L
                        S  I  I  H  I
                        H  S  S     A
                           H  H     N

         MEAN       GROUP

         9.2500     JEWISH
        16.5630     SWEDISH
        21.8750     ENGLISH
        24.2500     IRISH      *
        24.3120     ITALIAN    *
```

zusammengefaßt werden. Hingegen sind Mittelwerte von Stufen aus verschiedenen Untermengen statistisch different.

Wenn nur *paarweise* Vergleiche von Mittelwerten interessieren, ist der Tukey- dem Scheffé-Test wegen seiner höheren Teststärke vorzuziehen.

2.1.7 Interpretation und Erklärungen

Bei der Interpretation der Ergebnisse statistischer Tests ist mit besonderer Sorgfalt vorzugehen, um Fehlschlüsse zu vermeiden (vgl. OPP 1976, S. 124ff.).

Zur Erklärung der Ergebnisse zum Alkoholkonsum schlägt GREELEY (1981) vor, kulturelle und psychologische Faktoren heranzuziehen. Offensichtlich tragen die in der jüdischen Kultur verankerten Normen gegen Trunkenheit dazu bei, daß der Alkoholkonsum stark eingeschränkt wird. Für die Iren hingegen bietet der Genuß von Alkohol die Möglichkeit, unbeschwert zu sein und Kummer und Sorgen zu vergessen. Ebenso die Italiener, denn sie haben den Alkohol so weit in ihr Leben integriert, daß er als Lebensmittel dient.

Diese Erklärungen sind aber nur ad hoc-Erklärungen und haben den Charakter von «Arbeitshypothesen».

2.1.8 Voraussetzungen der ANOVA

Die Gültigkeit des F-Tests in der ANOVA ist an gewisse Voraussetzungen geknüpft:
1) Die Fehler müssen (innerhalb einer Stufe als auch zwischen verschiedenen Stufen) voneinander *unabhängig* sein.

2) Die Varianzen der Fehler müssen für die zugrundeliegenden Populationen gleich sein *(Homogenität der Varianzen)*.
3) Die Fehler müssen in der Population *normalverteilt* sein.
Da die Fehler selbst nicht direkt meßbar sind, können die 3 Voraussetzungen in dem varianzanalytischen Modell fester Effekte auch an den y-Werten pro Stufe überprüft werden.
Verletzungen der Voraussetzungen 1) und 3) führen insbesondere dann zu einer Verzerrung des (faktischen) α-Niveaus, wenn die Stichproben klein sind. Aber gerade in diesen Fällen sind auch die statistischen Verfahren zur Überprüfung der Voraussetzungen relativ ineffizient (vgl. Kap. III.1.13). Ein ähnliches Dilemma besteht auch für die Voraussetzung 2). Der F-Test zur Überprüfung der Homogenität der Varianzen ist sensibel gegenüber Verletzungen der Normalverteilung der Rohwerte, und zwar mehr als die ANOVA selbst, die gegenüber Nonnormalität relativ robust ist. Als Ausweg wird deshalb für die Praxis in der Regel folgendes vorgeschlagen:
Voraussetzung 1) ist a priori abzuschätzen. Bestehen die geringsten Zweifel an der Unabhängigkeit der Meßwerte, muß – da die Unabhängigkeit der Meßwerte von zentraler Bedeutung für die F-Verteilung ist – der Erhebungsmodus der Meßvariablen verändert werden, denn Abhängigkeiten werden häufig durch das Vorgehen in der Erhebung der Meßvariablen provoziert. Abhängigkeiten dieser Art sind am besten dadurch zu vermeiden, daß die Meßobjekte *randomisiert*, d.h. daß sie den verschiedenen Bedingungen (= Stufen eines Faktors) strikt zufällig zugeteilt werden.
Voraussetzung 2) ist dann von geringerer Bedeutung, wenn die Anzahl der Meßwerte pro Stufe gleich ist, da die ANOVA in diesem Falle robust gegenüber Verletzungen der Homogenität der Varianzen ist. Bei ungleichen Häufigkeiten in den Stufen führt Varianzheterogenität zu beachtlichen Verschiebungen des faktischen α-Niveaus. Zur Überprüfung der Varianzhomogenität stehen im SPSS^x 3 verschiedene Tests zur Verfügung: Der Hartley- und der Cochran-Test setzen gleiche Stichprobengrößen voraus, hingegen ist der Barlett-Test auch im Falle ungleicher N_i geeignet. In der Regel liefern die 3 Tests vergleichbare Ergebnisse, obwohl sie sich in Abhängigkeit von der von ihnen verwendeten Information in ihrer Effizienz unterscheiden:

Tabelle III.2-4: Tests auf Varianzhomogenität

```
TESTS FOR HOMOGENEITY OF VARIANCES
    COCHRANS C = MAX. VARIANCE/SUM(VARIANCES) = 0.2479, P = 0.248 (APPROX.)
    BARTLETT-BOX F =                            1.349, P = 0.249
    MAXIMUM VARIANCE / MINIMUM VARIANCE =       1.539
```

Die Stichprobenverteilung der Cochran-Statistik und die der F_{max}-Werte folgen nicht der üblichen F-Verteilung; insofern werden hier nur approximative bzw. gar keine exakten α-Werte ausgegeben.
Die Voraussetzung 3) ist eigentlich nur bei kleinen Stichprobenumfängen bedeutsam, da bei großem N Stichprobenmittelwerte sowieso normalverteilt sind. Bei extrem schmalgipfligen Verteilungen ist der F-Test konservativ und bei breitgipfligen Verteilungen dagegen progressiv. Schiefe Verteilungen beeinflussen das faktische α-Niveau offensichtlich nur geringfügig.
Wenn also bei ungleichen Zellhäufigkeiten der Homogenitätstest signifikant ist oder wenn sich bei gleichen Zellhäufigkeiten die Varianzen um ein Vielfaches unterscheiden, sind entweder varianzstabilisierende Transformationen erforderlich, oder es sind nichtparametrische Verfahren heranzuziehen.

2.1.9 Die Prozedur ONEWAY

Die Prozedur ONEWAY rechnet einfaktorielle Varianzanalysen. In dem Aufruf ONEWAY ist die abhängige und die unabhängige Variable mit dem minimalen und maximalen Kategorienwert wie in dem folgenden Beispiel anzugeben:

ONEWAY AMOUNT BY ETHNIC (1,5) /

Weitere Subkommandos sind:
- POLYNOMIAL = zahl /
berechnet für die Quadratsumme zwischen den Stufen gemäß des mit Hilfe der Zahl spezifizierten Grades Polynome bis zum maximalen Grad 5, d. h. z. B. für einen kubischen Trend lautet die Anweisung
POLYNOMIAL = 3 /
- CONTRAST = zahlenvektor /
ermittelt für den spezifizierten Kontrast einen t-Wert, z. B. vergleicht der Kontrast
CONTRAST = 1 1 0 0 -2 /
die Kombination der ersten 2 Stufen mit der letzten Stufe.
- RANGES = abkürzungen /
erlaubt die Berechnung verschiedener Vergleiche. Mit Ausnahme des Scheffé-Tests verwenden sie alle die q-Statistik, die wie folgt definiert ist:

$$q = \frac{\overline{X}_{größter} - \overline{X}_{kleinster}}{s * \sqrt{(1/n_i + 1/n_j)/2}}$$

Ihre Stichprobenverteilung ist die Range-Verteilung (englisch: studentized range distribution), die als Parameter den Range r und die Freiheitsgrade df hat. Der Range r bestimmt sich aus der Anzahl der Mittelwerte, um die die zu prüfenden Mittelwerte in der Rangreihe der Mittelwerte «auseinanderliegen», wobei der Einfachheit halber so gezählt wird, daß für der Größe nach benachbarte Mittelwerte $r = 2$ und, wenn ein Mittelwert zwischen den beiden zu prüfenden liegt, $r = 3$, usw. gesetzt wird. Für q_{krit} wird der q-Wert am Punkte α herangezogen. Für die q-Statistik und für den Scheffé-Test wird im Computer-Ausdruck eine identische Darstellung gewählt, indem für die q-Statistik

$$\overline{X}_{größter} - \overline{X}_{kleinster} = \frac{s}{\sqrt{2}} * q(\alpha; r, df_w) * [1/n_i + 1/n_j]^{1/2}$$
$$= \text{Konstante} * \text{Range} * [1/n_i + 1/n_j]^{1/2}$$

und für den Scheffé-Test

$$\overline{X}_{größter} - \overline{X}_{kleinster} = \frac{s}{\sqrt{2}} * [2 * (k - 1) * F]^{1/2} * [1/n_i + 1/n_j]^{1/2}$$
$$\text{worin } F = F(\alpha; k - 1, df_w)$$
$$= \text{Konstante} * \text{Range} * [1/n_i + 1/n_j]^{1/2}$$

geschrieben wird.

LSD (englisch: least significant difference):
Dieses Testverfahren geht auf FISHER (1935) zurück und setzt einen F-Test als Gesamttest voraus. Nur wenn dieser F-Test signifikant wird, sind Vergleiche auf der Basis von t-Tests durchzuführen. Der Gesamttest kontrolliert zwar α_E, die nachfolgenden t-Tests aber nur α_C, so daß das α-Risiko für die Gesamtheit der t-Tests kumuliert. Diese t-Tests werden aus Gründen der Vereinheitlichung mit dem q-Test gerechnet, denn für q = 2 unterscheiden sich die beiden Statistiken nur um den Faktor $\sqrt{2}$:

$$q(\alpha; r=2, df_w) = \sqrt{2} * t(\alpha, df_w)$$

SNK (englisch: Student Newman-Keuls):
Im Newman-Keuls-Test gilt, bedingt durch die Verwendung der q-Statistik, daß das Signifikanzniveau auf der r-ten Stufe α_r mit α identisch ist: Der SNK- wie auch der Duncan-Test gehören zu den Mehrstufentests (englisch: multiple stage tests), die, wie durch den Namen verdeutlicht wird, zunächst einmal die Gleichheit der Mittelwerte auf der Stufe der größten Differenz der Mittelwerte testen und nur dann die zweitgrößte, drittgrößte usw. Differenz testen, wenn die Differenz der vorangegangenen Stufe signifikant ist. Sowie die Differenz auf einer der Stufen nicht mehr signifikant ist, wird das Testen gestoppt. Somit beträgt unter der vollständigen Nullhypothese $\alpha_E = \alpha$. Hingegen wird das α-Niveau partieller Nullhypothesen (d.h. α_{VP}) nicht kontrolliert, wie folgendes Beispiel zu zeigen vermag: 10 Stufen eines Faktors stellen Stichproben aus 5 im Mittelwert differenten Populationen dar, und zwar sind je 2 Stichproben aus jeweils derselben Population gezogen worden. Beim sequentiellen Testen ist also zu erwarten, daß alle Vergleiche von Untermengen von 3 und mehr Mittelwerten voneinander different, aber 5 Zweiervergleiche im Mittelwert identisch sind. Für die Gesamtheit der Zweiervergleiche ergibt sich dann, wenn die einzelnen Vergleiche auf einem α-Niveau von .05 getestet werden, auf der Basis der α_r-Formel ein α_r von .23.

DUNCAN:
Der Duncan-Test verwendet zwar dieselbe q-Statistik, aber eine andere Definition des α_r-Niveaus als der SNK-Test. Duncans Ansatz, das α-Risiko pro unabhängigem Vergleich (bzw. pro Freiheitsgrad) zu definieren, so daß sich für $\alpha_r = 1-(1-\alpha)^{r-1}$ (für r=1,..., k) ergibt, führt zu einem Kompromiß zwischen der α_C- und der α_E-Lösung. Mit fortschreitendem r ist also in der q-Verteilung ein numerisch ansteigendes α_r zu berücksichtigen, d.h. die kritischen Duncan-Testwerte sind (auch) anhand der Stichprobenverteilung der q-Statistik zu ermitteln, wenn gemäß der Distanz r als Signifikanzniveau α_r zugrundegelegt wird.

TUKEY (oder englisch auch häufig: Tukey's honestly significant difference):
Für alle q_{krit}-Werte wird der des höchsten r Wertes eingesetzt, d.h. $q_{krit} = q(\alpha; r=k, d_{fw})$. Somit ist $\alpha_{VP} = \alpha$, d.h. auch die Fehlerrate aller partiellen Hypothesen beträgt höchstens α.

TUKEYB:
Ist bezüglich der q_{krit}-Werte ein Kompromiß zwischen SNK und TUKEY.

LSDMOD (englisch: modified LSD):
Für die Anzahl der Vergleiche wird in q_{krit} die Anzahl aller möglichen Zweiervergleiche, also r = $\binom{n}{2}$, eingesetzt.

SCHEFFE:
Der Scheffé-Test wird wie oben dargestellt berechnet. Er kontrolliert wie der Tukey-Test α auf der Basis von α_{VP} und ist sehr effektiv im Vergleich von Linearkombinationen von Mittelwerten. Wenn nur Paare von Mittelwerten getestet werden sollen, ist der Tukey-Test zu bevorzugen.
In den Vergleichen LSD, LSDMOD und SCHEFFE kann das Signifikanzniveau auf beliebige Werte wie z.B. auf .15 durch den Zusatz (.15) festgelegt werden. DUNCAN erlaubt die Wahl zwischen .01, .05 und .10. Die übrigen Vergleiche sind auf .05 festgelegt.
– OPTIONS zahl /
erlaubt einige Zusatzspezifikationen
1: fehlende Werte werden verarbeitet
2: fehlende Werte werden listenweise ausgeschlossen
3: Variablenbenennungen werden unterdrückt
4: Ausgabe auf File in Matrizenform
6: es werden nur die ersten 8 Zeichen der VALUE LABELS berücksichtigt
7: Eingabe in Matrizenform vom File
8: Eingabe in Matrizenform vom File (erweiterte Form)
– STATISTICS zahl /
1: Ausgabe von Anzahl der Fälle, Mittelwerte, Standardabweichungen, Standardfehler, 95%-Konfidenzintervallen für jede Gruppe
2: Ausgabe wie unter «1» für «feste» und «Zufallseffekte»
3: Ausgabe des Tests für Varianzhomogenität
ALL: liefert alle Statistik-Ausgaben

2.1.10 Kommentiertes Beispiel

```
TITLE DRINKING STUDY
DATA LIST / ETHNIC 1 AMOUNT 2-6 (2)
LIST
BEGIN DATA
   ...data records...
END DATA
VARIABLE LABELS
         AMOUNT   'AMOUNT OF ALCOHOL CONSUMED IN PINTS'
         ETHNIC   'ETHNIC BACKGROUND'
VALUE LABELS
         ETHNIC   1 'IRISH' 2 'ITALIAN' 3 'JEWISH'
                  4 'SWEDISH' 5 'ENGLISH'
ONEWAY AMOUNT BY ETHNIC (1,5) /
         RANGES = SCHEFFE
OPTIONS 6
STATISTICS 1,3
FINISH
```

Durch diese Steuerkarten wird folgendes veranlaßt:
- Der Titel DRINKING STUDY erscheint auf jeder Ausdruckseite.
- DATA LIST definiert die Variablen und deren Spaltenlokation. Der Zusatz (2) gibt die Anzahl der Stellen nach dem Komma an.
LIST veranlaßt (zwecks Kontrolle) die Ausgabe der Daten.
- BEGIN DATA und END DATA dienen der Dateneingabe, sofern die Daten im Rahmen von SPSS^x-Jobs eingegeben werden sollen und nicht auf einem File gesondert zur Verfügung stehen.
- VARIABLE LABELS und VALUE LABELS etikettieren die Variablen und deren Stufen. Leider werden die VALUE LABELS nicht grundsätzlich in allen SPSS^x-Prozeduren zur Kennzeichnung der Stufen im Ausdruck übernommen.
- ONEWAY, RANGES, OPTIONS und STATISTICS sind oben erklärt.

2.2 Mehrfaktorielle Varianzanalyse

Physische Attraktivität wurde meistens in Wirkung auf einen gegen- und weniger auf einen gleichgeschlechtlichen Partner untersucht. ANDERSON und NIDA (1978) forderten 144 Studentinnen und 144 Studenten auf, Aufsätze von Studienanfängern hinsichtlich Kreativität, Ideenreichtum und Stil zu beurteilen. Die 3 Kriterien wurden zu einem Leistungswert zusammengezogen. Jedem Aufsatz wurde ein Bild seines Autors beigefügt; die eine Hälfte der Aufsatzschreiber war weiblich, die andere Hälfte war männlich. Die Bilder ließen sich 3 verschiedenen Attraktivitätsstufen zuordnen.

2.2.1 Deskriptive Statistiken

Insbesondere in mehrfaktoriellen Varianzanalysen ist es zur Veranschaulichung der Effekte empfehlenswert, sich die Zeilen-, Spalten- und Zellenmittelwerte ausgeben zu lassen. Das Kommando STATISTICS 3 generiert eine solche Tabelle zusammen mit den entsprechenden Häufigkeiten (in Klammern):
Hochattraktive Autoren (Gruppe 3) erhalten (in dem Urteil der Rater) den höchsten und unattraktive Autoren (Gruppe 1) den niedrigsten Leistungswert. Wenn Autoren und Urteiler gleichen Geschlechts sind (Faktor Sex = 1), ist das Rating höher als in der Bedingung verschiedengeschlechtlich (Faktor Sex = 2). Der höchste Zellenwert tritt bei der Bedingung mittlere Attraktivität und gleichgeschlechtlich auf.

2.2.2 Varianzanalyse

Die mehrfaktorielle ist eine direkte Erweiterung der einfaktoriellen Varianzanalyse (vgl. Kap. III.2.1). Folglich sind auch dieselben Voraussetzungen zu erfüllen. Statt einer treten mehrere unabhängige Variablen auf, die üblicherweise Faktoren heißen. Zusätzlich sind aber Interaktionen zwischen den Faktoren erfaßbar, d. h. es wird als weitere Variationsquelle berücksichtigt, daß die Wirkung eines Faktors auf den Stufen des (der) anderen Faktors (Faktoren) unterschiedlich sein kann.

Tabelle III.2-5: Mittelwerte und Häufigkeiten

```
* * * * * * * * * * * *   C E L L   M E A N S  * * * * * * * * * * * * *
                SCORE
             BY ATTRACT
                SEX
* * * * * * * * * * * * * * * * * * * * * * * * * * * * * * * * * * * *
TOTAL POPULATION

       25.11
     (  288)

ATTRACT
          1          2          3

       22.98      25.78      26.59
     (   96)    (   96)    (   96)

SEX
          1          2

       25.52      24.71
     (  144)    (  144)


            SEX
             1          2
ATTRACT
       1   22.79      23.17
         (   48)    (   48)

       2   28.63      22.92
         (   48)    (   48)

       3   25.13      28.04
         (   48)    (   48)
```

Die Quadratsummenzerlegung für die obige zweifaktorielle ANOVA lautet somit:

$$SS_{total} = SS_{Attrakt.} + SS_{Geschlecht} + SS_{Interaktion} + SS_{Rest}$$

In der Tabelle III.2-6 ist die übliche varianzanalytische Zerlegung aufgeführt. Für alle Haupteffekte und Interaktionen werden die Quadratsummen, Freiheitsgrade, Varianzen, F-Tests und die dazugehörigen Wahrscheinlichkeiten ausgedruckt. Zusätzlich wird die Variation des gesamten Modells (Faktoren und Interaktionen) auf Signifikanz getestet, was insofern ein interessanter Test ist, als er α_E zu kontrollieren erlaubt (vgl. Kap. 2.1.5).

Tabelle III.2-6: Zweifaktorielle Varianzanalyse

```
* * * * * * * * *A N A L Y S I S   O F   V A R I A N C E * * * * * * * * * *
                SCORE
             BY ATTRACT
                SEX
* * * * * * * * * * * * * * * * * * * * * * * * * * * * * * * * * * * *
                               SUM OF                MEAN              SIGNIF
SOURCE OF VARIATION           SQUARES      DF       SQUARE       F     OF F

MAIN EFFECTS                  733.700       3      244.567     3.276   0.022
  ATTRACT                     686.850       2      343.425     4.600   0.011
  SEX                          46.850       1       46.850     0.628   0.429

2-WAY INTERACTIONS            942.350       2      471.175     6.311   0.002
  ATTRACT  SEX                942.350       2      471.175     6.311   0.002

EXPLAINED                    1676.050       5      335.210     4.490   0.000

RESIDUAL                    21053.140     282       74.656

TOTAL                       22729.190     287       79.196
```

2.2.3 Test auf Interaktion

Der F-Wert zur Testung des Interaktionseffektes zwischen Attraktivität und Geschlecht beträgt 6.311 mit einer exakten Wahrscheinlichkeit von .002, d.h. die Interaktion ist (auf dem .01-Verläßlichkeitsniveau) signifikant. Die Bedeutung dieser Aussage wird aus der Tabelle III.2-7a klar:

Tabelle III.2-7a: Zellenmittelwerte der ANOVA mit Interaktion

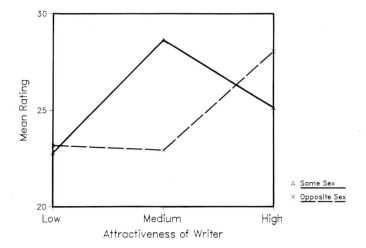

Wie die Zellenmittelwerte zeigen, wird das höchste Rating in der Bedingung gleichgeschlechtlich bei mittlerer Attraktivität und der zweitgrößte Wert in der Bedingung verschiedengeschlechtlich bei höchster Attraktivität erreicht. Zwischen Attraktivität und Geschlecht besteht also eine Interaktion. Wäre diese Interaktion gleich Null, ergäbe sich z.B. folgendes Schaubild:

Tabelle III.2-7b: Zellenmittelwerte einer ANOVA ohne Interaktion

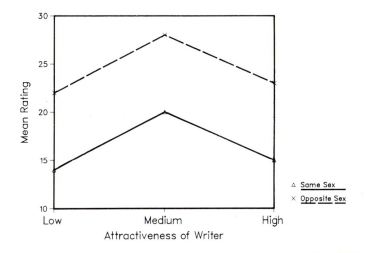

2.2.4 Interpretation von Haupteffekten in Gegenwart von Interaktionen

Signifikante Interaktionen erfordern eine bestimmte Diktion in der Interpretation der Haupteffekte. Wie in dem Beispiel deutlich wird, ist der Faktor Geschlecht nicht signifikant, was aber nicht heißt, daß das Geschlecht auf das Rating keinen Einfluß hat, da ja die Interaktion signifikant ist. Hingegen ist der *Faktor* Geschlecht unbedeutend, denn, wenn die Antworten über die Stufen des anderen Faktors gemittelt werden, zeigten sich keine Unterschiede. Durch den Zusatz *Faktor* kann dem Leser deutlich gemacht werden, daß eine bestimmte Quadratsummenzerlegung gemeint ist.

2.2.5 Interpretation

Sofern der Versuchsplan nicht theoriegeleitet erstellt wurde, ist zu berücksichtigen, daß Erklärungen nur ad hoc-Charakter haben und es folglich eine Vielzahl von gleichrangigen Erklärungsalternativen gibt. So könnte z.B. die Kombination a) und c) oder die Kombination b) und c) die Daten hinreichend erklären:
a) Da die meisten Leute sich selbst als mittelmäßig attraktiv einstufen, haben sie die höchste Identifikation mit der Bedingung mittlere Attraktion/gleichgeschlechtlich. Weiterhin wäre in der Argumentationskette anzunehmen, daß eine höhere Empathie auch höhere Ratings nach sich zieht.
b) Mittelmäßig attraktive Personen werden häufig als die besseren gleichgeschlechtlichen Freunde dargestellt und haben folglich mehr positive Eigenschaften, was wiederum auf das Rating «abfärbt».
c) Körperliche Schönheit ist für verschiedengeschlechtliche Partner wichtiger als für gleichgeschlechtliche, und entsprechend eines «Hof»-Effektes wird auch hier das Rating beeinflußt.

2.2.6 Erweiterungen: Nonorthogonale Varianzanalysen

Varianzanalysen, in denen die Häufigkeiten in den Zellen ungleich sind, heißen *unbalanciert* oder *nonorthogonal*. In nonorthogonalen Varianzanalysen gibt es (mindestens) 3 verschiedene Quadratsummenzerlegungen (vgl. WERNER 1989), die im Falle gleicher Zellhäufigkeiten alle identisch sind. Auf der Basis der Partitionierung der Effekte sind diese 3 Zerlegungen gut verständlich darstellbar, auf der Basis der zugrundeliegenden Hypothesen hingegen ergeben sich einige Interpretationsschwierigkeiten (vgl. WERNER 1989). In dieser kurzen Abhandlung wird nur der Ansatz der Partitionierung der Effekte dargestellt:
1. Klassisch experimenteller Ansatz (oder TYP II-Zerlegung):
   In dieser Zerlegung werden die Effekte in der Reihenfolge berücksichtigt, wie sie im ANOVA-Modell üblich sind, wobei jeder Effekt um alle vorangegangenen und auch gleichrangigen Effekte adjustiert wird, d.h. es wird in folgender Reihenfolge adjustiert:
   – Effekte von Kovariaten
   – Haupteffekte
   – Interaktionen 2. Ordnung
   – Interaktionen 3. Ordnung

- Interaktionen 4. Ordnung
- Interaktionen 5. Ordnung

Diese Zerlegung wird automatisch gewählt, wenn keine zusätzliche Anweisung gegeben wird (default method). Sie stellt diejenige Zerlegung dar, für die es auf der Basis der Effekte am schwierigsten ist anzugeben, was unter den einzelnen (Null-)Hypothesen eigentlich geprüft wird.

2. Regressionsansatz (oder Typ III-Zerlegung):
   Diese Zerlegung wird mit der Anweisung OPTION 9 ausgelöst. Jeder Effekt wird um alle anderen Effekte des Modells adjustiert. Es läßt sich zeigen, daß die (Null-)Hypothesen – wenngleich nicht deren Quadratsummen – von den Zellenhäufigkeiten unabhängig sind, so daß diese Zerlegung dann angemessen ist, wenn ungewichtete Hypothesen formuliert werden.
3. Hierarchischer Ansatz (oder Typ I-Zerlegung):
   Die Anweisung OPTION 10 führt zu dieser Zerlegung, in der sequentiell jeder Effekt (nur) um die vorangegangenen und nicht mehr um die gleichrangigen Effekte adjustiert wird. Die zugrundeliegenden (Null-)Hypothesen sind mit den Zellenhäufigkeiten gewichtet, was dann sinnvoll ist, wenn sich aus der Theorie gewichtete Hypothesen ableiten lassen und/oder eine Hierarchie in der Einflußnahme auf die abhängige Variable aufstellen läßt.

Zusammenfassend ergeben sich für die 3 Zerlegungen folgende Adjustierungen:

Tabelle III.2-8: Adjustierungen der 3 Quadratsummenzerlegungen

Effekt	Quadratsummenzerlegung		
	Default	OPTION 9	OPTION 10
A	B,C	alle anderen	keine
B	A,C	alle anderen	A
C	A,B	alle anderen	A,B
AB	A,B,C,AC,BC	alle anderen	A,B,C,AC,BC
AC	A,B,C,AB,BC	alle anderen	A,B,C,AB,BC
BC	A,B,C,AB,AC	alle anderen	A,B,C,AB,AC
ABC	A,B,C,AB,AC,BC	alle anderen	A,B,C,AB,AC,BC

2.2.7 Prozedur ANOVA

Die Prozedur ANOVA erfordert (mindestens) die Angabe der abhängigen und der unabhängigen Variablen einschließlich der Spezifikation der Stufenbenennungen, also z. B.

ANOVA SCORE BY ATTRACT (1,3) SEX (1,2)

Weitere wahlweise Anweisungen sind:
– WITH variables / als Zusatz in der Anweisung ANOVA veranlaßt die Berücksichtigung von Kovariaten.

– OPTIONS zahl /
erlaubt folgende Veränderungen des ANOVA-Programms:
 1: fehlende Werte werden verarbeitet
 2: Variablen- und Wertetiketten werden unterdrückt
 3: Elimination aller Interaktionen im Modell
 4: Elimination aller Interaktionen 3. und höherer Ordnung
 5: Elimination aller Interaktionen 4. und höherer Ordnung
 6: Elimination aller Interaktionen 5. und höherer Ordnung
 7: Simultanberechnung von Kovariaten und Haupteffekten
 8: Kovariatenberechnung nach den Haupteffekten
 9: Typ III-Zerlegung
 10: Typ I-Zerlegung
 11: Ausdruck wird auf 80 Spalten begrenzt
– STATISTICS zahl /
1: Multiple Klassifikationsanalyse: Zeilen-, Spalten- und Zellenmittelwerte werden als Abweichungen vom Gesamtmittel, d.h. als varianzanalytische Effekte ausgedruckt.
2: liefert im Falle von Kovariaten unstandardisierte Regressionskoeffizienten.
3: liefert Zellenmittelwerte und Zellenhäufigkeiten.

2.2.8 Kommentiertes Beispiel

Aus den Daten der Attraktivitätsuntersuchung wurden zur Demonstration der ANOVA bezüglich der Attraktivität 3 (Extrem-)Gruppen herausgenommen:

```
TITLE ANALYSIS OF VARIANCE
DATA LIST / ATTRACT   SEX   SCORE
         (F2.0, F1.0, F2.0)
RECODE ATTRACT (1 = 1) (5 = 2) (10 = 3)
LIST
BEGIN DATA
...data records...
END DATA
VARIABLE LABELS
      ATTRACT  'ATTRACTIVENESS LEVEL'
      SEX      'SEX SIMILARITY'
      SCORE    'COMPOSITE SCORE'
VALUE LABELS
      ATTRACT 1 'LOW'   2 'MEDIUM'   3 'HIGH'
      SEX     1 'SAME'  2 'OPPOSITE'
ANOVA SCORE BY ATTRACT (1,3) SEX (1,2)
STATISTICS ALL
FINISH
```

- Der Titel ANALYSIS OF VARIANCE erscheint auf jeder Ausdruckseite.
- DATA LIST definiert die Variablen. In Abweichung von den vorangegangenen Beispielen wird hier zur Spaltenlokation das Fortran F-Format verwendet.

- RECODE ATTRACT sucht diejenigen Daten mit den Attraktivitätswerten 1, 5 und 10 heraus und kodiert sie in 1, 2 und 3 um.
- LIST veranlaßt (zur Kontrolle) die Ausgabe der Daten.
- BEGIN DATA und END DATA markieren die Dateneingabe im Rahmen von SPSS^x-Kommandos.
- VARIABLE LABELS und VALUE LABELS benennt die Variablen und deren Stufen.
- ANOVA und STATISTICS sind oben erklärt.

3 Die Korrelations- und Regressionsanalyse

Dieter Hermann

3.1 Die Korrelationsanalyse

3.1.1 Definition und Eigenschaften des Korrelationskoeffizienten

Der Zusammenhang zwischen zwei intervallskalierten Variablen kann auf sehr einfache Weise und anschaulich optisch dargestellt werden – beispielsweise durch die Prozedur SCATTERGRAM. Allerdings hat diese Darstellungsform den Nachteil, daß die Stärke bzw. Enge eines Zusammenhangs nur grob aufgrund des subjektiven Eindrucks abgeschätzt werden kann. In diesem Fall ist die Anwendung einer Meßzahl mit eindeutigem Wertebereich (siehe Kapitel II.2) sinnvoll. Der Pearson'sche Korrelationskoeffizient ist ein Maß, mit dem die Stärke einer Assoziation ausgedrückt werden kann. Er wird auch als Produkt-Moment-Korrelationskoeffizient oder, wenn Verwechslungen mit anderen Maßen ausgeschlossen sind, einfach als Korrelationskoeffizient bezeichnet. Er ist durch folgende Formel definiert:

$$r = \frac{\sum_{i=1}^{N} (X_i - \bar{X})(Y_i - \bar{Y})}{(N-1) S_X S_Y}$$

X und Y sind Variablen mit den Mittelwerten $\bar{X}$ bzw. $\bar{Y}$ und den Standardabweichungen S_X bzw. S_Y. Die Anzahl der Fälle wird mit N bezeichnet. Im Zähler der Formel steht eine Summe von Produkten. Ein Summand $(X_j-\bar{X})(Y_j-\bar{Y})$ ist positiv, wenn sowohl X_j größer ist als der Mittelwert von X als auch Y_j größer ist als der Mittelwert von Y – wenn also ein relativ großer Meßwert von X und gleichzeitig ein relativ großer Meßwert von Y vorliegt. Eine entsprechende Überlegung gilt bei negativen Summanden. Die Gesamtsumme ist 0, wenn sich die positiven und negativen Summanden die Waage halten – d.h., daß zu relativ großen Werten von X sowohl relativ große als auch relativ kleine Werte von Y auftreten – und umgekehrt. In diesem Fall existiert kein (linearer) Zusammenhang zwischen den Variablen X und Y. Durch den Zähler der Formel für den Korrelationskoeffizienten wird also das gemeinsame Variieren zweier Variablen um ihre Mittelwerte zum Ausdruck gebracht. Dies wird auch als Kovarianz bezeichnet. Berücksichtigt man zusätzlich die Fallzahl, erhält man die Formel für die Kovarianz zweier Variablen:

$$S_{XY} = \frac{\sum_{i=1}^{N} (X_i - \bar{X})(Y_i - \bar{Y})}{N-1}$$

Damit lautet die Formel für den Korrelationskoeffizienten:

$$r = \frac{S_{XY}}{S_X \, S_Y}$$

Die Division der Kovarianz durch die Standardabweichungen bewirkt eine Standardisierung: die Werte der Korrelationskoeffizienten liegen dadurch im Intervall zwischen +1 und −1.

In Worten ausgedrückt mißt der Korrelationskoeffizient die Enge bzw. Stärke des linearen Zusammenhangs zwischen zwei Variablen. Die Operationen, die bei der Berechnung eines Korrelationskoeffizienten anfallen, setzen intervallskalierte Variablen voraus. Ein Korrelationskoeffizient von +1 bedeutet, daß die Variablenwerte auf einer Geraden mit positiver Steigung liegen und bei einer Korrelation von −1 hat die entsprechende Gerade eine negative Steigung.

Schaubild III.3−1: Diagramme mit Korrelationskoeffizienten von +1 und −1

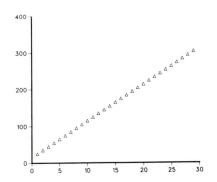
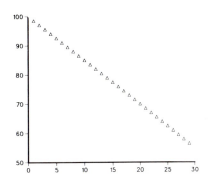

Ein Wert von null bedeutet, daß keine lineare Beziehung zwischen den Variablen vorliegt. Dies ist möglich, wenn die Meßwertepaare einer ungeordneten Punktewolke gleichen, aber auch, wenn sie durch eine Funktionsgleichung beschreibbar sind, die außerordentlich schlecht an eine Gerade angepaßt werden kann. Diese beiden Fälle sind im Schaubild III.3-2 beschrieben.

Schaubild III.3−2: Diagramme mit Korrelationskoeffizienten von null

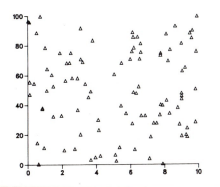
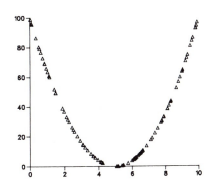

Die Eigenschaften des Korrelationskoeffizienten sind also, wie schon gesagt:
1. Jeder Korrelationskoeffizient kann nur Werte zwischen -1 und $+1$ annehmen: $|r| \leq 1$.
2. Ein Korrelationskoeffizient hat genau dann den Wert eins, wenn alle Meßwertepaare genau auf einer Geraden liegen: $|r| = 1 \leftrightarrow Y_i = aX_i + b$ mit $a \neq 0$.
3. Der Korrelationskoeffizient ist ein symmetrisches Maß, d.h., die Korrelation zwischen X und Y ist gleich der Korrelation zwischen Y und X.

Eine weitere Eigenschaft des Korrelationskoeffizienten, deren Kenntnis hilfreich sein kann, ist, daß der Korrelationskoeffizient invariant gegenüber linearen Transformationen ist (ZIEGLER 1972). Dies bedeutet: Legt man bei der Berechnung des Korrelationskoeffizienten nicht die Originalvariablen (hier: X und Y) zugrunde, sondern linear transformierte Variablen (hier: X* und Y*), erhält man den gleichen Wert. Eine lineare Transformation erhält man beispielsweise durch die Addition einer Konstanten zu der Originalvariablen und/oder durch eine Multiplikation mit einer Konstanten:

$\quad X^* = aX + b$, (a, b sind reelle Zahlen mit $a > 0$).

Formal ausgedrückt:

$$r = \frac{S_{XY}}{S_X \cdot S_Y} = \frac{S_{X^*Y^*}}{S_{X^*} \cdot S_{Y^*}}$$

In der Praxis bedeutet dies, daß bei der Korrelationsanalyse und allen statistischen Verfahren, die auf der Korrelationsstatistik basieren, lineare Transformationen der Variablen keinen Einfluß auf das Ergebnis haben; nur bei einer Multiplikation mit negativen Zahlen ist zu beachten, daß sich das Vorzeichen des Korrelationskoeffizienten ändert.

Bemerkenswert ist noch der Sonderfall, daß alle Meßwertepaare auf einer Geraden liegen, die parallel zu einer der Achsen verläuft. In diesem Fall sind alle Werte einer Variablen konstant. Die Standardabweichung dieser Variablen muß also null sein, ebenso die Kovarianz zwischen den Variablen. Würde man für diesen Fall den Korrelationskoeffizienten berechnen wollen, müßte man nach der Formel

$$r = \frac{S_{XY}}{S_X \, S_Y}$$

den Quotienten $\frac{0}{0}$ bestimmen. Die Division durch null ist aber nicht definiert und damit auch nicht erlaubt. Liegen also alle Meßwertepaare auf einer Geraden, die parallel zu einer der Achsen verläuft, ist der Korrelationskoeffizient nicht definiert. Anders ausgedrückt: Die Korrelation zwischen einer Variablen und einer Konstanten kann nicht bestimmt werden.

Die Bedeutung des Korrelationskoeffizienten in der Forschungspraxis soll an zwei Beispielen aufgezeigt werden:

Beispiel 1:
Schriftliche Befragungen sind in der Regel mit dem Problem eines möglicherweise verzerrten Rücklaufs behaftet. In einer Untersuchung von HERMANN/STRENG (1986) wird die Frage behandelt, ob die Bereitschaft, an einer schriftlichen Befragung teilzunehmen, eine relativ stabile Handlungsorientierung ist. Wäre dies der Fall, würden sich die Verweigerer von den Teilnehmern schriftlicher Befragungen zumindest in der Teilnahmebereitschaft bei weiteren Befragungen unterscheiden. Zu dieser Forschungsfrage haben die Autoren zwei verschiedene, zeitlich getrennte schriftliche Befragungen bei der gleichen

Probandenauswahl durchgeführt und dann die Teilnahme an der ersten Befragung mit der Teilnahme an der zweiten Befragung verglichen. Der Korrelationskoeffizient zwischen diesen Variablen beträgt 0,71 bei einem Stichprobenumfang von 816 Fällen. Dies bedeutet, daß sich die Teilnahmebereitschaft bei schriftlichen Befragungen zwischen diesen beiden Umfragen kaum verändert hat. Damit besteht die Vermutung, daß die Teilnahme an schriftlichen Befragungen nicht als Zufallsprozeß betrachtet werden kann.

Beispiel 2:
In einer Studie von KEPPLINGER/DONSBACH/BROSIUS und STAAB (1986) wird die Frage behandelt, welchen Bezug die Massenmedien – insbesondere Zeitungen – zur öffentlichen Meinung haben. Denkbar ist, daß die Massenmedien die öffentliche Meinung beeinflussen – aber auch, daß die Massenmedien die öffentliche Meinung widerspiegeln. Zur empirischen Prüfung haben die Autoren den Anteil positiver Bewertungen über Helmut Kohl an allen Bewertungen einer Zeitschrift innerhalb von 38 Vierteljahres-Intervallen gemessen und diese mit den Ergebnissen von 27 repräsentativen Bevölkerungsumfragen, die nach der Meinung über Helmut Kohl fragten, verglichen. Beide Variablen können auch zeitverzögert miteinander korreliert werden. Zeitverzögert heißt, man vergleicht die Bewertung in den Zeitungen zum Zeitpunkt t mit der Bevölkerungsmeinung zu einem anderen Zeitpunkt. Würden die Massenmedien die öffentliche Meinung beeinflussen, müßte die Korrelation zwischen dem Medieninhalt zu einem bestimmten Zeitpunkt t_0 und der Bevölkerungsmeinung zu einem späteren Zeitpunkt größer sein als alle anderen zeitverschobenen Korrelationen. Würde hingegen die Bevölkerungsmeinung die Medienberichterstattung beeinflussen, müßte die Korrelation zwischen dem Medieninhalt zu einem Zeitpunkt t_0 und der Bevölkerungsmeinung zu einem früheren Zeitpunkt größer sein als alle anderen Korrelationen. Die Ergebnisse dieser Untersuchung sind in der Tabelle III.3-1 wiedergegeben.

Diese Ergebnisse zeigen deutlich, daß die Tendenz in der Berichterstattung der Zeitschrift SPIEGEL der Bevölkerungsmeinung vorausgeht.

Beide Beispiele zeigen, wie die Korrelationsanalyse in der Forschungspraxis eingesetzt wird und daß diese Analysemethode durchaus zu bemerkenswerten Ergebnissen führen kann.

Tabelle III.3–1: Zeitverschobene Korrelationen zwischen der Beurteilung der Person Helmut Kohls und der Tendenz der Berichterstattung im SPIEGEL von 1975 bis 1984

Zeitverschiebung in Quartalen	Korrelations- koeffizient	Zeitliche Relation zwischen Bevölkerungsmeinung und Mediendarstellung
−3	−0,03	Bevölkerungsmeinung
−2	0,17	geht
−1	0,37	voraus
0	0,49	Zeitgleichheit
1	0,56	Bevölkerungsmeinung
2	0,57	folgt
3	0,54	nach

Quelle: Kepplinger et. al. 1986: 271

3.1.2 Korrelation und Kausalität

Der Korrelationskoeffizient ist, wie schon gesagt, als Maß für die Enge bzw. Stärke eines Zusammenhangs interpretierbar. Dieser Zusammenhang muß aber nicht kausaler Natur sein. Auch wenn ein kausaler Zusammenhang unterstellt wird, erlaubt die Interpretation eines Korrelationskoeffizienten keine Aussage über die Richtung der Kausalbeziehungen. Ein Beispiel soll dies verdeutlichen.

Nach der Anomietheorie MERTONS (1974) kann kriminelles Handeln durch die Diskrepanz zwischen Zielen und Mitteln erklärt werden. Individueller Reichtum ist eines der Ziele, das in vielen Gesellschaften vorzufinden ist. Ein legales Mittel, dieses Ziel zu erreichen, ist beispielsweise die berufliche Tätigkeit. Reichen allerdings die legalen Mittel nicht aus, die vorgegebenen Ziele zu erreichen, erhöht sich die Wahrscheinlichkeit für den Einsatz illegaler Mittel. Nach dieser Theorie müßte also eine Koinzidenz zwischen der Häufigkeit kriminellen Handelns und dem Grad des Ziel-Mittel-Konflikts auftreten.

Bezeichnet man den Grad der Diskrepanz zwischen Zielen und Mitteln durch das Symbol D und die Häufigkeit kriminellen Handelns mit K, müßte nach der Anomietheorie Mertons eine positive Korrelation zwischen diesen Variablen aufzufinden sein. Allerdings läßt ein positiver Korrelationskoeffizient zwischen diesen Variablen nicht nur die Interpretation zu, die durch die Anomietheorie angeboten wird. Denkbar ist auch, daß die Diskrepanz zwischen Zielen und Mitteln durch kriminelle Handlungen vergrößert wird, denn die Aufdeckung krimineller Handlungen führt in der Regel zu einer Reduktion der Möglichkeiten (also auch der Mittel), Reichtum zu erwerben. Damit wäre die Variable K Ursache für die Variable D. Denkbar wäre es auch, daß die beiden Variablen in einer Wechselbeziehung zueinander stehen. Eine weitere (kausale) Interpretationsmöglichkeit einer positiven Korrelation zwischen den beiden Variablen ist, eine gemeinsame Ursache anzunehmen. Ein marxistisch orientierter Kriminologe würde wohl die Klassenzugehörigkeit (U) sowohl für die Ziel-Mittel-Diskrepanz (D) als auch für kriminelles Handeln (K) verantwortlich machen. Eine Übersicht dieser Interpretationsmöglichkeiten bietet die Tabelle III.3-2.

Dieses Beispiel verdeutlicht, daß korrelative Zusammenhänge sehr verschiedene kausale Interpretationsmöglichkeiten offen lassen, so daß ohne Zusatzinformationen keine Entscheidung für ein bestimmtes Kausalmodell möglich ist – auch wenn die Korrelations-

Tabelle III.3–2: Kausale Interpretationsmöglichkeiten einer Korrelation zwischen den Variablen P und K

1.	P → K	(P ist Ursache von K)
2.	K → P	(K ist Ursache von P)
3.	P ⇄ K	(P und K beeinflussen sich wechselseitig kausal)
4.	U ↙ ↘ P K	(K und P werden von mindestens einer weiteren Variable U kausal beeinflußt: Scheinkorrelation zwischen P und K)

koeffizienten ausgesprochen hoch sind. Die Korrelation zwischen zwei Variablen ist eine notwendige, aber keine hinreichende Voraussetzung für kausale Abhängigkeiten (vergleiche dazu: BUNGE 1959, HOLM 1975b).

3.1.3 Ein Signifikanztest für Korrelationskoeffizienten

Der Korrelationskoeffizient kann als deskriptives Maß verwendet werden. Bei dieser Verwendung informiert er über die Stärke des linearen Zusammenhangs zwischen zwei Variablen – allerdings nur für die Fälle, die bei der Berechnung des Korrelationskoeffizienten berücksichtigt wurden. Häufig will man jedoch Aussagen über die unbekannte Korrelation in einer Grundgesamtheit machen – und nicht nur Aussagen über eine Stichprobe. Der Korrelationskoeffizient in der Grundgesamtheit wird durch den griechischen Buchstaben ρ gekennzeichnet, während der empirische Korrelationskoeffizient (Stichprobe) mir r bezeichnet wird. Der Schluß vom empirischen Korrelationskoeffizienten auf den Korrelationskoeffizienten der Grundgesamtheit ist mit Hilfe einer Teststatistik möglich:

$$t = r \sqrt{\frac{N-2}{1-r^2}}$$

wobei N die Anzahl der Fälle in der Stichprobe ist. Diese Teststatistik ist für $N \geq 4$ angenähert t-verteilt (vergleiche: Kreyszig 1973: 279ff.). Mit dieser Testgröße kann ein ein- oder zweiseitiger Signifikanztest durchgeführt werden. Beim zweiseitigen Test lautet die Nullhypothese

$H_0: \rho = 0$

und beim einseitigen Test wird nur geprüft, ob die Korrelation in der Grundgesamtheit größer oder gleich null ist – bzw. kleiner oder gleich null:

$H_0: \rho \geq 0$ bzw. $H_0: \rho \leq 0$

Zu beiden Testformen kann mit Hilfe der Prozedur PEARSON CORR die Irrtumswahrscheinlichkeit bestimmt werden – damit ist eine Entscheidung über die Ablehnung der Nullhypothese möglich.
Ein Beispiel soll die Anwendung des Signifikanztests für den Korrelationskoeffizienten verdeutlichen: In einer Untersuchung soll geprüft werden, ob es für die Erwachsenen in der Bundesrepublik Deutschland einen Zusammenhang zwischen dem Einkommen (X) und der politischen Selbsteinstufung (Y) auf einer Rechts-Links-Skala gibt. Die Grundgesamtheit besteht bei dieser Fragestellung aus allen Erwachsenen in der Bundesrepublik Deutschland. Die Nullhypothese lautet: Es gibt keinen Zusammenhang zwischen Einkommen und politischer Selbsteinstufung. Der Umfang der realisierten Zufallsstichprobe beträgt (bei einem Pretest) $N = 30$. Das Signifikanzniveau wird auf $\alpha = 0{,}05$ festgelegt. Der mit Hilfe der Prozedur PEARSON CORR ermittelte Korrelationskoeffizient ist 0,423 und die Irrtumswahrscheinlichkeit ist 0,02. Dies bedeutet, die Wahrscheinlichkeit, die Nullhypothese fälschlicherweise abzulehnen, obwohl sie richtig ist, beträgt 0,02 (oder 2 %). Anders ausgedrückt: Die Wahrscheinlichkeit, bei der Ziehung einer Zufallsstichprobe mit Stichprobenumfang $N = 30$ eine Stichprobe zu erhalten, in der die Korrelation zwischen den beiden Variablen dem Betrag nach größer ist als 0,423, beträgt 0,02 – vorausgesetzt, die Korrelation in der Grundgesamtheit ist null. Da die Irrtumswahr-

scheinlichkeit kleiner als das vorgegebene Signifikanzniveau ist, kann die Nullhypothese abgelehnt und die Alternativhypothese akzeptiert werden.
Bemerkenswert ist noch, daß nach der Logik der Signifikanztests etwa 5% aller berechneten Korrelationskoeffizienten signifikant von null verschieden sind, auch wenn in der Grundgesamtheit $\rho = 0$ gilt. Dies mahnt zur Vorsicht bei der Interpretation von Korrelationskoeffizienten, insbesondere dann, wenn viele Korrelationskoeffizienten auf einmal berechnet werden – und dies ist durch die bequem zu handhabende Prozedur PEARSON CORR leicht zu erreichen.

3.1.4 Voraussetzungen bei der Bestimmung von Korrelationskoeffizienten

Die Voraussetzungen zur Berechnung von Korrelationskoeffizienten sind, daß die entsprechenden Variablen intervallskaliert sind, daß der Zusammenhang zwischen diesen Variablen linear ist, daß die Varianz der Variablen von null verschieden ist und daß die Variablen fehlerfrei gemessen wurden. Diese Annahmen werden benötigt, um den Korrelationskoeffizienten als deskriptives Maß zu schätzen. Sollen hingegen Aussagen über die unbekannte Grundgesamtheit gemacht werden, also inferenzstatistische Schlüsse, müssen weitere Voraussetzungen erfüllt sein. Eine Voraussetzung wurde schon genannt: Die Stichprobe muß eine Zufallsstichprobe sein. Darüber hinaus müssen Verteilungsannahmen erfüllt sein: Die Variablen müssen in der Grundgesamtheit bivariat normalverteilt sein und die Varianzen der Y-Werte, die zu jeweils einem X-Wert gehören, müssen gleich sein (BORTZ 1985: 259f.; WITTE 1980: 166). Die letztgenannte Eigenschaft wird als Homoskedastizität bezeichnet. Ein Beispiel soll diese Eigenschaft verdeutlichen. Sind die Variablen Geschlecht und Einkommen, bedeutet «Homoskedastizität», daß die Streuung der Einkommen der Männer mit der Streuung der Einkommen der Frauen identisch ist.
Der Begriff der «bivariaten Normalverteilung» bedeutet, daß die Y-Werte, die zu einem X-Wert gehören, normalverteilt sind – und dies für alle Werte von X. Eine entsprechende graphische Veranschaulichung vermittelt das Schaubild III.3-3.

Schaubild III.3–3: Beispiel einer theoretischen bivariaten Normalverteilung

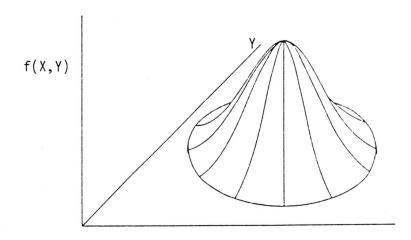

Tabelle III.3–3: Anwendungsvoraussetzungen der Korrelationsanalyse

A1) Die Variablen müssen intervallskaliert sein
A2) Die Varianz der Variablen muß von null verschieden sein
A3) Die Beziehung zwischen den Variablen muß linear sein. Anders ausgedrückt: Der Korrelationskoeffizient mißt nur die Stärke der linearen Assoziation zwischen den Variablen
A4) Die Variablen müssen fehlerfrei gemessen sein
A5) Die Stichprobe muß eine Zufallsstichprobe sein
A6) Die Variablen müssen (in der Grundgesamtheit) bivariat normalverteilt sein
A7) Die Varianzen der bedingten Verteilungen müssen identisch sein (Homoskedastizität)

Eine Zusammenfassung der Anwendungsvoraussetzungen einer Korrelationsanalyse ist in der Tabelle III.3-3 enthalten. Die Annahmen A1 bis A4 sind notwendig, wenn der Pearson'sche Korrelationskoeffizient als deskriptives Maß verwendet wird, und bei inferenzstatistischen Aussagen müssen zusätzlich die Annahmen A5 bis A7 erfüllt sein. Obwohl bei jeder Korrelationsanalyse die obengenannten Voraussetzungen geprüft werden müßten, wird dies in der Praxis der empirischen Sozialforschung selten durchgeführt – und dies, obwohl eine solche Prüfung relativ einfach ist. Die Annahmen A1 und A4 sind Meßprobleme, die auf der theoretischen Ebene lösbar sind. Die Meßvorschriften für die zu korrelierenden Variablen müssen zu fehlerfrei gemessenen Werten mit definiertem Abstand zwischen den Meßwerten führen. Die Varianz der Variablen kann beispielsweise mit der Prozedur FREQUENCIES oder CONDESCRIPTIVE bestimmt werden (Voraussetzung A2) und die Voraussetzung A3 kann mit Hilfe eines Diagramms (SCATTERGRAM) geprüft werden. Die Voraussetzung A5 ist ein Stichprobenproblem und zur Prüfung der Annahme A6 reicht aus, die Normalverteilung der Einzelvariablen festzustellen (BORTZ: 1985: 260). Dies ist auch optisch mit Hilfe eines Histogramms möglich (Prozedur FREQUENCIES). Die Prüfung der Homoskedastizität (A7) kann ebenso wie die Prüfung auf Normalität durch eine visuelle Analyse erfolgen. Die Erstellung eines Diagramms mittels der Prozedur SCATTERGRAM ermöglicht die Feststellung von Varianzungleichheit (Heteroskedastizität). Die Streuung der Y-Werte, die zu einem X-Wert gehören, muß unabhängig von der Größe dieses X-Wertes sein. In dem nachfolgenden Kapitel über die Regressionsanalyse wird ein ähnliches Verfahren zur Entdeckung von Heteroskedastizität vorgestellt, das allerdings einfacher zu interpretieren ist. Aus diesem Grund soll die hier vorgestellte Prüfmöglichkeit auf Heteroskedastizität nicht vertieft werden. Es gibt zwar auch zur Aufdeckung von Heteroskedastizität und Abweichungen von der Normalität formale Testverfahren, jedoch bringen diese Tests bis auf ihre Formalisierung keine entscheidenden Vorteile (vergl. URBAN 1982: 196). Deutlich wird aber, daß die Anwendungen der Prozeduren FREQUENCIES und SCATTERGRAM eine Überprüfung der Voraussetzungen der Korrelationsanalyse auf einfache Weise ermöglichen. Allerdings werden in der Praxis der empirischen Forschung diese Anwendungsvoraussetzungen nicht immer erfüllt sein. In diesem Fall ist es wichtig zu wissen, welche Konsequenzen die Verletzung der Anwendungsvoraussetzungen für die Ergebnisse der Korrelationsanalyse hat. Dieses umfangreiche Forschungsgebiet kann im Rahmen dieses Buches allerdings nicht dargestellt werden. Die folgenden Literaturhinweise mögen als Anhaltspunkte dienen: BOHRNSTEDT/CARTER 1971, DEVLIN/GNANADESIKAN/KETTENRING 1975, HAVLICEK/PETERSON 1977, HERMANN 1984, HERMANN/WERLE 1985, MCNEMAR 1969.

3.1.5 Die Behandlung fehlender Werte bei der Korrelationsanalyse

Es gibt eine Reihe von Ursachen, daß die Daten bei vielen empirischen Untersuchungen mit fehlenden Werten (missing values) behaftet sind: Befragte können die Antwort verweigern, Versuchstiere können während des Experiments sterben, Akten können unvollständig sein. Eine Analyse von Daten mit fehlenden Werten ist in der Regel problembehaftet. Ist der Datenausfall nicht zufällig, fehlen bei bestimmten Fallgruppen Informationen. Selbst wenn die Auswahl der Fälle nach dem Zufallsprinzip erfolgte, kann die realisierte Stichprobe bei nicht zufällig verteilten fehlenden Werten nicht mehr als Zufallsstichprobe betrachtet werden; die Verwendung von Signifikanztests ist dann in Frage gestellt. Eine «Korrektur» der statistischen Schätzungen ist durch Plausibilitätsüberlegungen möglich: In welche Richtung werden die Schätzwerte durch den vorliegenden Datenausfall verzerrt?

Ein Beispiel für solche systematischen Verzerrungen liegt vermutlich bei den sogenannten Dunkelfelduntersuchungen in der Kriminologie vor. Das Ziel solcher Untersuchungen ist es, die wahre Kriminalitätsbelastung der Bevölkerung zu ermitteln und nicht die amtlich registrierte, die unter anderem von den – z.T. sehr niedrigen – Aufklärungsquoten der Polizei abhängt. Bei diesen Dunkelfelduntersuchungen werden Personen (anonym) befragt, ob sie eine strafbare Handlung begangen haben oder ob sie das Opfer einer Straftat wurden. Trotz der Zusicherung der Anonymität ist aber zu erwarten – zumindest besteht der Verdacht –, daß bei den Tätern die Wahrscheinlichkeit einer Antwortverweigerung mit der Deliktschwere zunimmt und daß ebenso bei den Opfern die Antwortbereitschaft deliktsabhängig ist.

Es gibt relativ einfache Methoden, die Zufälligkeit der Antwortverweigerung zu überprüfen. Beispielsweise können die Fälle in zwei Gruppen aufgeteilt werden; das Unterscheidungskriterium dabei ist, ob zu einer bestimmten Variablen eine Angabe vorliegt oder nicht. Nun kann man mit Hilfe der SPSS^x-Prozeduren CROSSTABS, T-TEST, oder NPAR TESTS prüfen, ob die Verteilung anderer Variablen gruppenspezifisch verschieden ist. Weitere Prüfmethoden sind beispielsweise bei FRANE (1976) und MÖNTMANN/BOLLINGER/HERRMANN (1983) zu finden.

Ist aufgrund von Prüfmethoden oder Plausibilitätsüberlegungen die These von der zufälligen Verteilung der fehlenden Werte gerechtfertigt, gibt es drei Möglichkeiten für die Behandlung der fehlenden Werte bei der statistischen Analyse. Im ersten Fall werden Variablen bei der Analyse ausgeschlossen. Dies ist dann sinnvoll, wenn sich die fehlenden Werte auf wenige Variablen konzentrieren und dort so gehäuft auftreten, daß eine Analyse mit diesen Variablen nicht mehr sinnvoll ist. Ein solcher Fall kann eintreten, wenn beispielsweise bei einer Umfrage eine Frage unverständlich formuliert wurde.

Es besteht auch die Möglichkeit, daß sich die fehlenden Werte auf wenige Fälle konzentrieren. Dann können diese Fälle bei der Analyse ausgeschlossen werden. Diese Behandlungsform fehlender Werte wird als «fallweiser Ausschluß» bezeichnet.

Die dritte Möglichkeit ist, die Datengrundlage optimal zu nutzen. Dies ist durch den paarweisen Ausschluß fehlender Werte möglich. Das heißt, daß bei der Berechnung jedes Korrelationskoeffizienten – oder einer anderen bivariaten Statistik – grundsätzlich nur die Fälle ausgeschlossen werden, die bei einer der beiden relevanten Variablen fehlende Werte haben.

Ein Beispiel kann den Unterschied zwischen paarweisem und fallweisem Ausschluß der fehlenden Werte verdeutlichen. Die Datenmatrix habe folgendes Aussehen:

	V1	V2	V3
1	1	5	
2		8	7
3	3	1	4
4	9	4	1
5		0	
6	2	1	2
7	1		1

Die fehlenden Werte sind durch Leerzeichen symbolisiert. Die Aufgabe bestehe in der Berechnung der Korrelationskoeffizienten zwischen allen drei Variablen. Schließt man dabei die fehlenden Werte fallweise aus, werden zur Berechnung der drei Korrelationen nur die Fälle 3, 4 und 6 herangezogen. Bei einem paarweisen Ausschluß der fehlenden Werte ist die Berechnungsbasis bei den einzelnen Korrelationen verschieden. Zur Berechnung des Korrelationskoeffizienten zwischen V1 und V2 werden die Fälle 1, 3, 4 und 6 benutzt, beim Korrelationskoeffizienten zwischen V1 und V3 sind es die Fälle 3, 4, 6 und 7 und beim Korrelationskoeffizienten zwischen V2 und V3 sind es die Fälle 2, 3, 4 und 6.

Sowohl der paarweise als auch der fallweise Ausschluß fehlender Werte haben Vor- und Nachteile, die im Einzelfall gegeneinander abgewogen werden müssen. Der Vorteil des paarweisen Ausschlusses ist, daß die vorhandenen Informationen optimal für die Parameterschätzungen genutzt werden, beim fallweisen Ausschluß werden Informationen verschenkt. Ein Nachteil des paarweisen Ausschlusses kommt dann zum Tragen, wenn mehrere Korrelationskoeffizienten die Grundlage für ein weiteres statistisches Verfahren bilden – beispielsweise die Faktorenanalyse oder die multiple Regressionsanalyse – und in diesem Verfahren Signifikanzberechnungen durchgeführt werden sollen. Bei inferenzstatistischen Berechnungen ist die Fallzahl von Bedeutung, und bei einem paarweisen Ausschluß der fehlenden Werte kann die Berechnung der einzelnen Korrelationskoeffizienten auf unterschiedlichen Fallzahlen basieren. Bei einem fallweisen Ausschluß der fehlenden Werte ist die Fallzahl hingegen bei allen Korrelationskoeffizienten identisch. Die Problematik unvollständiger Datenmatrizen bei der statistischen Analyse wird u.a. von LÖSEL/WÜSTENDÖRFER 1974 und SCHNELL 1985 diskutiert.

3.1.6 Die Prozedur PEARSON CORR

Die Prozedur berechnet Produkt-Moment-Korrelationskoeffizienten und ihre Irrtumswahrscheinlichkeiten. Die Syntax dieser Anweisung lautet:

```
PEARSON CORR  variablenliste/
              variablenliste . . .
```

Die Variablenliste kann auf zwei Arten geschrieben werden. Entweder in der Teilmengenkonvention mit dem Schlüsselwort WITH oder in der Matrixkonvention ohne das Schlüsselwort. Zum Beispiel:

```
PEARSON CORR  V1, V2 WITH V3, V4
PEARSON CORR  V1 TO V4
```

Im ersten Beispiel werden die vier Korrelationen zu den Variablenpaaren berechnet, die durch die Kombination der Variablen vor dem Schlüsselwort mit den Variablen nach dem Schlüsselwort definiert sind – also die Korrelationen V1 und V3, V2 und V3, V1 und V4, V2 und V4. Im zweiten Beispiel werden alle sechs möglichen Korrelationskoeffizienten berechnet und als 4 × 4 Matrix ausgegeben. Die Prozedurausgabe umfaßt neben den Korrelationskoeffizienten auch noch die Fallzahl und die Irrtumswahrscheinlichkeit. Mit Hilfe der OPTIONS-Anweisung kann gesteuert werden, ob der Ausschluß fehlender Werte paarweise (Voreinstellung) oder fallweise erfolgen soll (OPTIONS 2) – und ob ein einseitiger oder zweiseitiger Signifikanztest durchgeführt wird. Durch die Anweisung OPTIONS 3 wird ein zweiseitiger Test durchgeführt, der einseitige Test bedarf keiner Anweisung (Voreinstellung). In der Tabelle III.3-4 ist die Ausgabe von PEARSONS CORR an einem Beispiel aufgezeigt.

Tabelle III.3–4: Die Ausgabe der Prozedur PEARSON CORR. Ein Beispiel

```
          PEARSON CORR V37 V53 V179
          OPTIONS 3
```

```
- - - - P E A R S O N    C O R R E L A T I O N    C O E F F I C I E N T S

                    V37              V53              V179

      V37         1.0000            .2683           - .1904
                 (     0)           ( 1013)          ( 1017)
                  P =               P = .000         P = .000

      V53          .2683           1.0000             .1278
                 ( 1013)           (     0)          ( 1018)
                  P = .000          P = .            P = .000

      V179       - .1904             .1278          1.0000
                 ( 1017)            ( 1018)         (     0)
                  P = .000          P = .000         P = .

(COEFFICIENT / (CASES) / 2-TAILED SIG)

"  .  " IS PRINTED IF A COEFFICIENT CANNOT BE COMPUTED
```

3.1.7 Ein Anwendungsbeispiel

In einer berufssoziologischen Analyse, der eine Befragung von Bewährungshelfern zugrunde liegt (KERNER/HERMANN/BOCKWOLDT 1984), ist die Frage von Bedeutung, ob es einen Zusammenhang zwischen dem Alter des Bewährungshelfers und dem Grad der Abweichung der tatsächlichen Berufsrolle von der idealen Berufsrolle als Sozialarbeiter gibt. Die Fragen nach dem beruflichen Selbstverständnis und dem Idealbild wurden schon in der Tabelle II.1-4 wiedergegeben. In bezug auf die Berufsrolle des Sozialarbeiters entsprechen diese Fragen den Variablen V37 und V53. Die Abweichung der tatsächlichen von der idealen Berufsrolle kann als Differenz zwischen diesen Variablen operationalisiert werden:

$$DIFF = V37 - V53.$$

Diese Abweichung kann positiv oder negativ sein. Ein positiver Wert bedeutet, daß die Einschätzung der tatsächlichen Berufsrolle als Sozialarbeiter das Idealbild übertrifft. Ein negativer Wert ist analog zu interpretieren. Das Alter ist die Variable V179. Bevor die oben gestellte Frage mit Hilfe der Korrelationsanalyse beantwortet wird, ist eine Diskussion der Anwendungsvoraussetzungen sinnvoll (vergl. Tabelle III.3-3).
Die Untersuchung war als Totalerhebung geplant, aber aufgrund der Verweigerungen bei der Befragung – die Rücklaufquote betrug ca. 60% – können die Daten auch als Stichproben angesehen werden. Bezüglich des Beschäftigungsortes war ein Vergleich zwischen Grundgesamtheit und realisierter Stichprobe möglich (KERNER/HERMANN/BOCKWOLDT 1984: 52f.). Diese Ergebnisse sprechen nicht gegen die These von einer zufällig gezogenen Stichprobe (Voraussetzung A5). Somit sind inferenzstatistische Analysen möglich und eine Festlegung des Signifikanzniveaus wird notwendig. Es soll hier – wie üblich – 0,05 betragen. Die oben beschriebenen Variablen können als intervallskaliert angesehen werden (A1), aber sie sind sicher nicht fehlerfrei gemessen (A4). Die Altersvariable ist in Klassen aufgeteilt: den Codewert 1 erhalten die von 1912 – 1916 Geborenen, den Codewert 2 erhalten die von 1917 – 1921 Geborenen, usw. Durch die Klassifizierung werden zwangsläufig Rundungsfehler gemacht. Diese haben die Eigenschaft zufälliger Meßfehler. Auch bei der Messung der Berufsrollen sind zufällige Meßfehler wahrscheinlich. Die Voraussetzung A4 zur Korrelationsanalyse ist verletzt. Allerdings ist es möglich, die Wirkungen dieser Verletzung abzuschätzen: Durch zufällige Meßfehler werden die Korrelationskoeffizienten dem Betrag nach unterschätzt (BOHRNSTEDT/CARTER 1971: 134; HERMANN/WERLE 1985: 751).
Die weiteren Voraussetzungen können durch SPSS^X-Prozeduren geprüft werden. Mit Hilfe der Prozedur FREQUENCIES kann die Varianz der zu analysierenden Variablen bestimmt werden (A2) und die Verteilungen können zur optischen Prüfung der Normalität als Histogramme ausgedruckt werden (A6). Die entsprechenden Anweisungen und die Ausgabe ist in der Tabelle III.3-5 wiedergegeben. Die Ergebnisse zeigen, daß die Varianzen beider Variablen deutlich von null verschieden sind. Die empirischen Verteilungen zeigen zumindest eine Ähnlichkeit mit der Normalverteilung, so daß beide Voraussetzungen näherungsweise als erfüllt angesehen werden können. Hinzu kommt eine gewisse Robustheit der t-Werte bei Verstößen gegen die Normalverteilung (URBAN 1982: 159). Eine optische Prüfung auf Linearität (A3) und Homoskedastizität ist, wie schon gesagt, durch die Prozedur SCATTERGRAM möglich. Die entsprechenden Anweisungen und die Ausgabe ist in der Tabelle II.3-6 beschrieben. Die Wertepaare in dem Diagramm zeigen weder einen Hinweis auf eine vorhandene nichtlineare Beziehung noch

Tabelle III.3–5: Die Prüfung von Anwendungsvoraussetzungen der Korrelationsanalyse an einem Beispiel

```
                   SET WIDTH=80
           COMPUTE DIFF=V37-V53
           FREQUENCIES VARIABLES=DIFF V179
             /FORMAT=NOTABLE NEWPAGE
             /HISTOGRAM
             /STATISTICS=VARIANCE
```

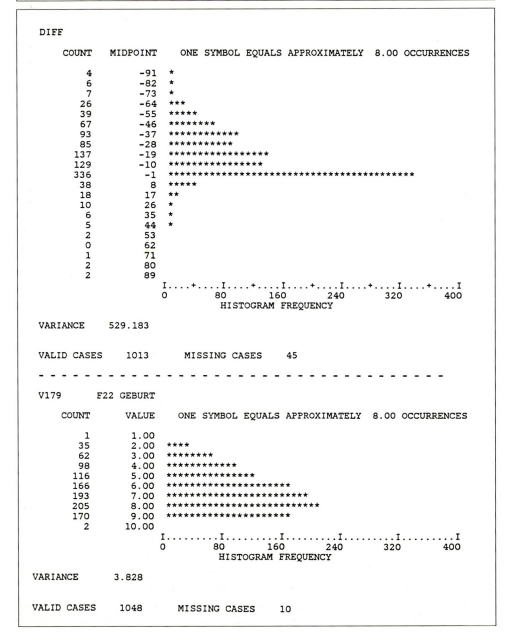

Tabelle III.3–6: Die Prüfung von Anwendungsvoraussetzungen der Korrelationsanalyse an einem Beispiel

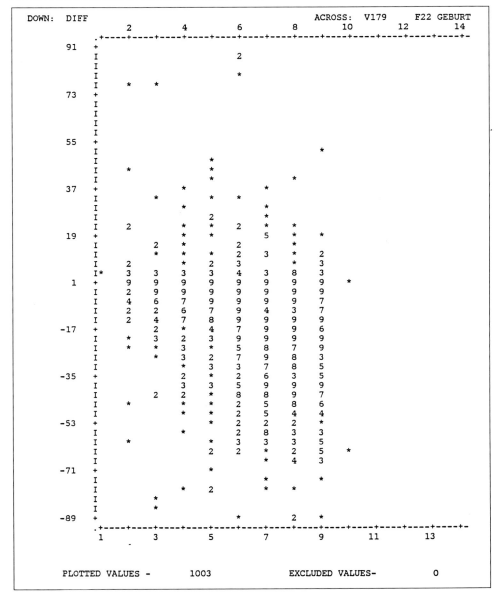

typische Muster, wie sie bei Heteroskedastizität auftreten (vergl. URBAN 1982: 196f.). Auch diese Voraussetzungen können als erfüllt angesehen werden.

Im Vergleich zur Prüfung der Voraussetzungen zur Korrelationsanalyse ist die eigentliche Analyse relativ einfach durchzuführen. Die entsprechenden Anweisungen und das Ergebnis sind in der Tabelle III.3-7 enthalten. Demnach ist die Irrtumswahrscheinlichkeit wesentlich kleiner als das Signifikanzniveau; die Nullhypothese, es bestehe in der Grundgesamtheit kein Zusammenhang zwischen den beiden Variablen, kann somit abgelehnt werden. Formalstatistisch ist damit die Ausgangsfrage beantwortet. Unter Berücksichtigung des Vorzeichens des Korrelationskoeffizienten kann folgende inhaltliche Interpretation gegeben werden: Je jünger ein Bewährungshelfer ist, desto stärker weicht die ideale Berufsrolle als Sozialarbeiter von seiner Einschätzung der tatsächlichen Berufsrolle ab.

Tabelle III.3–7: Beispiel einer Korrelationsanalyse

```
            PEARSON CORR DIFF V179
            OPTIONS 3
```

```
- - - - P E A R S O N    C O R R E L A T I O N    C O E F F I C I E N T S

                    DIFF            V179
     DIFF           1.0000          -.2759
                    (      0)       (   1003)
                    P = .           P = .000


     V179           -.2795          1.0000
                    (   1003)       (      0)
                    P = .000        P = .

     (COEFFICIENT / (CASES) / 2-TAILED SIG)

     " . " IS PRINTED IF A COEFFICIENT CANNOT BE COMPUTED
```

3.2 Die Regressionsanalyse

3.2.1 Das Prinzip der Regressionsanalyse

Im Gegensatz zur Korrelationsanalyse wird bei der Regressionsanalyse zwischen abhängigen und unabhängigen Variablen unterschieden. Diejenige Variable, die einen Einfluß ausübt, heißt «unabhängige Variable» und diejenige, die einem Einfluß ausgesetzt wird, heißt «abhängige Variable». Dieser Unterschied kann auch durch die Begriffspaare «exogene Variable versus endogene Variable», «Regressor versus Regressand» und «Prädiktor versus Kriteriumsvariable» zum Ausdruck gebracht werden. Durch diese Unterscheidung ist die Regressionsanalyse besonders – aber nicht ausschließlich – bei Kausalanalysen und Prognosen einsetzbar (SCHUCHARD-FICHER et.al. 1985: 54). Die Unterscheidung zwischen Ursache und Wirkung findet ihre Entsprechung in der obengenannten Differenzierung zwischen unabhängiger und abhängiger Variablen.

Typische Fragestellungen sind beispielsweise: Wie wirkt sich eine Erhöhung der Werbeausgaben (unabhängige Variable) auf den Absatz (abhängige Variable) aus? Welchen Einfluß hat der sozioökonomische Status der Eltern (unabhängige Variable) auf das Ausbildungsniveau der Kinder (abhängige Variable)? Welchen Einfluß hat die Bevölkerungsentwicklung (unabhängige Variable) auf die Gefangenenanzahl eines Landes (abhängige Variable)? In welchem Ausmaß hängt die Häufigkeit epileptischer Anfälle (abhängige Variable) von der Dosierung eines bestimmten Medikamentes (unabhängige Variable) ab? Welchen Einfluß hat die Düngemittelmenge (unabhängige Variable) auf die Wachstumsgeschwindigkeit von Pflanzen (abhängige Variable)? Während mit Hilfe der Korrelationsanalyse die Stärke des Zusammenhangs zwischen zwei Variablen ermittelt werden kann, führt die Regressionsanalyse zu einer Bestimmung des Einflusses der unabhängigen Variablen auf die abhängige; anders ausgedrückt, sie beantwortet die Frage, wie sich eine Veränderung in der unabhängigen Variablen auf die abhängige Variable auswirkt. In der Regel konzentriert man sich bei der Regressionsanalyse auf lineare Wirkungseffekte. Diese Einschränkung, die nicht immer gerechtfertigt ist, hat weitreichende Folgen für die Bestimmung der Einflußstärke, denn aufgrund dieser Linearitätsannahme ist es ausreichend, bei einer Regressionsanalyse eine Gerade zu finden, mit der die Größenveränderung einer Variablen möglichst gut auf den Einfluß einer anderen Variablen zurückgeführt werden kann. Eine solche Gerade heißt Regressionsgerade. Korreliert die unabhängige Variable mit der abhängigen mit $r = 1$ oder $r = -1$, ist die Regressionsgerade leicht durch eine Verbindung der Meßpunkte zu finden. Sind die Variablen weniger hoch korreliert, ist die Wahl einer Geraden schwieriger. Um dabei zu einer eindeutigen Lösung zu gelangen, bedarf es der Definition eines Kriteriums für die unterschiedliche Anpassungsqualität der möglichen Geraden. Ein übliches Maß dafür ist die Summe der quadrierten vertikalen Distanzen der Meßwerte von einer Geraden. Die Regressionsgerade ist somit die Gerade, bei der das obengenannte Anpassungsmaß minimal ist. Das entsprechende Schätzverfahren wird als «Methode der kleinsten Quadrate» bezeichnet.

Ein Beispiel soll dieses Schätzverfahren verdeutlichen. Die Inhaftiertenquote – das ist die Anzahl der Strafgefangenen, bezogen auf 100.000 Einwohner – kann sich von einem Jahr zum anderen verändern. Ist nun eine Veränderung der Inhaftiertenquote über mehrere Jahre stabil, ist dies ein plausibler Hinweis auf eine kriminalpolitische Änderung. In dem Beispiel soll die Entwicklung der Inhaftiertenquote für die erwachsenen männlichen Strafgefangenen Baden-Württembergs von 1975 bis 1985 untersucht werden. Die Daten dazu sind in Schaubild III.3-4 in einem Diagramm beschrieben. Schon eine visuelle Analyse zeigt, daß ein deutlich ansteigender Trend der Inhaftierungsquote vorhanden ist. Im Jahr 1976 (genauer: am 31.12.1976) waren im Durchschnitt 50,6 männliche Erwachsene pro 100.000 inhaftiert, acht Jahre später waren es 68,0. Dieser Trend kann durch eine lineare Funktion ausgedrückt werden. Die entsprechende Regressionsgerade ist in dem Diagramm im Schaubild III.3-4 eingezeichnet. Die Meßwerte liegen in der Regel nicht auf dieser Geraden. Die entsprechenden vertikalen Abweichungen sind ebenfalls in diesem Schaubild vermerkt und werden mit dem Symbol e_i bezeichnet. Das Maß für die Anpassungsqualität einer Geraden, die Summe der quadrierten vertikalen Abweichungen, ist in diesem Beispiel also:

$$e_1^2 + e_2^2 + \ldots + e_N^2 = \text{Summe der Abweichungsquadrate}.$$

Die Größe dieses Ausdrucks hängt von der Lage der Geraden ab. Die Gerade, bei der die Summe der Abweichungsquadrate den kleinsten Wert hat, ist die Regressionsgerade.

Eine genaue Darstellung des Schätzverfahrens, der Methode der kleinsten Quadrate, ist u.a. bei BORTZ 1985: 219–221; HANUSHEK/JACKSON 1977: 28–35; und URBAN 1982: 42f. zu finden.

Schaubild III.3–4: Beispiel einer Regressionsanalyse: Die Entwicklung der Inhaftiertenquote

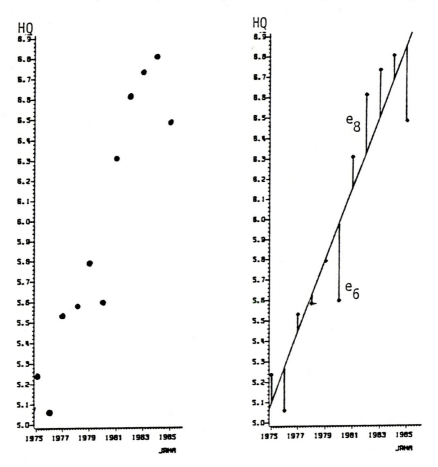

Bezeichnet man die unabhängige Variable mit X und die abhängige mit Y, kann der Regressionsansatz durch folgende Gleichung spezifiziert werden:

$$Y_i = \beta_0 + \beta_1 \cdot X_i + e_i$$

Die Parameter (Werte der Grundgesamtheit) β_0 und β_1 heißen Regressionskonstante und Regressionskoeffizient. Mit e_i werden, wie schon gesagt, die vertikalen Abweichungen der Meßwerte von der Regressionsgeraden bezeichnet – eine Kurzbezeichnung ist «Residuum», «Störvariable» oder «Fehlerterm». Die Gleichung für die Regressionsgerade lautet:

$$\hat{Y}_i = B_0 + B_1 X_i$$

Dabei sind B_0 und B_1 Schätzungen der Populationsparameter β_0 und β_1 – durchgeführt nach der Methode der kleinsten Quadrate. Auf der linken Seite der Gleichung stehen die mit Hilfe der Regressionsgeraden geschätzten Werte der Variablen Y. Um diese geschätzten Werte von den Meßwerten zu unterscheiden, trägt der Variablenname ein Dach: $\hat{Y}$. Die Werte von $\hat{Y}$ werden auch als «Vorhersagewerte» oder «prognostizierte Werte» bezeichnet. Hinter dieser Namensgebung steckt die Idee, daß man mit Hilfe der Regressionsgeraden bei bekannten X-Werten die Y-Werte «vorhersagen» kann. In Schaubild III.3-5 ist zu der Regressionsgeraden für eine Beobachtung (X_i, Y_i) das Residuum (e_i) und der Vorhersagewert $(\hat{Y}_i)$ eingezeichnet. Es dient der Veranschaulichung dieser Begriffe. In diesem Beispiel lautet die Regressionsgleichung

$$\hat{Y}_i = 0{,}176223 \cdot X_i + 5{,}08$$

Die Interpretation des Regressionskoeffizienten und der Regressionskonstanten kann auch an diesem Schaubild verdeutlicht werden: Die Regressionskonstante B_0 entspricht dem Y-Wert für $X = 0$ und der Regressionskoeffizient B_1 ist die Steigung der Regressionsgeraden.

Schaubild III.3–5: Darstellung von Symbolen der Regressionsanalyse

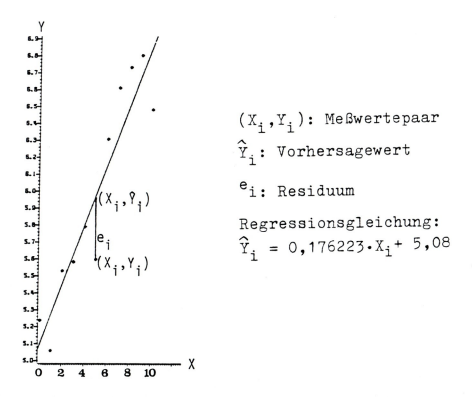

Diese Steigung, auch dies wird an dem Schaubild deutlich, hängt von der Skalierung der Variablen X und Y ab. So würde beispielsweise eine Multiplikation aller Werte von X mit 2 den Regressionskoeffizienten B_1 halbieren. Ein Vergleich verschiedener Regressionsgeraden ist also nur dann sinnvoll, wenn jedesmal die abhängige und unabhängige Variable auf derselben Skala gemessen wurden. Eine weitere Möglichkeit der Vereinheitlichung ist die Verwendung standardisierter Variablen (Mittelwert null, Standardabweichung eins). Bestimmt man den Regressionskoeffizienten und die Regressionskonstante mit standardisierten Variablen, muß der Regressionskoeffizient Werte zwischen −1 und +1 haben und die Regressionskonstante null sein. Der Regressionskoeffizient ist dann mit dem Pearson'schen Korrelationskoeffizient identisch. Er wird als «standardisierter Regressionskoeffizient» oder als «Beta-Koeffizient» bezeichnet und ist mit dem Symbol «BETA» versehen. Diese Namensgebung mag verwirrend erscheinen, ist aber konsistent. Die Parameter werden mit griechischen Buchstaben bezeichnet (β_0, β_1) und die Schätzungen der Parameter mit lateinischen: B_0, B_1 für die Schätzungen bei unstandardisierten und BETA für die Schätzwerte bei standardisierten Variablen. Der Zusammenhang zwischen dem standardisierten und unstandardisierten Regressionskoeffizient wird durch folgende Formel ausgedrückt:

$$\text{BETA} = B_1 \frac{S_X}{S_Y}$$

Dabei sind S_X und S_Y die Standardabweichungen der entsprechenden Variablen.

3.2.2 Der Determinationskoeffizient

Ist die Korrelation zwischen abhängiger und unabhängiger Variablen von null verschieden, dann hängt der Regressionskoeffizient auch von den Varianzen der Variablen ab. Somit kann dieser nicht als Maß für die Güte der Anpassung der Daten an die Regressionsgerade verwendet werden. Der Regressionskoeffizient entspricht, wie schon gesagt, der Steigung der Regressionsgeraden und gibt damit die Veränderung der abhängigen Variablen an, wenn sich der Wert der unabhängigen Variablen um eine Maßeinheit vergrößert. Das Ziel der Regressionsanalyse ist aber nicht nur auf die Ermittlung des Regressionskoeffizienten beschränkt, sondern umfaßt auch die Frage nach der Anpassungsqualität des Regressionsmodells an die Daten. Eine Statistik, die diese Frage beantworten kann, ist der Determinationskoeffizient. Zur Ableitung dieser Größe wird – wie bei der Varianzanalyse – die Gesamtabweichung der abhängigen Variablen von ihrem Mittelwert in einzelne Komponenten zerlegt. Für eine Beobachtung (i) gilt trivialerweise die Gleichung:

$$Y_i - \overline{Y} = (Y_i - \hat{Y}_i) + (\hat{Y}_i - \overline{Y})$$

Dabei ist $Y_i - \overline{Y}$ die Abweichung des Y-Wertes der i-ten Beobachtung vom Mittelwert der Variablen Y. Der Term $Y_i - \hat{Y}$ auf der rechten Seite der Gleichung entspricht der Abweichung dieses Beobachtungswertes vom Vorhersagewert für diese Beobachtung – also dem Residuum e_i. Dieser Ausdruck hat den Wert null, wenn der beobachtete Wert auf der Regressionsgeraden liegt. Die zweite Komponente $\hat{Y}_i - \overline{Y}$ ist der Abstand vom Punkt $\hat{Y}_i$ auf der Regressionsgeraden zum Mittelwert der Variablen Y. Damit wird durch den letztgenannten Term die Verbesserung der Schätzung der Y-Werte zum Ausdruck gebracht, wenn man zwei Schätzverfahren miteinander vergleicht; beim ersten Verfahren wählt man den Mittelwert von Y als Schätzwert für die einzelnen Y-Werte und beim zweiten Verfahren ist es der Vorhersagewert, wobei die Vorhersage mittels einer Regressionsanalyse erfolgt. Deutlich wird diese Zerlegung auch durch das Schaubild III.3-6.

Schaubild III.3–6: Zerlegung der Abweichungen bei einer Regressionsanalyse

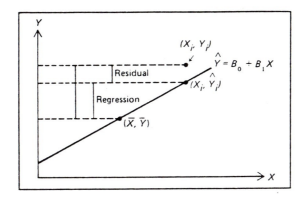

Es läßt sich zeigen, daß aus der oben genannten Zerlegung die folgende Formel abgeleitet werden kann (siehe z.B. BORTZ 1985: 255–258):

$$\sum_{i=1}^{N} (Y_i - \bar{Y})^2 = \sum_{i=1}^{N} (Y_i - \hat{Y}_i)^2 + \sum_{i=1}^{N} (\hat{Y}_i - \bar{Y})^2$$

Gesamtstreuung = Nicht erklärte Streuung + Erklärte Streuung
(Total Sum of Squares)   (Residual Sum of Squares)   (Regression Sum of Squares)

Diese Gleichung liefert also eine Zerlegung der Gesamtstreuung in eine durch die Regression nicht erklärte und eine erklärte Streuung (anstatt des Begriffes «Streuung» müßte korrekterweise «Summe der quadrierten Abweichungen» verwendet werden). Der relative Anteil der erklärten Streuung an der Gesamtstreuung ist ein Maß für die Güte der Vorhersage durch eine Regression. Dieses Maß wird als Determinationskoeffizient (R^2) bezeichnet:

$$R^2 = \frac{\sum_{i=1}^{N} (\hat{Y}_i - \bar{Y})^2}{\sum_{i=1}^{N} (Y_i - \bar{Y})^2}$$

Wird bei einer Prognose der Y-Werte durch eine Regression keine Verbesserung gegenüber der Vorhersage durch den Mittelwert von Y erzielt, ist für alle Beobachtungen $\hat{Y}_i - \bar{Y} = 0$.

Der Determinationskoeffizient hat also in diesem Fall den Wert null. Liegen hingegen alle Meßwerte auf der Regressionsgeraden, ist für alle Beobachtungen

$$Y_i - \hat{Y}_i = 0;$$

die Gesamtstreuung ist also identisch mit der erklärten Streuung und somit hat der Determinationskoeffizient den Wert eins. Null und eins sind somit die Extremwerte, die der Determinationskoeffizient annehmen kann.

Anzumerken ist noch, daß im bivariaten Fall der Determinationskoeffizient mit dem Pearson'schen Korrelationskoeffizienten (r) eng verknüpft ist:

$$R^2 = r^2.$$

Neben der üblichen Bestimmung des Determinationskoeffizienten wird von SPSS[x] in der Prozedur REGRESSION ein korrigierter Determinationskoeffizient ausgegeben. Bei diesem werden bei der Berechnung nur unverzerrte Zwischengrößen verwendet. Durch diese Korrektur fällt die Schätzung des Determinationskoeffizienten in der Regel etwas kleiner aus.

3.2.3 Signifikanztests bei der Regressionsanalyse

Regressionsanalysen werden oft an Stichproben durchgeführt und die Ergebnisse sollen auf die Grundgesamtheit (Population) übertragen werden. Mit der Hilfe von Signifikanztests kann die Zuverlässigkeit dieser Generalisierung überprüft werden. Dieser inferenzstatistische Schluß ist allerdings nur unter bestimmten Voraussetzungen möglich, die im nachfolgenden Kapitel diskutiert werden. Betrachtet man in einem Gedankenexperiment ein Universum von Zufallsstichproben aus einer Population, in denen jedesmal die Variablen X und Y gemessen wurden, kann man in jeder Stichprobe den Regressionskoeffizienten B_1 und die Regressionskonstante B_0 bestimmen. Diese Schätzwerte sind um den «wahren» Wert, den Populationsparameter, verteilt. Die Standardabweichung dieser Verteilung – man spricht hier von einer Stichprobenkennwerteverteilung – heißt Standardfehler. Die Formel für den Standardfehler des Regressionskoeffizienten B_1 lautet:

$$\sigma_{B_1} = \frac{\sigma_e}{\sqrt{(N-1) S_X^2}}$$

Dabei ist S_X^2 die Varianz der Variablen X in der Stichprobe; σ_e die Standardabweichung des Residuums – bezogen auf die Grundgesamtheit. Die Formel für den Standardfehler der Regressionskonstante B_0:

$$\sigma_{B_0} = \sigma_e \sqrt{\frac{1}{N} + \frac{\bar{X}^2}{(N-1) S_X^2}}$$

Die Standardabweichung des Residuums – sie wird auch als Standardschätzfehler bezeichnet – ist in der Regel unbekannt. Das übliche Schätzverfahren für diesen Parameter ist:

$$S_e^2 = \frac{\sum_{i=1}^{N} (Y - \hat{Y}_i)^2}{N-2} = \frac{\sum_{i=1}^{N} (Y_i - B_0 - B_1 X_i)^2}{N-2}$$

Die Nullhypothese ist, daß Regressionskonstante und Regressionskoeffizient in der Grundgesamtheit null sind.

$H_0: \beta_0 = 0$
$H_0: \beta_1 = 0$

Mit Hilfe des Standardfehlers von B_0 bzw. B_1 kann eine Teststatistik definiert werden, mit der diese Nullhypothesen überprüft werden können:

$$t_1 = \frac{B_1}{S_{B_1}}, \quad t_0 = \frac{B_0}{S_{B_0}}$$

S_{B_0} und S_{B_1} sind die Schätzungen der Standardfehler von B_0 bzw. B_1.

Die Verteilung dieser Statistik entspricht unter bestimmten Voraussetzungen einer t-Verteilung mit N-2 Freiheitsgraden. SPSS^X gibt neben diesen t-Werten auch noch die zugehörigen Irrtumswahrscheinlichkeiten aus, so daß eine Entscheidung über die Nullhypothese leicht durchzuführen ist: bei einer Irrtumswahrscheinlichkeit, die kleiner als das vorgegebene Signifikanzniveau ist, wird die Nullhypothese abgelehnt.

Neben dem Regressionskoeffizienten und der Regressionskonstanten ist der Determinationskoeffizient eine wichtige Größe. Ein Signifikanztest für die Nullhypothese, daß dieser in der Grundgesamtheit null ist, ist einfach durchzuführen und entspricht im Prinzip einer Varianzanalyse. Die oben beschriebene Zerlegung der Gesamtstreuung in die erklärte und nichterklärte Streuung kann zur Ableitung einer Prüfstatistik benutzt werden. Der Quotient

$$F = \frac{\sum_{i=1}^{N} (\hat{Y}_i - \bar{Y})^2}{\sum_{i=1}^{N} (Y_i - \hat{Y})^2 / (N - 2)}$$

genügt einer F-Verteilung und kann zur Prüfung der Nullhypothese

$H_0: R^2_{Pop} = 0$

verwendet werden. R^2_{Pop} ist dabei der Determinationskoeffizient in der Grundgesamtheit. SPSS^X gibt auch für diesen Test die Irrtumswahrscheinlichkeit aus.

Bei manchen Fragestellungen sind die Vorhersagewerte von Bedeutung und damit auch ihre stichprobenbedingte Unsicherheit. Der Vorhersagewert für einen gegebenen Wert von X – er wird hier als X_0 bezeichnet – kann durch die Regressionsgleichung mit den geschätzten Koeffizienten bestimmt werden:

$\hat{Y}_0 = B_0 + B_1 X_0.$

Der geschätzte Standardfehler für den Vorhersagewert zum Wert X_0 beträgt:

$$S_{\hat{Y}} = S_e \sqrt{\frac{1}{N} + \frac{(X_0 - \bar{X})^2}{(N - 1)S_X^2}}$$

Man erkennt, daß der Standardfehler für den Vorhersagewert am geringsten ist, wenn

$X_0 = \bar{X}$

ist. Je größer der Abstand vom Mittelwert ist, umso größer ist auch der Standardfehler (vergl. Schaubild III.3-7). Diese Gesetzmäßigkeit läßt sich optisch verdeutlichen, wenn man zu jedem Punkt der Regressionsgeraden das 95%-Konfidenzintervall markiert. Man erhält dann ein Konfidenzband um die Regressionsgerade (Schaubild III.3-8).

Schaubild III.3–7: Die Abhängigkeit des Standardfehlers für den Vorhersagewert (SE) von der unabhängigen Variable (X)

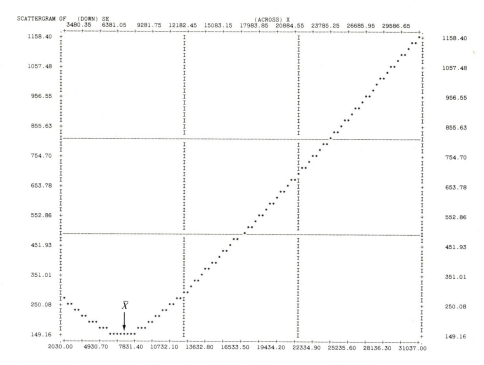

Schaubild III.3–8: 95%-Konfidenzgrenzen bei der Vorhersage von Y-Werten

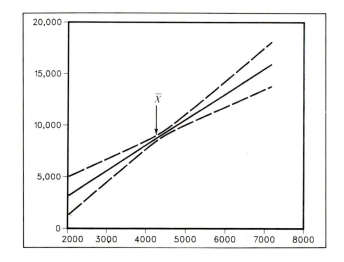

3.2.4 Anwendungsvoraussetzungen der Regressionsanalyse und ihre Überprüfung

Die Ähnlichkeit der Regressionsanalyse zur Korrelationsanalyse bedingt auch ähnliche Anwendungsvoraussetzungen bei beiden Verfahren. So müssen die abhängige und die unabhängige Variable intervallskaliert sein.
Ist die Varianz der abhängigen Variablen (Y) null, entspricht die Regressionsgerade einer Parallelen zur X-Achse – der unstandardisierte Regressionskoeffizient ist null und der standardisierte Regressionskoeffizient kann nicht bestimmt werden, denn dieser ist, wie schon gesagt, mit dem Korrelationskoeffizienten identisch (vergl. dazu die Voraussetzungen zur Korrelationsanalyse in Tab. III.3-3). Ist die Varianz der unabhängigen Variablen null, entspricht die Regressionsgerade einer Parallelen zur Y-Achse – der Regressionskoeffizient und die Regressionskonstante sind somit unendlich groß. Die Varianz der abhängigen und unabhängigen Variablen sollte also von null verschieden sein.
Die Variablen müssen, ebenso wie bei der Korrelationsanalyse, linear miteinander verknüpft sein. Anders ausgedrückt: Mit Hilfe der Regressionsanalyse wird nur die lineare Komponente in der Beziehung zwischen zwei Variablen bestimmt. Zwei einfache Möglichkeiten der Diagnose nichtlinearer Effekte bestehen in der Erstellung des Diagramms abhängige versus unabhängige Variablen bzw. Residuum versus Vorhersagewert durch die Prozedur SCATTERGRAM. Sinnvoll ist dabei die Verwendung standardisierter Variablen. Das Schaubild III.3-9 zeigt einen Vergleich zwischen diesen verschiedenen Diagrammen. Auf der linken Seite befinden sich die beiden Diagramme mit den standardisierten Originalvariablen und auf der rechten Seite bilden Residuum und Vorhersagewert – beide ebenfalls standardisiert – die Achsen. Sobald ein solches Diagramm eine Gesetzmäßigkeit erkennen läßt, ist der Verdacht auf die Existenz nichtlinearer Effekte erhärtet. Allerdings muß die Abweichung von der Linearität nicht immer so extrem zum Ausdruck kommen wie in diesem Schaubild. Ist die Voraussetzung der Linearität erfüllt, zeigt das Diagramm Residuum versus Vorhersagewert eine Punktewolke ohne erkennbare Gesetzmäßigkeit. Als Beispiel dazu dient das Schaubild III.3-10.
Eine weitere Anwendungsvoraussetzung der Regressionsanalyse ist die fehlerfreie Messung der unabhängigen Variablen. Die abhängige Variable kann durchaus mit zufälligen Meßfehlern behaftet sein; dies tangiert weder den Schätzwert des Regressionskoeffizienten noch der Regressionskonstanten. Unter einem zufälligen Meßfehler ist eine Variable zu verstehen mit dem Mittelwert null und der Eigenschaft, daß sie unabhängig von den anderen Variablen ist – also auch nicht mit solchen korreliert. Allerdings muß bei der Bestimmung des standardisierten Regressionskoeffizienten auch die unabhängige Variable fehlerfrei gemessen sein. Da bei einer Regressionsanalyse in der Regel sowohl der standardisierte als auch der unstandardisierte Regressionskoeffizient bestimmt werden soll, ist die Voraussetzung sinnvoll, daß unabhängige und abhängige Variable fehlerfrei gemessen sind. Die Auswirkung von Meßfehlern ist dann besonders verhängnisvoll, wenn dadurch Extremwerte produziert werden, denn der Regressionskoeffizient wird relativ stark von Ausreißern beeinflußt. Allerdings können Ausreißer durch eine fallweise Auflistung der Residuen (mittels der Prozedur REGRESSION) relativ leicht entdeckt werden, so daß eine anschließende Prüfung, ob dies eventuell fehlerbehaftete Messungen sind, durchgeführt werden kann.
Wie bei der Korrelationsanalyse ist auch bei der Regressionsanalyse die Voraussetzung zufälliger Stichproben bei inferenzstatistischen Absicherungen notwendig. Weitere Voraussetzungen sind die der Homoskedastizität und normalverteilter Residuen. Das heißt, für jeden Wert der unabhängigen Variablen X ist die abhängige Variable normalverteilt

Schaubild III.3–9: Überprüfung der Linearitätsannahme mit Hilfe der Diagramme: Standardisierte abhängige Variable (Y) versus standardisierte unabhängige Variable (X) bzw. standardisiertes Residuum (RESID) versus standardisierter Vorhersagewert (PRED)

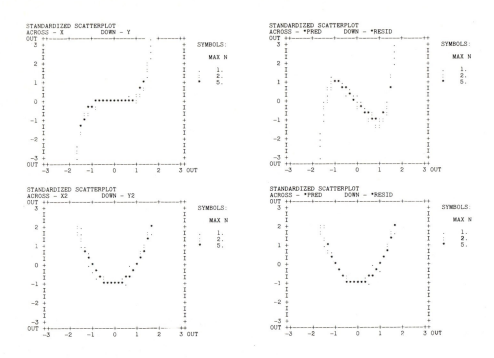

Schaubild III.3–10: Beispiel einer optischen Linearitätsprüfung (Plot: Standardisiertes Residuum versus standardisierter Vorhersagewert) bei vorhandener linearer Beziehung zwischen unabhängiger und abhängiger Variablen

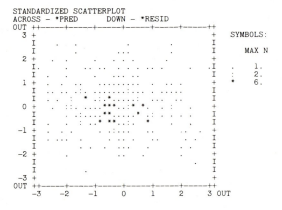

mit dem Mittelwert $\mu_{Y|X}$ – das ist der Mittelwert von Y für vorgegebene Werte von X – und einer konstanten Varianz σ^2. Durch das Schaubild III.3-11 werden diese Annahmen illustriert.

Schaubild III.3–11: Homoskedastizität und Normalverteilung der Residuen als Voraussetzungen der Regressionsanalyse

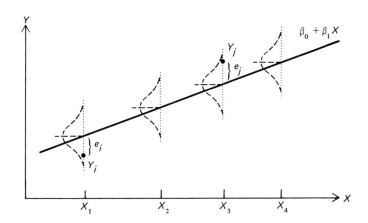

Die Prüfung, ob die Voraussetzung der Homoskedastizität erfüllt ist, ist durch den Plot Residuum versus unabhängige Variable möglich. Es ist sinnvoll, dabei die standardisierten Werte des Residuums zu verwenden. Hat die Variable X sehr viele Ausprägungen, ist eine Gruppierung dieser Variablen angebracht. Ein solches Diagramm ermöglicht einen Vergleich der Streuungen der Residuen zu den einzelnen Werten der unabhängigen Variablen. Ist die Annahme der Homoskedastizität erfüllt, unterscheiden sich diese Streuungen nicht; bei vorhandener Heteroskedastizität sind in den Streudiagrammen Muster zu erkennen. Anstatt des Plots Residuum versus unabhängige Variable kann auch der Plot Residuum versus Vorhersagewert verwendet werden, denn der Vorhersagewert und die unabhängige Variable unterscheiden sich nur durch eine lineare Transformation. Zusätzlich kann das Residuum auf eine andere Art «standardisiert» werden, nämlich durch die Verwendung von t-Werten zu den Residuen. Bei allen diesen Diagrammen sind die Muster bei vorhandener Heteroskedastizität ähnlich (vergl. URBAN 1982: 196f.). Ein Beispiel zeigt das Schaubild III.3-12.
Eine Überprüfung der Normalität des Residuums ist relativ einfach mit Hilfe eines Histogramms möglich. Dabei können die Originalwerte oder die standardisierten Werte bzw. t-Werte verwendet werden. Das Schaubild III.3-13 zeigt ein solches Histogramm, das mittels der Prozedur REGRESSION erzeugt wurde. Der Vergleich der empirischen Verteilung mit der Normalverteilung wird durch die eingezeichnete Normalkurve (sie hat denselben Mittelwert und dieselbe Standardabweichung wie das Residuum) und durch den Vergleich der tatsächlichen Fallzahlen (N) für eine Kategorie des Residuums mit den erwarteten Fallzahlen (EXP N) erleichtert. Darüber hinaus gibt es weitere Prüfmöglichkeiten für die Normalität des Residuums, beispielsweise den «Normal-Probability-Plot» der Prozedur REGRESSION oder den Kolmogorov-Smirnov-Test der Prozedur NPAR TESTS. Diese Statistikprozedur wird weiter unten vorgestellt.
Eine weitere Voraussetzung der Regressionsanalyse ist die Annahme der Unkorreliertheit

Schaubild III.3–12: Der Plot Residuum versus Vorhersagewert bei vorhandener Heteroskedastizität

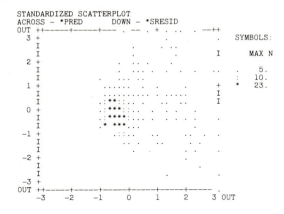

Schaubild III.3–13: Histogramm des Residuums zur Überprüfung der Normalverteilungsannahme

```
HISTOGRAM
STUDENTIZED RESIDUAL
    N    EXP N        ( * = 2 CASES,    . : = NORMAL CURVE)
    7    0.37   OUT  ****
    2    0.73  3.00  *
    4    1.85  2.66  *
    2    4.23  2.33  *.
    6    8.65  2.00  ***.
   12   15.85  1.66  ****** .
    7   26.01  1.33  ****           .
   18   38.23  1.00  *********          .
   35   50.34  0.66  *****************      .
   63   59.38  0.33  *******************************:**
   87   62.74  0.00  *******************************:************
  114   59.38 -0.33  *******************************:*******************
   64   50.34 -0.66  *************************:*******
   32   38.23 -1.00  ****************  .
    9   26.01 -1.33  *****       .
    6   15.85 -1.66  ***    .
    1    8.65 -2.00  * .
    1    4.23 -2.33  *.
    2    1.85 -2.66  :
    0    0.73 -3.00
    2    0.37   OUT  *
```

der Residuen. Die Abweichungen von der Regressionsgeraden sind dann nicht mehr zufällig, sondern in ihrer Richtung von der Abweichung des vorangegangenen Beobachtungswertes abhängig. Ist diese Annahme verletzt, spricht man von «Autokorrelation». Diese tritt vorwiegend bei Zeitreihenuntersuchungen auf, aber auch bei Querschnittsanalysen, wenn die Beobachtungen nach sachlichen Gesichtspunkten geordnet sind. Bei unabhängigen Messungen hingegen ist keine Autokorrelation zu erwarten. Eine Verletzung dieser Bedingung führt zu erheblichen Verzerrungen bei der Schätzung des Standardfehlers für den Regressionskoeffizienten. Zur Entdeckung autokorrelierter Residuen kann in der Prozedur REGRESSION die fallweise Auflistung der Residuen oder der Durbin-Watson-Test verwendet werden. Bei vorhandener Autokorrelation ist bei den Residuen ein Trend erkennbar; das Schaubild III.3-14 zeigt ein Beispiel dazu. Auch bei dieser Prüfmethode kann die Verwendung standardisierter Werte bzw. die Verwendung von t-Werten vorteilhaft sein.

Schaubild III.3—14: Die fallweise Auflistung von Residuen als Diagnoseinstrument für Autokorrelation

```
CASEWISE PLOT OF STUDENTIZED RESIDUAL
                -3.0      0.0      3.0     LIFE      *PRED    *RESID   *SRESID
  SEQNUM  TIME  0:........:........:0
      1   78012   . *       .        .    15.0000   19.5624   -4.5624  -2.2598
      2   78055   . *       .        .    13.5000   17.8974   -4.3974  -2.1856
      3   78122   .  *      .        .     9.9000   13.8390   -3.9390  -1.9871
      4   78134   .   *     .        .    15.5000   18.5218   -3.0218  -1.4997
      5   78233   .    *    .        .    35.0000   38.2933   -3.2933  -1.7466
      6   78298   .     *   .        .    14.7000   16.6487   -1.9487   -.9720
      7   78344   .       * .        .    34.8000   36.0040   -1.2040   -.6258
      8   79002   .        *.        .    20.8000   20.8111    -.0111   -.0055
      9   79008   .         .  *     .    15.9000   14.8796    1.0204    .5123
     10   79039   .         . *      .    22.0000   21.6436     .3564    .1762
     11   79101   .         .   *    .    13.7000   11.7578    1.9422    .9910
     12   79129   .         .    *   .    14.2000   11.4456    2.7544   1.4082
     13   79178   .         .    *   .    33.2000   30.3847    2.8153   1.4144
     14   79188   .         .     *  .    26.2000   22.4761    3.7239   1.8401
     15   79189   .         .      * .    37.4000   33.2984    4.1016   2.0920
     ...
```

Die Testgröße beim Durbin-Watson-Test ist durch folgende Formel definiert:

$$D = \frac{\sum_{t=2}^{N} (e_t - e_{t-1})^2}{\sum_{t=1}^{N} e_t^2}$$

Dabei ist e_t der Wert des Residuums für die Beobachtung t. Kleine Werte für D sprechen für eine positive und große Werte für eine negative Korrelation der Residuen. Als Faustregel gilt: Hat die Teststatistik D etwa den Wert 2, sind die Residuen nicht autokorreliert. Eine ausführlichere Beschreibung ist beispielsweise bei SCHUCHARD-FICHER (1985: 96–99) und SCHNEEWEISS (1978: 186–190) zu finden. Beachtenswert ist noch, daß ein signifikanter D-Wert nicht eindeutig auf Autokorrelation schließen läßt. Auch die Nichtberücksichtigung von unabhängigen Variablen im Regressionsmodell (man spricht in einem solchen Fall von einem Spezifikationsfehler) oder nichtlineare Effekte können dies bewirken. Zeigt also der Durbin-Watson-Test signifikante Ergebnisse oder bringt die fallweise Auflistung der Residuen einen Hinweis auf Autokorrelation, sollte dies ein Anlaß sein, die Richtigkeit des spezifizierten Regressionsmodells zu überdenken und eine Überprüfung der Linearität durchzuführen. Insgesamt gesehen ist die Erfüllung von acht Voraussetzungen notwendig, wenn eine Regressionsanalyse durchgeführt werden soll.

Tabelle III.3—8: Anwendungsvoraussetzungen der Regressionsanalyse

A1) Die Variablen müssen intervallskaliert sein
A2) Die Varianz der Variablen muß von null verschieden sein
A3) Die Beziehung zwischen den Variablen muß linear sein. Anders ausgedrückt: Mit Hilfe der Regressionsanalyse kann nur der lineare Anteil der Assoziation zwischen zwei Variablen erfaßt werden
A4) Die Variablen müssen fehlerfrei gemessen sein
A5) Die Stichprobe muß eine Zufallsstichprobe sein
A6) Das Residuum muß (in der Grundgesamtheit) normalverteilt sein
A7) Die Varianzen der bedingten Verteilungen müssen identisch sein (Homoskedastizität)
A8) Die Residuen müssen unkorreliert sein

Eine Übersicht bietet die Tabelle III.3-8. Allerdings müssen nur die Voraussetzungen A1 bis A4 erfüllt sein, wenn bei der Regressionsanalyse auf inferenzstatistische Absicherungen verzichtet wird. Dies ist angebracht, wenn eine Totalerhebung durchgeführt worden ist oder sich die Analyse auf eine typische Gruppe aus der Grundgesamtheit beschränkt, die aber nicht zufällig ausgewählt wurde.

Was ist zu tun, wenn Anwendungsvoraussetzungen verletzt sind? Auf diese Frage soll hier nur kurz eingegangen werden, denn die Forschungen zu dieser Problematik sind ausgesprochen komplex und auch noch nicht abgeschlossen. Sind die Variablen nicht intervall-, sondern ordinalskaliert, bietet es sich an, die Regressionsanalyse trotzdem durchzuführen und die Ergebnisse durch nichtparametrische Tests oder durch die Bestimmung von Kendall's Tau zu kontrollieren. Eine Verletzung der Linearitätsannahme kann durch eine Transformation der Modellvariablen kompensiert werden. Eine gelungene Linearisierung ist in Schaubild III.3-15 beschrieben. Das linke Diagramm ist der Plot der Originalvariablen X und Y – es zeigt deutlich einen nichtlinearen Trend – und im rechten Diagramm ist Y durch den Logarithmus dieser Variablen ersetzt. Um eine geeignete Transformationsvorschrift zu ermitteln, kann eine Residuenanalyse von Nutzen sein. Eine Beschreibung dieser Methode ist bei TUKEY (1977) und HERMANN (1984: 45f.) zu finden. Die Interpretation dieser nichtlinearen Regression ist allerdings nicht so einfach wie bei einer linearen Regressionsanalyse. Erklärende Hinweise sind in den Arbeiten von CURRY/ROBERTS/WALLING (1986), HERMANN (1984: 120–122) und JAGODZINSKI/WEEDE (1981) enthalten.

Schaubild III.3–15: Linearisierung eines Zusammenhangs durch eine logarithmische Transformation der abhängigen Variablen

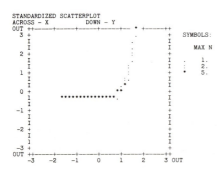
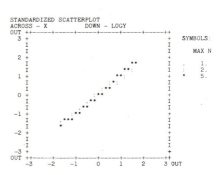

Eine Variablentransformation kann auch ein geeignetes Mittel sein, eine vorhandene Heteroskedastizität bzw. Autokorrelation zu beseitigen (SCHNEEWEISS 1978: 184f.) – aber auch, um Abweichungen der Verteilung des Residuums von der Normalverteilung zu kompensieren. Eine weitere Alternative besteht in der Wahl eines anderen Schätzverfahrens, beispielsweise die gewichtete Methode der kleinsten Quadrate.

Sind zufällige Meßfehler vorhanden, wird die Schätzung des standardisierten Regressionskoeffizienten deflationiert. Aber es gibt auch Möglichkeiten, die Wirkungen von Meßfehlern zu kompensieren: beispielsweise die Verwendung des von Jöreskog und Sörbom entwickelten Programmpakets LISREL. Dazu bedarf es allerdings der mehrfachen Messung der einzelnen Variablen.

3.3 Die multiple Regressionsanalyse

3.3.1 Das Prinzip der multiplen Regressionsanalyse

Während bei der Regression nur eine unabhängige Variable in die Analyse einbezogen wird, können bei der multiplen Regressionsanalyse beliebig viele unabhängige Variablen berücksichtigt werden. Dieser Unterschied wird auch durch die Begriffe «bivariate Regression» und «multivariate Regression» zum Ausdruck gebracht.

Ein Beispiel soll die potentiellen Anwendungsmöglichkeiten der multiplen Regressionsanalyse demonstrieren. Nach der Schelsky'schen These von der nivellierten Mittelstandsgesellschaft hängt der Schulerfolg – und damit auch der Berufserfolg und der soziale Status – nur von der individuellen Begabung ab. Nach der These von Dahrendorf hingegen ist sowohl die Begabung als auch die soziale Lage der Eltern maßgebend für den Schulerfolg. In Schaubild III.3-16 sind beide Thesen gegenübergestellt (vgl. BERTRAM 1981: 18–20). Zur Prüfung der ersten These ist ein bivariates Regressionsmodell geeignet, während die zweite These nur mit einem multivariaten Regressionsmodell überprüft werden kann.

Schaubild III.3–16: Kausalmodelle zur Erklärung des Schulerfolgs

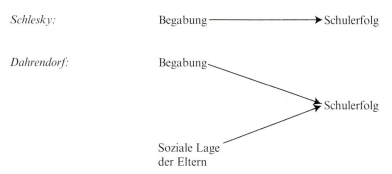

Eine multiple Regressionsanalyse mit p unabhängigen Variablen unterscheidet sich von einer Analyse, in der eine (bivariate) Regression mit jeder der p unabhängigen Variablen durchgeführt wird, denn die Regressionskoeffizienten der multiplen Regression werden so bestimmt, daß der Einfluß von Drittvariablen ausgeschaltet wird. Man spricht auch von «bereinigten Effekten» und von einer «Partialisierung» der Effekte. Diese Eigenschaft ist wichtig für die Interpretation der Ergebnisse einer multiplen Regressionsanalyse. Verfahrenslogisch betrachtet wird in der multiplen Regression sukzessive jede unabhängige Variable um den Einfluß der anderen unabhängigen Variablen bereinigt, und dann wird mit der bereinigten Variable eine Regressionsanalyse durchgeführt.

Die formale Beschreibung des multiplen Regressionsansatzes geschieht in Analogie zur bivariaten Regression, allerdings ist ein weiterer Index zur Numerierung der unabhängigen Variablen notwendig:

$$Y_i = \beta_0 + \beta_1 X_{1i} + \beta_2 X_{2i} + \ldots + \ldots + \beta_p X_{pi} + e_i$$

Dabei ist X_{ki} die k-te unabhängige Variable für den Fall i. Das Residuum wird mit e_i bezeichnet. Die gesuchten Größen sind die Parameter $\beta_0, \beta_1, \ldots \beta_p$. Der Schätzwert für β_0

wird als Regressionskonstante und die Schätzungen für $\beta_1,\ldots,\beta_k$ werden als partielle Regressionskoeffizienten bezeichnet; wird die multiple Regressionsanalyse mit standardisierten Variablen durchgeführt, heißen diese Werte standardisierte partielle Regressionskoeffizienten – oder kurz Beta-Werte. Diese sind als direkte Einflußstärken einer unabhängigen Variablen auf die abhängige Variable interpretierbar, wobei der Einfluß der restlichen unabhängigen Variablen herauspartialisiert ist. Diese Interpretation ist allerdings nicht unumstritten (HOLTMANN 1984, KÜHNEL 1985). Verfahrenslogisch gesehen werden beispielsweise bei einer multiplen Regression mit zwei unabhängigen Variablen X_1 und X_2 vier Regressionsanalysen durchgeführt. Die abhängige Variable heißt Y. Bei der ersten Regression ist X_1 die unabhängige und X_2 die abhängige Variable und bei der zweiten Regression ist X_2 die unabhängige und X_1 die abhängige Variable. Die Residuen dieser Regressionsanalysen werden bei der dritten und vierten Regression als unabhängige Variablen verwendet – die abhängige Variable ist Y. Die Regressionskoeffizienten der beiden letzten Analysen entsprechen den partiellen Regressionskoeffizienten der multiplen Regression (vgl. URBAN 1982: 77f.). Diese umständlich erscheinende Beschreibung der Verfahrenslogik – dies ist nicht der Berechnungsalgorithmus – macht deutlich, daß der partielle Regressionskoeffizient den direkten Einfluß einer unabhängigen Variablen auf die abhängige Variable mißt, wobei mögliche lineare Effekte von anderen Modellvariablen eliminiert sind.

Mit Hilfe dieser Verfahrenslogik läßt sich auch der Unterschied zwischen der multiplen Regression und der Partialkorrelation verdeutlichen. Bei der Partialkorrelation soll die Korrelation zwischen zwei Variablen bestimmt werden, wobei der Einfluß, den Drittvariablen auf beide Variablen haben, eliminiert ist. Verfahrenslogisch gesehen muß zum Beispiel bei der Bestimmung der Partialkorrelation zwischen X und Y in einem Drei-Variablen-Modell der lineare Einfluß der Drittvariablen Z sowohl auf X als auch auf Y mittels zweier Regressionsanalysen durch die Berechnung der Residuen von X und Y eliminiert werden. Die Korrelation zwischen diesen beiden Residuen ist die Partialkorrelation zwischen X und Y. Mit der Partialkorrelation wird also der Zusammenhang zwischen zwei Variablen bestimmt, wobei der Einfluß, den Drittvariablen auf beide Variablen haben, ausgeschaltet ist, während bei der multiplen Regression der Einfluß einer unabhängigen Variablen auf die abhängige berechnet wird, wobei der Einfluß von Drittvariablen auf die unabhängige Variable eliminiert ist.

In Analogie zur bivariaten Regression können Begriffe und Formeln für die multiple Regression übertragen werden: Bei beiden Analyseverfahren ist sowohl das Schätzverfahren (Methode der kleinsten Quadrate) als auch die Definition des Determinationskoeffizienten identisch:

$$R^2 = \frac{\sum_{i=1}^{N}(\hat{Y}_i - \bar{Y})^2}{\sum_{i=1}^{N}(Y_i - \bar{Y})^2}$$

Die positive Wurzel aus dem Determinationskoeffizienten heißt «Multipler Korrelationskoeffizient»; er entspricht dem Korrelationskoeffizienten zwischen Vorhersagewert und abhängiger Variablen.

Die Formel für das Verhältnis zwischen standardisierten und unstandardisierten partiellen Regressionskoeffizienten ist ähnlich wie bei der bivariaten Regression:

$$BETA_k = B_k \frac{S_{X_k}}{S_Y}$$

Eine Ähnlichkeit besteht auch in den Anwendungsvoraussetzungen (vgl. Tab. III.3-8). Allerdings ist die Liste der Anwendungsvoraussetzungen der multivariaten Regression im Vergleich zu den Anwendungsvoraussetzungen der bivariaten Regression um zwei Punkte erweitert. Der Ansatz bei der multiplen Regression zeigt, daß die Beziehungen zwischen unabhängigen Variablen und abhängiger nicht nur linear, sondern auch additiv sein müssen. «Additiv» bedeutet, daß die Effekte der unabhängigen Variablen addiert werden – und nicht multiplikativ oder auf eine sonstige Weise miteinander verknüpft sind. Ein nicht-additiver Regressionsansatz ist beispielsweise:

$$Y_i = \beta_0 + \beta_1 X_{1i} X_{2i} \ldots X_{pi}$$

Solche multiplikativen Verknüpfungen werden auch als Interaktionsterme bezeichnet. Zur Entdeckung nichtadditiver Effekte kann ebenso wie bei der Suche nach nichtlinearen Effekten der Plot Residuum versus Vorhersagewerte verwendet werden (HERMANN 1984: 62f.), darüber hinaus gibt es auch komplexere Verfahren zur Entdeckung von Interaktionseffekten (ALLISON 1977). Eine weitere Ergänzung der Anwendungsvoraussetzungen besteht darin, daß die Korrelationsmatrix der unabhängigen Variablen nicht singulär sein darf. Dies würde bedeuten, daß eine unabhängige Variable vollkommen von anderen unabhängigen Variablen des Regressionsmodells erklärt werden kann. Eine solche perfekte Interkorrelation ist bei empirischen Daten äußerst selten. Sind unabhängige Variablen nur unvollkommen durch die jeweils restlichen unabhängigen Variablen vorhersagbar, spricht man von Multikollinearität. In einem multiplen Regressionsmodell mit zwei unabhängigen Variablen beispielsweise entspricht die Korrelation zwischen diesen Variablen der Multikollinearität. Bei vorhandener Multikollinearität wird auch der Standardfehler der Schätzungen der partiellen Regressionskoeffizienten größer (HANUSHEK/JACKSON 1977: 88). Ein hoher Standardfehler bedeutet, daß die Schätzwerte sehr instabil sind. Geringe Veränderungen in der Modellspezifikation – beispielsweise die Änderung der Anzahl der unabhängigen Variablen – kann zu großen Änderungen der Parameterschätzungen führen; ein Effekt, der auch bei geringen Änderungen der Fallzahl beobachtet werden kann. Multikollinearität kann auf verschiedene Arten entdeckt werden. Einen ersten Hinweis erhält man häufig durch die Betrachtung der Korrelationsmatrix der unabhängigen Variablen: Hohe Schätzwerte sind ein Warnsignal. Ein weiteres Zeichen ist in starken Veränderungen der Parameterschätzungen zu sehen, wenn eine Modellvariable eliminiert wird. Darüber hinaus bietet die Prozedur REGRESSION die Möglichkeit, die Interkorrelation zwischen den unabhängigen Variablen zu bestimmen. Ein Maß für diese Interkorrelation ist der Toleranz-Wert. Dieser ist als unerklärte Varianz ($1 - R^2$) einer multiplen Regression definiert, wobei eine der unabhängigen Variablen als abhängige Variable definiert und durch die restlichen unabhängigen Variablen vorhergesagt wird. Kleine Toleranz-Werte sprechen für eine hohe Multikollinearität. Ein Beispiel ist in Tabelle III.3-9 beschrieben.

Bei hoher Multikollinearität sollte überprüft werden, ob dadurch die Schätzwerte instabil geworden sind. Dies ist auf mehrere Arten möglich. Führt eine Zusammenfassung der hoch interkorrelierten Variablen zu einem Index nur zu wenig veränderten Parameterschätzungen, können die Ergebnisse der ursprünglichen multiplen Regression für die restlichen Variablen akzeptiert werden. Eine weitere Alternative bietet eine Kontrolle durch ein Schätzverfahren, das relativ robust gegenüber hoher Multikollinearität ist: die Ridge Regression.

Tabelle III.3–9: Toleranzwerte bei einer multiplen Regression

```
VARIABLE    TOLERANCE
AGE         0.31792
SEX         0.72998
MINORITY    0.95839
EDLEVEL     0.75966
WORK        0.29784
```

Die Anwendungsvoraussetzungen der multiplen Regressionsanalyse können nun zusammengefaßt werden. Eine Übersicht bietet die Tabelle III.3-10.

Tabelle III.3–10: Anwendungsvoraussetzungen der multiplen Regressionsanalyse

A1) Die Variablen müssen intervallskaliert sein
A2) Die Varianz der Variablen muß von null verschieden sein
A3) Die Beziehungen zwischen unabhängigen Variablen und abhängiger Variablen muß linear und additiv sein. Anders ausgedrückt: Mit Hilfe der multiplen Regressionsanalyse kann nur der lineare und additive Anteil in der Assoziation zwischen unabhängigen Variablen und abhängiger Variablen erfaßt werden
A4) Die Variablen müssen fehlerfrei gemessen sein
A5) Die Interkorrelation zwischen den unabhängigen Variablen darf nicht zu einer singulären Korrelationsmatrix dieser Variablen führen. Bei hoher Multikollinearität können die Schätzwerte instabil sein
A6) Die Stichprobe muß eine Zufallsstichprobe sein
A7) Das Residuum muß (in der Grundgesamtheit) normalverteilt sein
A8) Die Varianzen der bedingten Verteilungen müssen identisch sein (Homoskedastizität)
A9) Die Residuen müssen unkorreliert sein

3.3.2 Die Auswahl relevanter unabhängiger Variablen

Der Beta-Koeffizient kann als Ausdruck für die Einflußstärke einer unabhängigen Variablen auf die abhängige gesehen werden. Eine andere Möglichkeit, die relative Bedeutung einer unabhängigen Variablen zu bestimmen, ist, den Zuwachs des Determinationskoeffizienten zu berechnen, wenn diese Variable zusätzlich in die Regression eingeführt wird. Je größer dieser Zuwachs ist, desto größer ist der Einfluß der neu eingeführten Variablen. Falls alle unabhängigen Variablen unkorreliert sind, ist der Zuwachs des Determinationskoeffizienten identisch mit dem Quadrat der Korrelation zwischen der neu eingeführten Variablen und der abhängigen Variablen. Die Nullhypothese

$$H_0 : R^2_{change} = 0,$$

wobei R^2_{change} die Änderung des Determinationskoeffizienten durch eine Variable ist, kann mit Hilfe eines F-Testes geprüft werden. Die Teststatistik lautet:

$$F_{change} = \frac{R^2_{change} (N - p - 1)}{q (1 - R^2)}$$

Dabei ist N die Fallzahl, p die Gesamtzahl der unabhängigen Variablen im Modell und q die Anzahl der neu eingeführten Variablen. Unter der Annahme, daß die Nullhypothese richtig ist, ist diese Teststatistik F-verteilt mit q und N-p-1 Freiheitsgraden.

Der Zuwachs des Determinationskoeffizienten kann dazu benutzt werden, Variablen schrittweise in ein Grundmodell einzuführen, um so zu einem Modell mit optimalem Erklärungspotential zu gelangen. Allerdings ist eine solche Strategie nicht mehr hypothesentestend, sondern explorativ. Die theoretische Basis der Untersuchung muß darauf abgestimmt sein. Eine weitere explorative Methode, die mit der Prozedur REGRESSION zur Verfügung gestellt wird, ist die stufenweise Regression mit den Verfahren STEPWISE, FORWARD und BACKWARD. Alle drei Verfahren dienen dazu, aus einer vorgegebenen Menge unabhängiger Variablen eine Auswahl zu treffen, so daß die abhängige Variable optimal erklärt werden kann. Alle diese Verfahren haben Vor- und Nachteile; von DARPER/SMITH (1966: 172) wird das Verfahren STEPWISE aber als bestes angesehen. Anzumerken ist noch, daß diese Verfahren einer grundsätzlichen Kritik unterworfen sind: einerseits «verführen» sie den Benutzer zu einem theorielosen Vorgehen – man produziert ein Modell und liefert die theoretische Interpretation nach –, andererseits können wesentliche unabhängige Variablen unterschlagen werden (vgl. URBAN 1982: 97f.). Der erste Kritikpunkt kann allerdings nicht dem statistischen Verfahren, sondern nur dem Anwender angelastet werden, während der zweite Kritikpunkt durch eine Kontrolle der Ergebnisse mit Hilfe anderer explorativer Verfahren abgeschwächt werden kann.

Die Verfahrenslogik der schrittweisen Regression mit dem Verfahren FORWARD ist relativ einfach nachzuvollziehen. Man definiert eine Menge unabhängiger Variablen und legt die abhängige Variable Y fest. Die erste unabhängige Variable, die ausgewählt wird, ist die mit der höchsten Korrelation mit der abhängigen Variablen. Ist der Determinationskoeffizient in diesem Zwei-Variablen-Modell signifikant von Null verschieden (ein alternatives Kriterium ist der F-Wert für diesen Test), wird der zweite Schritt ausgeführt. Falls der Determinationskoeffizient allerdings nicht dem gewählten Kriterium genügt, ist die stufenweise Regression hier schon beendet. Im zweiten Schritt wird von den verbleibenden unabhängigen Variablen diejenige mit der höchsten Partialkorrelation mit der abhängigen Variablen ausgewählt und mittels des oben beschriebenen F-Tests geprüft, ob die neu hinzugekommene Variable das vorgegebene Kriterium erfüllt. Dieser Schritt wird solange wiederholt, bis eine neu hinzukommende Variable das Aufnahmekriterium nicht erfüllt. Die Tabelle III.3-11 zeigt ein Beispiel mit einer Ausgangsmenge von fünf unabhängigen Variablen. Als Aufnahmekriterium wurde ein Signifikanzniveau von $p = 0,05$ festgelegt. Im ersten Schritt wurde die Variable EDLEVEL ausgewählt, weil sie am höchsten mit der abhängigen Variablen korreliert. Unter den verbleibenden Variablen hat die Variable SEX die höchste Partialkorrelation mit der abhängigen Variablen. Diese Koeffizienten sind in der Spalte PARTIAL unter dem Abschnitt – VARIABLES NOT IN THE EQUATION – aufgelistet. Der Zuwachs des Determinationskoeffizienten ist auch bei diesem Schritt signifikant von null verschieden. Im letzten Schritt ist nur noch die unabhängige Variable AGE übrig. Führt man allerdings diese Variable zusätzlich in das multiple Regressionsmodell ein, erhöht sich der Determinationskoeffizient um einen so kleinen Wert, daß dieser Zuwachs nicht mehr signifikant von null verschieden ist. Durch das Verfahren FORWARD wurden also aus den fünf vorgegebenen Variablen vier ausgewählt.

Während bei der Methode FORWARD die Anzahl der unabhängigen Variablen, die in das Modell eingeführt werden, von Schritt zu Schritt größer wird, werden die unabhängigen Variablen bei der Methode BACKWARD schrittweise reduziert. Anstatt eines Aufnahmekriteriums wird somit ein Eliminationskriterium benötigt. Wie bei dem Verfahren FORWARD stehen auch bei diesem Verfahren zwei Kriterien zur Auswahl: beim ersten

Tabelle III.3–11: Erster und letzter Schritt bei einer stufenweisen Regression mit dem Verfahren FORWARD

Erster Schritt:

```
------------------ VARIABLES IN THE EQUATION ------------------

VARIABLE           B           SE B        BETA          F    SIG F

EDLEVEL        0.03642      0.00178      0.68572    418.920  0.0000
(CONSTANT)     3.31001      0.02455                18176.766 0.0000


------------ VARIABLES NOT IN THE EQUATION ------------

VARIABLE      BETA IN   PARTIAL    MIN TOLER        F    SIG F

SEX          -0.34802  -0.44681     0.87327    117.486  0.0000
WORK          0.22747   0.30241     0.93632     47.408  0.0000
MINORITY     -0.08318  -0.11327     0.98234      6.121  0.0137
AGE           0.15718   0.20726     0.92113     21.140  0.0000
```

Letzter Schritt:

```
------------ VARIABLES NOT IN THE EQUATION ------------

VARIABLE      BETA IN   PARTIAL    MIN TOLER        F    SIG F

AGE           0.07811   0.07080     0.29784      2.357  0.1254
```

Kriterium kann ein F-Wert für die partiellen Regressionskoeffizienten vorgegeben werden und beim zweiten Kriterium ist es die entsprechende Irrtumswahrscheinlichkeit. Im ersten Schritt werden alle vorgegebenen unabhängigen Variablen in einer multiplen Regressionsanalyse berücksichtigt. Erfüllen alle Regressionskoeffizienten das Prüfkriterium, ist die stufenweise Regressionsanalyse beendet. Falls nicht, wird im zweiten Schritt die Variable mit der kleinsten Partialkorrelation eliminiert und geprüft, ob die verbleibenden Variablen das vorgegebene Prüfkriterium erfüllen. Dieser Schritt wird so lange wiederholt, bis keine Modellvariable mehr dem Eliminationskriterium genügt. Deutlich wird dieses Verfahren auch durch das Beispiel in Tabelle III.3-12. Als Eliminationskriterium ist die Irrtumswahrscheinlichkeit des F-Testes mit 0,10 vorgegeben.

Das Verfahren STEPWISE ist eine Kombination der Verfahren FORWARD und BACKWARD. Die Auswahl der ersten beiden Variablen geschieht auf dieselbe Art wie bei FORWARD. Nun wird geprüft, ob die ausgewählten unabhängigen Variablen mit Hilfe des Verfahrens BACKWARD eliminiert werden können; danach wird wieder FORWARD angewandt. Die hintereinander geschaltete Ausführung von FORWARD und BACKWARD wird so lange fortgesetzt, bis keine neuen Variablen mehr in das Modell aufgenommen oder aus dem Modell eliminiert werden. Das Aufnahmekriterium muß bei diesem Verfahren restriktiver sein als das Eliminationskriterium, sonst könnte der Zustand eintreten, daß dieselbe Variable immer wieder aufgenommen und eliminiert wird. Ein Beispiel für das Verfahren STEPWISE ist in Tabelle III.3-13 beschrieben.

3.3.3 Die Prozedur REGRESSION

Zur Durchführung einer Regressionsanalyse mit SPSS^x sind mindestens drei Anweisungen unbedingt notwendig: die Angabe einer Variablenliste durch VARIABLES, die Festlegung der abhängigen Variablen durch DEPENDENT und die Auswahl des Regressionsverfahrens mit gleichzeitiger Festlegung der unabhängigen Variablen. Die Syntax dieser Anweisungen lautet:

Die Korrelations- und Regressionsanalyse

```
REGRESSION
/VARIABLES = variablenliste
/DEPENDENT = abhängige Variable(n)
/{STEPWISE|FORWARD|BACKWARD|ENTER|REMOVE} = unabhängige Variable(n)
```

Die Regressionsverfahren STEPWISE, FORWARD und BACKWARD sind oben beschrieben; ENTER bedeutet, daß die Variablen en bloc aufgenommen werden und REMOVE, daß die Variablen en bloc entfernt werden.

Tabelle III.3–12: Erster und letzter Schritt bei einer stufenweisen Regression mit dem Verfahren BACKWARD

Erster Schritt:
```
------------------------------ VARIABLES IN THE EQUATION ------------------------------

       VARIABLE          B         SE B       BETA    CORREL  PART COR  PARTIAL        F    SIG F

       AGE           0.00102    0.6613D-03   0.07811  -0.04780  0.04404  0.07080     2.357  0.1254
       SEX          -0.10358    0.01032     -0.33699  -0.54802 -0.28792 -0.42090   100.761  0.0000
       MINORITY     -0.05237    0.01084     -0.14157  -0.17284 -0.13860 -0.21799    23.349  0.0000
       EDLEVEL       0.03144    0.00175      0.59195   0.68572  0.51593  0.63934   323.554  0.0000
       WORK          0.00161    0.9241D-03   0.09143   0.03994  0.04990  0.08015     3.026  0.0826
       (CONSTANT)    3.38530    0.03323                                           10376.612  0.0000
```

Letzter Schritt:
```
------------------------------ VARIABLES IN THE EQUATION ------------------------------

       VARIABLE          B         SE B       BETA    CORREL  PART COR  PARTIAL        F    SIG F

       SEX          -0.09904    0.00990     -0.32223  -0.54802 -0.28733 -0.41933   100.063  0.0000
       MINORITY     -0.05225    0.01085     -0.14125  -0.17284 -0.13828 -0.21700    23.176  0.0000
       EDLEVEL       0.03143    0.00175      0.59176   0.68572  0.51577  0.63827   322.412  0.0000
       WORK          0.00275    0.5458D-03   0.15659   0.03994  0.14489  0.22685    25.444  0.0000
       (CONSTANT)    3.41195    0.02838                                           14454.042  0.0000
```

Tabelle III.3–13: Stufenweise Regression mit dem Verfahren STEPWISE

```
                    * * * *   M U L T I P L E   R E G R E S S I O N   * * * *

VARIABLE LIST NUMBER  1.  LISTWISE DELETION OF MISSING DATA.
EQUATION NUMBER 1.

DEPENDENT VARIABLE..  LOGBEG

BEGINNING BLOCK NUMBER 1.  METHOD:  STEPWISE

VARIABLE(S) ENTERED ON STEP NUMBER  1..    EDLEVEL      EDUCATIONAL LEVEL

MULTIPLE R          0.68572
R SQUARE            0.47021
ADJUSTED R SQUARE   0.46909
STANDARD ERROR      0.11265

------------- VARIABLES IN THE EQUATION -------------          ------------- VARIABLES NOT IN THE EQUATION -------------
VARIABLE        B        SE B      BETA         F   SIG F      VARIABLE    BETA IN   PARTIAL  MIN TOLER       F   SIG F

EDLEVEL      0.03642   0.00178    0.68572    418.920 0.0000    SEX         -0.34802  -0.44681   0.87327   117.486 0.0000
(CONSTANT)   3.31001   0.02455              18176.766 0.0000   WORK         0.22747   0.30241   0.93632    47.408 0.0000
                                                               MINORITY    -0.08318  -0.11327   0.98234     6.121 0.0137
                                                               AGE          0.15718   0.20726   0.92113    21.140 0.0000

                    * * * * * * * * * * * * * * * * * * * * * * * * * * *

VARIABLE(S) ENTERED ON STEP NUMBER  2..    SEX          SEX OF EMPLOYEE

MULTIPLE R          0.75893
R SQUARE            0.57598
ADJUSTED R SQUARE   0.57418
STANDARD ERROR      0.09999

------------- VARIABLES IN THE EQUATION -------------          ------------- VARIABLES NOT IN THE EQUATION -------------
VARIABLE        B        SE B      BETA         F   SIG F      VARIABLE    BETA IN   PARTIAL  MIN TOLER       F   SIG F

EDLEVEL      0.02984   0.00171    0.56183    306.192 0.0000    WORK         0.14425   0.20567   0.77382    20.759 0.0000
SEX         -0.10697   0.00987   -0.34802    117.486 0.0000    MINORITY    -0.12902  -0.19464   0.84758    18.507 0.0000
(CONSTANT)   3.44754   0.02539              18443.279 0.0000   AGE          0.13942   0.20519   0.80425    20.659 0.0000

                    * * * * * * * * * * * * * * * * * * * * * * * * * * *
```

```
VARIABLE(S) ENTERED ON STEP NUMBER  3..    WORK        WORK EXPERIENCE

MULTIPLE R              0.77066
R SQUARE                0.59391
ADJUSTED R SQUARE       0.59132
STANDARD ERROR          0.09796

------------------ VARIABLES IN THE EQUATION ------------------          ------------ VARIABLES NOT IN THE EQUATION ------------
VARIABLE         B           SE B        BETA         F      SIG F       VARIABLE     BETA IN   PARTIAL   MIN TOLER       F    SIG F
EDLEVEL       0.03257      0.00177    0.61321     336.772   0.0000       MINORITY    -0.14125  -0.21700    0.75967    23.176  0.0000
SEX          -0.09403      0.01008   -0.30594      87.099   0.0000       AGE          0.07633   0.06754    0.29839     2.149  0.1433
WORK          0.00254    0.5566D-03   0.14425      20.759   0.0000
(CONSTANT)    3.38457      0.02845              14150.641   0.0000

                    . . . . . . . . . . . . . . . . . . .

VARIABLE(S) ENTERED ON STEP NUMBER  4..    MINORITY    MINORITY CLASSIFICATION

MULTIPLE R              0.78297
R SQUARE                0.61304
ADJUSTED R SQUARE       0.60974
STANDARD ERROR          0.09573

------------------ VARIABLES IN THE EQUATION ------------------          ------------ VARIABLES NOT IN THE EQUATION ------------
VARIABLE         B           SE B        BETA         F      SIG F       VARIABLE     BETA IN   PARTIAL   MIN TOLER       F    SIG F
EDLEVEL       0.03143      0.00175    0.59176     322.412   0.0000       AGE          0.07811   0.07080    0.29784     2.357  0.1254
SEX          -0.09904      0.00990   -0.32223     100.063   0.0000
WORK          0.00275    0.5458D-03   0.15659      25.444   0.0000
MINORITY     -0.05225      0.01085   -0.14125      23.176   0.0000
(CONSTANT)    3.41195      0.02838              14454.042   0.0000

FOR BLOCK NUMBER   1   PIN = 0.050 LIMITS REACHED.
```

Der Output einer multiplen Regressionsanalyse ist in der Tabelle III.3-14 wiedergegeben. Die abhängige Variable heißt LOGBEG und die unabhängigen Variablen sind AGE, SEX, MINORITY, EDLEVEL und WORK. Der Determinationskoeffizient beträgt ca. 0,61 und der dazugehörige Signifikanztest (F-Test) zeigt, daß dieser Wert auch in der Grundgesamtheit mit hoher Wahrscheinlichkeit von null verschieden ist. Im zweiten Teil des Outputs sind die partiellen Regressionskoeffizienten und die Regressionskonstante in der Spalte, die mit B überschrieben ist, aufgelistet. In den nachfolgenden Spalten stehen als Schätzungen der Standardfehler die Koeffizienten (SE B), die standardisierten partiellen Regressionskoeffizienten (BETA) und die t-Werte, die dem Test, daß die partiellen Regressionskoeffizienten bzw. die Regressionskonstanten null sind, zugrundeliegen, mit den entsprechenden Irrtumswahrscheinlichkeiten.

Tabelle III.3–14: Beispiel einer multiplen Regressionsanalyse

```
       REGRESSION VARIABLES=LOGBEG,EDLEVEL,SEX,WORK,MINORITY,AGE/
       DEPENDENT=LOGBEG/
       ENTER EDLEVEL TO AGE

MULTIPLE R              0.78420        ANALYSIS OF VARIANCE
R SQUARE                0.61497                          DF      SUM OF SQUARES     MEAN SQUARE
ADJUSTED R SQUARE       0.61086        REGRESSION         5             6.83036         1.36607
STANDARD ERROR          0.09559        RESIDUAL         468             4.27641         0.00914

                                       F =     149.49952         SIGNIF F = 0.0000

                     ------------------ VARIABLES IN THE EQUATION ------------------
                     VARIABLE         B           SE B        BETA         T      SIG T
                     AGE           0.00102    0.6613D-03    0.07811      1.535   0.1254
                     SEX          -0.10358      0.01032    -0.33699    -10.038   0.0000
                     MINORITY     -0.05237      0.01084    -0.14157     -4.832   0.0000
                     EDLEVEL       0.03144      0.00175     0.59195     17.988   0.0000
                     WORK          0.00161    0.9241D-03    0.09143      1.740   0.0826
                     (CONSTANT)    3.38530      0.03323                101.866   0.0000
```

Sind in der VARIABLES-Anweisung mehr unabhängige Variablen als in der ENTER-Anweisung aufgeführt, berechnet SPSS^x zwei multiple Regressionsanalysen: die erste ist durch die unabhängigen Variablen in der ENTER-Anweisung definiert und die zweite durch die unabhängigen Variablen der VARIABLES-Anweisung. In beiden Fällen ist die abhängige Variable identisch und durch das DEPENDENT-Kommando festgelegt. Die Ergebnisse der ersten Regressionsanalyse werden unter der Überschrift VARIABLES IN THE EQUATION ausgedruckt (siehe Tabelle III.3-14) und die Ergebnisse der zweiten Regression sind mit VARIABLES NOT IN THE EQUATION überschrieben (siehe Tabelle III.3-15). Die Spalte mit der Überschrift BETA IN gibt die standardisierten partiellen Regressionskoeffizienten wieder; danach folgen Partialkorrelationen, wobei die Variablen, die in dem ursprünglichen Regressionsansatz enthalten sind, konstant gehalten werden. Der F-Test und die dazugehörigen Irrtumswahrscheinlichkeiten (F bzw. SIG F) beziehen sich auf die Nullhypothese, daß die Koeffizienten in der Grundgesamtheit null sind.

Tabelle III.3–15: Auszug eines Outputs einer multiplen Regressionsanalyse: VARIABLES NOT IN THE EQUATION

```
-------------- VARIABLES NOT IN THE EQUATION --------------
VARIABLE      BETA IN   PARTIAL   MIN TOLER       F   SIG F
WORK          0.14425   0.20567   0.77382    20.759  0.0000
MINORITY     -0.12902  -0.19464   0.84758    18.507  0.0000
AGE           0.13942   0.20519   0.80425    20.659  0.0000
```

Mit Hilfe der DESCRIPTIVES- und STATISTICS-Anweisung können zusätzliche statistische Berechnungen durchgeführt werden. Zu beachten ist, daß die Angabe STATISTICS vor DEPENDENT stehen muß. Die Syntax dieser Kommandos:

```
/DESCRIPTIVE = [DEFAULTS]  [MEAN]   [STDDEV]  [CORR]
               [VARIANCE]  [XPROD]  [SIG]  [N]  [BADCORR]
               [COV]   [NONE]

/STATISTICS  = [DEFAULTS]  [R]  [COEFF]  [ANOVA]  [ZPP]
               [LABEL]  [CHA]  [CI]  [F]  [BCOV]  [SES]  [TOL]
               [HISTORY]  [XTX]  [COND]  [END]  [ALL]
```

Mit DESCRIPTIVES können die Mittelwerte, Standardabweichungen, Varianzen und die Summe der Abweichungsprodukte vom Mittelwert (XPROD) bestimmt werden und darüber hinaus die Kovarianz- und Korrelationsmatrix (CORR bzw. COV) mit dem dazugehörigen einseitigen Signifikanzniveau (SIG). Mit STATISTICS kann unter anderem ein Signifikanztest der Hypothese, daß ein Zuwachs des Determinationskoeffizienten durch Hinzufügen neuer Variablen null ist, durchgeführt werden (CHA), die 95-Prozent-Konfidenzintervalle für die Modell-Regressionskoeffizienten können bestimmt werden (CI), ebenso der Standardfehler der Beta-Werte (SES) und die Toleranzwerte (TOL).
Für eine Residuenanalyse stehen in der SPSS^x-Prozedur REGRESSION drei Anweisungen zur Verfügung: RESIDUALS, CASEWISE und SCATTERPLOT. In diesen Anwei-

sungen kann auf temporär gebildete Variablen zurückgegriffen werden; unter anderem auf:

PRED: Vorhersagewerte
ZPRED: standardisierte Vorhersagewerte (Z-Werte)
SEPRED: Standardfehler der Vorhersagewerte
RESID: Residuum
ZRESID: standardisiertes Residuum
SRESID: t-Werte der Residuen.

Mit der RESIDUALS-Anweisung können univariate Statistiken und Graphiken erzeugt werden; insbesondere ein Histogramm und der DURBIN-Watson-Test. Das Histogramm in Schaubild III.3-13 beispielsweise wird durch folgende Befehlsfolge erzeugt:

```
REGRESSION VARIABLES = X, Y/
    DEPENDENT = Y/
    ENTER X/
    RESIDUALS SIZE (SMALL) HISTOGRAM (SRESID)
```

Mit CASEWISE kann man fallweise Graphiken und Statistiken berechnen lassen. Dabei besteht die Wahlfreiheit, ob dies mit allen Fällen oder nur für Ausreißer geschehen soll. Der Ausdruck in Schaubild III.3-14 beispielsweise kann durch folgende Anweisungen erzeugt werden:

```
REGRESSION VARIABLES = X, Y/
    DEPENDENT = Y/
    ENTER X/
    CASEWISE = PLOT (SRESID), ALL
```

Bivariate graphische Darstellungen können durch das Unterkommando SCATTERPLOT generiert werden. Dabei wird den temporären Variablen ein «Stern» vorangestellt. Die vertikale Achse des Diagramms (Y) ist durch die erste Variable in der Klammer definiert und die zweite Variable definiert die horizontale Achse (X). Beispielsweise wird der Output in Schaubild III.3-12 durch folgende Befehlsfolge erzielt:

```
REGRESSION VARIABLES = X, Y/
    DEPENDENT = Y/
    ENTER X/
    SCATTERPLOT = (*SRESID, *PRED)
```

Weitere wichtige Unterkommandos sind:

```
/WIDTH = {132 | zeilenlänge im output}
/SELECT = {ALL | bedingung}
```

Mit der ersten Anweisung kann das Format der Ausgabe gesteuert werden. Die Voreinstellung beträgt 132 Zeichen pro Zeile und kann zwischen 60 und 132 beliebig verändert werden. Mit Hilfe der zweiten Anweisung kann man eine Teilmenge von Fällen für die Regressionsanalyse auswählen. Die Voreinstellung ist, daß alle Fälle bearbeitet werden. Die Festlegung der Auswahl geschieht wie bei der SELECT IF-Anweisung über eine logische Bedingung. Zu beachten ist allerdings, daß Residuen und Vorhersagewerte grundsätzlich für alle Fälle bestimmt werden.

3.3.4 Ein Anwendungsbeispiel

In dem Kapitel über die Korrelationsanalyse ist ein Anwendungsbeispiel enthalten (Kapitel 3.1.6), das gemäß einer berufssoziologischen Fragestellung den Zusammenhang zwischen dem Alter und einer berufsbezogenen Einstellung von Bewährungshelfern untersucht. Diese Einstellung ist, genauer gesagt, die Diskrepanz des Bewährungshelfers zwischen der idealen und tatsächlichen Berufsrolle als Sozialarbeiter. Das Ergebnis war: Je jünger ein Bewährungshelfer ist, desto stärker weicht seine ideale Berufsvorstellung von seiner Einschätzung der tatsächlichen Berufsrolle ab. Man kann nun diese Untersuchung durch die Frage erweitern, wie der oben beschriebene Zusammenhang zu erklären ist. Nach der gegenwärtigen Forschungslage kann man nicht davon ausgehen, daß der biologische Alterungsprozeß einen Einstellungswandel verursacht, sondern daß dieser über die soziale Realität vermittelt wird. Eine These ist, daß die Einstellungsänderung über die berufliche Sozialisation erfolgt. Denkbar ist aber auch, daß die soziale Lage und die Sozialisation der einzelnen Jahrgangskohorten so unterschiedlich war, daß zwischen diesen Kohorten relativ große Einstellungsunterschiede bestehen. Idealtypisch formuliert heißt dies, daß nach der ersten These beim Berufsstart kaum ein Unterschied in der hier betrachteten Einstellung zwischen den Bewährungshelfern besteht und daß sich diese Einstellung durch die Berufspraxis verändert. Nach der zweiten Hypothese unterscheiden sich die Einstellungen beim Berufsbeginn kohortenspezifisch und werden dann durch die Praxis nicht mehr verändert. Natürlich sind auch Kombinationen zwischen diesen The-

Schaubild III.3–17: Thesen zur Erklärung des Zusammenhangs zwischen dem Alter und einer Einstellung

These – Eine Einstellungsänderung erfolgt über die berufliche Sozialisation

These – Es gibt Einstellungsunterschiede zwischen Alterskohorten und keinen alterungsbedingten Einstellungswandel

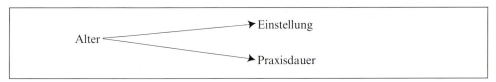

sen denkbar. Das Schaubild III.3-17 zeigt eine modellhafte Beschreibung dieser beiden Thesen.

Weitere Thesen wie die einer altersbedingten Veränderung der Grundhaltung (Alterskonservativismus) sind möglich; dieses Anwendungsbeispiel soll aber auf eine Abwägung zwischen These 1 und These 2 (Schaubild III.3-17) beschränkt bleiben. Eine multiple Regressionsanalyse mit Alter (V179) und Praxisdauer (V180) als unabhängige Variablen und die Diskrepanz zwischen idealer und realer Berufsrolle (DIFF) als abhängige Variable ermöglicht eine Abwägung zwischen den beiden Thesen, denn nach These 1 muß bei einer multiplen Regression der partielle Regressionskoeffizient zwischen Alter und Einstellung und nach These 2 der partielle Regressionskoeffizient zwischen Praxisdauer und Einstellung null sein. Bei der Durchführung einer solchen Analyse sollte natürlich geprüft werden, ob die Anwendungsvoraussetzungen der multiplen Regressionsanalyse erfüllt sind. Die entsprechenden Anweisungen zu einer solchen Analyse sind in Tabelle III.3-16 beschrieben. Die dazugehörige Druckausgabe ist in Tabelle III.3-17 enthalten. Zur Erleichterung der Interpretation der Druckausgabe sind in der Tabelle III.3-17 umrandete Zahlen eingefügt, die einen Hinweis auf eine konkrete Stelle in der Druckausgabe ermöglichen.

Der Determinationskoeffizient der multiplen Regression mit Alter (V179) und Dauer der Berufspraxis (V180) als unabhängige Variablen und der Einschätzung der Diskrepanz zwischen idealer und realer Berufsrolle (DIFF) beträgt 0,05 (2). Dieser Wert ist signifikant von null verschieden (3). Die Beta-Werte zeigen aber, daß nur die Variable Alter einen Einfluß auf die abhängige Variable hat (4): nur dieser Wert ist signifikant von null verschieden (6). Dies bedeutet, daß die These von der berufsbedingten Einstellungsänderung abgelehnt werden kann (vergl. Schaubild III.3-17) – vorausgesetzt, die Anwendungsvoraussetzungen der multiplen Regressionsanalyse sind erfüllt. Die hohe Korrelation zwischen den unabhängigen Variablen (1) und die geringen Toleranz-Werte (5) zeigen allerdings, daß die Schätzwerte möglicherweise durch Multikollinearitätseffekte verzerrt sind. Eine Zusammenfassung der hoch korrelierten Variablen ist bei dieser Analyse aus theoretischen Gründen nicht sinnvoll, es bietet sich also an, dieses Ergebnis mit Hilfe einer Ridge Regression zu überprüfen. Das Diagramm Residuum versus Vorhersagewert (9) zeigt eine Punktewolke ohne erkennbare Struktur; damit ist die Annahme der Linearität und Additivität gerechtfertigt. Die Überprüfung der Homoskedastizität erfolgt mittels der Diagramme unabhängige Variablen versus Residuum (10, 11). Im ersten

Tabelle III.3–16: Anweisungen für eine multiple Regression mit einer Prüfung der Anwendungsvoraussetzungen

```
REGRESSION
 WIDTH=80/
 DESCRIPTIVES=CORR SIG N/
 VARIABLES=V179 V180 DIFF/
 STATISTICS=DEFAULTS TOL/
 DEPENDENT=DIFF/
 ENTER V179 V180/
 RESIDUALS=SIZE(SMALL) HISTOGRAM(ZRESID) DURBIN/
 SCATTERPLOT= (*ZRESID,*ZPRED)/
 SCATTERPLOT= (*ZRESID,V179)/
 SCATTERPLOT= (*ZRESID,V180)
```

Tabelle III.3–17: Druckausgabe einer multiplen Regressionsanalyse

```
              * * * *   M U L T I P L E   R E G R E S S I O N   * * * *

LISTWISE DELETION OF MISSING DATA

N OF CASES =   988

CORRELATION, 1-TAILED SIG:

                V179          V180          DIFF

V179           1.000         -.795 ①        .224
                .999          .000          .000

V180           -.795         1.000         -.184
                .000          .999          .000

DIFF            .224         -.184         1.000
                .000          .000          .999

              * * * *   M U L T I P L E   R E G R E S S I O N   * * * *

EQUATION NUMBER 1    DEPENDENT VARIABLE..  DIFF

  DESCRIPTIVE STATISTICS ARE PRINTED ON PAGE   6

BEGINNING BLOCK NUMBER  1.  METHOD:  ENTER      V179      V180


VARIABLE(S) ENTERED ON STEP NUMBER
   1..   V180      F23 BESCH.-DAUER BEI JUSTIZ
   2..   V179      F22 GEBURT


MULTIPLE R              .22445
R SQUARE                .05038  ②
ADJUSTED R SQUARE       .04845
STANDARD ERROR        19.28725

ANALYSIS OF VARIANCE
                    DF      SUM OF SQUARES      MEAN SQUARE
REGRESSION           2        19438.08152       9719.04076
RESIDUAL           985       366417.92151        371.99789

F =      26.12660       SIGNIF F =   .0000  ③

------------------ VARIABLES IN THE EQUATION ------------------

VARIABLE           B          SE B        BETA      TOLERANCE       T      SIG T

V180           -.003677      .012260    -.015356     .367710      -.300    .7643
V179          2.141064      .517023     .212043     .367710      4.141    .0000
(CONSTANT)    6.346696     4.398758                                       1.443    .1494
                                          ④            ⑤                            ⑥

END BLOCK NUMBER   1   ALL REQUESTED VARIABLES ENTERED.
```

```
* * * *   M U L T I P L E   R E G R E S S I O N   * * * *

EQUATION NUMBER 1     DEPENDENT VARIABLE..  DIFF


RESIDUALS STATISTICS:

                MIN          MAX       MEAN    STD DEV     N

*PRED          7.3847     27.7353    19.8613    4.4378    988
*RESID       -27.6250     72.2449     .0000    19.2677    988
*ZPRED        -2.8114      1.7743     .0000     1.0000    988
*ZRESID       -1.4323      3.7457     .0000      .9990    988

TOTAL CASES =    1058


DURBIN-WATSON TEST =   1.95826   ⑦


* * * * * * * * * * * * * * * * * * * * * * * * * * * *


HISTOGRAM - STANDARDIZED RESIDUAL

  N    EXP N     (* = 3 CASES,    . : = NORMAL CURVE)   ⑧
 13     .76    OUT ****
  2    1.51   3.00 :
  6    3.86   2.67 :*
 11    8.81   2.33 **:*
 29   18.03   2.00 *****:****
 29   33.03   1.67 *********.
 42   54.21   1.33 ************** .
 66   79.69   1.00 ********************* .
 73  104.93    .67 ************************ .
 69  123.78    .33 ***********************
108  130.78    .00 *************************************.
148  123.78   -.33 *****************************************:********
187  104.93   -.67 **********************************:*************************
159   79.69  -1.00 ****************************:*************************
 46   54.21  -1.33 ***************  .
  0   33.03  -1.67                  .
  0   18.03  -2.00           .
  0    8.81  -2.33      .
  0    3.86  -2.67  .
  0    1.51  -3.00 .
  0     .76  OUT
```

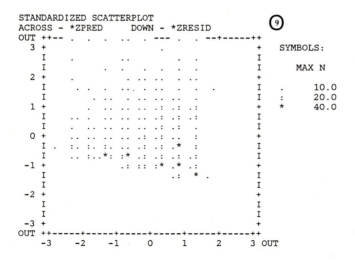

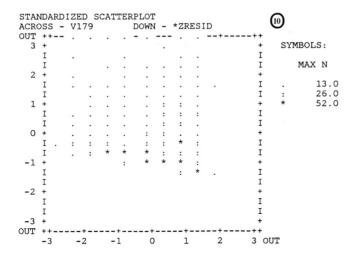

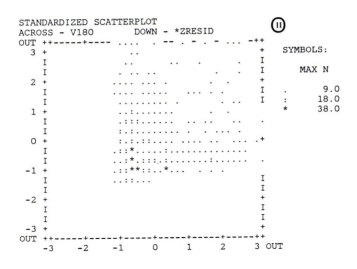

Diagramm unterscheiden sich die Streuungen der Residuen zu den einzelnen Werten der Variablen V179 kaum. Allerdings zeigt das zweite Diagramm, daß bei positiven Werten der Variablen V180 die Streuungen der Residuen größer sind als bei negativen Werten der unabhängigen Variablen – ein Hinweis auf eine vorhandene Heteroskedastizität. Diese Verletzung der Annahme führt insbesondere zu Verzerrungen der Irrtumswahrscheinlichkeiten, die Berechnung der Regressionskoeffizienten für diese Stichprobe wird davon nicht tangiert. Die Beta-Werte unterscheiden sich aber so stark, daß die Ablehnung der These, daß die Einstellungsänderung durch die berufliche Sozialisation erfolgt, in bezug auf die Stichprobe gerechtfertigt ist. Verallgemeinerungen über die Stichprobe hinaus sind auf der Plausibilitätsebene möglich.

Eine weitere Voraussetzung ist die normalverteilter Residuen. Das entsprechende Histogramm (8) zeigt Abweichungen von der Normalverteilung. Die Verletzung dieser Voraussetzung hat ähnliche Konsequenzen wie die Verletzung der Homoskedastizität, so daß die dort dargelegten Überlegungen entsprechend gelten.

Die Prüfgröße beim Durbin-Watson-Test (7) zeigt, daß keine Autokorrelation vorliegt. Bei nichtvorhandener Autokorrelation beträgt der Wert dieser Prüfgröße ungefähr zwei – so eine Faustregel. Der empirisch ermittelte Wert bei dieser Untersuchung erfüllt diese Bedingung (7), so daß diese Annahme als erfüllt angesehen werden kann.

Insgesamt gesehen kann also durch diese Analyse die These von der Einstellungsänderung durch die berufliche Sozialisation dann abgelehnt werden, wenn durch weitere Analysen bestätigt werden kann, daß die vorhandene Multikollinearität keine verzerrenden Effekte hat.

4 Nichtparametrische Statistik

Frank Faulbaum

Die in den vorangegangenen Kapiteln angesprochenen Verfahren zur Überprüfung statistischer Hypothesen gingen von bestimmten Annahmen aus, die das Skalenniveau der betrachteten Variablen einerseits und deren Verteilungen in den zugrundegelegten Populationen andererseits betrafen. So basierte die Durchführung des t-Tests z. B. auf der Annahme, daß die Variable, bezüglich der zwei Stichproben miteinander verglichen werden, in den beiden Populationen, denen die Stichproben entnommen wurden, normalverteilt war und wenigstens auf einer Intervallskala gemessen wurde. Nur aufgrund der Annahme, daß die zugrundeliegende Variable in den Populationen normalverteilt ist, erhält man als Stichprobenverteilung für die Differenz der Mittelwerte die t-Verteilung.
Nichtparametrische (non-parametric) oder verteilungsfreie (distribution-free) statistische Schätz- und Inferenzmethoden basieren auf Stichprobenverteilungen, die nicht von einer vollständigen Spezifikation der Populationsverteilungen der beobachteten Variablen abhängen, aus der die Stichproben gezogen wurden (vgl. Kotz/Johnson 1982: 400). Sie stellen also weniger Anforderungen an die Parameter der zugrundegelegten Grundgesamtheit(en). Aufgrund ihrer Verteilungsunabhängigkeit sind sie besonders geeignet bei kleinen Stichproben, bei Daten, die nur auf einer Ordinal- oder Nominalskala gemessen wurden sowie bei unvollständigen oder unpräzisen Daten. Sie können sehr häufig dann angewendet werden, wenn die Voraussetzungen der entsprechenden parametrischen Tests nicht erfüllt sind. Allerdings bedeutet Verteilungsunabhängigkeit nicht vollständige Voraussetzungslosigkeit. So muß man z.B. beim Test von Mann-Whitney (U-Test; siehe unten) annehmen, daß die wenigstens ordinal gemessene Variable in den beiden verglichenen Populationen stetig verteilt ist.
Einen relativ vollständigen Überblick über die Anwendung nichtparametrischer Verfahren und ihre Voraussetzungen für den uns in diesem Kapitel interessierenden univariaten Fall gibt Lienert (1973). Elementare Einführungen geben weiterhin Siegel (1956), Conover (1971), Gibbons (1971) und Maritz (1981). Darüberhinaus finden sich Darstellungen der am häufigsten angewandten Verfahren in einigen Standardeinführungen und – Lehrbüchern der Statistik (z.B. Bortz 1985, Hays 1973, Hartung/Elpelt/Klösener 1982).
SPSS^X bietet eine Reihe von Verfahren an, die Lokationsvergleiche oder allgemeine Verteilungsvergleiche zwischen zwei oder mehreren unabhängigen oder abhängigen Stichproben ermöglichen, wobei die erhobenen Daten nominal oder ordinal gemessen sein können. Außerdem werden mehrere nichtparametrische Korrelationsmethoden angeboten. Im Rahmen dieser kurzen Einführung in SPSS^X seien lediglich fünf Testverfahren und ein nichtparametrischer Korrelationskoeffizient beispielhaft herausgegriffen: Als Beispiele für den Lokationsvergleich zweier unabhängiger Stichproben der U-Test von Mann-Whitney, als Beispiele für den Lokationsvergleich zwischen zwei abhängigen (gepaarten) Stichproben der Vorzeichentest und der Wilcoxon-Text für Paardifferenzen, als Beispiel für den Lokationsvergleich mehrerer unabhängiger Stichproben der H-Text von Kruskal und Wallis, als Beispiel für Verteilungsvergleiche der χ^2-Anpassungstest und

als Beispiel für einen nichtparametrischen Korrelationskoeffizienten der Rangkorrelationskoeffizient von Spearman.
Alle Anweisungen für die Durchführung nichtparametrischer Testmethoden weisen in SPSS^X die folgende allgemeine Struktur auf:

> NPAR TESTS testname[(parameter)] = varlist/

Die Spezifikation besonderer Optionen oder statistischer Kennwerte läßt sich durch entsprechende OPTIONS- und STATISTICS-Anweisungen steuern.
Die Form der Variablenliste ändert sich mit der für den speziellen Test erforderlichen Datenorganisation. Nichtparametrische Korrelationen lassen sich im Rahmen der Prozedur NONPAR CORR berechnen.

4.1 Lokationsvergleich zwischen zwei unabhängigen Stichproben: Der U-Test von Mann-Whitney

4.1.1 Beschreibung des Verfahrens

Der U-Test von MANN-WHITNEY erlaubt einen Lokationsvergleich zwischen zwei unabhängigen Stichproben. Er kann als gute Alternative zum t-Test angesehen werden, wenn die Voraussetzungen des t-Tests nicht erfüllt sind.
Ausgangspunkt sind zwei unabhängige Zufallsstichproben von wenigstens auf einer Ordinalskala erhobenen Beobachtungen $x_1, x_2, \ldots, x_{n_1}$ und $y_1, y_2, \ldots, y_{n_2}$ aus zwei stetig verteilten Populationen A und B mit den Verteilungsfunktionen F_A und F_B und Medianen M_A und M_B.
Geprüft wird die Nullhypothese, daß die Meßwerte in beiden Populationen identisch verteilt sind; d.h. daß gilt:

$F_A(u) = F_B(u)$ für alle u.

Eine gleichwertige Formulierung der Nullhypothese nimmt auf die Mediane der Verteilungen Bezug. Sie lautet:

$M_A = M_B$ unter der Annahme, daß $F_A(u) = F_A(u - M_A + M_B)$.

Die Meßwerte beider Stichproben werden gemeinsam in eine aufsteigende Rangordnung $r_1, r_2, \ldots, r_{n_1+n_2}$ gebracht. Anschließend werden die Rangzahlen der ersten Stichprobe mit allen Rangzahlen der zweiten Stichprobe verglichen, was zu insgesamt $n_1 n_2$ Vergleichen führt. Berechnet man die Summe der Vergleiche mit positivem Ergebnis einerseits und die Summe der Vergleiche mit negativem Ergebnis andererseits, so stellt die kleinere der beiden Summenwerte die Prüfgröße U des Tests dar. Zwischen der Prüfgröße U und ihrem Komplement U' gilt die Beziehung $U = n_1 n_2 - U'$.
Unter der Nullhypothese, daß beide Stichproben aus identisch verteilten Populationen stammen, ist U für große Stichproben näherungsweise normalverteilt mit einem Erwartungswert (Mittelwert)

$$E(U) = n_1 n_2 / 2$$

und der Varianz

$$\sigma^2_U = (n_1 n_2 (n_1 + n_2 + 1))/12$$

Die Hypothese identischer Populationsverteilungen kann daher über

$$z = (U - E(U))/\sigma_U$$

getestet werden (asymptotischer Test), wobei es für eine zweiseitige Fragestellung gleichgültig ist, ob man U oder U' als Prüfgröße verwendet. Bei kleinen Stichproben kann die Stichprobenverteilung von U auf kombinatorischem Weg exakt ermittelt werden. SPSS^x ermittelt die exakten Wahrscheinlichkeiten, wenn $n = n_1 + n_2 < 30$ ist.
Ein Problem für die Anwendung des U-Tests stellt das Vorhandensein von gleichen Meßwerten (Bindungen, Verbundwerte; engl.: ties) dar. Gleichgültig, ob Bindungen innerhalb einer der beiden Stichproben oder zwischen beiden Stichproben auftreten: Sie beeinflussen in jedem Fall die Standardabweichung der Stichprobenverteilung von U. U selbst wird nur durch das Vorhandensein von Bindungen zwischen den Stichproben beeinflußt. Das Auftreten von Bindungen wird in SPSS^x bei der Berechnung der Überschreitungswahrscheinlichkeiten von U berücksichtigt.

4.1.2 Anwendungsbeispiel

KING et al. (1979) untersuchten die Beziehung zwischen Art der Fettzufuhr und der Tumorentwicklung in Ratten. Drei Gruppen von Ratten wurden jeweils mit einer Diät mit geringem Fettanteil, einer Diät mit gesättigten Fetten und einer Diät mit ungesättigten Fetten gefüttert. Alle drei Gruppen hatten das gleiche Alter, gehörten der gleichen Spezies an und zeichneten sich durch eine ähnliche physische Konstitution aus. Die uns hier interessierende Fragestellung ist die, ob die Zeit, die vergeht bis sich ein Tumor entwickelt, davon abhängt, ob die Ratten mit gesättigten oder mit ungesättigten Fetten gefüttert wurden. Im Falle des Vorliegens einer Normalverteilung in den Populationen würde man den t-Test anwenden. Ist man jedoch unsicher, ob diese Bedingung erfüllt ist, bietet sich der U-Test an.
Nimmt man an, daß die gemessenen Zeitwerte in einer Variablen mit dem Namen TUMOR zusammengefaßt sind und die Versuchsbedingungen (Diätbehandlungen) in einer Variablen DIET, welche die Werte 0 (ungesättigte Fette), 1 (gesättigte Fette) und 2 (niedriger Fettanteil) annehmen kann, so würde die entsprechende SPSS^x-Anweisung lauten:

```
NPAR TESTS M-W = TUMOR BY DIET(0,1)
```

M-W ist der SPSS^x-Name für den Test von Mann-Whitney.
Abbildung III.4-1 zeigt die SPSS^x-Ausgabe für das Beispiel. Wir sehen, daß für jede Gruppe die Anzahl der Fälle, die mittleren Ränge (mittlerer Rang: Rangsumme geteilt durch Anzahl der Fälle) (MEAN RANK), die Werte U, W und Z sowie die unter Berücksichtigung der Bindungen berechnete Überschreitungswahrscheinlichkeit für eine zweiseitige Fragestellung ausgegeben werden.

U ist die Prüfstatistik und W ist die Rangsumme für die Gruppe mit der kleineren Zahl von Beobachtungen. Die Gruppe der mit einer gesättigten Fettdiät behandelten Fälle beträgt nur 29, weil eine Ratte aufgrund von Umständen, die nichts mit dem Experiment zu tun hatten, gestorben war. Weisen beide Gruppen die gleiche Anzahl von Beobachtungen auf, gibt W die Rangsumme für die Gruppe wieder, die in der Anweisung zuerst genannt wurde.

Z bezeichnet den z-Wert für den asymptotischen Test. Der Wert unter der Spalte 2-TAILED P gibt die Überschreitungswahrscheinlichkeit unter der Nullhypothese wieder, daß die beiden Stichproben aus zwei identisch verteilten Populationen stammen. Sie beträgt in diesem Fall 0.1582. Hätten wir unser Signifikanzniveau vor dem Test auf 0.05 festgelegt, könnten wir die Nullhypothese nicht zurückweisen, da die Überschreitungswahrscheinlichkeit diesen Wert übersteigt.

Abbildung III.4 – 1: Mann-Whitney-Ausgabe

```
 - - - - - MANN-WHITNEY U - WILCOXON RANK SUM W TEST
     TUMOR
  BY DIET

     MEAN RANK       CASES

        26.90          30    DIET = 0   UNSATURATED
        33.21          29    DIET = 1   SATURATED
                       --
                       59    TOTAL

                                      CORRECTED FOR TIES
        U              W         Z        2-TAILED P
      342.0          963.0    -1.4112       0.1582
```

4.2 Lokationsvergleich für abhängige Stichproben: Der Vorzeichentest

4.2.1 Beschreibung des Verfahrens

Der Vorzeichentest (auch: Zeichentest; engl.: sign test) ist geeignet für Lokationsvergleiche zwischen zwei abhängigen (gepaarten; engl.: matched) Stichproben, d.h. Stichproben, deren Beobachtungen aufgrund eines Merkmals paarweise einander zugeordnet sind. Mit seiner Hilfe kann die Nullhypothese überprüft werden, daß die beiden Stichproben aus stetig verteilten gepaarten Grundgesamtheiten mit identischer Lokation stammen, wobei der Test in seiner allgemeinen Form nur auf Gleichheit der Medianwerte prüft. Nur im Falle symmetrisch verteilter Populationen prüft er die Gleichheit der Mittelwerte. Die Beobachtungen müssen voneinander unabhängig sein.

Zunächst bildet man die Differenzen $(x_{Ai} - x_{Bi})$ für alle Meßwertpaare x_{Ai}, x_{Bi} (i = 1,...,n), wobei A und B die beiden Stichproben bezeichnen.

Weiter betrachtet werden dann nur die Vorzeichen dieser Differenzen, deren Häufigkeiten bestimmt werden. Unter der Nullhypothese müßte sich die Häufigkeit des selteneren Vorzeichens binomial verteilen mit p = 0.5 und n als Parametern der Binomialverteilung. Für große Stichproben nähert sich die Binomialverteilung einer Normalverteilung an, so daß in diesem Fall der Test über den z-Wert erfolgen kann mit

$$z = (|P - p| - 1/(2n))/\sqrt{pq/n} = (P - 0.50 - 1/(2n))/\sqrt{(.50)(.50)/n}$$

(P: relative Häufigkeit der positiven oder negativen Differenzen)
SPSS^X verwendet die Bestimmung der exakten Wahrscheinlichkeiten über die Binomialverteilung, wenn die Anzahl der Paare gleich 25 oder kleiner ist.
Bei Auftreten von Nulldifferenzen besteht die optimale Strategie darin, diese Differenzen zu ignorieren und die Stichprobengröße entsprechend zu korrigieren. Diese Strategie wird auch von SPSS^X angewendet.

4.2.2 Anwendungsbeispiel

Kommen wir auf Kapitel III.1 zurück, wo als Beispiel für die Anwendung des t-Tests für abhängige Stichproben die Ergebnisse einer Verbraucherbefragung zugrundegelegt wurden, über die DAVIS/RAGSDALE (1983) berichtete. Verheiratete Paare wurden gebeten, auf einer Ratingskala von 1 (würde ich bestimmt kaufen) bis 7 (würde ich bestimmt nicht kaufen) die Wahrscheinlichkeit einzustufen, mit der sie ein Produkt kaufen würden. Eingestuft werden mußten insgesamt 20 Produkte. Die Summe der Ratings einer Person über alle Produkte definierte einen entsprechenden «buying score».
Um mit dem Vorzeichentest die Nullhypothese zu prüfen, daß sich die Verteilungen der «buying scores» für Männer und Frauen nicht unterscheiden, wird zunächst für jedes Ehepaar die Differenz zwischen den Scores gebildet. Anschließend würde man die Summe der negativen und positiven Differenzen bestimmen und die aufgrund der Binomialverteilung mit einem $p = 0.5$ zu erwartende Überschreitungswahrscheinlichkeit berechnen.
Die SPSS^X-Anweisung würde in diesem Fall lauten:

NPAR TESTS SIGN = HSSCALE WITH WSSCALE

---

wobei SIGN der symbolische Name des Verfahrens ist und HSSCALE bzw. WSSCALE die Namen der Variablen darstellen, die die «buying scores» für Männer und Frauen beinhalten.
Abbildung III.4-2 zeigt einen SPSS^X-Ausdruck für das gewählte Beispiel. Wiedergegeben sind in diesem Ausdruck die Anzahlen der negativen und positiven Differenzen, die Anzahl der Bindungen (Nulldifferenzen), der z-Wert für den asymptotischen Test und die

Abbildung III.4–2: Ausgabe für den Vorzeichentest

```
     - - - - - SIGN TEST
       HSSCALE    HUSBAND SELF SCALE
  WITH WSSCALE    WIFE SELF SCALE

           CASES
              56   - DIFFS (WSSCALE LT HSSCALE)        Z =      1.6416
              39   + DIFFS (WSSCALE GT HSSCALE)
               3   TIES                           2-TAILED P =   .1007
              ---
              98   TOTAL
```

Überschreitungswahrscheinlichkeit p für die zweiseitige Fragestellung. Sie beträgt in diesem Fall .1007, was im Falle eines Signifikanzniveaus von .05 zur Beibehaltung der Nullhypothese führen würde.

4.3 Lokationsvergleich zwischen zwei abhängigen Stichproben: Der Vorzeichenrangtest für Paardifferenzen nach Wilcoxon

4.3.1 Beschreibung des Verfahrens

Auch der Vorzeichenrangtest (signed rank test) von WILCOXON dient dem Lokationsvergleich zweier abhängiger Stichproben und geht von den Meßwertdifferenzen aus. Wurden beim Vorzeichentest jedoch nur die Vorzeichen der Differenzen berücksichtigt, so zieht der Vorzeichenrangtest außerdem die Größe der Differenzen in Betracht. Dabei werden diese Differenzen dem Absolutbetrag nach in eine aufsteigende Rangordnung gebracht. Anschließend wird die Summe der Ränge der Differenzen mit positivem Vorzeichen und die Summe der Ränge mit negativem Vorzeichen gebildet. Als Prüfgröße T wird dann die kleinere der beiden Rangsummen genommen.

Unter der Nullhypothese, daß die beiden Populationen, denen die gepaarten Beobachtungen entstammen, identisch verteilt sind, müßte jede Zuordnung von Vorzeichen zu Rängen die gleiche Wahrscheinlichkeit besitzen (insgesamt 2^n mögliche Zuordnungen). Jede dieser Zuordnungen liefert eine mögliche Rangsumme.

Für eine große Anzahl n von Paaren ist die Stichprobenverteilung näherungsweise normalverteilt mit einem Erwartungswert

$$E(T) = n(n + 1)/4$$

und einer Varianz

$$\sigma_T = n(n + 1)(2n + 1)/24.$$

Daher kann in diesem Fall über den z-Wert

$$z = (T - E(T))/\sigma_T$$

getestet werden.

Für kleine Stichproben lassen sich die Überschreitungswahrscheinlichkeiten auf kombinatorischem Weg exakt bestimmen. Allerdings verwendet SPSS^x den asymptotischen Test (Test über z-Wert).

Im Falle von gleichen Rangdifferenzen werden mittlere Ränge zugeordnet, was die Prüfgröße des Tests nur unwesentlich beeinflußt.

Der Vorzeichenrangtest stellt eine stärkere Alternative zum t-Test für abhängige Stichproben dar als der Vorzeichentest.

4.3.2 Anwendungsbeispiel

Als Anwendungsbeispiel läßt sich das für den Vorzeichentest gewählte Beispiel der Verbraucherumfrage verwenden. Die SPSS^x-Anweisung lautet in diesem Fall:

```
NPAR TESTS WILCOXON = HSSCALE WITH WSSCALE
```

Die SPSS^x-Ausgabe für unseren Beispielfall ist in Abbildung III.4-3 zu sehen. Sie enthält Informationen über die Anzahl der negativen und positiven Rangdifferenzen, die durchschnittlichen Rangdifferenzen für die negativen und positiven Ränge (MEAN RANK), die Anzahl der Bindungen, den z-Wert und die Überschreitungswahrscheinlichkeit bei zweiseitiger Fragestellung.

Abbildung III.4–3: Ausgabe für den Vorzeichenrantest

```
      - - - - - WILCOXON MATCHED-PAIRS SIGNED-RANKS TEST
       HSSCALE    HUSBAND SELF SCALE
WITH WSSCALE      WIFE SELF SCALE

     MEAN RANK      CASES

         45.25         56   - RANKS (WSSCALE LT HSSCALE)
         51.95         39   + RANKS (WSSCALE GT HSSCALE)
                        3     TIES
                       ---
                       98     TOTAL

       Z =   -.9428            2-TAILED P =  .3458
```

4.4 Der H-Test von Kruskal und Wallis

4.4.1 Beschreibung des Verfahrens

Der H-Test von Kruskal und Wallis wird gelegentlich als einfaktorielle Rangvarianzanalyse bezeichnet und kann als Verallgemeinerung des Tests von Mann-Whitney auf mehr als zwei Stichproben angesehen werden. Auch hier werden die Meßwerte aller Stichproben gemeinsam betrachtet und in eine Rangordnung gebracht. Für jede der Stichproben wird dann die Rangsumme bestimmt.

Man kann nun zeigen, daß unter der Nullhypothese, daß die allgemein k Stichproben aus identisch verteilten Populationen stammen, die folgende Prüfgröße H mit k-1 Freiheitsgraden χ^2-verteilt ist:

$$H = 12/(N(N + 1)) \left(\sum_{i=1}^{k} R_i^2/n_i \right) - 3(N + 1)$$

In dieser Formel ist N die Gesamtzahl aller Beobachtungen, n_i die Anzahl der Beobachtungen in Stichprobe i (i = 1,...,k) und R_i die Rangsumme für die i-te Stichprobe.

Da die Größe H durch die Existenz von Bindungen beeinflußt wird, empfiehlt sich eine entsprechende Korrektur. Diese Korrektur wird von SPSS^x automatisch durchgeführt.

4.4.2 Anwendungsbeispiel

Als Anwendungsbeispiel können wir das Beispiel im Abschnitt über den Mann-Whitney-Test nehmen, wo wir zunächst drei Diätgruppen eingeführt hatten, obwohl wir für das

Testbeispiel nur zwei Gruppen betrachtet haben. Für den H-Test beziehen wir die Gruppe der Ratten, die eine Diät mit geringem Fettanteil erhalten hatten, mit in unsere Analyse ein und prüfen die Nullhypothese, ob alle drei Gruppen (Gruppe mit ungesättigtem Fett, Gruppe mit gesättigtem Fett, Gruppe mit niedrigem Fett) in bezug auf ihren Mittelwert aus ein und derselben Grundgesamtheit stammen.

Die SPSS^X-Anweisung lautet in diesem Fall:

NPAR TESTS K−W = TUMOR BY DIET(0,2)

Abbildung III.4-4 enthält den SPSS^X-Ausdruck. Wir sehen, daß der Ausdruck die folgenden Informationen enthält: die mittleren Ränge pro Gruppe, die Anzahl der Fälle pro Gruppe, die χ^2-Werte mit und ohne Berücksichtigung von Bindungen, sowie die entsprechenden Überschreitungswahrscheinlichkeiten. Wir sehen, daß sich der χ^2-Wert ein wenig ändert, wenn die Bindungen berücksichtigt werden. In jedem Fall bleibt die Überschreitungswahrscheinlichkeit unter .05, so daß die Nullhypothese auf dem 5%-Niveau zurückgewiesen werden muß.

Abbildung III.4–4: Ausgabe für den H-Test von Kruskal und Wallis

```
- - - - - KRUSKAL-WALLIS 1-WAY ANOVA
    TUMOR
  BY DIET

   MEAN RANK     CASES
      34.12        30    DIET = 0    UNSATURATED
      43.50        29    DIET = 1    SATURATED
      56.24        29    DIET = 2    LOW-FAT
                   --
                   88    TOTAL

                                             CORRECTED FOR TIES
     CASES    CHI-SQUARE   SIGNIFICANCE   CHI-SQUARE   SIGNIFICANCE
      88        11.1257      0.0038         11.2608      0.0036
```

4.5 Der Chiquadrat-Test für eine Stichprobe

4.5.1 Beschreibung des Verfahrens

Beim χ^2-Test für eine Stichprobe vergleichen wir die beobachteten Häufigkeiten $b_1, b_2, \ldots b_k$ in den Kategorien eines k-fach abgestuften Merkmals mit aufgrund gewisser Vorüberlegungen erwarteten Häufigkeiten $e_1, e_2, \ldots, e_k$. Für große Stichproben ist die Größe

$$\sum_{i=1}^{k} (b_i - e_i)^2 / e_i$$

mit k-1 Freiheitsgraden χ^2-verteilt.

4.5.2 Anwendungsbeispiel

Untersucht man die Sterbehäufigkeiten für die einzelnen Wochentage, liegt die Annahme einer Gleichverteilung nahe. Um diese Schlußfolgerung zu prüfen, kann der χ^2-Test für eine Stichprobe angewendet werden.
Die Hypothese ist also die, daß die Sterbewahrscheinlichkeit für alle Wochentage gleich ist, so daß wir pro Kategorie (Wochentag) die gleiche Häufigkeit zu erwarten hätten. Würden wir die Sterbetage für insgesamt 110 Personen kennen, wäre die erwartete Häufigkeit pro Zelle 110/7 = 15.71. Unter Zugrundelegung dieser erwarteten Häufigkeiten und der ausgezählten empirischen Häufigkeiten läßt sich dann über die obige Formel der χ^2-Wert bestimmen.
Ein SPSS^X-Programm, das uns die Durchführung dieses Tests erlaubt, ist im folgenden dargestellt:

```
DATA LIST FREE/ DAY DAYFREQ
VARIABLE LABELS DAYFREQ 'FREQ OF CARDIAC DEATH BY DAYS OF WEEK'
VALUE LABELS DAY 1'SUNDAY' 2'MONDAY' 3'TUESDAY' 4'WENDSDAY'
   5'THURSDAY' 6'FRIDAY' 7'SATURDAY'
WEIGHT BY DAYFREQ
NPAR TESTS CHISQUARE = DAY
BEGIN DATA
1 19   2 11   3 19   4 17
   5 15   6 13   7 16
END DATA
FINISH
```

In diesem Programm wurden die Daten im freien Format eingegeben. Die eigentliche Anweisung für die Durchführung des χ^2-Tests ist in Zeile 6 zu sehen. In dieser Anweisung ist CHISQUARE der SPSS^X-Name für den Test. DAY ist der Name der Variablen, die die Codes für die kategorialen Abstufungen enthält, in diesem Fall die Codes 1 bis 7. Diese Codes stellen bei unserer Form der aggregierten Dateneingabe die Fälle dar. Die erwarteten Häufigkeiten werden normalerweise mit Hilfe der Anweisung EXPECTED $f_1, f_2, \ldots, f_k$ spezifiziert. Läßt man diese Anweisung weg wie in unserem Fall, so wird die Voreinstellung (default) einer Gleichverteilung angenommen. Dabei werden jeder Kategorie die mittleren Häufigkeiten zugeordnet. Die Variable DAYFREQ enthält für jeden Tag die entsprechende Sterbehäufigkeit. Mittels der WEIGHT-Anweisung werden die Fälle mit den Sterbehäufigkeiten gewichtet.
In Abbildung III.4-5 ist die SPSS^X-Ausgabe zu sehen. Sie listet die Kategorien zusammen mit den beobachteten, erwarteten und residualen Häufigkeiten auf. Außerdem enthält sie den χ^2-Wert, die Anzahl der Freiheitsgrade und die Überschreitungswahrscheinlichkeit. Die erhaltene Überschreitungswahrscheinlichkeit ist mit .757 größer als .05, so daß wir bei Zugrundelegung eines 5%-Niveaus die Gleichverteilungshypothese nicht zurückweisen können.

Abbildung III.4–5: Ausgabe für den X²-Test für eine Stichprobe

```
     - - - - - CHI-SQUARE TEST
        DAYOFWK   DAY OF DEATH
                                  CASES
                      CATEGORY  OBSERVED    EXPECTED    RESIDUAL
           SUNDAY         1         19        15.71        3.29
           MONDAY         2         11        15.71       -4.71
           TUESDAY        3         19        15.71        3.29
           WEDNESDAY      4         17        15.71        1.29
           THURSDAY       5         15        15.71        -.71
           FRIDAY         6         13        15.71       -2.71
           SATURDAY       7         16        15.71         .29
                                   ---
                         TOTAL     110

              CHI-SQUARE          D.F.        SIGNIFICANCE
                3.400              6             0.757
```

4.6 Nichtparametrische Korrelation: Spearmans Rangkorrelationskoeffizient

4.6.1 Beschreibung des Verfahrens

Der in Kapitel III.3.1 eingeführte Korrelationskoeffizient von Pearson ist nur auf intervallskalierte und normalverteilte Daten inferenzstatistisch anwendbar. Der Rangkorrelationskoeffizient von Spearman erfordert lediglich ein ordinales Meßniveau und kann auch bei Verletzung der Normalverteilungsbedingung angewendet werden. Man erhält diesen Koeffizienten einfach durch Anwendung der Formel für Pearsons r auf Rangdaten. Auch Spearmans Rangkorrelationskoeffizient variiert zwischen –1 und +1. Er ist wie folgt definiert:

$$r_s = 1 - ((6 \sum_i D_i^2)/n(n^2 - 1))$$

In dieser Formel sind D_i die Rangdifferenz für ein Individuum i und n die Anzahl der Beobachtungen.
Die Nullhypothese, daß die beiden betrachteten Variablen voneinander unabhängig sind, läßt sich bei großen Stichproben über die Größe von

$$t = (r_s \sqrt{n - 2}) / \sqrt{1 - r_s^2}$$

unter Zugrundelegung von n-2 Freiheitsgraden testen.
Bindungen werden von SPSS[x] bei der Berechnung von r_s berücksichtigt. Weitere Zusammenhangsmaße mit ordinalskalierten Variablen sind in Kapitel II.2.5.4 beschrieben.

4.6.2 Anwendungsbeispiel

Als Anwendungsbeispiel seien die Korrelationen der Variablen EFFIC (Effizenz des Großhandels), REPS (Anzahl der Verkaufsrepräsentanten) SALES (Verkäufe in Einheiten von tausend Dollar) und ADVERTIS (Werbeaufwand) der in Kapitel 3 diskutierten Verkaufs- und Werbedaten betrachtet.

SPSS^x erlaubt die Ausgabe sowohl einer unteren Dreiecksmatrix als auch einer Rechtecksmatrix. Im ersten Fall würde die SPSS^x-Anweisung lauten:

NONPAR CORR ADVERTIS EFFIC REPS SALES

Die Ausgabe ist in Abbildung III.4-6 zu sehen. Dort ist die untere Dreiecksmatrix zu sehen. Korrelationen der Variablen mit sich selbst sowie redundante Koeffizienten werden in diesem Fall nicht ausgedruckt. Unter den Koeffizienten stehen die Fallzahlen, die in die Berechnung des Koeffizienten eingingen, sowie die Überschreitungswahrscheinlichkeiten unter der Nullhypothese.

Will man eine Rechtecksmatrix erzeugen, so muß man zwei Variablensätze mit WITH verknüpfen. So führt die Anweisung

NONPAR CORR ADVERTIS WITH EFFIC REPS SALES

z.B. zur Korrelation der links von WITH stehenden Variablen ADVERTIS mit allen rechts von WITH stehenden Variablen EFFIC, REPS und SALES. Ausgegeben wird eine Rechtecksmatrix mit einer Zeile und drei Spalten.

Abbildung III.4–6: Ausgabe für die Rangkorrelation von Spearman

```
-------------- S P E A R M A N   C O R R E L A T I O N   C O E F F I C I E N T S --------------

     EFFIC          .0253
                 N(    40)
                 SIG .438

     REPS           .7733        -.1741
                 N(    40)    N(    40)
                 SIG .000      SIG .141

     SALES          .8242         .0866         .7260
                 N(    40)    N(    40)    N(    40)
                 SIG .000      SIG .298      SIG .000

                 ADVERTIS      EFFIC         REPS

  " . " IS PRINTED IF A COEFFICIENT CANNOT BE COMPUTED.
```

Anhang

1 Übungsaufgaben

MICHAEL HUEBNER

Übersicht zu den in den Übungsaufgaben verwendeten Anweisungen

ANWEISUNG	FUNDSTELLEN: Nummer der Übungsaufgabe
ADD FILES	1.10
AGGREGATE	1.3, 3.4, 3.7, 3.9, 3.10
ANOVA	2.13, 2.17
BREAKDOWN	2.13, 3.3
COMMENT	1.2 (und die folgenden Aufgaben)
COMPUTE	1.1, 1.2, 1.3, 1.4, 1.5, 3.1, 3.7, 3.9, 3.10
CONDESCRIPTIVE	2.3, 3.3
CROSSTABS	1.5, 4.4, 5.3
DISPLAY	1.6
DO REPEAT – END REPEAT	1.4, 3.4
EXECUTE	1.1, 3.9, 3.10
FREQUENCIES	1.4, 2.1, 2.5, 2.8, 3.2, 3.4, 3.6, 3.7, 3.8
GET FILE	1.6, 3.7
IF	1.2, 3.1, 3.7, 3.9, 3.10
IF – END IF	3.4
LIST	1.2
LOOP – END LOOP	1.2
MANOVA	2.13
MATCH FILES	1.7, 3.4, 3.7, 3.9
MULTIPLE RESPONSE	5.1
N OF CASES	1.5
NPAR TESTS	2.15, 5.4, 5.5
ONEWAY	2.12
PEARSON CORR	4.11
PRINT	1.3, 3.10
RECODE	1.5, 2.4, 3.3, 4.7
REGRESSION	4.1, 4.7, 4.8, 4.9, 4.10, 4.11
SAVE	1.7, 3.4, 3.7
SCATTERGRAM	3.9, 4.3
SELECT IF	1.2, 1.7, 2.8, 2.11, 3.7, 3.10, 4.5
SET	1.4, 5.4, 5.6
SORT CASES	3.4, 3.7, 3.9, 3.10
TEMPORARY	1.5, 2.8, 3.3
TTEST	2.9

Übungsaufgaben

Die folgenden Übungsaufgaben beziehen sich auf den Datensatz ALLBUS84, der an den meisten deutschen Universitäten zur Verfügung stehen dürfte. Sollte er nicht unmittelbar verfügbar sein, so kann er leicht beim Zentralarchiv für empirische Sozialforschung der Universität zu Köln nebst Codebuch beschafft werden. – Der ALLBUS-Datensatz ist für jedermann zugänglich und enthält die Daten aus einer repräsentativen Befragung von ca. 3000 erwachsenen Bürgern der Bundesrepublik Deutschland und West-Berlins, die im Jahre 1984 durchgeführt wurde. Der ALLBUS enthält, wie der Name schon andeutet, Daten zu vielen sozialwissenschaftlich relevanten Bereichen, seien es demographische Daten oder Daten zu Einstellungen der Befragten zu verschiedenartigen Aspekten des gesellschaftlichen Lebens.
Die Übungsaufgaben versuchen, anhand typischer sozialwissenschaftlicher Probleme die Arbeit mit den im Buch besprochenen elementaren SPSS-Prozeduren zu demonstrieren und nachvollziehbar zu machen. Dabei ist es natürlich nicht möglich, die ganze Kombinationsvielfalt der Verfahren in dem gegebenen Raum darzustellen. Die Motivation der Bearbeiter dürfte erhöht werden, wenn die Diskussion der Aufgaben auch um einige inhaltliche Komponenten erweitert wird. Der gewöhnliche Sozialwissenschaftler erfährt Statistik und Datenverarbeitung ja im Rahmen konkreter Forschungsprobleme. Der jeweiligen Übungsaufgabe folgt auch unmittelbar eine passende Lösung. Aus dieser wird dann eine Modifikation der Aufgabe auch leichter verständlich und damit auch die Modifikation der entsprechenden Lösung. Diese Art integrierter Übungsaufgaben scheint besonders angemessen zu sein für den statistisch und EDV-mäßig weniger geübten Anwender.
Der Benutzer kann, wenn er eine Aufgabe nachvollzogen hat, diese selbständig mit neuen Variablen oder verwandten Prozeduren modifizieren und neu rechnen. Dies dürfte den Lerneffekt sicherlich erhöhen. – Der Nachteil der gewählten Aufgabenform besteht sicher darin, daß eine sachlich adäquate Behandlung eines Problems nicht notwendigerweise mit der didaktisch sinnvollen Reihung vom Leichten zum Schweren einhergeht. Um dies etwas auszugleichen, ist den Aufgaben ein Verzeichnis der verwendeten SPSS^{X}-Anweisungen beigefügt. – Manche Aufgaben sind sicherlich nicht einfach, auch wenn sie nur auf elementare Anweisungen zurückgreifen. Solche Aufgaben sind dann mit einem * gekennzeichnet. – Auch möge der Benutzer sich vor dem Irrtum hüten, jede der folgenden Aufgaben hätte eine eindeutige Lösung.
Das gewählte Prinzip der Aufgabenbildung bedeutet auch, daß die Datentransformationsanweisungen und Prozeduranweisungen gemeinsam geübt werden. Nur im ersten Teil gibt es bei einigen Übungen zum Umgang mit Dateien eigene Aufgaben, da bei der Konzeption der Aufgaben nicht davon ausgegangen werden konnte, daß jeder Benutzer mit genau gleichartigen Dateien arbeitet. – Überhaupt fällt der nun folgende erste Teil etwas aus der Reihe der Aufgaben, da er sich mit sehr unterschiedlichen, eher abstrakten Problemen befaßt, die aber von großer Relevanz für den Umgang mit diesen Verfahren sind.
Natürlich braucht unter diesen Umständen der Benutzer bei dem Umgang mit diesen Aufgaben sich nicht an die durch den Text vorgegebene Ordnung zu halten. – Nun bleibt nur noch, für die Bearbeitung der folgenden Übungsaufgaben viel Freude und auch ein gehöriges Maß an Geduld zu wünschen.

1) Einige Übungen zu Algorithmen, statistischen Tatsachen und Dateien

Die folgenden Aufgaben betreffen sehr heterogene Gegenstände, die aber jeder für sich von zwar nicht immer unmittelbarer, aber doch nachhaltiger Bedeutung für den sinnvollen Einsatz von EDV und Statistik sind.

In weiten Bereichen gelangt ein Computer bei der Lösung von Problemen zum selben Ergebnis, zu dem ein Mensch – genügend Zeit und Einsatz vorausgesetzt – auch gelangen würde. Dies ist aber nicht immer so. Bedingt durch die Tatsache, daß die Computer nur mit Repräsentationen einer beschränkten Menge von endlichen Zahlen arbeiten können, kommt es bei Rechnungen, in deren Verlauf diese Grenzen überschritten werden, zu Fehlern, die zum Abbruch führen, wenn nicht geeignete Algorithmen dies verhindern. Allerdings pflegen sie dann sachlich erratische Lösungen zu produzieren. Ein wichtiger Faktor bei der Entstehung von Rundungsfehlern und ähnlichem ist das Maschinenunendlich des Computers, also jene größte Zahl, die der jeweilige Rechner noch verarbeiten kann.

1.1: Finden Sie die größte Zahl, die im Rahmen von SPSS^X im Ihnen zur Verfügung stehenden Rechner verarbeitet werden kann!

Lösung: Man muß sich natürlich überlegen, wie man im Rahmen von SPSS^X eine sehr große Zahl ausdrücken, bzw. berechnen könnte.

```
COMPUTE A = EXP (EXP(100))
EXECUTE
```

Die SPSS^X-Fehlermeldung enthält die gewünschte Angabe, wobei wohl niemand an einer Maschine arbeiten wird, die eine so große Zahl berechnen könnte, wie die hier spezifizierte Variable A. – Außerdem muß man auf jeden Fall, selbst wenn das in dieser Aufgabe nicht unmittelbar vonnöten ist, vorher mit einem Datensatz eine Arbeitsdatei spezifizieren.

Welche Konsequenzen solche technischen Beschränkungen wie das Maschinenunendlich haben können, sei mit der folgenden Aufgabe illustriert.

1.2: Bilden Sie zwei Variablen auf verschiedene Weise, die aber für jeden Fall identische Werte aufweisen müssen; bilden Sie dann die Differenz der beiden Variablen und vergrößern Sie diese Differenz so gut es geht! (Hier gibt es viele mögliche Lösungen.)

Lösung:

```
COMPUTE A = $CASENUM
SELECT IF $CASENUM LT 11
COMMENT BERECHNUNG DER ERSTEN VARIABLEN B
LOOP
+ COMPUTE B = LAG (B,1) + .1
END LOOP
COMMENT BEACHTEN SIE HIER DIE POSITION DER FOLGENDEN
    ANWEISUNG !
IF (A = 1) B = .1
COMMENT BERECHNUNG DER ZWEITEN VARIABLEN A
```

```
COMPUTE A = A/10
COMMENT DIFFERENZENBILDUNG UND -VERGROESSERUNG
   UND LOGARTHMIERUNG ZWECKS BESSERER DARSTELLUNG
COMPUTE C = LG10 (EXP (100) * (A − B))
LIST VAR = A B C
```

```
FILE:      ALLBUSX84

                   A                           B                    C
      .100000000000000        .100000000000000         .
      .200000000000000        .200000000000000    26.5717684331422300
      .300000000000000        .300000000000000    26.5717684331422300
      .400000000000000        .400000000000000    26.8727984288062100
      .500000000000000        .499999999999999    27.0488896878618900
      .599999999999999        .599999999999999    27.0488896878618900
      .699999999999999        .699999999999999    27.1738284244701900
      .799999999999999        .799999999999999    27.1738284244701900
      .899999999999999        .899999999999999    27.2707384374782500
     1.000000000000000        .999999999999999    27.3499196835258700
-NUMBER OF CASES READ =       10     NUMBER OF CASES LISTED =         10
```

Man sollte erwarten dürfen, daß hier für jeden der betrachteten Fälle ein identischer Wert berechnet würde, nämlich für den ersten Fall 0,1, den zweiten 0,2, usw. Aber bildet man nun die Differenz, so wird man feststellen, daß C bis auf den ersten Fall von 0 verschieden ist, wenn auch die errechnete Differenz sehr klein ist. – Das kann aber im Fall komplexer Rechnungen oder selbst schon bei Divisionen mit einem Divisor wie C zu Problemen führen.

Ein weniger maschinennahes Problem ist die Frage, welche Formel wirklich im Rahmen einer statistischen Prozedur von SPSS^X angewandt wird. So gibt es in vielen Fällen eine Formel für den unverzerrten Schätzwert des unbekannten Parameters der Grundgesamtheit, aus der die vorliegende Stichprobe stammt, und eine Formel für denselben Parameter in der Stichprobe (schätzende vs. beschreibende Form). Es soll untersucht werden, welche der beiden Varianzformeln den Prozeduren in SPSS^X zugrunde liegt.

* 1.3: Berechnen Sie die deskriptive Varianz, also Division der Summe der Abweichungsquadrate durch die Anzahl der Fälle in der Stichprobe mit Hilfe der AGGREGATE-Anweisung! Ermitteln Sie außerdem den Wert der Varianz, wie er standardmäßig mit Hilfe von AGGREGATE berechnet wird und vergleichen Sie die beiden Werte!

Lösung: Hinweis: die Formel der Varianz kann im deskriptiven Fall wie folgt vereinfacht werden: SUM(X**)/N – MEAN**; der zweite Wert kann durch Quadrierung der Standardabweichung ermittelt werden.

```
COMMENT SCHAFFUNG EINER LEERVARIABLEN UM AGGREGATE-DATEI IN
   DIE ALTE ARBEITSDATEI ZU MISCHEN
COMPUTE C = 0
COMMENT X** WIRD ZUR BILDUNG VON VAR2 BENOETIGT
COMPUTE X** = V242 * V242 /* FUER DESKRIPTIVE VARIANZ
AGGREGATE OUTFIL = *
   /BREAK = C /* SO STATISTIKEN FUER GANZE DATEI
   /VAR1 = SD(V242) /* STANDARDABWEICHUNG 1. FORMEL
   /ANZ = N(V242)
   /MEAN = MEAN (V242)
   /SUMX** = SUM(X**)
COMMENT BILDUNG DER VARIANZ NACH STANDARDVERFAHREN
COMPUTE VAR1 = VAR1**2
COMMENT BERECHNUNG DER VARIANZ NACH DESKRIPTIVER FORMEL
COMPUTE VAR2 = SUMX**/ANZ − MEAN*MEAN
PRINT /VAR1 VAR2 (2F8.3)
EXECUTE
```

Der Lösungsoutput besteht in einer Zeile, da mit der einwertigen Variablen C = 0 die neue Arbeitsdatei nur einen Fall enthält. Die Zeile lautet: 308,277 308,174. – Die Differenz zwischen den beiden Werten erklärt sich durch die Korrektur um einen Freiheitsgrad in der unverzerrten Schätzformel der Varianz. Für deskriptive Zwecke im Falle kleiner Stichproben ist aber die deskriptive Version der Varianz geeigneter. Tatsächlich ist in SPSS^x standardmäßig nur die unverzerrte Schätzformel implementiert, und so auch für andere Parameter.

War die letzte Aufgabe schon an der Grenze zur Demonstration statistischer Sachverhalte, so wendet sich die folgende Aufgabe ganz diesem Bereich zu. – Der zentrale Grenzwertsatz spielt in der Statistik eine fundamentale Rolle. Den Gehalt dieses Satzes (die Summe statistisch unabhängiger Zufallsvariablen ist mit wachsender Variablenanzahl tendenziell normalverteilt) und eine Erprobung seiner Gültigkeit kann man in der folgenden Aufgabe sehen.

1.4: Bilden Sie zwanzig verschiedene gleichverteilte Variablen mit Hilfe des Zufallsgenerators und addieren Sie diese sukzessive zu einer neuen Variablen auf! Dokumentieren Sie die Verteilung der Summenvariablen in den Stadien des Summationsprozesses mit der FREQUENCIES-Prozedur!

Lösung:

```
COMMENT SETZUNG DER SEED-ANWEISUNG FUER REPRODUZIERBARKEIT
SET SEED = 1
COMPUTE B = 0
COMMENT BILDUNG DER GLEICHVERTEILTEN VARIABLEN
DO REPEAT A = A1 TO A20
+ COMPUTE A = UNIFORM(10)
END REPEAT
COMMENT BILDUNG DER SUMMENVARIABLEN
```

```
DO REPEAT A = A1 TO A20 / C = C1 TO C20
+ COMPUTE B = B + A
+ COMPUTE C = RND(10 * B)
END REPEAT
FREQUENCIES VAR = C1 C5 C10 C15 C20
  /FORMAT = NOTABLE
  /HISTOGRAM = NORMAL
  /STATISTICS = MEAN MODE MEDIAN MINIMUM MAXIMUM SKEW KURT
```

```
FILE:     ALLBUSX84

C20

       COUNT    MIDPOINT    ONE SYMBOL EQUALS APPROXIMATELY 10.00 OCCURRENCES
           4         567
           1         610
          10         653    :
          23         696    *:
          42         739    ****.
          95         782    ********:*
         160         825    ***************:
         230         868    **********************:
         332         911    *******************************:**
         355         954    ************************************  .
         399         997    ******************************************:
         411        1040    ******************************************:**
         321        1083    ******************************.
         247        1126    ************************:
         161        1169    ***************.
         108        1212    *********:*
          62        1255    *****:
          24        1298    **.
          16        1341    :*
           1        1384
           2        1427
                           I....+....I....+....I....+....I....+....I....+....I
                           0        100       200       300       400       500
                                          HISTOGRAM FREQUENCY

    MEAN        1001.289    MEDIAN    1003.000    MODE        977.000
    KURTOSIS       -.009    SKEWNESS      .003    MINIMUM     553.000
    MAXIMUM     1441.000


    VALID CASES     3004    MISSING CASES    0
```

Man erhält hier eine Folge von semigraphischen Plots, bei denen das abgebildete Histogramm sich deutlich relativ schnell einer Normalverteilung annähert. Anhand der Statistiken kann dies ebenfalls überprüft werden.

Ein weiterer wichtiger Sachverhalt ist die oft unerwünschte Abhängigkeit vieler Zusammenhangsmaße von der Anzahl der Fälle und der Anzahl der Werte jener Variablen, deren Zusammenhang jeweils gemessen wird. Bekannt ist z.B., daß Chi-Quadrat mit der Anzahl der Fälle ebenso wächst wie mit der Anzahl der Werte der kombinierten Variablen – also mit der Anzahl der Freiheitsgrade, obwohl der gemessene Zusammenhang derselbe bleibt.

Diese Tatsachen lassen sich anhand der Untersuchung des Zusammenhanges von Geschlecht und Alter im ALLBUS schön demonstrieren.

1.5: Untersuchen Sie anhand von Chi-Quadrat den Zusammenhang zwischen Geschlecht (V380) und Alter des Befragten (V242) für die ursprünglichen Variablen, dann im Rahmen einer Vierfeldertafel sowie mit etwa zehn Prozent der Fälle!

Lösung:

```
CROSSTABS
   V242 BY V380
OPTIONS 12 /* AUSGABE DER KREUZTABELLE SELBST IST UNNOETIG
STATISTICS 1
TEMPORARY /* DIE ANSCHLIESSENDE REKODIERUNG NUR TEMPORAER
RECODE V242 (18 THRU 40 = 1)(41 THRU HIGHEST = 2)
CROSSTABS
   V242 BY V380
OPTIONS 12
STATISTICS 1
N OF CASES 300 /* NUR DIE ERSTEN 300 FAELLE WERDEN BENUTZT
CROSSTABS
   V242 BY V380
OPTIONS 12
STATISTICS 1
```

```
DIE LOESUNGEN

FILE:       ALLBUSX84

- - - - - - - - - - - - - - - - - - - -   S T A T I S T I C S   F O R    - - -
    V242      S.18  ALTER EXPL.                        BY    V380          S.31
NUMBER OF VALID OBSERVATIONS =    2988
- - - - - - - - - - - - - - - - - - - - - - - - - - - - - - - - - - - - - - -


    CHI-SQUARE      D.F.       SIGNIFICANCE        MIN E.F.      CELLS WITH E.F.< 5
    ----------      ----       ------------        --------      ------------------

     79.16808        71          0.2369             0.475        14 OF  144  ( 9.7%)

NUMBER OF MISSING OBSERVATIONS =        16
- - - - - - - - - - - - - - - - - - - -   S T A T I S T I C S   F O R    - - -
    V242      S.18  ALTER EXPL.                        BY    V380          S.31
NUMBER OF VALID OBSERVATIONS =    3004
- - - - - - - - - - - - - - - - - - - - - - - - - - - - - - - - - - - - - - -


    CHI-SQUARE      D.F.       SIGNIFICANCE        MIN E.F.      CELLS WITH E.F.< 5
    ----------      ----       ------------        --------      ------------------

      0.91421        1           0.3390            592.601            NONE
      0.98644        1           0.3206          ( BEFORE YATES CORRECTION )

NUMBER OF MISSING OBSERVATIONS =         0
- - - - - - - - - - - - - - - - - - - -   S T A T I S T I C S   F O R    - - -
    V242      S.18  ALTER EXPL.                        BY    V380          S.31
NUMBER OF VALID OBSERVATIONS =     298
- - - - - - - - - - - - - - - - - - - - - - - - - - - - - - - - - - - - - - -
```

```
      CHI-SQUARE      D.F.      SIGNIFICANCE         MIN E.F.       CELLS WITH E.F.< 5
      ----------      ----      ------------         --------       ------------------
        59.88409       67          0.7190              0.460        133 OF  136 ( 97.8%)
      NUMBER OF MISSING OBSERVATIONS =       2
```

Wie man den unterschiedlichen Werten von Chi-Quadrat entnehmen kann, reduziert die Verkleinerung der Freiheitsgrade Chi-Quadrat stärker als die Verringerung der Anzahl der Fälle.

Ein wichtiges Problem beim Umgang mit der EDV ist für den Benutzer die Zusammenführung von Informationen aus verschiedenen Dateien, sei dies erforderlich, weil es um die Kombination von Daten unterschiedlicher Herkunft geht, oder aber weil es Größenbeschränkungen für die einem Benutzer verfügbaren Dateien gibt (betrifft meist Plattendateien). Ebenso ist der Vorgang der Bildung einer neuen Datei aus einer schon vorhandenen, meist wesentlich größeren von praktischer Bedeutung; in solche neugebildeten Dateien werden dann oft durch den Benutzer gebildete, neue Variablen mit aufgenommen. Die folgenden Aufgaben kombinieren diese Probleme, berücksichtigen aber nicht die anlagespezifischen Unterschiede in Bezug auf das Filehandling.

1.6: Speichern Sie die Variable Alter des Befragten (V242) in einer eigenen Datei ab!

Lösung:

```
        GET FILE = ALB
          /KEEP = V242
        COMMENT NUR DIE ABZUSPEICHERNDE VARIABLE BLEIBT IM
              ARBEITSSPEICHER
        SAVE OUTFILE = NEUALB
        GET FILE = NEUALB
        DISPLAY DICTIONARY
        COMMENT UEBERPRUEFUNG DER NEUGEBILDETEN DATEI
```

```
    FILE:      ALLBUSX84
 0            LIST OF VARIABLES ON THE ACTIVE FILE

          NAME                                                    POSITION

          V242       S.18   ALTER EXPL.                              1
                            PRINT FORMAT: F8
                            WRITE FORMAT: F8
                            MISSING VALUES:  97 THRU HIGHEST, 99

          CASWGT                                                     2
                            PRINT FORMAT: F8.4
                            WRITE FORMAT: F8.4
```

Ähnlich soll mit der Variablen Geschlecht des Befragten (V380) verfahren werden, die in einer anderen Datei (z.B. ALBSEX) abzuspeichern ist.

1.7: Bilden Sie mit der Variablen V380 wie in der vorigen Aufgabe die neue Datei ALBSEX! – Ohne Lösungsangabe.

Die beiden Dateien NEUALB und ALBSEX unterscheiden sich nur hinsichtlich der Variablen, nicht hinsichtlich von Anordnung und Anzahl der Fälle. Sie in eine Datei zusammenzuführen ist daher Aufgabe des MATCH-Verfahrens.
1.8: Vereinigen Sie die beiden Dateien NEUALB und ALBSEX aus den beiden vorhergehenden Aufgaben in einer einzigen Datei NEU1!

Lösung:

```
    MATCH FILES
      FILE = NEUALB
    COMMENT DIESE LOESUNG SETZT VORAUS, DASS BEIDE DATEIEN
      AUS DEM SPEICHER HERAUS VEREINIGT WERDEN. FUER DIE
      ARBEITSDATEI HAETTE EIN STERN GENUEGT.
      /FILE = ALBSEX
    SAVE OUTFILE = NEU1
```

SPSS-Dateien sind Rechtecksdateien. Die andere Richtung, in der zwei solcher Dateien zusammengefügt werden können, ist über identische Variable Dateien mit verschiedenen Fällen zusammenzufügen. Zur Vorbereitung der Erprobung dieses Verfahrens die folgende Aufgabe.
1.9: Bilden Sie aus der Datei NEU1 aus der Voraufgabe zwei Dateien, eine für die männlichen, eine für die weiblichen Fälle in NEU!.

Lösung:

```
              GET FILE = NEU1
              SELECT IF (V380 = 1)
              SAVE OUTFILE = NEUM
              GET FILE = NEU1
              SELECT IF (V380 = 2)
              SAVE OUTFILE = NEUF
```

1.10: Vereinigen Sie die beiden Dateien NEUM und NEUF aus der vorigen Aufgabe!
Lösung: Die Anordnung der Fälle in der neuzubildenden Datei dürfte ohne Bedeutung sein. Sicher ist, daß nur durch reinen Zufall die Anordnung der Fälle in der neuen Datei der in NEU1 entsprechen wird, da wir keine Informationen über die alte Ordnung der Fälle in NEUF und NEUM besitzen.

```
                   ADD FILES
                     FILE = NEUM
                     /FILE = NEUF
```

Das Abspeichern dieser Datei dürfte sich erübrigen. Man kann z.B. mit LIST CASES untersuchen, ob sich die Anordnung der Fälle in der ADD-Datei von der in NEU1 unterscheidet. – Es ist übrigens selbstverständlich, daß man mehrmals dieselbe Datei aneinanderhängen kann über ADD FILES, um so eine neue Datei mit wesentlich mehr Fällen zu bekommen (die dann natürlich gewiß nicht mehr Ergebnisse einer unabhängigen Zufallstichprobe sein werden).

2.) Die Altersstruktur der Erwachsenenbevölkerung der Bundesrepublik.

Wie jede gute sozialwissenschaftliche Erhebung mit einem umfassenden Frageprogramm so enthält auch der ALLBUS Angaben zum Alter der Befragten. Diese sind in der Variablen V242 abgespeichert.
2.1: Untersuchen Sie die relative und absolute Häufigkeitsverteilung des Alters in der Bevölkerung der Bundesrepublik.
Lösung: Benutzung der folgenden einfachen Befehlsfolge:

```
FREQUENCIES VARIABLES = V242 /STATISTICS = ALL
```

Man hätte natürlich nur ganz bestimmte Statistiken aufzurufen brauchen, aber dies hätte nur unnötige Schreibarbeit bedeutet. Allerdings erzeugt dieses bescheidene SPSS^x-Programm erstaunlich viel Output. Dies liegt vor allem an den vielen Werten der Altersvariablen. Die Tabelle der Altersverteilung enthält die absolute und die relative Häufigkeitsverteilung, letztere auch kumuliert.
2.2: Falls der Benutzer nur an den Statistiken der Häufigkeitsverteilung interessiert ist, wie kann er dies mit der FREQUENCIES-Prozedur erreichen?
Lösung: Durch Einfügen des FORMAT-Unterbefehls NOTABLE nach der Variablenliste.
2.3: Gibt es für dieses Problem in SPSS^x eine alternative Lösung?
Lösung: In diesem Fall kann man sich auch der Prozedur CONDESCRIPTIVE bedienen.
Wird die Altersvariable allerdings ohnehin nicht in der verfügbaren Feinheit benötigt, so kann sie vergröbert werden, d.h. daß ihre Werte zu einer kleineren Anzahl zusammengefaßt werden.
2.4: Bilden Sie aus der Altersvariablen V242 eine sechswertige Variable!
Lösung: Anwendung der RECODE-Anweisung, dazu muß man sich jedoch noch für eine bestimmte Zusammenfassung der Werte aus den vielen möglichen entscheiden. So z. B.:

```
RECODE V242 (18 THRU 29 = 1)  (30 THRU 44 = 2)  (45 THRU 59 = 3)
            (60 THRU 74 = 4)  (75 THRU 88 = 5)  (88 THRU 95 = 6)
            (MISSING = 7)
```

Man darf nicht vergessen, daß eine Variable normalerweise fehlende Werte enthält und daß diese nicht etwa durch ein leichtfertiges (...THRU HI) in ordentliche Werte verwandelt werden! – Solche Klassen sollten nach inhaltlichen Erwägungen gebildet werden. In diesem Fall war aber der ALLBUS Vorbild, der mit der Variablen V243 die rekodierte Altersvariable noch einmal enthält.

2.5: Prüfen Sie nach, ob die gemäß Aufgabe 2.4 rekodierte Variable V242, das Lebensalter der Befragten, mit der Variablen V243 identisch ist!

Lösung: Verwendung der Prozedur FREQUENCIES:

```
        COMPUTE DIFF = V242 − V243
        FREQUENCIES VAR = DIFF
```

Angenommen, V243 wäre nun nicht im Datensatz enthalten; so hätte man im Zuge der Vergröberung von V242 wertvolle Information unwiederbringlich verloren. Es ist oft zweckmäßig, solch einen Verlust zu vermeiden.

2.6: Stellen Sie sicher, daß auch nach der Vergröberung von V242, wie in Aufgabe 2.4 durchgeführt, die ursprünglichen Informationen über das Alter der Befragten noch zur Verfügung stehen!

Lösung: Vornahme einer temporären Recodierung durch Vorschalten der TEMPORARY-Anweisung. − Oder: Bildung einer neuen Altersvariablen, in geeigneter Grobheit. Hier stehen wieder verschiedene Verfahren zur Verfügung. Die Ausarbeitung der verschiedenen Möglichkeiten sei dem Leser überlassen.

2.7: Nennen Sie weitere Möglichkeiten, den Output der FREQUENCIES-Prozedur im Sinne von Aufgabe 2.2. zu reduzieren! Erproben Sie diese Möglichkeiten!

Lösung: Zum Beispiel durch die Anwendung des FORMAT-Schlüsselwortes CONDENSE oder durch den Einsatz graphischer Darstellungsweisen, z.B. das Schlüsselwort HISTOGRAM.

Bisher waren die Aufgaben auf univariate Probleme beschränkt. Eine erste Ausweitung in den bivariaten Bereich bietet die folgende Aufgabe zur geschlechtsspezifischen Altersverteilung. Die Geschlechtsvariable heißt V380.

2.8: Stellen Sie die Bevölkerungspyramide der Bundesrepublik (Alter V242; Geschlecht V380) dar!

Lösung: (Hier ist die Benutzung eines Druckers als Ausgabeeinheit zu empfehlen.) Vornahme je einer temporären Datenselektion nach dem Geschlecht der befragten Person und auf die jeweilige Selektion folgend eine FREQUENCIES-Prozedur mit Histogramm-Spezifikation.

```
        TEMPORARY
        SELECT IF (V380 = 1)
        FREQUENCIES VARIABLES = V242 /HISTOGRAM = INCREMENT(5)
```

Im Unterbefehl HISTOGRAM kann mit der INCREMENT-Spezifikation die Bildung gleich definierter Altersklassen erreicht werden. Um eine seitenverkehrte Ausgabe zu erreichen im Fall des zweiten Geschlechts, ist die Einfügung von: COMPUTE VNEU = − V242 vor der FREQUENCIES-Anweisung zu empfehlen und die entsprechende Verwendung von VNEU in derselben. Man muß dann nur noch die eine Pyramidenhälfte ausschneiden und umgekehrt gegen die zweite kleben, um die bekannte Alterspyramide zu erhalten. Sie ist allerdings nicht urnenförmig, wie es bei der schrumpfenden Bevölkerung der Bundesrepublik der Fall sein sollte, da die Unter-Achtzehnjährigen nicht im Datensatz enthalten sind.

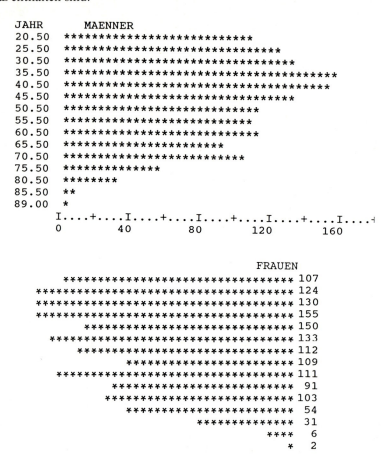

Allerdings zeigt sich andeutungsweise eine zweite bekannte Tatsache, daß nämlich mit zunehmendem Alter der Frauenüberschuß zunimmt. Hierin spiegelt sich die im ALLBUS nicht direkt gemessene – da ja nur Lebende, keine Toten erhoben werden wie zur Berechnung der Lebenserwartung notwendig – höhere weibliche Lebenserwartung wieder. Unter der Annahme, daß die Geschlechter in ungefähr gleichem Verhältnis geboren werden, müßte aufgrund einer höheren weiblichen Lebenserwartung das Durchschnittsalter der Frauen höher sein als das der Männer.

2.9: Überprüfen Sie, ob das weibliche Durchschnittsalter höher ist als das männliche! (V242; V380)

Da das Alter eine intervallskalierte Variable ist, erweist sich ein T-Test als angemessen.

TTEST GROUPS = V380(1,2) / VAR = V242

```
-----------------T-TEST----------------
 GROUP 1 - V380      EQ       1.
 GROUP 2 - V380      EQ       2.


 VARIABLE         NUMBER              STANDARD    STANDARD
                  OF CASES    MEAN    DEVIATION   ERROR
 ------------------------------------------------------------
 V242       S.18  ALTER EXPL.
            GROUP 1    839   57.3302   11.562    0.399

            GROUP 2    951   59.2850   12.312    0.399

 ------------------------------------------------------------

                  * POOLED VARIANCE ESTIMATE * SEPARATE VARIANCE ESTIMATE
                  *                          *
    F   2-TAIL    *   T    DEGREES OF 2-TAIL *   T    DEGREES OF  2-TAIL
  VALUE  PROB.    * VALUE   FREEDOM    PROB. * VALUE   FREEDOM     PROB.
 ------------------------------------------------------------
   1.13   0.061   * -3.45    1788     0.001  * -3.46   1781.03    0.001
 ------------------------------------------------------------
```

Der Unterschied zwischen den beiden Mittelwerten ist mit p = 0.055 nicht mehr signifikant, legt man das übliche Fünfprozentkriterium an; dies ist aber nur Konvention. Die Homogenitätsannahme der Varianz ist verletzt, so daß man die Schätzung mit getrennten Varianzen verwenden muß.

2.10: Wie wird im Rahmen des T-Tests die Homogenität der Varianzen geprüft?
Lösung: Durch den F-Test.
Die etwas unbefriedigende Signifikanz des Tests könnte daran liegen, daß die Sexualproportion der Geborenen schwach zugunsten der Knaben verschoben ist. Bedingt durch die höhere Sterblichkeit der Männer, müßte daher der vermutete Effekt in höheren Altersgruppen besser sichtbar sein.
2.11: Führen Sie die Aufgabe 2.9 nochmals für Personen höheren Alters durch!
Lösung: Vorschaltung von: SELECT IF (V242 GT 39) Es ergibt sich eine deutlich höhersignifikante Verwerfung der Nullhypothese.
Die Signifikanz von Tests bei noch Älteren verbessert sich allerdings nicht notwendiger-

```
-----------------T-TEST----------------
 GROUP 1 - V380      EQ       1.
 GROUP 2 - V380      EQ       2.


 VARIABLE         NUMBER              STANDARD    STANDARD
                  OF CASES    MEAN    DEVIATION   ERROR
 ------------------------------------------------------------
 V242       S.18  ALTER EXPL.
            GROUP 1   1418   45.9549   16.812    0.446

            GROUP 2   1570   47.1885   18.191    0.459

 ------------------------------------------------------------

                  * POOLED VARIANCE ESTIMATE * SEPARATE VARIANCE ESTIMATE
                  *                          *
    F   2-TAIL    *   T    DEGREES OF 2-TAIL *   T    DEGREES OF  2-TAIL
  VALUE  PROB.    * VALUE   FREEDOM    PROB. * VALUE   FREEDOM     PROB.
 ------------------------------------------------------------
   1.17   0.002   * -1.92    2986     0.055  * -1.93   2984.42    0.054
 ------------------------------------------------------------
```

weise, da dann auch der Stichprobenumfang abnimmt. Überzeugen Sie sich von diesem Sachverhalt!

Es mag nun den Anschein haben, als sei hiermit eine biologische Tatsache demonstriert worden. Wenn auch wohl kaum zu bezweifeln ist, daß auch biologische Faktoren die unterschiedliche Lebenserwartung der Geschlechter erklären, so sollte man doch nicht vergessen, daß sich über z. B. geschlechtsspezifische Rollen auch soziale Elemente in das hineinweben, was man «Geschlecht» nennt. Für den konkreten Fall der Bundesrepublik braucht man ja nur an die unterschiedliche Belastung der Geschlechter, gerade in den höheren Alterskohorten durch Kriegsfolgen zu denken. – Um nun die Wirkung sozialer Faktoren auf die Altersverteilung zu demonstrieren, wollen wir die Bevölkerung nach der Art ihrer Berufsausbildung – Variable V10 im ALLBUS – einteilen und nach dem Durchschnittsalter der verschiedenen Gruppen fragen.

2.12: Untersuchen Sie das Durchschnittsalter in Abhängigkeit vom Berufsausbildungsabschluß!

Lösung: Im Prinzip wäre dieses Problem genauso zu bearbeiten wie das vorhergehende. Aber man muß hier feststellen, daß die Variable V10 acht verschiedene Werte hat, womit sich also auch acht Gruppen bilden lassen. Ein T-Test wäre hier folglich inadäquat, wenn man nicht auf die in der verfügbaren Feinheit vorliegende Information durch Vergröberung verzichten möchte, andererseits aber dann achtundzwanzig verschiedene T-Tests machen könnte. Dieses ist daher eine typische Aufgabe der Varianzanalyse. – Hierzu Wahl der Prozedur ONEWAY.

```
              ONEWAY V242 BY V10(1,8)
                 STATISTICS = 1,3
```

```
- - - - - - - - - - - - - - - - - O N E W A Y - - - - - - - - - - - - - - -

        VARIABLE   V242        S.18  ALTER EXPL.
     BY VARIABLE   V10         F.8   BER AUSBILD ABSCHL

                         ANALYSIS OF VARIANCE

                            SUM OF        MEAN            F         F
        SOURCE       D.F.   SQUARES      SQUARES        RATIO     PROB.

BETWEEN GROUPS         7    20650.4672   2950.0667      9.7920    .0000

WITHIN GROUPS       2950   888757.6197    301.2738

TOTAL               2957   909408.0869


                                STANDARD    STANDARD
   GROUP       COUNT      MEAN  DEVIATION   ERROR      95 PCT CONF INT FOR M
   GRP  1       824    49.2840   20.3686    .7096      47.8912   TO     50.6
   GRP  2       596    48.4497   16.8681    .6909      47.0927   TO     49.8
   GRP  3       801    43.4719   16.1767    .5716      42.3499   TO     44.5
   GRP  4       149    44.3557   16.1442   1.3226      41.7421   TO     46.9
   GRP  5        72    46.2917   19.6637   2.3174      41.6709   TO     50.9
   GRP  6       169    49.6450   15.7802   1.2139      47.2486   TO     52.0
   GRP  7       119    44.7731   13.6924   1.2552      42.2875   TO     47.2
   GRP  8       228    43.5526   13.0533    .8645      41.8492   TO     45.2

   TOTAL       2958    46.6183   17.5369    .3224      45.9861   TO     47.2
```

```
GROUP          MINIMUM        MAXIMUM

GRP  1         18.0000        92.0000
GRP  2         19.0000        84.0000
GRP  3         19.0000        86.0000
GRP  4         19.0000        82.0000
GRP  5         19.0000        89.0000
GRP  6         22.0000        84.0000
GRP  7         22.0000        79.0000
GRP  8         22.0000        81.0000

TOTAL          18.0000        92.0000

TESTS FOR HOMOGENEITY OF VARIANCES
     COCHRANS C = MAX. VARIANCE/SUM(VARIANCES) =  .1873, P =  .000 (APPROX.)
     BARTLETT-BOX F =                              14.892 , P =  .000
     MAXIMUM VARIANCE / MINIMUM VARIANCE           2.435
```

2.13: Nennen Sie weitere Verfahren, mit denen man im Rahmen von SPSS^x Varianzanalysen durchführen kann!

Lösung:

BREAKDOWN, ANOVA, MANOVA.

Die Varianzanalyse ist hochsignifikant, das heißt, daß die Nullhypothese, daß keine zwei Gruppenmittelwerte sich unterscheiden, widerlegt ist. – Jedoch muß man leider feststellen, daß entscheidende Voraussetzungen der Varianzanalyse verletzt sind. Die Gruppen sind von stark unterschiedlicher Größe – wie man aus der ersten Statistikprozedur sehen kann. Die Voraussetzung, daß die Varianzen homogen wären, wird durch alle entsprechenden Tests, aufgerufen durch STATISTICS = 3, widerlegt.

2.14: Wie kann man bei stark unterschiedlicher Gruppengröße im Falle der Aufgabe 2.13/2.12 die Voraussetzungen für eine Varianzanalyse verbessern?

Lösung: Durchführung einer möglichst geringen Vergröberung (mit RECODE). Die ersten drei Gruppen kann man unverändert lassen, die nächsten drei (4–6) und die beiden letzten (7,8) zu neuen Gruppen zusammenfassen (7,8: Hoch- und Fachhochschule), 4–6: Berufsfachschule, Meister und Ähnliches). – Die Varianzanalyse bleibt unverändert höchst signifikant.

2.15: Gibt es ein statistisches Verfahren, das weniger anspruchsvoll in den Voraussetzungen wie die parametrische Varianzanalyse ist, aber Ähnliches leistet?

Lösung: SPSS^x bietet hierzu den Kruskal-Wallis-Test aus der großen Familie der verteilungsfreien Testverfahren an.

Man schreibt an der Stelle von ONEWAY:

```
        NPAR TESTS K-W V242 BY V10(1,8)
           STATISTICS  =  ALL
```

Der resultierende CHI-Quadrat-Wert ist ebenfalls höchst signifikant. – Hieraus zeigt sich: obwohl die Voraussetzungen der Varianzanalyse nicht erfüllt waren, war die durch die nahegelegte Schlußfolgerung richtig.

```
MEAN RANK        CASES
  1588.91          824      V10 = 1      KEIN BERUFL. ABSCHL
  1575.99          596      V10 = 2      BERUFSSCHULE,GEWERBL
  1329.24          801      V10 = 3      BERUFSSCHULE,KAUFM.
  1375.02          149      V10 = 4      BERUFSFACHSCHULABSCH
  1437.60           72      V10 = 5      BERUFL. PRAKTIKUM
  1640.54          169      V10 = 6      MEISTER,TECHNIKER
  1417.01          119      V10 = 7      FACHHOCHSCHULABSCHL.
  1354.41          228      V10 = 8      HOCHSCHULABSCHLUSS
                  ----
                  2958     TOTAL
                                                      CORRECTED FOR TIES
       CASES    CHI-SQUARE    SIGNIFICANCE     CHI-SQUARE    SIGNIFICANCE
       2958       59.8657        0.0000          59.8830        0.0000
```

2.16: Kann man im Falle der Aufgabe 2.12 einen Range-Test (z. B. den Scheffe-Test) anwenden? Gibt es mögliche Alternativen?
Lösung: Nein, dies ist nicht zulässig. Der Range-Test wäre hier nicht zuverlässig genug. Da die Varianzanalyse aber nur zur Verwerfung der Nullhypothese führt, nämlich daß es keine Unterschiede zwischen wenigstens zwei Gruppen gibt, so bleibt in diesem Fall nur die durch sachgemäße Erwartung informierte Anwendung von einzelnen T-Tests, um zu bestimmen, wo genau nun die größten Unterschiede begründet liegen.
Es hat sich also gezeigt, daß es in der Tat nichtbiologisch zu interpretierende Faktoren gibt, nämlich in diesem Fall die Berufsausbildung, welche in ihren Lebenserwartungen signifikant verschiedene Gruppen definieren. Natürlich ist damit allein nichts über Kausalbeziehungen zwischen Lebenserwartung und Berufsausbildung nachgewiesen. Letztlich läßt sich Kausalität auch mit der statistischen Analyse nicht nachweisen, wenn auch die Vermutung ihres Vorliegens erhärten; sie wird immer aufgrund inhaltlicher theoretischer Überlegungen in die analysierten Daten «hineingetragen».
Eine interessante Frage, die sich anhand der letzten Beispiele aufdrängt, ist, ob man nicht die Faktoren Geschlecht und Berufsausbildung in einer Analyse der Lebenserwartung zusammen betrachten kann. In beiden Fällen liegen nominal skalierte Variablen vor, ein Regressionsmodell ist also, jedenfalls bei enger Auslegung der statistischen Regeln, wenig sinnvoll.
2.17: Wie kann man die Beziehung zwischen den beiden nominalskalierten, unabhängigen Variablen Geschlecht (V380) und Berufsausbildung (V10) einerseits und dem Lebensalter (V242) andererseits statistisch untersuchen?
Lösung: Dies ist mit einer zweifachen Varianzanalyse möglich. SPSS[X] bietet hierzu das ANOVA-Verfahren an (bzw. MANOVA). Man schreibt:

```
ANOVA V242 BY V10 (1,8) V380 (1,2)
   STATISTICS = 1 3
```

2.18: Sind Range-Tests im Falle der Lösung von 2.17 möglich?
Lösung: Nein, da in SPSS[X] nicht vorgesehen.

3.) Untersuchungen zur Einkommensverteilung in der Bundesrepublik

Das Thema Alter ist damit im Rahmen der Möglichkeiten des ALLBUS natürlich nicht erschöpfend behandelt worden, aber es gibt noch viele andere interessante Daten in diesem Datensatz. – Eine der meistdiskutierten gesellschaftlichen Variablen ist die Einkommensverteilung. Ihre Beschaffenheit in Bezug auf soziale Gruppen ist auch für den politisch Interessierten wichtig. Der ALLBUS bietet hier Daten, die man nicht – besonders in diesen vielfältigen Kombinationsmöglichkeiten – in der amtlichen Statistik finden kann.

Das persönliche Nettoeinkommen der Befragten wurde im ALLBUS mit zwei verschiedenen Methoden erfragt. Erstens wurde direkt nach dem Monatsnettoeinkommen gefragt; falls die Antwort verweigert wurde, konnte der Befragte zweitens einen von dreiundzwanzig Buchstaben angeben, die für je eine Einkommensklasse standen. Die Antworten der ersten Befragten wurden anschließend ebenso klassiert, wie die der Verweigerer. Daraus ergaben sich zwei verschiedene Einkommensvariablen (V361 und V362) mit derselben Struktur, die man zwecks Bildung einer einheitlichen Einkommensvariablen zusammenführen muß.

3.1: Bilden Sie aus den beiden Variablen V361 und V362, die von verschiedenen Befragten aufgrund unterschiedlicher Methoden das persönliche Nettoeinkommen darstellen, eine einheitliche Variable für alle Befragten!

Lösung: Die zweite Frage nach dem Nettoeinkommen wurde nur gestellt, wenn die erste Frage nicht beantwortet wurde, dementsprechend kann die zweite Variable (V362) nur bei fehlenden Werten der ersten Variablen (V361) andere als fehlende Werte haben; andererseits können nicht beide Einkommensvariablen im selben Fall vom fehlenden Wert verschiedene Werte aufweisen. Man kann daher die gemeinsame Einkommensvariable wie folgt bilden:

```
COMPUTE EINK = V361
IF (VALUE (V361) GT 90) EINK = V362
COMMENT VALUE-OPERATION ERMOEGLICHT ABARBEITUNG FEHLENDER
    WERTE
```

Der Grund für das Vorkommen der beiden unterschiedlichen Einkommensvariablen im ALLBUS läßt sich leicht einsehen, wenn man die Mittelwerte der beiden Variablen vergleicht. Sie sind nämlich sehr unterschiedlich. Tendenziell haben höher Verdienende die Nennung ihres Nettoeinkommens verweigert.

3.2: Vergleichen Sie die Verteilung der beiden Einkommensvariablen V361 und V362! Kann hier ein T-Test empfohlen werden, um eventuelle Unterschiede zwischen den beiden durch diese Variablen definierten Befragtengruppen festzustellen?

Lösung:

```
        FREQUENCIES VARIABLES = V361 V362
            /STATISTICS = ALL
```

Wie man sich durch Inspektion der Einkommensvariablen V361 und V362 überzeugt, haben sie in der Form, in der sie im ALLBUS enthalten sind, nur ordinales Meßniveau, da die Abstände zwischen den Klassencodes nicht den Klassenbreiten der erfragten Einkommen entsprechen. – Daher ist hier auch die Anwendung des T-Tests nicht unbedingt zu empfehlen.

Man muß für weitergehende Untersuchungen, die intervallskalierte Variablen benötigen (wie z. B. der T-Test), die Einkommensvariable wieder rekodieren. – Hierzu stehen prinzipiell zwei Verfahren zur Verfügung: Man bedient sich der Variablen V360, welche die genauen Nettoeinkommen der Nicht-Antwortverweigerer enthält, um jeder Kategorie der neuen Variablen EINK den Mittelwert des entsprechenden Intervalls der Variablen V360 zuzuordnen. Oder man bedient sich der Klassenmitte (Anfangs- + Endwert eines Intervalls von EINK geteilt durch zwei) als eines neuen Wertes. Wie man aus der Statistik weiß, sind die Differenzen zwischen den Mittelwerten klassifizierter Daten und denen unklassifizierter Daten sehr gering. Eventuelle Abweichungen zwischen diesen beiden Verfahren dürften eher darauf zurückzuführen sein, daß die Antwortverweigerer ein höheres Nettoeinkommen hatten.

3.3: Führen Sie die beiden verschiedenen Arten der Rekodierung von EINK, die im vorigen Absatz besprochen wurden, durch, und vergleichen Sie die Statistiken der Verteilungen!

Lösung:

```
COMMENT BREAKDOWN ZUR ERMITTLUNG DER MITTELWERTE DER
        23 KLASSEN VON EINK UEBER DIE KLASSEN VON V361
BREAKDOWN
    VAR = V360 (0,20000) V361 (0,22)
    /CROSSBREAK = V360 BY V361
```

Es ergeben sich die Mittelwerte m0 bis m22 (klarerweise ist m0 = 0), die man nun in dem folgenden Job wie folgt verwendet:

```
TEMPORARY
RECODE EINK (1 = m1) . . . (22 = m22)
CONDESCRIPTIVE EINK
STATISTICS = ALL
```

Wählt man das Verfahren der Klassenmitte, so kann man natürlich auf den BREAKDOWN-Job verzichten. Man könnte auch noch die fehlenden Werte in geeigneter Weise rekodieren.

* 3.4: Wie könnte man ausgehend von den Mittelwerten von V360 – für die Rekodierung der Variablen EINK die beiden Lösungsteile der vorigen Aufgabe zu einem einzigen Job integrieren?

Lösung: Dieses elegantere Verfahren für die erste Rekodierungsvariante wäre die Verwendung von AGGREGATE und MATCH, da man sich auf diese Weise die eigenhändige Übertragung der Klassenmittelwerte ersparen kann. (Aber im zweiten Fall würde am weniger eleganten Verfahren kein Weg vorbeiführen.)

```
    SORT CASES V361 V362
    AGGREGATE OUTFIL = *
      /BREAK = V361 V362
      /EINK = MEAN (V360)
    COMMENT NEUE ARBEITSDATEI MIT 47 FAELLEN
      NUN BILDUNG DER KLASSEN VON EINK NACH ERSTEM VERFAHREN
    DO REPEAT C = 1 TO 22
    +  IF (VALUE (V361) GT 50 AND V362 = C) EINK = LAG(EINK, 22)
    COMMENT DIE FAELLE IN DER NEUEN ARBEITSDATEI SIND NACH V361
      DANN V362 GEORDNET BEWEIS DURCH LIST CASES
    +  END IF
    END REPEAT
    SAVE OUTFILE = AGG
    COMMENT ACHTUNG, IN DEN ANWEISUNGEN FEHLT DAS FILE-HANDLING
    GET FILE = ALLBUS84
      /KEEP = V360 TO V362
    SORT CASES BY V361 V362
    COMMENT NUR SO IST HIER HIERARCHISCHES MATCHING MOEGLICH
    MATCH FILES TABLE = AGG
      /FILE = *
      /BY V361 V362
    COMMENT ZWECKS KONTROLLE
    FREQENCIES VAR = EINK
      /STATISTICS
```

3.5: Vergleichen Sie das arithmetische Mittel der nach den beiden – in Aufgabe 3.3 angegebenen – Verfahren gebildeten Einkommensvariablen!
Lösung: Keine Lösungsangabe
Man sieht nun in der Tat, daß der Unterschied zwischen den beiden arithmetischen Mitteln gering ist, zumal der Mittelwert nach der Methode der Klassenmittelpunkte höher liegt. Dies aber war zu erwarten, da die Verweigerer im Schnitt ein höheres Einkommen hatten; somit ist der Durchschnitt des Nettoeinkommens nach V360 wohl etwas unter dem wahren Durchschnitt der Gesamtbevölkerung. Deshalb ist sogar die zweite Art der Rekodierung hier vorzuziehen.
Man könnte nunmehr noch fragen, ob die so gewonnene Variable EINK wirklich sinnvoll ist. Für viele Zwecke, insbesondere jene, die anhand des Einkommens die Lebenslage des Einkommensbeziehers kennzeichnen wollen, ist diese Variable nicht befriedigend. Der Alleinverdiener einer fünfköpfigen Familie ist wesentlich schlechter gestellt als ein Junggeselle gleichen Einkommens. Man müßte zu diesem Zweck das Haushaltseinkommen des Befragten ermitteln und es in Beziehung setzen zur Größe des Haushalts des Befragten. Dies ist im ALLBUS möglich, aber mühsam. Diese Komplikation soll daher hier nicht weiter beachtet werden, da das Lernziel dieser Übungen hiermit nicht sonderlich gefördert werden würde.
Will man nun mit univariaten Verfahren die Einkommensverteilung in der Bundesrepublik Deutschland kennzeichnen, so kann man sich der Variablen EINK hierzu bedienen.

3.6: Stellen Sie die Verteilung der Nettoeinkommen in der Bundesrepublik Deutschland dar!

Lösung:

```
            FREQUENCIES
             VARIABLES = EINK
             /STATISTICS = ALL
```

Man wird spätestens bei der Betrachtung des Computerausdrucks sehen, daß diese Darstellung der Einkommensverteilung fast sinnlos ist, da sie keinen Vergleich zuläßt mit Einkommensverteilungen aus anderen Datenquellen. Üblicherweise wird für Vergleichszwecke die kumulierte prozentuale Einkommensverteilung benutzt. Man hat also für jeden Befragten festzustellen, wieviele Prozentbruchteile des Gesamteinkommens – dies muß ebenfalls berechnet werden – er verdient, die Befragten der Einkommenshöhe nach anzuordnen und dann die Einkommensprozente aufzuaddieren bis zum jeweiligen Befragten (Kumulation). – Die Lösung dieses Problems ist mit SPSS^X möglich, aber nicht ganz einfach. Dies demonstriert dann im übrigen, daß die Komplexität eines Programmierproblems bei modernen Programmpaketen nur wenig mit der Komplexität des jeweils verwendeten statistischen Verfahrens zu tun hat.

* 3.7: Berechnen Sie die kumulierte prozentuale Einkommensverteilung für jeden Befragten (nicht für die Einkommensklassen der Befragten) mittels der Variablen EINK aus der Aufgabe 3.3!

Lösung: Vorbemerkung: die folgenden Anweisungen sind ziemlich rechenintensiv. Für den Nachvollzug wird daher empfohlen, die Arbeitsdatei so klein wie möglich zu halten (über die KEEP-Anweisung der GET FILE-Karte); es wird nur die Variable EINK benötigt.

```
COMMENT 1.: BILDUNG EINER KONSTANTEN VARIABLEN C UND EINER
   DATEI SYSNEU AUS EINK UND C
COMPUTE C = 0
SAVE OUTFILE = SYSNEU
 /KEEP = EINK C
COMMENT 2.: SYSNEU WIRD ZUR ARBEITSDATEI; ACHTUNG:
   FILEHANDLING!
GET FILE = SYSNEU
COMMENT 3: BERECHNUNG DER SUMME ALLER NETTOEINKOMMEN
SORT CASES BY C
AGGREGATE OUTFIL = *
 /BREAK = C
 /TEINK = SUM.(EINK)
COMMENT DIE EINKOMMENSSUMME TEINK MUSS NUN AUF DIE FAELLE DER
   AUSGANGSDATEI SYSNEU RUECKVERTEILT WERDEN
MATCH FILES TABLE = *
 /FILE = SYSNEU
 /BY C
```

```
COMMENT 4: NUNMEHR IST DAS KUMULIERTE PROZENTUALE EINKOMMEN
   BEZOGEN AUF TEINK JEDES BEFRAGTEN ZU BILDEN
SORT CASES BY EINK          */SORTIERUNG/
SELECT IF NOT (EINK = 99999)
COMPUTE R = EINK
IF ($CASENUM GT 1)R = R + LAG(R,1)   */KUMULATION/
COMPUTE CUMEINK = R*100/TEINK */PROZENTUIERUNG/
COMMENT CUMEINK IST DIE GESUCHTE VARIABLE
  5: DARSTELLUNG VON CUMEINK
FREQUENCIES VAR = CUMEINK
 /FORMAT = NOTABLE
 /STATISTICS = HISTOGRAM INCREMENT(10)
```

Es ist bei dieser Variablen nicht zu empfehlen, eine Tabelle ausdrucken zu lassen, da jeder Fall hier einen eindeutigen Wert hat, (natürlich bis auf den fehlenden Wert).

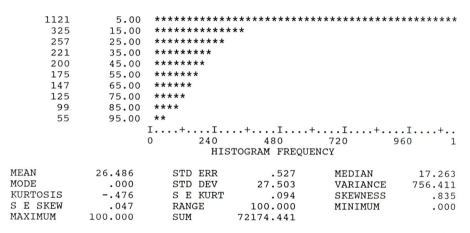

```
    1121       5.00    *************************************************
     325      15.00    **************
     257      25.00    **********
     221      35.00    ********
     200      45.00    *******
     175      55.00    *******
     147      65.00    ******
     125      75.00    *****
      99      85.00    ****
      55      95.00    **
                       I....+....I....+....I....+....I....+....I....+..
                       0         240        480       720        960        1
                              HISTOGRAM FREQUENCY

MEAN          26.486    STD ERR       .527    MEDIAN       17.263
MODE            .000    STD DEV     27.503    VARIANCE    756.411
KURTOSIS       -.476    S E KURT      .094    SKEWNESS       .835
S E SKEW        .047    RANGE      100.000    MINIMUM        .000
MAXIMUM      100.000    SUM      72174.441
```

Interessiert man sich für die Einkommenskonzentration, so kann man in der FREQUENCIES-Anweisung Perzentile berechnen lassen.

3.8: Stellen Sie die Einkommenskonzentration mittels Perzentilen dar und zwar zu 20, 40, 60 und 80%!

Lösung: Einfügen der Anweisung /NTILES = 5 in die IN 3.7 entwickelte FREQUENCIES-Prozedur.

```
   0PERCENTILE      VALUE       PERCENTILE      VALUE      PERCENTILE      VALUE
      20.00          .015         40.00         9.180        60.00         27.226
      80.00        53.036
  VALID CASES      2725       MISSING CASES       0
```

Die Richtigkeit des Vorgehens kann im Rahmen der STATISTICS-Ausgabe durch Betrachten des größten und kleinsten Werts sowie der Anzahl der Fälle geprüft werden. – Offensichtlich ist das Einkommen in der Bundesrepublik recht ungleich verteilt, da nur zwanzig Prozent der Befragten die Hälfte des ganzen verfügbaren Einkommens erhalten.

Dieses Ergebnis wird nur unwesentlich verändert, wenn man alle Fälle aus der Berechnung ausschließt, die angaben, daß sie kein Einkommen bezögen; die Rechtfertigung eines solchen Vorgehens liegt darin, daß wohl kaum ein Befragter in einem Haushalt ohne irgendein Einkommen leben dürfte. Durch den Ausschluß der von fremdem Einkommen Abhängigen erreicht man somit eine bessere Annäherung der Einkommensvariablen an die entsprechende Variable des Haushaltseinkommens pro Person, die hier nicht zur Verfügung steht.

3.9: Berechnen Sie die Einkommensperzentile im Anschluß an die Aufgabe 3.8 unter Ausschluß der einkommenslosen Befragten!

Lösung: Die Anweisung SELECT IF (EINK GT 0) muß *zweimal* angegeben werden im vorhergehenden Job; denn die MATCH FILES-Anweisung bewirkt ein erneutes Einlesen des ganzen Datensatzes! Am besten jeweils unmittelbar vor den beiden SORT CASES-Anweisungen. – Man sieht nun aber sofort, daß dies das Ergebnis nicht so wesentlich verändert. Die zwanzig Prozent der Bevölkerung mit dem höchsten Einkommen erzielen noch immerhin vierzig Prozent des Gesamteinkommens.

```
0PERCENTILE      VALUE         PERCENTILE     VALUE         PERCENTILE     VALUE
    20.00        6.266            40.00       18.966           60.00       36.586
    80.00       59.373
VALID CASES      2183          MISSING CASES    0
```

Mittels dieser Einkommensperzentile hat man die Konzentration des Einkommens in der Bundesrepublik gekennzeichnet. Allerdings ist dies keine skalare Größe; auch werden durch diese Perzentile nicht alle Fälle in gleicher Weise zur Kennzeichnung der Einkommensverteilung berücksichtigt. Der Vergleich mit anderen Einkommensverteilungen ist ebenfalls nur eingeschränkt möglich. Man könnte natürlich ein beliebiges Perzentil, wie etwa den Median verwenden, aber eben nur zum Preis der Vernachlässigung relevanter Informationen. – Ein Konzentrationsmaß, das hier helfen könnte, ist der Gini-Index, der das Verhältnis der Fläche über der Lorenzkurve zur Gesamtfläche unter der Gleichverteilungsgeraden kennzeichnet.

Der Gini-Index wurde mit Bezug auf die Lorenzkurve erläutert. Jeder hat schon einmal eine solche Kurve gesehen, die das kumulierte Einkommen gegen den Anteil der Bevölkerung, der bis zu einer bestimmten Höhe Einkommen bezieht, abträgt. Auch mit SPSS[x] läßt sich diese Kurve darstellen. Man kann sich also bei ihrer Darstellung des kumulierten Einkommens aus 3.7 bedienen. – Üblicherweise wird der Abstand der Lorenzkurve von der Diagonalen als Grad der Ungleichheit interpretiert.

* 3.10: Lassen Sie die Lorenzkurve der persönlichen Nettoeinkommensverteilung der BRD semigraphisch darstellen! Benutzung der Variablen EINK aus 3.2.

Lösung: Berechnung des kumulierten Einkommens der einzelnen Einkommensklassen und *nochmalige* Kumulation dieses Einkommens. Anschließend über SCATTERGRAM Darstellung der Lorenzkurve. EINK sei die persönliche Nettoeinkommensvariable.

```
SORT CASES BY EINK
COMMENT VORBEREITUNG DER AGGREGATE-PROZEDUR
AGGREGATE OUTFIL = *
 /BREAK = EINK
```

```
  /SEINK = SUM.(EINK)
  /NEINK = N.(EINK)
COMMENT ERSTE KUMULATION NACH EINKOMMENSGRUPPEN
COMPUTE CEINK = SEINK
COMPUTE CEINK = CEINK + LAG(CEINK,1)
COMMENT ZWEITE KUMULATION MITTELS LAGOPERATOR - CEINK IST
  DAS DOPPELT KUMULIERTE EINKOMMEN
EXECUTE
COMPUTE CEINK = -CEINK
EXECUTE
COMMENT UMDREHEN DER EINKOMMENSVERTEILUNG, UM EINE NORMALE
  LORENZ-KURVE ZU ERHALTEN. EXECUTE STELLT RICHTIGE
  REIHENFOLGE DER ABARBEITUNG DER DATENMODIFIKATIONS-
  ANWEISUNGEN SICHER
COMPUTE C = 1
AGGREGATE OUTFILE = BUM
COMMENT ACHTUNG FILE HANDLING!
  /BREAK = C
  /SCEINK = SUM.(SEINK)
COMMENT BILDUNG DES GESAMTEINKOMMENS MIT ANSCHLIESSENDER
  VEREINIGUNG DER BEIDEN DATEIEN
MATCH FILES TABLE = BUM
  /FILE = *
  /BY C
IF (NEINK GT 0)CLASS = SEINK/NEINK
IF (SCEINK GT 0)SEINK = SCEINK/CEINK
SCATTERGRAM SCEINK CLASS
```

(Das Ergebnis ist auf S. 227 abgedruckt).

Nach der Berechnung der Lorenzkurve soll nun noch der Gini-Index, der die Fläche zwischen Lorenzkurve und Diagonale mißt, berechnet werden.

* 3.11: Berechnen Sie den Gini-Index der Variablen EINK!

Lösung: Vorbemerkung: auch dies ist keine ganz einfache Anweisungsfolge, obwohl der Gini-Index mathematisch anspruchslos definiert ist. – Für jede der dreiundzwanzig Einkommenskategorien muß die Einkommenssumme und die Anzahl der betroffenen Fälle berechnet werden, sodann für jede Kategorie das kumulierte Einkommen sowie die Summe des kumulierten Einkommens dieser und der vorhergehenden Kategorie; außerdem die zu jeder Kategorie gehörige kumulierte Fallzahl, sowie das mit der kumulierten Fallzahl multiplizierte, soeben berechnete doppelt kumulierte Einkommen. Natürlich müssen die Fälle bzw. Kategorien der Größe nach sortiert sein. Dann können die so gewonnenen Werte in der Giniformel kombiniert werden; der Giniwert der letzten Kategorie ist dann der eigentliche Gini-Index.

```
COMMENT BERECHNUNG DES KUMULIERTEN EINKOMMENS JEDER KATEGORIE
  SOWIE DER ANZAHL DER FAELLE IN DER KATEGORIE
SORT CASES BY EINK
```

```
AGGREGATE OUTFIL = *
 /BREAK EINK
 /SUMEINK = SUM.(EINK)      */KUMULIERTES EINKOMMEN/
 /NEINK = N.(EINK)          */ANZAHL DER FAELLE IN DEN KATEGORIEN/
 COMMENT BERECHNUNG DES DOPPELT KUMULIERTEN EINKOMMENS
COMPUTE B = $CASENUM
COMPUTE CUMEINK = SUMEINK
IF (B GT 1)CUMEINK = CUMEINK + LAG(CUMEINK,1)
COMMENT DAS DOPPELT KUMULIERTE EINKOMMEN WIRD FUER JEDE
    KATEGORIE ZU DEM DER VORHERGEHENDEN ADDIERT
COMPUTE A = CUMEINK
IF (B GT 1)A = A + LAG (CUMEINK,1)
COMMENT GEWICHTUNG MIT FALLANZAHL UND WEITERE KUMULATION VON A
COMPUTE A = A * NEINK
IF (B GT 1)A = A + LAG(A,1)
COMMENT BILDUNG DES GESAMTZAHL ALLER FAELLE
COMPUTE SUMNEINK = NEINK
IF (B GT 1) SUMNEINK = SUMNEINK + LAG(SUMNEINK,1)
COMMENT AUFBAU DES GIN/INDEX
COMPUTE GINI1 = 0
IF NOT(SUMNEINK * CUMEINK = 0)GINI1 = A/(SUMNEINK * CUMEINK)
COMPUTE GINI = 1 − GINI1
SELECT IF (B = 23)       */AUSWAHL DES EINGENTLICHEN GINI-INDIZES/
PRINT /GINI
EXECUTE
```

Der Gini-Index von 0.47 entspricht dem, was man für die Bundesrepublik erwarten darf. Auch er zeigt eine gravierende Einkommensungleichheit an. – Man kann Zweifel anmelden am Wert dieser Berechnungen für den Vergleich mit Gini-Indizes aus anderen Quellen. Dies ist aber eine Frage der Vergleichbarkeit des Datenmaterials, die nichts zu tun hat mit der Gültigkeit des Verfahrens selbst. Jedenfalls kann dieser Gini-Index verglichen werden mit den Gini-Indizes aller Teilstichproben aus der ALLBUS-Gesamtstichprobe, z.B. mit jenen für Männer bzw. Frauen oder Einkommen, die überwiegend aus Löhnen und Gehältern oder aus Renten stammen.

3.12: Berechnen Sie die Gini-Indizes für die Geschlechter (V380) und für die hauptsächlichen Arten der Einkommensentstehung (V359) unter Benutzung der Lösung von 3.10!

Lösung: Einfügen einer entsprechenden SELECT IF-Anweisung vor der SORT CASES-Anweisung in 3.10. Dabei ist zu beachten, daß weniger als dreiundzwanzig Einkommenskategorien berechnet werden mögen. Man sollte daher das SELECT IF (B = 23) aus dem vorherigen Beispiel hier nicht verwenden.

Man sieht, daß die Einkommen, die überwiegend aus Renten und Löhnen stammen, weniger ungleich verteilt sind, als die Einkommen überhaupt. Die Ungleichheit der Einkommen bei den Männern ist geringer als die in der Gesamtstichprobe gemessene, dagegen bei den Frauen größer.

Ergebnis der Aufgabe 3.10

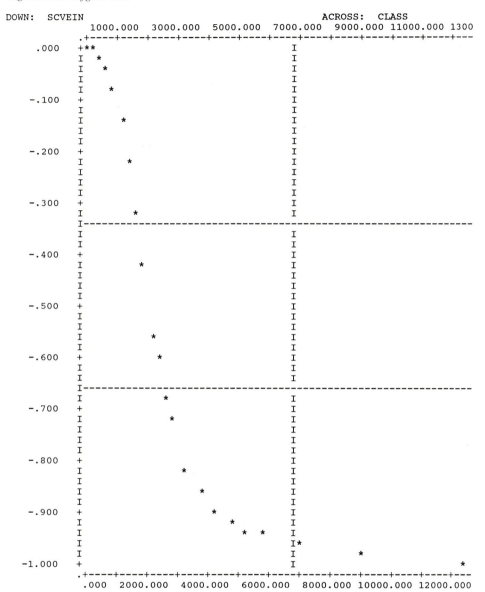

4.) Regressionsanalytische Untersuchungen des Einkommens

Bisher wurden nur univariate Einkommensstatistiken betrachtet. Allerdings kommt die Verwendung von Datenselektionsanweisungen dem Bezug auf bedingte Verteilungen gleich. Will man alle möglichen Selektionen hinsichtlich einer bestimmten Kriteriumsvariablen vergleichen, so sollte man sich echt bivariater oder sogar multivariater Verfahren bedienen, zumal sie insgesamt weniger rechenaufwendig sein dürften.

Es soll nun die Beziehung zwischen Alter und Einkommen näher betrachtet werden. Es besteht die Erwartung, daß mit zunehmendem Alter das Einkommen steigt, allerdings wird es ab dem Rentenalter wieder sinken.

4.1: Stellen Sie den Zusammenhang dar zwischen Alter und Einkommen!

Lösung: Einfachregression vom Alter auf das Einkommen mit semigraphischer Darstellung des Zusammenhangs unter Benutzung der Variablen EINK aus 3.2!

```
REGRESSION
/VAR = EINK V242
/DEPENDENT = EINK
/ENTER
/SCATTERPLOT (*PRED V242) (EINK V242)
```

```
* * * *   M U L T I P L E   R E G R E S S I O N   * * * *

LISTWISE DELETION OF MISSING DATA

EQUATION NUMBER 1    DEPENDENT VARIABLE..   VEIN

BEGINNING BLOCK NUMBER  1.  METHOD:  ENTER


VARIABLE(S) ENTERED ON STEP NUMBER
   1..   V242     S.18  ALTER EXPL.

MULTIPLE R              .09142
R SQUARE                .00836
ADJUSTED R SQUARE       .00799
STANDARD ERROR      1487.98439

ANALYSIS OF VARIANCE
                 DF       SUM OF SQUARES       MEAN SQUARE
REGRESSION        1         50668837.54985    50668837.54985
RESIDUAL       2715       6011274853.56127     2214097.55196

F =      22.88465         SIGNIF F =   .0000


------------------ VARIABLES IN THE EQUATION ------------------

VARIABLE            B           SE B         BETA         T    SIG T

V242          7.763073      1.622787      .091425      4.784   .0000
(CONSTANT) 1199.630435     80.375755                  14.925   .0000


END BLOCK NUMBER   1    ALL REQUESTED VARIABLES ENTERED.



* * * * * * * * * * * * * * * * * * * * * * * * * * * * *


RESIDUALS STATISTICS:

                 MIN          MAX        MEAN     STD DEV       N

*PRED         1339.3657    1913.8330   1559.0633   136.5858    2717
*RESID       -1820.6763   13559.7109     .0000    1487.7104    2717
```

```
*ZPRED          -1.6085        2.5974       .0000     1.0000    2717
*ZRESID         -1.2236        9.1128       .0000      .9998    2717

TOTAL CASES =    3004
```

* *

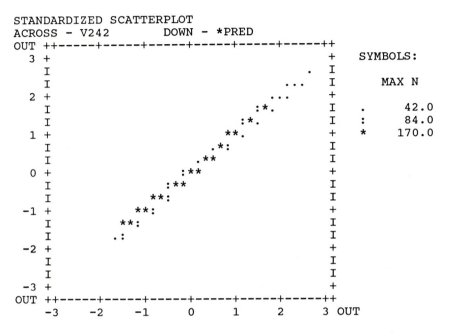

Der Zusammenhang fällt äußerst schwach aus. Diese Regression erklärt gerade knapp ein Prozent der Varianz (gemessen durch das quadrierte R).
4.2: Welches Verfahren kann man nutzen, wenn man nur die Korrelation zwischen Alter und Einkommen berechnen will?
Lösung: PEARSON CORR. Dieses Verfahren gibt allerdings keine graphische Darstellung des Zusammenhangs. Außerdem ergeben sich keine näheren varianzanalytischen Hinweise wie bei der REGRESSION.
4.3: Wie kann man ohne Benutzung von REGRESSION eine graphische Darstellung des Zusammenhangs der Variablen Alter und Einkommen erhalten?
Lösung: SCATTERGRAM (EINK V242)
Ergibt ein z-standardisiertes Bild.
Im Falle der Regression aus 4.1 stellt SCATTERPLOT (*PRED V242) die Regressionsgerade («*PRED» steht für den vorhergesagten Wert von EINK) dar. Das Streudiagramm ist aber nicht kugelförmig, sondern links unten konzentriert und nach oben gestreckt. Die Kugelförmigkeit würde das Fehlen eines Zusammenhangs illustrieren. Hier muß man sich nun aber fragen, ob der Zusammenhang vielleicht nicht-linear ist.
4.4: Prüfen Sie den Zusammenhang zwischen V242 und EINK (aus 3.2) auf Nichtlinearität!
Lösung: Berechnung von ETA und R, Vergleich der Differenz!

```
            CROSSTABS EINK BY V242
                OPTIONS 12
                STATISTICS 10 11
```

```
- - - - - - - - - - - - - - - - - - - -   S T A T I S T I C S   F O R   - - -
     V242     S.18  ALTER EXPL.                              BY   VEIN
NUMBER OF VALID OBSERVATIONS =   2717
- - - - - - - - - - - - - - - - - - - - - - - - - - - - - - - - - - - - - - -

                                                  WITH V242        WITH VEIN
             STATISTIC             SYMMETRIC      DEPENDENT        DEPENDENT
             ---------             ---------      ---------        ---------

         ETA                                       0.21640          0.27308

             STATISTIC              VALUE         SIGNIFICANCE
             ---------              -----         ------------

         PEARSON'S R               0.09142           0.0000

     NUMBER OF MISSING OBSERVATIONS =    287
```

Es wäre natürlich verheerend, würde man hier die Kreuztabelle ausdrucken lassen, da sie 23 * 80 Zellen hätte. Ihr Ausdruck wird mit Option 12 unterdrückt. Aus dem gleichen Grund kann man sich auch nicht des BREAKDOWN-Verfahrens bedienen.
Die Statistiken 10 und 11 sind Eta und R. Es ist nun eine erhebliche Differenz festzustellen zwischen R und Eta. Letzteres ist zwar immer größer als R (bzw. Beta), aber je größer die Differenz, um so größer ist der Anteil der Varianz der abhängigen Variablen, der auf nichtlineare Zusammenhänge zurückzuführen ist.
Die Nichtlinearität des Zusammenhangs zwischen Alter und Einkommen ist auch bei näherer Überlegung nicht unplausibel. Spätestens mit der Rente dürfte das Geldeinkommen der meisten sinken. Es ist außerdem zu erwarten, daß bei körperlich Arbeitenden

oder bei Personen ohne Berufsausbildung das Einkommen ab dem fünfunddreißigsten bis vierzigsten Lebensjahr schon wieder sinkt, selbst wenn man von der Arbeitslosigkeit in diesen Schichten absieht.

4.5: Überprüfen Sie den Zusammenhang zwischen Alter und Einkommen (V242 bzw. EINK) unter Kontrolle nach der Art der Erwerbstätigkeit (V12) und Altersklassen! Verwenden Sie das Regressionsverfahren!

Lösung: Benutzung von Datenselektionskarten zur Bestimmung der spezifisch interessierenden Teilstichproben. Im übrigen lineare Einfachregression. – Innerhalb der Regressionsanweisungen ist eine Datenselektion zulässig, allerdings nur als Einzelanweisung. Zusätzliche Selektionen müssen mit SELECT IF vor der Regressionsanweisung spezifiziert werden.

In der Tat steigt der Prozentsatz der erklärten Varianz bis auf dreizehn Prozent (bei Beamten), aber auch bei Arbeitern bis fünfunddreißig Jahren können immerhin zehn Prozent der Varianz des Einkommens durch das Alter erklärt werden; aber auch das Eta wächst stark in diesen Unterstichproben, so daß trotz der herausgearbeiteten linearen Komponente der Beziehung zwischen Alter und Einkommen noch weitere Faktoren vorhanden sein müssen, welche die Beziehung insgesamt zu einer nichtlinearen machen.

4.6: Prüfen Sie die Höhe der Etas für Ihre eben untersuchten Teilstichproben nach!

Die Lösung sei dem Leser überlassen. – Im Rahmen einer linearen Mehrfachregression lassen sich wie auch über ANOVA oder CROSSTABS Zusammenhänge mit mehreren unabhängigen Variablen untersuchen. In vieler Hinsicht ist die Mehrfachregression das mächtigste dieser Verfahren, da sie alle Informationen jener Verfahren auch liefert. Allerdings benötigt sie intervallskalierte Daten. Umgekehrt ist es auch bei größeren Datensätzen wie dem ALLBUS notwendig, unabhängige intervallskalierte Daten zu vergröbern, wenn man sie im Rahmen von ANOVA oder CROSSTABS verwenden möchte. Dies aber bedeutet, daß man auf wertvolle Informationen verzichten muß.

Man hat hier also immer wieder Kompromisse zu schließen und eventuell auch einmal nichtintervallskalierte Daten in die Regression einzubeziehen, um andere intervallskalierte Daten geeignet analysieren zu können.

Durch die Varianzanalyse und die lineare Einfachregression des Einkommens auf das Alter wurde schon gezeigt, wie überraschend erklärungsschwach das Alter in diesem Zusammenhang ist. Es soll nun mit Hilfe der Regressionsanalyse untersucht werden, ob ein Komplex aus verschiedenen unabhängigen Variablen – von denen man aus informiertem Vorverständnis heraus erwarten darf, daß sie bei der Bestimmung des Einkommens von Bedeutung sind – bessere Erklärungswerte liefert.

4.7: Ermitteln Sie die Regressionsfunktion des Einkommens (EINK aus 3.2 in Teil 3) mit dem Alter (V242), der Wohnortgröße nach Boustedt (V402) und dem Berufsprestige (V64) als unabhängige Variablen!

Lösung: Es soll angenommen werden, daß das Berufsprestige intervallskaliert ist. Die Wohnortgröße hat sieben Werte. Sie muß rekodiert werden, um die Codes als Mittelwerte klassierter intervallskalierter Variablen betrachten zu können.

```
RECODE V402  (1 = 1000)  (2 = 3000)  (3 = 12500)  (4 = 35000)  (5 = 75000)
             (6 = 300000)  (7 = 1000000)
REGRESSION
  /VARIABLES = V242 V64 EINK V402
```

```
    /STATISTICS = ALL
    /DEPENDENT = EINK
    /ENTER = V242 V64 V402
```

Diese lineare Regression ergibt gegenüber der an anderer Stelle erprobten linearen Einfachregression des Einkommens auf das Alter nur relativ geringe Verbesserungen (R^2 von ca. 0,025, also etwa 2,5% erklärter Varianz gegenüber 1% im Fall der Einfachregression). Und selbst diese leichte Verbesserung braucht nicht von den zusätzlich eingeführten unabhängigen Variablen herzurühren, da die multiple Korrelation mit zunehmender Anzahl von unabhängigen Variablen steigen muß; dies umsomehr, wenn sie wechselseitig nur schwach abhängig sind, wie hier – man vergleiche die Varianz/Kovarianz/Korrelations-Matrix der unabhängigen Variablen!

Eine wesentliche Verbesserung kann man erzielen, wenn man die Geschlechtsvariable hinzunimmt. Sie ist allerdings nur zweiwertig und würde hier entsprechend als Dummyvariable eingesetzt werden.

Für verschiedene Zwecke kann es von Nutzen sein zu studieren, wie der Determinationskoeffizient R^2 sich verändert, wenn man bei schrittweiser Hinzunahme der einzelnen unabhängigen Variablen jeweils die Regression neu durchführt.

4.8: Führen Sie eine schrittweise Regression vom persönlichen Nettoeinkommen (EINK aus 3.2) auf die Variablen des Alters (V242), der Gemeindegröße (V402) und des Berufsprestiges (V64) sowie des Geschlechts (V380) durch!

Lösung: wie oben, nur statt des Schlüsselwortes ENTER das Schlüsselwort STEPWISE. – Außerdem eventuell vorher über RECODE sicherstellen, daß das Geschlecht mit 0 und 1 kodiert ist.

Man kann nun einen Determinationskoeffizienten von 0,23 bzw. 23% erklärter Varianz registrieren. Ohne Zweifel spielt das Geschlecht bei der Bestimmung des persönlichen Einkommens in unserer Gesellschaft eine große Rolle, wobei hier die allfällig beklagte Diskriminierung der Frau am Arbeitsplatz weniger zum Ausdruck kommt als ihre übliche Rolle als unbezahlte Hausfrau und Mutter; deshalb schlägt die Geschlechtsvariable auch viel stärker durch als etwa die Berufsprestigevariable. Enthielte letztere auch die Kategorie Hausfrau, so dürfte man hier anderes erwarten, allerdings auch eine entsprechend erhöhte Multikollinearität (siehe 4.11). – Bei der Durchsicht der ausgegebenen Analyse stellt sich im übrigen vielleicht die folgende Frage:

4.9: Mit welchen Alternativen zum Schlüsselwort STEPWISE kann man eine schrittweise Regression ebenfalls erreichen?

Lösung: mittels der Schlüsselwörter FORWARD und BACKWARD. Den Vorgang der Schrittregression kann man über das Unterschlüsselwort CRITERIA (zu VARIABLES) im einzelnen steuern.

Bei der Regression gilt es neben dem an und für sich notwendigen Intervallniveau der einbezogenen Variablen noch weitere Voraussetzungen zu beachten. Die Verteilung der Residuen (und damit auch der Variablen) muß – angenähert – normalverteilt sein.

4.10: Überprüfen Sie im Fall der Regression aus 4.8 die Verteilung der Residuen!
Lösung: Ansatz zur Regression wie in 4.8

```
              /RESIDUALS
               HISTOGRAM
               NORMPROB
```

Übungsaufgaben

RESIDUALS STATISTICS:

	MIN	MAX	MEAN	STD DEV	N
*PRED	565.3865	2956.8311	1721.9338	734.6269	2234
*RESID	-2675.3591	12855.5117	.0000	1327.9609	2234
*ZPRED	-1.5743	1.6810	.0000	1.0000	2234
*ZRESID	-2.0128	9.6720	.0000	.9991	2234

TOTAL CASES =   3004

```
      * * * * * * * * * * * * * * * * * * * * * * * * * * * *


HISTOGRAM - STANDARDIZED RESIDUAL

  N   EXP N       (* = 8 CASES,    . : = NORMAL CURVE)
 30    1.72   OUT ****
  2    3.42  3.00
  5    8.73  2.67 :
 25   19.93  2.33 *:*
 23   40.76  2.00 *** .
 38   74.68  1.67 *****  .
 49  122.57  1.33 ******    .
 94  180.19  1.00 ***********       .
180  237.27   .67 **********************       .
289  279.87   .33 **********************************:*
389  295.71   .00 ********************************************:************
385  279.87  -.33 *********************************************:************
473  237.27  -.67 *******************************************:******************************
188  180.19 -1.00 ***********************:*
 38  122.57 -1.33 *****        .
 19   74.68 -1.67 **      .
  7   40.76 -2.00 *     .
  0   19.93 -2.33 .
  0    8.73 -2.67 .
  0    3.42 -3.00
  0    1.72   OUT
```

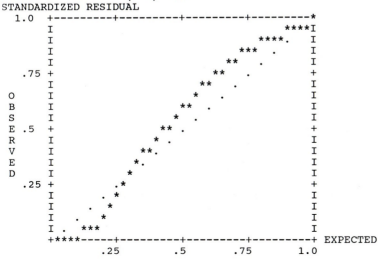

Mit dem Unterschlüsselwort RESIDUALS kann man diverse Verfahren aufrufen, mit denen man die Residuen überprüfen kann. Hier wurden zwei graphische Verfahren angesprochen, die jeweils, da nichts anderes angegeben wurde, die z-standardisierten Residuen der Regression semigraphisch in ihrem Verhältnis zur entsprechenden Normalverteilung darstellen. – Im vorliegenden Fall ergibt sich eine ungefähre Normalverteilung der Residuen mit einer gewissen Rechtsschiefe.

Eine weitere Voraussetzung der Anwendbarkeit des Regressionsverfahrens ist das Fehlen von Multikollinearität. Man kann sich die Erweiterung des Beispiels aus 4.8 durch die Hereinnahme von Variablen, die den höchsten formalen Schulabschluß sowie die Berufsausbildungsart des Befragten (V9 und V10 im ALLBUS84) erfassen, vorstellen. Diese Variablen können zwar sicher Einfluß auf die Nettoeinkommenshöhe ausüben, sie könnten aber auch untereinander stark abhängig sein. Die Befürchtung der Multikollinearität liegt hier nahe.

4.11: Überprüfen Sie im Fall der Regression aus 4.8, ob bei Hinzunahme des formalen Schulabschlusses (V9) und der Art der Berufsausbildung (V10) Multikollinearität auftritt!

```
COMMENT BERECHNUNG DER PEARSON-KORRELATION ZWISCHEN
        DEN UNABHÄNGIGEN VARIABLEN
PEARSON CORR  V9 V10 V242 V380 V402 V64
COMMENT REGRESSION ERWEITERT UM V9 UND V10 WIE IN 4.8
        AUFRUF VON TOL IN DER STATISTICS-ANWEISUNG
```

- - - - P E A R S O N   C O R R E L A T I O N   C O E F F I C I E N T S - -

	V9	V10	V242	V380	V402	V64
V9	1.0000 (0) P= .	.5635 (2968) P= .000	-.2556 (2977) P= .000	-.1378 (2993) P= .000	.1775 (2993) P= .000	.2354 (2472) P= .000
V10	.5635 (2968) P= .000	1.0000 (0) P= .	-.0787 (2958) P= .000	-.2281 (2973) P= .000	.1303 (2973) P= .000	.2133 (2459) P= .000
V242	-.2556 (2977) P= .000	-.0787 (2958) P= .000	1.0000 (0) P= .	.0351 (2988) P= .028	-.0313 (2988) P= .044	-.2812 (2469) P= .000
V380	-.1378 (2993) P= .000	-.2281 (2973) P= .000	.0351 (2988) P= .028	1.0000 (0) P= .	-.0121 (3004) P= .253	-.0661 (2481) P= .000
V402	.1775 (2993) P= .000	.1303 (2973) P= .000	-.0313 (2988) P= .044	-.0121 (3004) P= .253	1.0000 (0) P= .	.0198 (2481) P= .162
V64	.2354 (2472) P= .000	.2133 (2459) P= .000	-.2812 (2469) P= .000	-.0661 (2481) P= .000	.0198 (2481) P= .162	1.0000 (0) P= .

(COEFFICIENT / (CASES) / 1-TAILED SIG)

" . " IS PRINTED IF A COEFFICIENT CANNOT BE COMPUTED

```
                  * * * *   M U L T I P L E   R E G R E S S I O N   * * * *

    -------- IN ---------
    VARIABLE      TOLERANCE
    V9             .532588
    V380           .954086
    V402           .969019
    V242           .901882
    V64            .875466
    V10            .529459
```

Anhand der Pearsonschen Korrelationen kann man feststellen, daß die beiden Variablen V9 und V10 in der Tat ziemlich hoch miteinander korrelieren (r = .5635; die Berechnung beruht auf der Kodierung im Datensatz – eine Kodierung zumindest von V9 nach der üblicherweise involvierten Dauer der Ausbildung könnte sinnvoller sein). Allerdings sind sie nicht voll statistisch voneinander abhängig.

Um bei dieser bivariaten Betrachtungsweise aber auch mögliche Kombinationseffekte der anderen unabhängigen Variablen auf V9 und V10 aufzudecken, berechnet man deren Toleranz. Je höher die Toleranz, um so geringer die Multikollinearität aus der betreffenden unabhängigen Variablen. Man findet für V9 und V10 je eine Toleranz von ungefähr .53, während die der übrigen Variablen jeweils um .9 schwankt. Somit liegt keine nennenswerte Multikollinearität im spezifizierten Regressionsmodell vor.

5.) Zur Analyse nicht-intervallskalierter Daten-Einstellung zu den Parteien

Der Sozialwissenschaftler muß leider nur zu oft auf intervallskalierte Daten verzichten. Aber auch dann gibt es eine Fülle, zum Teil recht anspruchsvoller analytischer Möglichkeiten, die auch unter SPSS[x] benutzt werden können. Im folgenden sollen einige einfache Verfahren zur Anwendung kommen. – Das Beispiel stammt aus der politischen Soziologie und untersucht das Verhältnis der geäußerten Parteiensympathie (wie sympathisch man eine Partei findet, kann man durch Angabe eines Werts von –5 bis +5 ausdrücken) zur beabsichtigten Zweitstimmenabgabe, falls am nächsten Sonntag (zum Befragungszeitpunkt) Bundestagswahl wäre. Diese Angaben wurden für CDU/CSU, SPD, FDP, DIE GRÜNEN, NPD und DKP erhoben. Hinsichtlich der Parteiensympathie hat man also eine Variablenbatterie von sechs Variablen (V173 bis V179); die Variable V363 für die beabsichtigte Zweitstimmenabgabe.

Die Parteiensympathie ist ordinal-, die sogenannte Sonntagsfrage V363 nominalskaliert. Es ist unüblich, sich in dieser Lage solcher Verfahren wie Varianzanalyse oder Regression zu bedienen. Welcher Zusammenhang besteht nun zwischen der Parteiensympathie und der Antwort auf die Sonntagsfrage. Eine erste Annäherung an das Problem bietet eine Kreuztabellierung der Variablenbatterie mit der Sonntagsfragevariablen.

5.1: Kreuztabellieren Sie die Sympathiebatterie (V173 bis V179) mit der Sonntagsfragevariablen (V363)!

Lösung: Verwendung von MULTIPLE RESPONSE:

```
MULT RESPONSE
    GROUPS = SYMP (V173 TO V179(1,11))
    COMMENT BILDUNG DER GRUPPENVARIABLEN AUS DER BATTERIE
```

```
/VARIABLES = V363 (1,6)
/TABLES = SYMP BY V363
STATISTICS ALL
COMMENT ANTEIL DER ZELLEN AN SPALTEN, ZEILEN UND GESAMTAN-
ZAHL DER FAELLE WURDE AUFGERUFEN
```

Bemerkenswerterweise schätzen die Wähler der Grünen fast nie eine Partei sehr positiv ein, während es bei den Unionsanhängern tendenziell umgekehrt ist. Eine Mittelposition nehmen die Wähler der SPD ein. Zu beachten ist, daß in Multiple Response die Antworten in Bezug auf die Anzahl der Antwortenden prozentuiert werden.

5.2: Wie kann man im Rahmen von MULTIPLE RESPONSE relative Häufigkeiten auf der Basis der Antworten berechnen?

Lösung: Spezifikation von Option 5.

Unterstellt man die inhaltliche Vergleichbarkeit der Werte der Batterievariablen untereinander, so ist die Skepsis der eher links eingestellten Wähler gegenüber allen Parteien schon bemerkenswert. Doch erlaubt das Verfahren keinen Rückschluß auf die differentielle Bewertung der einzelnen Parteien durch ihre Wähler.

5.3: Wie kann man die differentielle Beurteilung der einzelnen Parteien durch die Wähler mittels der Variablen V173 bis V179 und V363 ermitteln?

```
CROSSTABS VARIABLES = V173 BY V363
und so für alle anderen Variablen der Batterie
```

Bemerkenswert ist hier das in der je nach Wahlabsicht verschiedenen Parteiensympathie sich ausdrückende Lagerdenken, das interessanterweise noch am wenigsten bei den SPD-Wählern ausgeprägt ist. Aber auch die einhellige Ablehnung extremistischer Parteien, wie DKP und NPD, durch alle Befragten. – Nun wäre es aber auch sicher von Interesse festzustellen, ob es signifikante Unterschiede hinsichtlich der Ablehnung der einzelnen Parteien durch die verschiedenen Parteianhänger (-wähler gibt), nach dem wir dies schon durch Inspektion der Kreuztabellen vermuten dürfen.

5.4: Wie kann man im Falle der ordinalskalierten Batterie V173 bis V179 und der nominalen Variablen V363, die Existenz signifikanter Unterschiede zwischen den durch V363 definierten Gruppen hinsichtlich der einzelnen Variablen der Batterie nachweisen?

Lösung: Es gibt zwei grundsätzliche Möglichkeiten (analog zur Situation im intervallskalierten Fall): im Rahmen der Kreuztabellierung oder eines nichtparametrischen Tests die Beziehung zwischen je zwei Variablen zu untersuchen oder aber eine Art von Varianzanalyse durchzuführen, z. B. das Kruskall-Wallis-Verfahren für rangskalierte Daten.

```
SET SEED = 1
NPAR TESTS KRUSKAL-WALLIS = V173 TO V179 BY V363 (1,6)
OPTIONS = 4
```

Die Funktion von Option 4 und Seed besteht in der Bildung einer reproduzierbaren Zufallsstichprobe aus den zu analysierenden Fällen, falls der Arbeitsspeicher für die

```
 - - - - - KRUSKAL-WALLIS 1-WAY ANOVA

         V173      F.53A THERM.:CDU
      BY V363      S.26A ZWEITST BT-WAHL


      MEAN RANK        CASES
       1615.32           970    V363 = 1    A - CDU CSU
        672.99           877    V363 = 2    B - SPD
       1165.85           108    V363 = 3    C - FDP
        968.80             5    V363 = 4    D - DIE GRUENEN
        268.50             4    V363 = 5    E - NPD
        524.70           231    V363 = 6    F - DKP
                        ----
                        2195    TOTAL

                                             CORRECTED FOR TIES
      CASES     CHI-SQUARE   SIGNIFICANCE   CHI-SQUARE   SIGNIFICANCE
       2195      1237.9375         0.0000    1253.6389         0.0000
      UND SO FUER ALLE WEITEREN VARIABLEN
```

nicht-parametrische Aufgabe zu klein sein sollte. Diese Möglichkeit besteht bei rangskalierten Verfahren sehr leicht, da hier die Daten vor der Bearbeitung in ganzzahlige Rangwerte transformiert werden.

Es dürfte kaum überraschen, daß die Nullhypothese, es bestünden keine Abweichungen zwischen den Bewertungen der Parteien durch die verschiedenen Wählergruppen, mit höchster Signifikanz verworfen werden muß. Natürlich fragt man sich, ob die verschiedenen Parteien von den Wählern insgesamt im Vergleich miteinander unterschiedlich wahrgenommen werden.

5.5: Wie kann ermittelt werden, ob die Unterschiede in der Sympathie für die Parteien bei den einzelnen Befragten signifikant sind?

Lösung: Durch einen Signifikanztest für zwei abhängige Stichproben, also zum Beispiel den Wilcoxon-Test.

```
          NPAR TEST WILCOXON = V173 to V179
```

(Beachten Sie die Erläuterungen zum K-W-Test in 5.4! – Diese Anweisung ist relativ ausgabeintensiv.)

Es stellt sich heraus, daß die Wahrnehmung der Parteien höchst signifikant paarweise verschieden ist, bis auf zwei Ausnahmen: die einhellige Ablehnung extremistischer Parteien führt zum Fehlen signifikanter Unterschiede zwischen ihnen und die Unterscheidung zwischen SPD und Union besteht «nur» mit einer Signifikanz von 2,5 Promille. Das Verfahren ist wie beim Verhältnis von T-Test zu Varianzanalyse nur zu empfehlen, wenn man schon Vermutungen hat, wo signifikante Unterschiede liegen könnten, da mit zunehmender Testanzahl die Fehlerwahrscheinlichkeit steigt.

Wenn man nun noch die Wahrnehmung der einzelnen Parteien getrennt nach spezifischer Wählergruppe (eigentliches t-Test-Analogon) untersuchen will, kann man in verschiedener Weise vorgehen:

5.6: Wie kann man die Unterschiedlichkeit der Sympathie für eine Partei (V173 – V179) zwischen je zwei Wählergruppen (V363) testen?

Lösung: Es gibt diverse nichtparametrische Verfahren mit unterschiedlichen Vor- und Nachteilen für deren Anwendung im Prinzip dieselben Einschränkungen gelten, wie eben im Falle des Wilcoxon-Tests schon ausgeführt.

```
NPAR TESTS KOLMOGOROV-SMIRNOV = V173 TO V179 BY V363(1,2) usw.
```

(«V363(1,2)» bezeichnet die Union-, bzw. SPD-Wähler)
5.7: Nennen Sie weitere einschlägige, alternative Verfahren!
Lösung: Alternative Verfahren wären etwa der Median-Test, Mann-Whitney U-Test, Wald Wolfowitz-Test, Moses-Test.
Trotz der Bedenken wegen des durch die vielen Einzeltests kumulierten Fehlerrisikos beim Verwerfen der Nullhypothese zeigen die Einzeltests wegen der extrem hohen Signifikanzwerte verläßlich durchgängige Unterschiede in der Parteiensympathie bei den einzelnen Wählergruppen.

2 Kurzbeschreibung des SPSS^X-Steuerkarten

MICHAEL HUEBNER

Zur Notation im folgenden Text:
Wahlfreie Angaben in SPSS^X-Anweisungen werden durch [,] eingefaßt. Sich ausschließende Alternativen in derselben Anweisung werden durch | getrennt aufgeführt. Muß eine von mehreren Alternativen benutzt werden, so werden sie insgesamt durch {,} eingefaßt. Wird eine der Alternativen als Voreinstellung verwandt, so wird sie **fett** gedruckt. Die runden Klammern (,) gehören zur SPSS^X-Sprache und müssen wie angegeben geschrieben werden.

Allgemeine Regeln von SPSS^X

- Ein SPSS^X-Job besteht aus Anweisungen und von Fall zu Fall auch aus Datenzeilen. Die drei wichtigsten Anweisungsarten sind die Datendefinitions-, die Datentransformations- sowie die Prozeduranweisungen.
- Gewöhnlich beginnt eine Anweisung in der ersten Spalte einer Zeile. Anweisungen können in nachfolgenden Zeilen fortgesetzt werden. Dies erfolgt bis auf gewisse Ausnahmen durch eine Einrückung und die Benutzung des Fortsetzungszeichen /.
- Die Anweisungen bestehen aus Schlüsselwörtern, Variablen- und Wertnamen sowie Konstanten. Die Wertnamen folgen in Klammern hinter den Namen der Variablen. Außerdem werden noch Operatoren und Funktionsausdrücke verwandt.
- Schlüsselwörter dürfen in der Regel bis auf die drei ersten Buchstaben abgekürzt werden; allerdings müssen bis zu acht Buchstaben des ersten Schlüsselworts einer Anweisung verwendet werden.
- Variablennamen müssen mit einem Großbuchstaben oder #, $ @ beginnen. Sie können dann mit den erwähnten Zeichen, Ziffern oder · fortgesetzt werden.
- Die folgenden Schlüsselwörter dürfen nicht als Variablennamen verwandt werden: ALL, AND, BY, EQ, GE, GT, LE, LT, NE, NOT, OR, THRU, TO, WITH.
- Es gibt numerische und Zeichenkettenvariablen. Außerdem unterscheidet man noch zwischen System- und Arbeitsvariablen.
- Systemvariablen können durch den Benutzer nicht verändert werden; sie kommen in Prozeduren nicht vor. Sie beginnen mit dem $-Zeichen. Es gibt: $CASENUM, $SYSMIS, $JDATE, $DATE, $LENGTH, $WIDTH.
- Arbeitsvariablen beginnen mit #. Sie dienen als Hilfsvariablen bei Berechnungen. Sie können numerisch oder alphanumerisch sein. Sie werden nicht gespeichert und können in einer Prozeduranweisung nicht aufgerufen werden. Sie haben keine fehlenden Werte oder Etiketten.
- Variablen werden über bestehende externe Dateien in die Arbeitdatei oder mit einer DATA LIST-Anweisung definiert und über Datenzeilen im Job eingelesen.

- Numerische Variablen werden am häufigsten mit dem F-Format eingelesen. Sie können im Standardformat die Ziffern, den Dezimalpunkt · sowie die Vorzeichen + und – enthalten.
- Zeichenkettenvariablen sind entweder kurz (IBM: bis zu 8, DEC: bis zu 10 Zeichen) oder lang (bis zu 255). Sie werden häufig mit dem A-Format eingelesen.
- Variablennamen kommen innerhalb der Anweisungen einzeln oder im Rahmen von Variablenlisten vor. Sie können explizit sein – dann werden die Variablen einzeln aufgezählt – oder reflexiv; im letzteren Fall werden zwei Variablennamen durch TO verbunden, und alle Variablen aus einer vorgegebenen Reihenfolge in der Arbeitsdatei werden durch die Liste aufgerufen.
- Es gibt die folgenden logischen Operatoren: AND, OR, NOT, ¬.
- Es gibt die folgenden Vergleichsoperatoren: EQ, NE, GT, LT, LE, GE, =, <, >, <>, <=, >=.
- Es gibt die folgenden arithmetischen Operatoren: +, –, /, *, **.
- Die Funktionen werden im Kontext von Datenmodifikationsanweisungen auf Variablen oder Kombinationen von Variablen angewandt.
- Bei der Berechnung von Ausdrücken aus Variablennamen gilt die folgende Ordnung, falls die Klammerung nichts anderes vorschreibt: zuerst Funktionen, dann Exponentiationen, dann Divisionen und Multiplikationen, dann Additionen und Subtraktionen, dann Vergleichsoperationen, dann logische Operationen: NOT vor AND vor OR. Operationen gleicher Priorität werden von links nach rechts abgearbeitet.
- Auskünfte über die lokal verfügbaren Möglichkeiten und die geltenden Spezifikationen können mit der INFO-Anweisung angefordert werden.
- Datenmodifikationsanweisungen werden erst wirklich ausgeführt, wenn eine Proceduranweisung abzuarbeiten ist.

SPSS^x-Anweisungen

Datendefinitionsanweisungen

BEGIN DATA
Datenzeilen
. . . . . .
END DATA

DATA LIST [FILE = {**INLINE** | dateititel}]
[{FIXED | FREE | LIST}]
[RECORDS = {1 | n}]
[{TABLE | NOTABLE}]
[END = variable]
/variablen-definition

FILE HANDLE dateititel / dateibezeichnung
   Achtung! Die FILE HANDLE-Anweisung wird unter IBM/OS durch
   eine JCL-DD-Anweisung ersetzt:
//dateititel DD dateibezeichnung

FILE LABEL dateietikett

FILE TYPE GROUPED [FILE = {**INLINE** | dateititel}]
                     RECORD = [variable] {spalten | (fortran-format)}
                     CASE = [variable] {spalten | (fortran-format)}
                     [WILD = {**WARN** | NOWARN}]
                     [MISSING = {**WARN** | NOWARN}]
                     [ORDERED = {**YES** | NO}]
        RECORD TYPE {werteliste | OTHER}
                     [SKIP]
                     [CASE = {spalten | (fortran-format)}]
                     [DUPLICATE = {**WARN** | NOWARN}]

END FILE TYPE

GET FILE = dateititel
     [/KEEP = {**ALL** | varliste}]
     [/DROP = varliste]
     [/RENAME = (alte varliste = neue varliste) [(. . .)]]
     [MAP]

MATCH FILES
     {FILE | TABLE} = {dateititel | *}
       [/RENAME = (alte varliste = neue variste) [(. . .)]]
       [/IN = variable]
     [/FILE = {dateititel | *}]
       [/RENAME = (alte varliste = neue variste) [(. . .)]]
       [/IN = variable]
     [/FILE = . . .]
         .
         .
     [/BY varliste]
     [/KEEP = {**ALL** | varliste}]
     [/DROP = varliste]
     [/MAP]
     [/FIRST = variable]
     [/LAST = variable]

MISSING VALUES varliste (werte)
                  [/varliste. . .]

SAVE OUTFILE = dateititel
     [/KEEP = {**ALL** | varliste}]

[/DROP = varliste]
[/RENAME = (alte varliste = neue varliste) [(. . .)]]
[/MAP]
[/{COMPRESSED | UNCOMPRESSED}]

VALUE LABELS varliste wert 'etikett'[wert. . .]
[/varliste. . .]

VARIABLE LABELS variable 'etikett'
[/variable. . .]

Dokumentationsanweisungen

COMMENT kommentar
alternativ kann in einer gegebenen Anweisung ein Kommentar eingefügt werden auf folgende Weise:
. . . /* kommentar */ . . . (falls nach Kommentar die Anweisung endet, kann */ entfallen)

DISPLAY DOCUMENTS

DISPLAY [SORTED] {DICTIONARY | INDEX | VARIABLES | LABELS}
[/VARIABLES = varliste]

DOCUMENT kommentar zur systemdatei

EDIT

FINISH

FORMATS varliste (fortran-format) [/varliste. . .]

INFO [OUTFILE = dateititel]
  [OVERVIEW]
  [ALL]
  [LOCAL]
  [FACILITIES]
  [PROCEDURES]
  [prozedur [/prozedur. . .]]
  [SINCE n[.m]]

NUMBERED

UNNUMBERED

PRINT FORMATS varliste (fortran-format) [/varliste. . .]

SUBTITLE ['] seitenüberschrift zeile 2 [']

TITLE ['] seitenüberschrift zeile 1 [']

WRITE FORMATS varliste (fortran-format) [/varliste...]

Datenmodifikationsanweisungen

AGGREGATE OUTFILE = [dateititel | *]
  [/ MISSING = COLUMNWISE]
  /BREAK = gruppenvariablen
  /zielvariable ['etikett'] [zielvariable...]
     = funktion[.] (quellvariablen [wert1 [wert2]])
  [/zielvariable...]

Es gibt die folgenden Funktionen: FGT(varliste,w),
  FIN(varliste,max,min), FLT(varliste,w), FIRST(varliste),
  FOUT(varliste,min,max), LAST(varliste), MAX(varliste),
  MEAN(varliste), MIN(varliste), N[(varliste)], NMISS(varliste),
  NU(varliste), NUMISS(varliste),
  PGT(varliste,w) PIN(varliste,min,max), POUT(varliste,min,max),
  SD(varliste), SUM(varliste)

COMPUTE ergebnisvariable = ausdruck

In den Ausdrücken kommen neben Variablennamen und Konstanten vor:
  die arithmetischen Operatoren: +, −, *, /, **
  die arithmetischen Funktionen: ABS(arg), ARSIN(arg), ARTAN(arg),
     ASIN(arg), ATAN(arg), COS(arg), EXP(arg), LG10(arg), LN(arg),
     MOD(arg1,arg2), RND(arg), SQRT(arg), TRUNC(arg)
  die statistischen Funktionen: CFVAR [.n] (arg1,arg2[,...]),
     MAX [.n] (arg1,arg2[,...]), MEAN [.n] (arg1,arg2[,...]),
     MIN [.n] (arg1,arg2[,...]), SD [.n] (arg1,arg2[,...]),
     SUM [.n] (arg1,arg2[,...]), VARIANCE [.n] (arg1,arg2[,...]),
  die Funktionen für fehlende Werte: MISSING(arg), NMISS(arg),
     NVALID(arg), SYSMIS(arg), VALUE(arg)
  die Funktion für Wertzuweisungen über Beobachtungen hinweg:
     LAG(arg,n)
  andere numerische Funktionen: CDFNORM(arg), NORMAL(arg),
     PROBIT(arg), UNIFORM(arg), YRMODA(jahr,monat,tag)
  die logischen Funktionen: ANY(arg1,arg2[,...]),
     RANGE(arg,arg11,arg12[arg21,arg22,...])
  die Funktionen für Zeichenketten: CONCAT(arg1,arg2[,...]),
     INDEX(arg1,arg2[,arg3]), LPAD(arg1,arg2[,arg3]),
     LTRIM(arg1,[arg2]), NUMBER(arg,fortran-format),
     RPAD(arg1,arg2[,arg3]), RTRIM(arg1[,arg2]),
     STRING(arg,fortran-format), SUBSTR(arg1,arg2[,arg3]).

COUNT ergebnisvariable = varliste (werteliste) [varliste...]
[/ergebnisvariable...]

DO IF [(] bedingung [)]
anweisungen
[**ELSE IF** [(] bedingung [)]]
[anweisungen]
[**ELSE IF** [(] bedingung [)]]
[anweisungen]
.
.
[**ELSE**]
[anweisungen]
END IF

In den Bedingungen kommen Variablennamen und Konstanten sowie logische und Vergleichsoperatoren vor.

DO REPEAT stellvertreter-variable = {varliste | werteliste}
[/stellvertreter-variable...]
.
.
anweisungen
.
.
END REPEAT

IF [(] bedingung [)] ergebnisvariable = ausdruck

LOOP [variable = start TO stop [BY {1 | zuwachs}]]
[IF [(] bedingung [)]]
.
.
anweisungen
.
.
END LOOP [IF [(] bedingung [)]]

N OF CASES n

RECODE varliste (werteliste = neuer wert)
[(werteliste = neuer wert)...]
[INTO varliste]
[/varliste...]

SAMPLE {anteil | n FROM m}

SELECT IF [(] bedingung [)]

SORT CASES [BY] varliste [({A | D})]

SPLIT FILE {BY varliste | OFF}

TEMPORARY

WEIGHT {BY variable | OFF}

XSAVE   OUTFILE = dateititel
   [/KEEP = {**ALL** | varliste}]
   [/DROP = varliste]
   [/RENAME = (alte varliste = neue varliste) [(. . .)]]
   [/MAP]
   [/{COMPRESSED | UNCOMPRESSED}]

Statistik-Prozeduren

ANOVA   abhängige variablen
      BY unabhäng. variablen (min,max) [unabh. variablen. . .]
      [WITH kovariaten]
      [/abhängige variablen BY. . .]

OPTIONS	1	Einschluß fehlender Werte
	2	Keine Etiketten
	3	Ausschluß aller Wechselwirkungen
	4	Ausschluß aller Wechselwirkungen zwischen mehr als zwei Faktoren
	5	Ausschluß aller Wechselwirkungen zwischen mehr als drei Faktoren
	6	Ausschluß aller Wechselwirkungen zwischen mehr als vier Faktoren
	7	Einbezug aller Kovariaten zusammen mit den Haupteffekten der Faktoren
	8	Einbezug aller Kovariaten nach den Haupteffekten der Faktoren
	9	Regressions-Ansatz
	10	Hierarchischer Ansatz
	11	Protokoll maximal 80 Spalten breit
STATISTICS	1	Multiple Klassifikationsanalyse
	2	Unstandardisierte partielle Regressionskoeffizienten
	3	Häufigkeiten und Mittelwerte der Zellen

BREAKDOWN [TABLES =]   allgemeiner Modus
  abh. variablen BY unabh. variablen [BY unabh. variablen BY. . .]
  [/abhängige variablen BY. . .]

BREAKDOWN   Ganzzahlmodus
  VARIABLES = varliste (min,max) [varliste (min.max. . .]
  /{TABLES | CROSSBREAK} =
  [/abhängige variablen BY. . .]

OPTIONS	1 Einschluß der fehlenden Werte
	2 Nur Fälle mit fehlenden Werten in der abhängigen Variablen werden ausgeschlossen
	3 Keine Etiketten
	4 Tabellen als Baumdiagramm (nur allg. Modus)
	5 Keine Zellenhäufigkeiten
	6 Keine Zellensummen
	7 Keine Standardabweichungen der Zellen
	8 Keine Wertetiketten
STATISTICS	1 Varianzanalyse
	2 Test auf Linearität

CONDESCRIPTIVE variable 1 [(z-variablenname1)] [variable 2. . .]

OPTIONS	1 Einschluß fehlender Werte
	2 Keine Variablenetiketten
	3 Berechnung der z-Werte
	4 Drucken eines Registers mit Seitenangaben
	5 Fallweiser Ausschluß fehlender Werte
	6 Ausgabe aller Statistiken mit zugehörigem Variablennamen
	7 Schmales Protokoll mit 80 Spalten
STATISTICS	1 Mittelwert 2 Standardfehler 5 Standardabweichung
	6 Varianz 7 Exzeß (mit Std.f.)
	8 Schiefe (mit Std.f.) 9 Spannweite 10 Minimum
	11 Maximum 12 Summe 13 Mittelwert, Standardabweichung Minimum und Maximum

CROSSTABS   allgemeiner Modus
  [TABLES =] varliste BY varliste [BY varliste. . .]
      [/varliste. . .]

CROSSTABS   Ganzzahlmodus
  VARIABLES = varliste (min,max)
          [varliste (min,max). . .]
  /TABLES = varliste BY varliste [BY. . .]
       [varliste. . .]

OPTIONS	1	Einschluß fehlender Werte
	2	Keine Etiketten
	3	Ausgabe der relativen Häufigkeiten zur Zeile
	4	Ausgabe der relativen Häufigkeiten zur Spalte
	5	Ausgabe der relativen Häufigkeiten zu einer Teiltabelle
	6	Keine Wertetiketten
	7	Angabe der fehlenden Werte in der Tabelle (nur im Ganzzahlmodus)
	8	Ausgabe der Zeilenvariablen vom größten zum kleinsten Wert geordnet
	9	Register aller Tabellen mit Seitenangaben
	10	BCD-Ausgabe des Inhalts aller nicht-leeren Zellen
	11	BCD-Ausgabe des Inhalts aller Zellen (nur im Ganzzahlmodus)
	12	Keine Tabellen
	13	Keine Zellenhäufigkeiten
	14	Ausgabe der erwarteten Häufigkeiten
	15	Ausgabe der Residualhäufigkeiten
	16	Ausgabe der standardisierten Residualhäufigkeiten
	17	Ausgabe der angepaßten standardisierten Residualhäufigkeiten
	18	Ausgabe aller Informationen zu den Zellen
STATISTICS	1	Chi-Quadrat-Test
	2	Phi bei 2×2-Tafeln, ansonsten Cramérs V
	3	Kontingenzkoeffizient
	4	Symmetrisches und asymmetrisches Lambda
	5	Symmetrischer und asymmetrischer Unsicherheitskoeffizient
	6	Kendalls Tau$_b$
	7	Kendalls Tau$_c$
	8	Gamma
	9	Symmetrisches und asymmetrisches Sommersches D
	10	Eta
	12	Pearsons r

FREQUENCIES
```
    VARIABLES = {varliste | ALL} [(min,max)]
  [/FORMAT = [{CONDENSE | ONEPAGE}] [{NOTABLE | LIMIT(wertezahl)}]
             [NOLABELS] [{DVALUE | AFREQ | DFREQ}] [DOUBLE]
             [NEWPAGE] [INDEX] [WRITE]]
  [/MISSING = INCLUDE]
  [/BARCHART = [MINIMUM(min)] [MAXIMUM(max)]
             [{FREQ(max) | PERCENT(max)}]
  [/HISTOGRAM = [MINIMUM(min)] [MAXIMUM(max)] [INCREMENT(breite)]
             [{FREQ(max) | PERCENT(max)}]
             [{NONORMAL** | NORMAL}]]
  [/HBAR = [MINIMUM(min)] [MAXIMUM(max)] [INCREMENT(breite)]
             [{FREQ(max) | PERCENT(max)}] [{NONORMAL** | NORMAL}]]
```

[/NTILES = quantilanzahl]
[/PERCENTILES = prozentzahlliste]
[/STATISTICS = [**MEAN***] [**STDDEV***] [**MINIMUM***] [**MAXIMUM***] [SUM]
    [SEMEAN] [MEDIAN] [MODE] [VARIANCE] [SKEWNESS] [SESKEW]
    [KURTOSIS] [SEKURT] [RANGE] [ALL] [**NONE****] [**DEFAULT****]]

**: passive Voreinstellung   *: aktive Voreinstellung bei Nennung
            des Schlüsselwortes
MEAN*: arithmetisches Mittel   STDDEV*: Standardabweichung
MINIMUM*: Kleinster Wert   MAXIMUM*: Größter Wert
SEMEAN: Standardfehler des Mittels   MEDIAN: Median
MODE: Modus   VARIANCE: Varianz   SKEWNESS: Schiefe
SESKEW: Standardfehler der Schiefe   KURTOSIS: Exzeß
SEKURT: Standardfehler des Exzesses   RANGE: Spannweite
SUM: Summe der Werte   DEFAULT: MEAN, STDDEV, MINIMUM, MAXIMUM
ALL: Alle verfügbaren Statistiken   NONE**: Keine Statistiken

---

LIST
  [VARIABLES = {ALL | varliste}]
  [/CASES = [FROM = {1 | P}]
            [TO {dateiende | q}]
            [BY {1 | r}]]
  [/FORMAT = [{SINGLE | **WRAP**}] [{NUMBERED | **UNNUMBERED**}]]

MULT RESPONSE
  [GROUPS = gruppenname ['gruppenetikett']
                (varliste ({wert | min,max}))
            [gruppenname...]
  [/VARIABLES = varliste (min,max)
                [varliste...]]
  [/FREQUENCIES = itemliste]
  [/TABLES = itemliste BY itemliste [BY itemliste...] [PAIRED]
             [itemliste BY itemliste...]

OPTIONS	1 Einschluß fehlender Werte
	2 Gruppenweiser Ausschluß fehlender Werte für zweiwertige Variablen
	3 Wie Option 2, nur für aufzählende Variablen
	4 Werteetiketten nur für zweiwertige Variablen
	5 Prozent- und Summenangaben bezogen auf Antwortanzahl
	6 Nur 75 Zeichen je Zeile bei den Kreuztabellen
	7 Raumsparende Ausgabe der Häufigkeitstabellen
	8 Raumsparende Ausgabe der Häufigkeitstabellen nur, falls sonst mehr als eine Seite Verbrauch
STATISTICS	1 Zusätzlich Zeilenprozente in die Kreuztabelle
	2 Zusätzlich Spaltenprozente in die Kreuztabelle
	3 Zusätzlich die Prozente bezogen auf die ganze Tabelle in die Kreuztabelle

NONPAR CORR   varliste [WITH varliste]
              [/varliste. . .]

OPTIONS	1 Einschluß fehlender Werte
	2 Listenweiser Ausschluß fehlender Werte
	3 Zweiseitiger Signifikanztest
	4 Ausgabe von Korrelationsmatrizen als BCD-Datei
	5 Nur Kendalls Tau_b wird ausgegeben
	6 Sowohl Spearmans Rho als auch Kendalls Tau_b
	7 Zufallsstichprobe aus den Fällen
	8 Fallzahlen und Signifikanzniveaus werden unterdrückt
	9 Ausgabe der Koeffizienten in Reihenform

NPAR TESTS   [BINOMIAL[(wahrscheinlichkeit)]
              = varliste ({trennstelle | wert1,wert2})]
  [/CHISQUARE = varliste[(min,max)]
    [/EXPECTED = {**EQUAL** | liste erwarteter Häufigkeiten}]]
  [/K-S ({UNIFORM[,min,max] | NORMAL[,mittel,standardabweichung] |
     POISSON[,mittel]}) = varliste]
  [/RUNS({trennstelle | MEAN | MEDIAN | MODE}) = varliste]
  [/{MCNEMAR | SIGN | WILCOXON} = varliste [WITH varliste]]
  [/{COCHRAN | FRIEDMAN | KENDALL} = varliste]
  [/{MEDIAN[(trennstelle)] | M-W | K-S | W-W |
     K-W | MOSES[(anzahl ausreißer)]}
    = abhängige variablen BY unabh. variable (min, max)]
  [/BINOMIAL. . .]

OPTIONS	1 Einschluß fehlender Werte
	2 Listenweiser Ausschluß fehlender Werte für Unterprozedur
	3 Besondere Paaroption bei Tests mit zwei abhängigen Stichproben
	4 Bildung einer Zufallsstichprobe
STATISTICS	1 Univariate Statistiken für jede Variable
	2 Quartile und Anzahl der Fälle für jede Variable

ONEWAY   abhängie variablen BY unabh. variable (min,max)
        [/POLYNOMIAL = n]
        [/CONTRAST = koeffizientenliste] [/CONTRAST. . .]
        [/RANGES = {LSD | DUNCAN | SNK | TUKEYB | TUKEY | LSDMOD |
                SCHEFFE | range-werteliste} [({0.05 | ALPHA})]]
        [/RANGES. . .]

OPTIONS	1 Einschluß fehlender Werte
	2 Listenweiser Ausschluß fehlender Werte
	3 Keine Variablenetiketten

	4 BCD-Ausgabe einer Matrix der Häufigkeiten, Mittelwerte und Standardabweichungen
	6 Die ersten acht Zeichen der Wertiketten sollen Gruppenetiketten sein
	7 Eingabe einer Matrix mit Häufigkeiten, Mittelwerten und Standardabweichungen
	8 Eingabe einer Matrix mit Häufigkeiten, Mittelwerten, gepoolter Varianz und Freiheitsgraden
	10 Harmonisches Mittel der Fallzahlen bei Range-Tests
STATISTICS	1 Deskriptive Statistiken für Gruppen
	2 Behandlung der Effekte als fest und als zufällig
	3 Test auf Homogenität der Varianzen

PEARSON CORR varliste [WITH varliste]
[/varliste...]

OPTIONS	1 Einschluß fehlender Werte
	2 Listenweiser Ausschluß fehlender Werte
	3 Zweiseitige Signifikanztests
	4 Ausgabe von Korrelationsmatrizen als BCD-Datei
	5 Unterdrückung der Fallzahlen und Signifikanzniveaus
	6 Fortlaufende zeilenweise Ausgabe der nichtredundanten Koeffizienten
STATISTICS	1 Fallzahl, Mittel und Standardabweichung für jede Variable
	2 Kreuzproduktabweichung und Kovarianzen für jedes Variablenpaar

REGRESSION   [READ= [**DEFAULTS**] [MEAN] [STDDEV]
[VARIANCE] [**CORR**] [COV] [N] [INDEX=
 [/WIDTH = {132 | zeilenlänge im protokoll}]
 [/SELECT = {(**ALL**) | variable vergleichsoperator wert}]
 [/DESCRIPTIVES = [**NONE****] [**DEFAULTS****] [**MEAN***] [**STDDEV***]
    [VARIANCE] [**CORR***] [SIG] [BADCORR] [COV] [XPROD] [N]]
 [/MISSING = {**LISTWISE**** | PAIRWISE | MEANSUBSTITUTION |
        INCLUDE}]
            [/WRITE   = [**NONE****] [DEFAULTS*] [MEAN*] [STDDEV*] [VARIANCE]
                [CORR*] [COV] [**N***]]
/VARIABLES = {varliste | (COLLECT) | (PREVIOUS)}
  [/CRITERIA = [**DEFAULTS**] [PIN({**0.05** | p-ein})]
    [POUT({**0.10** | p-aus})] [FIN(f-ein)] [FOUT(f-aus)]
    [TOLERANCE({**0.01** | t})] [MAXSTEPS(m)]
  [/STATISTICS = [**DEFAULTS****] [ALL] [**R****] [**ANOVA****] [**COEFF****]
    [**OUTS****] [CHA] [BCOV] [XTX] [COND] [ZPP] [CI]

         [SES] [LABEL] [F] [TOL] [HISTORY] [LINE] [END]]
   [/{**NOORIGIN** | ORIGIN}]
/DEPENDENT = kriterienliste
/{STEPWISE | FORWARD | BACKWARD | ENTER | REMOVE}
   [= prädiktorenliste]
[/{STEPWISE |...}...]
[/TEST = (prädiktorenliste1) [(prädiktorenliste2)...]]
[/RESIDUALS = [**DEFAULTS**] [SIZE({LARGE | SMALL})]
   [HISTOGRAM ([PRED] [RESID] [DRESID] [ADJPRED] [ZPRED] [**ZRESID**]
             [SRESID] [SDRESID])]
   [NORMPROB ([PRED] [RESID] [DRESID] [ADJPRED] [ZPRED] [**ZRESID**]
             [SRESID] [SDRESID])]
   [OUTLIERS ([RESID] [DRESID] [ZRESID] [SRESID] [SDRESID]
             [MAHAL] [COOK])]
   [**DURBIN** [ID(variable)] [POOLED]]
[/CASEWISE = [**DEFAULTS**] [OUTLIERS({3 | wert})]
   [PLOT(RESID] [DRESID] [**ZRESID**] [SRESID] [SDRESID])]
   [DEPENDENT] [PRED] [RESID] [DRESID] [ADJPRED] [ZPRED] [**ZRESID**]
   [SRESID] [SDRESID] [SEPRED] [MAHAL] [COOK] [ALL]]
[/SCATTERPLOT = [SIZE({**SMALL**** | LARGE})]
   ([*]variable,[*]variable) [([*]variable,[*]variable)...]]
[/PARTIALPLOT = {**ALL** | unabh. variable [unabh. variable...]}
   [SIZE({SMALL* | LARGE})]
[/SAVE = [PRED] [RESID] [DRESID] [ADJPRED] [ZPRED] [**ZRESID**]
         [SRESID] [SDRESID] [SEPRED] [MAHAL] [COOK] [LEVER]]
[/CRITERIA = .../ STATISTICS = .../DEPENDENT = ...]
[.../DESCRIPTIVES = .../ MISSING = .../...
   /VARIABLES = ...]

SCATTERGRAM variable[({**LO**[**WEST**] | min}, {HI[GHEST] | max})]
              [variable...]
              [varliste]
     [**WITH** variable[({**LO**[**WEST**] | min}, {HI[GHEST] | max})]
              [variable...]
              [varliste...]
         [/variable...]

OPTIONS   1 Einschluß fehlender Werte
               2 Listenweiser Ausschluß fehlender Werte
               3 Keine Variablenetiketten
               4 Keine Einteilungslinien
               5 Diagonale Einteilungslinien in Graphik
               6 Zweiseitiger Signifikanztest
               7 Automatische Skalierung in ganzen Zahlen
               8 Zufallsstichprobe
STATISTICS   1 Pearsons r
               2 Bestimmtheitsmaß

3 Irrtumswahrscheinlichkeit von r
4 Standardfehler der Schätzung von r
5 Achsenschnittpunkt der Regressionsgeraden
6 Steigung der Regressionsgeraden

Unabhängige Stichproben
T-TEST GROUPS = variable [({trennwert | wert1,wert2 | 1,2})]
/VARIABLES = varliste

Abhängie Stichproben
T-TEST PAIRS = varliste [WITH varliste]
[/varliste. . .]

OPTIONS
1 Einschluß fehlender Werte
2 Listenweiser Ausschluß fehlender Werte
3 Keine Variablenetiketten
4 Protokoll nur 80 Spalten schmal
5 Spezielle Bildung der Variablenpaare bei PAIRS

Literatur

ALEMANN, H. VON, 1984: Der Forschungsprozeß. 2. Aufl., Stuttgart.
ALLISON, P.D., 1977: Testing for Interaction in Multiple Regression. American Journal of Sociology 83: 144–153.
ANDERSON, R./NIDA, S., 1978: Effect of physical attractiveness on opposite and same-sex evaluations. Journal of Personality 46: 401–413.
ATTESLANDER, P., 1985: Methoden der empirischen Sozialforschung. 5. Aufl. Berlin/New York.
BENNINGHAUS, H., 1979: Deskriptive Statistik. Stuttgart.
BERTRAM, H., 1981: Sozialstruktur und Sozialisation. Zur mikroanalytischen Analyse von Chancenungleichheit. Darmstadt/Neuwied.
BOHRNSTEDT, G.W. / CARTER, T.M., 1971: Robustness in regression analysis, in: H.L. Costner (Hrsg.), Sociological Methodology. San Francisco. S. 118–146.
BORTZ, J., 1985: Lehrbuch der Statistik. Für Sozialwissenschaftler. 2. Aufl. Berlin/Heidelberg/New York.
BUNGE, M., 1959: Causality. Cambridge (Massachusetts).
BUTTLER, G. / STROH, R., 1980: Einführung in die Statistik. Hamburg.
CEDERCREUTZ, C., 1978: Hypnotic treatment of 100 cases of migraine, in: F.H. Frankel / H.S. Zamansky (Hrsg.), Hypnosis at its Bicentennial. New York.
CICOUREL, A.C., 1974: Methode und Messung in der Soziologie. Frankfurt/M.
CLAUSS, G. / EBNER, H., 1982: Statistik für Soziologen, Pädagogen, Psychologen und Mediziner. Frankfurt/M.
CONOVER, W.J., 1971: Practical Nonparametric Statistics. New York.
CURRY, E.W. / ROBERTS, A.E. / WALLING, D., 1986: Reinterpreting Polynomial Regression. Quality and Quantity 20: 19–26.
DAVIS, H. / RAGSDALE E., 1983: Unpublished working paper. Chicago: University of Chicago, Graduate School of Business.
DAVIS, J.A., 1982: General Social Surveys, 1972–1982: Cumulative Codebook. Chicago.
DEVLIN, S.J. / GNANADESIKAN, R. / KETTENRING, J.R., 1975: Robust Estimation and Outlier Detection with Correlation Coefficients. Biometrica 22: 531–545.
DRAPER, N.R. / SMITH, H., 1981: Applied Regression Analysis. 2. Aufl. New York.
EVERITT, B.S., 1977: The Analysis of Contingency Tables. London.
FEYERABEND, P., 1985: Wider den Methodenzwang. Rev. Aufl., Frankfurt/M.
FIENBERG, S.E., 1977: The Analysis of Cross-Classified Categorial Data. Cambridge.
FRANE, F., 1976: Some simple procedures for handling missing data in multivariate analysis. Psychometrika 41: 409–415.
FRIEDRICHS, J., 1985: Methoden empirischer Sozialforschung. 13. Aufl., Opladen.
GALTUNG, J., 1974: Theory and Methods of Social Research. London.
GIBBONS, J.D., 1971: Nonparametric Statistical Inference. New York.
GLASER, B.G. / STRAUSS, A.L., 1984: Die Entdeckung gegenstandsbezogener Theorie. Eine Grundstrategie qualitativer Sozialforschung, in: C. HOPF / E. WEINGARTEN (Hrsg.), Qualitative Sozialforschung. 2. Aufl., Stuttgart. S. 91–111.
GOODMAN, L.A. / KRUSKAL, W.H., 1954: Measures of association for cross-classification. Journal of the American Statistical Association 49: 732–764.
GREELEY, A.M. / MCCREADY W.C. / THEISEN G., 1980: Ethnic Drinking Subcultures. New York.
HABERMAN, S.J., 1978: Analysis of Qualitative Data. Vol. 1. London.

HANSSON, R.O. / SLADE, K.M., 1977: Altruism toward a deviant in city and small town. Journal of Applied Social Psychology 7: 272–279.
HANUSHEK, E.A. / JACKSON, J.E., 1977: Statistical Methods for Social Scientists. New York u.a.
HARDER, T., 1974: Werkzeug der Sozialforschung. München.
HARTMANN, H., 1970: Empirische Sozialforschung. München.
HARTUNG, J. / ELPELT, B. / KLÖSENER, K.-H., 1982: Statistik. München.
HARTUNG, J. / ELPELT, B., 1984: Multivariate Statistik. Lehr- und Handbuch der angewandten Statistik. München/Wien.
HAVLICEK, L.L. / PETERSON, N.L., 1974: Robustness of t-Test: A guide for researchers on effect of violations of assumptions. Psychological Reports 34: 1095–1114.
HAVLICEK, L.L. / PETERSON, N.L., 1977: Effect of the violation of assumptions upon significance levels of the Pearson r. Psychological Bulletin 84: 373–377.
HAYS, W.L., 1973: Statistics for the social sciences. 2. Aufl., New York.
HEINEMANN, K. / RÖHRIG, P. / STADIÉ, R., 1980: Arbeitslose Frauen im Spannungsfeld von Erwerbstätigkeit und Hausfrauenrolle. 2 Bde., Melle. (Als Kurzfassung derselben Autoren: Arbeitslose Frauen. Weinheim, 1983.)
HELWIG, J.T., 1987: Eine Einführung in das SAS-System. 3. Aufl., Heidelberg.
HERMANN, D., 1984: Ausgewählte Probleme bei der Anwendung der Pfadanalyse. Frankfurt/Bern/New York.
HERMANN, D. / STRENG, F., 1986: Das Dunkelfeld der Befragung. Unit-nonresponse und item-nonresponse bei einer schriftlichen Befragung von Richtern und Staatsanwälten. Kölner Zeitschrift für Soziologie und Sozialpsychologie 38: 337–351.
HERMANN, D. / WERLE, R., 1985: Zur Bedeutung von Meßfehlern, Stichprobenfehlern und Spezifikationsfehlern für den Text der internen Konsistenz von Kausalmodellen. Kölner Zeitschrift für Soziologie und Sozialpsychologie 37: 747–756.
HOLM, K., (Hrsg.), 1975ff.: Die Befragung. München.
HOLM, K., 1975a: Die Frage, in: K. HOLM (Hrsg.), Die Befragung 1. München. S. 32–91.
HOLM, K., 1975b: Kausalität, in K. HOLM (Hrsg.), Die Befragung 1. München. S. 22–31.
HOLTMANN, D., 1984: Interpretation der Effekte in der multivariaten Modellbildung. Zeitschrift für Soziologie 13: 60–71.
JAGODZINSKI, W. / WEEDE, E., 1981: Testing Curvilinear Propositions by Polynomial Reference to the Interpretation of Standardized Solutions. Quality and Quantity 15: 447–463.
KÄHLER, W.-M., 1988: SPSS[x] für Anfänger. Eine Einführung in das Datenanalysesystem. 2. Aufl., Braunschweig/Wiesbaden.
KEPPLINGER, H.M. / DONSBACH W. / BROSIUS, H.B. / STAAB, J.F., 1986: Medientenor und Bevölkerungsmeinung. Eine empirische Studie zum Image Helmut Kohls. Kölner Zeitschrift für Soziologie und Sozialpsychologie 38: 247–279.
KERLINGER, F.N., 1975: Grundlagen der Sozialwissenschaften. Weinheim.
KERNER, H.-J. / HERMANN, D. / BOCKWOLDT, R., 1984: Straf(rest)aussetzung und Bewährungshilfe. Eine deskriptive Analyse beruflicher Einstellungen von Bewährungshelfern, mit ergänzenden Hinweisen zu Entwicklung und Struktur der Bewährungshilfe in der Bundesrepublik Deutschland. Arbeitspapiere aus dem Institut für Kriminologie. Heidelberg.
KING, M.M. et.al., 1979: Incidence and growth of mammary tumors induced by 7,12-dimethylbenz(a) anthracene as related to the dietary content of fat and antioxident. Journal of the National Cancer Institute 63: 657–663.
KOCKLÄUNER, G., 1988: Angewandte Regressionsanalyse mit SPSS. Braunschweig/Wiesbaden.
KÖNIG, R. (Hrsg.), 1973ff.: Handbuch der empirischen Sozialforschung. Stuttgart.
KOOLWIJK, J. v. / WIEKEN-MAYSER, M. (Hrsg.), 1974ff.: Techniken der empirischen Sozialforschung. München.
KOTZ, S. / JOHNSON, N.L., 1982: Encyclopedia of Statistical Sciences. Vol. 2. New York.
KREYSZIG, E., 1979: Statistische Methoden und ihre Anwendungen. 7. Aufl., Göttingen.
KRIZ, J., 1981: Methodenkritik empirischer Sozialforschung. Stuttgart.
KRIZ, J., 1983: Statistik in den Sozialwissenschaften. 4. Aufl., Opladen.

KROMREY, H., 1986: Empirische Sozialforschung. 3. Aufl., Opladen.
KÜHNEL, S.M., 1985: Kausale Effekte oder Varianzzerlegung? Eine Anmerkung zu DIETER HOLTMANNS «Interpretation der Effekte in der multivariaten Modellbildung». Zeitschrift für Soziologie 14: 247–248.
LIENERT, G.A., 1973: Verteilungsfreie Methoden in der Biostatistik. Band I. Meisenheim am Glan.
LÖSEL, F. / WÜSTENDÖRFER, W., 1974: Zum Problem unvollständiger Datenmatrizen in der empirischen Sozialforschung. Kölner Zeitschrift für Soziologie und Sozialpsychologie 26: 342–357.
MAIBAUM, G., 1976: Wahrscheinlichkeitstheorie und mathematische Statistik. Berlin.
MARITZ, J.S., 1981: Distribution-Free Statistical Methods. London.
MAYNTZ, R. / HOLM, K. / HÜBNER, P., 1978: Einführung in die Methoden der empirischen Soziologie. 5. Aufl., Opladen.
MAYNTZ, R., 1985: Über den begrenzten Nutzen methodologischer Regeln in der Sozialforschung, in: W. BONSS / H. HARTMANN (Hrsg.), Entzauberte Wissenschaft. Soziale Welt, Sonderband 3. Göttingen. S. 65–76.
MCNEMAR, Q., 1969: Psychological Statistics. New York.
MERTENS, D. (Hrsg.), 1984: Konzepte der Arbeitsmarkt- und Berufsforschung. Beiträge zur Arbeitsmarkt- und Berufsforschung 70. 2. Aufl., Nürnberg.
MERTON, R.K., 1974: Sozialstruktur und Anomie, in: F. SACK / R. KÖNIG (Hrsg.), Kriminalsoziologie. 2. Aufl., Frankfurt/M. S. 283–313.
MÖNTMANN, V. / BOLLINGER, G. / HERRMANN, A., 1983: Tests auf Zufälligkeit von «Missing Data», in: H. WILKE et. al. (Hrsg.), Statistik – Software in den Sozialwissenschaften. Berlin. S. 87–101.
NEURATH, P., 1974: Grundbegriffe und Rechenmethoden der Statistik für Soziologen, in: R. KÖNIG (Hrsg.), Handbuch der empirischen Sozialforschung. Band 3b: Grundlegende Methoden und Techniken – Dritter Teil. Stuttgart.
NORUSIS, M.J., 1983: SPSS^X Introductory Statistics Guide. New York.
OFFE, C. / HINRICHS, K., 1977: Sozialökonomie des Arbeitsmarktes und die Lage «benachteiligter» Gruppen von Arbeitnehmern, in: C. OFFE (Hrsg.), Projektgruppe Arbeitsmarktpolitik. Opfer des Arbeitsmarktes. Neuwied/Darmstadt. S. 3–61.
OPP, K.D., 1976: Methodologie der Sozialwissenschaften. Reinbeck.
PFEIFFER, A., 1988: Statistik-Auswertungen mit SPSS^X und BMDP. Stuttgart, New York.
POPPER, K.R., 1984: Logik der Forschung. 8. Aufl., Tübingen.
PORST, R., 1985: Praxis der Umfrageforschung. Stuttgart.
RIEDWYL, H., 1975: Graphische Darstellung von Zahlenmaterial. Bern.
ROBERTS, H.V., 1979: An Analysis of Employee Compensation. Rpt. 7946, Center for Mathematical Studies in Business and Economics, University of Chicago.
ROBERTS, H.V., 1980: Statistical bases in the measurement of employment discrimination, in: E.R. LIVERNASH (Hrsg.): Comparable Worth: Issues and Alternatives. Equal Employment Advisory Council, Washington D.C., S. 173–195.
ROTH, E. (Hrsg.), 1984: Sozialwissenschaftliche Methoden. München, Wien.
RÜGER, B., 1985: Induktive Statistik. Einführung für Wirtschafts- und Sozialwissenschaftler. München/Wien.
SACHS, L., 1984: Angewandte Statistik. Anwendung statistischer Methoden. 6. Aufl., Berlin u.a.
SCHACH, S. / SCHÄFER, T., 1978: Regressions- und Varianzanalyse. Eine Einführung. Berlin u.a.
SCHEUCH, E.K. / ZEHNPFENNIG, H., 1974: Skalierungsverfahren in der Sozialforschung, in: R. KÖNIG (Hrsg.), Handbuch der empirischen Sozialforschung. Band 3a. Grundlegende Methoden und Techniken – Zweiter Teil. Stuttgart. S. 97–203.
SCHNEEWEISS, H., 1978: Ökonometrie. 3. Aufl. Würzburg/Wien.
SCHNELL, R., 1985: Zur Effizienz einiger Missing-Data-Techniken. Ergebnisse einer Computer-Simulation. ZUMA-Nachrichten 17: 50–74.
SCHNELL, R. / HILL, P.B. / ESSER, E., 1988: Methoden der empirischen Sozialforschung. München/Wien.
SCHRADER, A., 1971: Einführung in die empirische Sozialforschung. Stuttgart, Berlin.

SCHUBÖ, W. / UEHLINGER, H.-M., 1984: SPSS^x. Handbuch der Programmversion 2. Stuttgart/ New York.
SCHUCHARD-FICHER, C. / BACKHAUS, K. / HUMME, U. / LOHRBERG, W. / PLINKE, W. / SCHREINER, W., 1985: Multivariate Analysemethoden. Eine anwendungsorientierte Einführung. 3. Aufl., Berlin u.a.
SIEGEL, S., 1956: Nonparametric Statistics for the Behavioral Sciences. New York.
SOMERS, R.H., 1962: A new symmetric measure of association for ordinal variables. American Sociological Review 27: 799–811.
SPIEGEL, M.R., 1976: Statistik. Düsseldorf u.a.
STEVENS, S.S., 1946: On the Theory of Scales of Measurement. Science 103: 677–680.
SPSS Inc., 1986: SPSS^x User's Guide. 2. Aufl., New York.
TUKEY, J.W., 1977: EDA – Exploratory Data Analysis. Addison Wesley Series, Behavioral Science: Quantitative Methods. London/Amsterdam.
URBAN, D., 1982: Regressionstheorie und Regressionstechnik. Stuttgart.
WELLENREUTHER, M., 1982: Grundkurs: Empirische Forschungsmethoden. Königstein/Ts.
WERNER, J., 1989: Lehrbuch der Linearen Statistik. Heidelberg. (Im Erscheinen)
WINER, B.J., 1971: Statistical Principles in Experimental Design. New York.
WITTE, E.H., 1980: Signifikanztest und statistische Inferenz. Analysen, Probleme, Alternativen. Stuttgart.
ZIEGLER, R., 1972: Theorie und Modell. Der Beitrag der Formalisierung zur soziologischen Theorienbildung. München.
ZÖFEL, P., 1985: Statistik in der Praxis. Stuttgart.
ZUMA-Handbuch sozialwissenschaftlicher Skalen, 1983. Mannheim: Eigendruck

Register

ADD FILES 60
Additivität 175f
AGGREGATE OUTFILE 243
Alternativhypothese 120
ANOVA 141f, 245
Assoziationsmaße 92ff
Ausgabe: ANOVA 138
Ausgabe: BREAKDOWN 104, 106
Ausgabe: CROSSTABS 84f, 87f, 90, 94, 104f, 209, 230
Ausgabe: DATA LIST 52
Ausgabe: FREQUENCIES 72, 156, 208, 223
Ausgabe: LIST CASES 52
Ausgabe: NONPAR CORR 199
Ausgabe: NPAR-TESTS (Chiquadrat-Test) 197f
Ausgabe: NPAR-TESTS (Kruskal-Wallis-Test) 196, 217f, 236f
Ausgabe: NPAR TESTS (U-Test) 191f
Ausgabe: NPAR TESTS (Vorzeichentest) 193
Ausgabe: NPAR TESTS (Wilcoxon-Test) 194f
Ausgabe: ONEWAY 216f
Ausgabe: PEARSON CORR 154, 158, 234
Ausgabe: REGRESSION 180, 184ff, 228f
Ausgabe: SCATTERGRAM 157
Ausgabe: T-TEST 113, 123, 214f
Autokorrelation 170f

Befragung, schriftliche 44
BEGIN DATA 240
Beobachtung 44f
BREAKDOWN 107ff, 246

Chiquadrat-Test, Grundzüge 82ff
Chiquadrat-Test, -Prinzip 89ff
Chiquadratmaße 92ff
Codeblatt 37ff
Codebook 37ff
Codeplan 37ff
COMMENT 242
COMPUTE 55, 243
CONDESCRIPTIVE 78ff, 246
COUNT 244
Cramers V 93

CROSSTABS 98ff, 246f

DATA LIST 50ff, 56ff, 240
Dateneingabe 50, 56, 58f
Datenmatrix 41ff
Datenmodifikation 55f
Datenselektion 55f
Determinationskoeffizient 162ff, 174
DISPLAY 242
DO IF 244
DO REPEAT 244
DOCUMENT 242
Durbin-Watson-Test 171

EDIT 242
END DATA 240
END FILE TYPE 241
END IF 244
END LOOP 244
END REPEAT 244
Extremwerte 167
Exzeß 75

Falsifikation 5f
FILE HANDLE 57, 241
FILE LABEL 241
FILE TYPE GROUPED 241
FINISH 242
FORMATS 242
Forschungsdesign 10ff
Fragebogen 11, 23ff
Fragen, geschlossene 29f
Fragen, offene 29f, 38f
Freiheitsgrad 118
FREQUENCIES 78ff, 247f

Gamma 96
GET 241
GET FILE 58f
Grundgesamtheit 10
Gültigkeit 28, 30, 32, 34, 43

Häufigkeitsverteilung, univariate 69ff
Heteroskedastizität 167ff

Homoskedastizität 167ff, 176
Hypothese 4ff, 120

IF 55, 244
Inferenzstatistik 113
Inhaltsanalyse 44f
Intervallskala 68f
Interview 23ff, 32ff
Interviewdauer 28ff
Interviewprotokoll 36
Interviewsituation 32ff
INFO 242
Irrtumswahrscheinlichkeit 21

Kausalität 5f, 148
Konfidenzintervall 128, 166
Kontingenskoeffizient 93
Korrelation, -kausale Interpretationsmöglichkeiten 148f
Korrelation, -Signifikanztest 149f
Korrelationsanalyse, -Anwendungsvoraussetzung 150f
Korrelationskoeffizient, -Pearson 144ff
Korrelationskoeffizienten, -Eigenschaften 146
Korrelationskoeffizient, -Kendall 95f
Korrelationskoeffizient, multipler 174
Korrelationskoeffizient, -Spearman 198
Kruskal-Wallis Test, Prinzip
Kurtosis 75

Lambda 94
Linearität 159ff, 175f
LISREL 172
LIST 248
LIST CASES 50ff
Lochkarte 37
LOOP 244

MATCH FILES 60ff, 241
Median 73f
Meßfehler, zufälliger 167
Meßniveau 67ff
Messen 17f
Methode der kleinsten Quadrate 160
MISSING VALUES 241
Mittelwert 73f
Modus 73
MULT RESPONSE 248
Multikollinearität 175f

N OF CASE 244
Nichtparametrische Statistik 189ff
Nominaldefinition 4

Nominalskala 68
NONPAR CORR 249
Normalverteilung 76
Normalverteilung, bivariate 159
NPAR TESTS 249
Nullhypothese 120
NUMBERED 242

ONEWAY 134ff, 249f
Ordinalskala 68

Partialkorrelation 174
PEARSON CORR 153f, 250
Perzentil 73
Phi 92
Pilotstudie 9, 13
Primärerhebung 11
PRINT FORMATS 242
Proportionale Fehlerreduktion 93ff
Prozessproduzierte Daten 46

Qualitative Forschung 13f
Quartil 74
Quotenverfahren 21

Range 74
Rangkorrelationskoeffizient 95f, 198
Rationalismus, kritischer 6
Ratioskala 69f
Realdefinition 4
RECODE 55, 244
REGRESSION 178ff, 250f
Regression, schrittweise 176ff
Regressionsanalyse, -Prinzip 158ff
Regressionsanalyse, -Signifikanztest 164ff
Regressionsanalyse, -Anwendungsvoraussetzung 167ff
Regressionsanalyse, multiple 173ff
Regressionsgerade 159f
Regressionskoeffizient 160f
Regressionskonstante 160f
Repräsentativität 32
Response Set 34f

SAMPLE 244
SAVE 241
SAVE OUTFILE 57
SCATTERGRAM 251f
Scheffe-Test 131f
Scheinkorrelation 174
Schiefe 75
Sekundäranalyse 11
SELECT IF 55, 245

Signifikanz 120
Signifikanzniveau 120
Somers d 96
SORT CASES 245
Spannweite 74
Speicherdatei; -Einlesen 57f
Speicherdatei; -Erzeugung 57ff
Speicherdatei; -Verknüpfung 59ff
SPLIT FILE 60, 74, 245
Standardabweichung 75
Standardfehler 115f, 164ff
Standardisierung 77
Statistik 114
Statistik, bivariate 82ff
Statistik, schließende 112ff
Statistik, univariate 67ff
Stichprobe 10, 20ff, 114
Stichprobe, abhängige 121f
Stichprobe, unabhängige 121f
Stichprobenkennwert 114f
Stichprobenkennwerteverteilung 115, 164
Stichprobenverteilung 115ff
SUBTITLE 243

T-TEST 125f, 252
T-Test für abhängige Stichproben 122f
T-Test für unabhängige Stichproben 117ff
Tau 95f
Telefoninterview 44
TEMPORARY 245
Test, einseitiger 121
Test, zweiseitiger 121
Theorie, allgemeine 3ff

Theorie mittlerer Reichweite 5
TITLE 243
Toleranz-Wert 175f
Totalerhebung 21

U-Test, -Prinzip 190f
Umfrage 18ff
UNNUMBERED 242

VALUE LABELS 54, 242
VARIABLE LABELS 53f, 242
Variablenetikettierung 53f
Varianz 75
Varianzanalyse, mehrfaktorielle 137ff
Varianzanalyse, einfaktorielle 128ff
Varianzanalyse, nonorthogonale 140f
Varianzhomogenität 119, 133
Vorzeichentest, -Prinzip 192f

WEIGHT 245
Wilcoxon-Test, -Prinzip 194
WRITE FORMATS 243

XSAVE 245

Zentralarchiv für empirische
 Sozialforschung 11
Zentraler Grenzwertsatz 116
Zentrum für Umfragen, Methoden und
 Analysen 23, 41
Zufallsauswahl 21, 114
Zuverlässigkeit 28, 30, 32, 34, 43

Literatur für EDV-Anwender

Schubö/Uehlinger
SPSS^x
Handbuch der Programmversion 2.2.
1986. XVI, 659 S., kt. DM 58,–

Uehlinger
SPSS/PC+ Benutzer-handbuch
Band 1: Dateneingabe, Daten-management, Datenverwaltung und einfache statistische Verfahren (Modul SPSS/PC+ Base)
1988. X, 363 S., kt. DM 49,–

Beutel/Schubö
SPSS 9 · Statistik-Programm-System für die Sozialwissen-schaften
Eine Beschreibung der Programm-versionen 8 und 9
4. Aufl. 1983. X, 323 S., mit zahlr. Tab. u. Beisp., kt. DM 28,–
(Mengenpreis ab 20 Expl. je DM 25,20)

SPSS 9 – Kompakt
1984. 32 S., Ringheftung DM 12,–

Pfeifer
Statistik-Auswertungen mit SPSS^x und BMDP
Ein Einstieg in die Benutzung der beiden Programmpakete
1988. VIII, 216 S., kt. DM 29,80
(UTB 1497)

Preisänderungen vorbehalten

Zöfel
Statistik in der Praxis
2. Aufl. 1988. XII, 426 S., 48 Abb., 118 Tab., 22 Taf., kt. DM 32,80
(UTB 1293)

Küffner/Wittenberg
Datenanalysesysteme für statistische Auswertungen
Eine Einführung in SPSS, BMDP und SAS
1985. VIII, 289 S., kt. DM 36,–

Bollinger/Herrmann/Möntmann
BMDP
Statistikprogramme für die Bio-, Human- und Sozialwissenschaften
1983. X, 431 S., kt. DM 44,–

Faulbaum et al.
Statistik Analyse System
Eine Anwendungsorientierte Beschreibung des Statistikprogramm-systems SAS.
Grundlagen, SAS Dateien, häufige Statistik-Prozeduren.
1983. X, 268 S., kt. DM 42,–

Uehlinger
Datenverarbeitung und Datenanalyse mit SAS
Eine problemorientierte Einführung
1983. X, 312 S., kt. DM 39,–

Datenverarbeitung und Statistik

Küsters/Arminger
Programmieren in GAUSS
Eine Einführung in das Programmieren statistischer und numerischer Algorithmen
1989. VIII, 315 S., 25 Abb., kt. DM 68,–

Hansen
Wirtschaftsinformatik I
Einführung in die betriebliche Datenverarbeitung
5. Aufl. 1986. XIV, 767 S., 351 Abb., kt. DM 26,80 (UTB 802)

in Verbindung mit
Arbeitsbuch Wirtschaftsinformatik I
EDV-Begriffe und Aufgaben
3. Aufl. 1987. VIII, 543 S., kt. DM 19,80 (UTB 1281)

Göpfrich
Wirtschaftsinformatik II
Strukturierte Programmierung in COBOL
3. Aufl. 1988. XVIII, 443 S., 127 Abb., kt. DM 19,80 (UTB 803)

in Verbindung mit
Arbeitsbuch Wirtschaftsinformatik II
COBOL – Begriffe und Aufgaben
3. Aufl. 1988. VIII, 245 S., 120 Abb., kt. DM 16,80 (UTB 1283)

Preisänderungen vorbehalten

Meier
Prozeßforschung in den Sozialwissenschaften
Anwendung zeitreihenanalytischer Methoden
1988. XII, 174 S., zahlr. Abb., kt. DM 58,–

Pfeifer/Schmidt
LISREL
Die Analyse komplexer Strukturgleichungsmodelle
1987. 187 S., kt. DM 46,–

Haux
Expert Systems in Statistics
1986. VI, 194 pp., 50 fig., soft cover DM 48,–

Wishart
CLUSTAN
Benutzerhandbuch (3. Ausgabe)
1984. XX, 244 S., kt. DM 52,–

Heitfeld
Einführung in das relationale Datenbanksystem SIR/DBMS
1986. XII, 279 S., kt. DM 38,–

Merten
Fortran 77
3. Aufl. 1988. VI, 290 S., 3 Abb., kt. DM 29,80 (UTB 428)

GUSTAV FISCHER
STUTTGART   NEW YORK